Heiltrance für Kinder

param

Günter Kieser, Felix von Bonin

Heiltrance für Kinder

param

Bibliografische Information Der Deutschen Bibliothek

Die Deutsche Bibliothek verzeichnet diese Publikation
in der Deutschen Nationalbibliografie;
detaillierte bibliografische Daten sind im Internet über
http://dnb.ddb.de abrufbar.

Bildquellennachweis
S. 112: Render 23.12.2003; dpa o. D.; Ullstein/AFP o. D.; S. 113: o. A.; S.

Gesamtgestaltung ComGraphiX, Ahlerstedt

ISBN 3-88755-267-9

www.param-verlag.de

Danksagung

dieses Buch wäre ohne die vielen langen Gespräche mit meiner Frau und die Arbeit in ihrer entwicklungsneurologischen Praxis nicht möglich geworden. Unermüdlich hat sie meine Texte gegengelesen und fachlich bereichert.
Nicht minder gilt mein Dank Felix von Bonin, der zum Gelingen dieses Buchs ganz erheblich beigetragen hat, obwohl er gleichzeitig tief in der Bearbeitung seines »Wörterbuchs der Märchen-Symbolik« steckt. Es wird diesem Buch wertvolle Ergänzung werden, weil es direkten Zugriff auf Märchentexte über symbolträchtige Stichwörter bietet.
Es wäre also nicht falsch gewesen, mich als Herausgeber zu kennzeichnen, doch allen Beteiligten erschien es so, wie es nun auf dem Umschlag steht, genau richtig.

Ganz zum Schluss aber, wo der Platz des Besonderen ist, da möchte ich mich bei all den kleinen Patienten und ihren Geschwistern bedanken, die sich so geduldig wie kundig mit mir über Märchen unterhalten haben. Für sie haben wir dieses Buch geschrieben und für all die anderen, die mit strahlenden Augen und so voller Liebe und Zuversicht auf diesen Planeten kommen und uns lächelnd in den Schoß fallen.

Teil 1

Sprache, Bewusstsein, Erziehung

Günter Kieser

Teil 3

Praktische Anwendungen

Teil 1

Sprache, Bewusstsein, Erziehung

Günter Kieser

Heutzutage gehorchen die Kinder nicht mehr
[KHM* 164]

▶ Vorsicht

Wachstum zu beobachten, bedarf es langer Zeit. Ein Gärtner muss alt werden, um gesehen zu haben und zu wissen, wie ein Baum wächst. Ähnlich ist es mit Kindern. Eltern und andere, die täglich mit dem Kind zusammen sind, nehmen die Veränderungen nicht so sehr wahr. Jemand, der das Kind lange nicht gesehen hat, erstaunt über seine Entwicklung.

Das gilt nicht nur für das einzelne Kind in einer bestimmten Familie, das gilt ebenso für *die Kinder,* also eine ganze Generation. Aussagen müssen dann natürlich entsprechend generalisiert werden. Die Elterngeneration prägt eine Gesellschaft fort, die sie selbst von ihren Eltern sukzessive übernimmt. In diese äußeren Vorgaben hinein entwickelt sich die Kindergeneration und reagiert wiederum – auf ihre Weise – darauf.

*KHM: Kinder und Hausmärchen, Brüder Grimm; arabische Zahlen beziehen sich auf die Grimmsche Nummerierung der Märchen in der Ausgabe letzter Hand (1857); bei vorangestellter römischer Ziffer bezieht sich die Angabe auf die Erstausgabe (1812/15), deren beiden Bände getrennt erschienen und nummeriert sind.

Kinder beherrschen heute zum Teil ganz erstaunliche Fertigkeiten (Skateboard, Brakedance) oder besitzen Fähigkeiten, die bei früheren Generationen so zumindest nicht registriert worden sind. Gleichzeitig beobachten wir aber auch eine starke Verschiebung im psycho-sozialen Verhalten, die uns beunruhigt, und sehen im entwicklungsphysiologischen Bereich oft Defizite und erhebliche Belastungsfaktoren, die bedrohliche Gesundheitskosten verursachen und Familien wie Sozialeinrichtungen immer mehr belasten. Diese Fakten sind hinlänglich bekannt.

Ich bin Pädagoge. Ich wollte kein Pädagogikbuch schreiben, doch anfangs schien es mir unvermeidlich, die Problematik der Erziehung als Wissenschaft im Allgemeinen und in der Schulpraxis im Besonderen zu durchleuchten, ja, Erziehung zunächst zu rechtfertigen, Begriffe, Entwicklungen, Methoden zu ordnen und zu erläutern. Die typische Fachblindheit; monströse Inhaltskonzepte türmten sich zu Bergen vor mir auf.

Ist das alles wirklich nötig? Um aus diesem Buch Nutzen zu ziehen, sicher nicht. Deshalb will ich meinen Ansatz in nur drei kurze Sätze fassen

❶ Dem Erzieher steht nur das Instrument der Sprache zur Verfügung.
❷ Der Erzogene orientiert sich nicht rational (der Logik des Erziehers folgend), sondern emotional (seinem Vorbild).
❸ Weil wir mit Erziehen nicht warten können, bis unser Verhalten vorbildlich ist, könnten wir zumindest unsere Sprache, wenn nicht vorbildlich, so doch vorbildlicher einsetzen.

Ich will ein Beispiel aus der Praxis geben. An meiner Schule wurde eine Aktionswoche gegen das Rauchen durchgeführt. Jeder Kollege sollte in seinem Fach die Gefahren des Rauchens thematisieren. Das ist ein löbliches Ansinnen, das sicher nur Zustimmung und Unterstützung von allen Seiten findet.

Bei solchen Aktionen, die Abwechselung in den eintönigen Lehrbetrieb bringen, sind Schüler motivierter als im Routineunterricht. Trotzdem ist der Lernerfolg solcher Veranstaltungen letztlich gleich Null. Warum?

Die Erziehungspersonen bringen die Erzogenen mit Informationen und Ideen in Kontakt, die sie zuvor so nicht hatten. Das gibt ihnen Gelegenheit, die Projektion, die sie hier beispielsweise auf das Rauchen aufgebaut haben, zu hinterfragen und zu durchschauen. Junge Menschen sind dazu freudig bereit, weil sie noch die ›Wahrheit‹ suchen. Wenn diese Schüler dann aber einige der Erziehungspersonen oder auch nur eine davon rauchend, also den verbalen Äußerungen zuwider handelnd sehen, wird ihr Wertesystem erschüttert und die Begeisterung für ›die Wahrheit‹ schwindet.

Viele Erziehungspersonen leiden unter diesem Konflikt, weil sie ihre Schwäche in der (oder auch anderen) Sache erleben. Sie haben ein Wissen, das sie weitergeben wollen, aber selbst nicht umsetzen können. Sie ›wissen‹ auch, dass sie nicht vorbildlich sind und dass ihr negatives Vorbild Schülern den Vorwand liefern kann, selbst auch das richtige Wissen nicht in Handlung zu transformieren.

Lässt ein rauchender Lehrer diese Tatsache an sich heran, kann er nur das Rauchen aufgeben (was er ›nicht kann‹) oder seinen Beruf an den Nagel hängen (was er natürlich auch nicht kann). Wer kann einen solchen Konflikt aushalten. Was also tun?

Ich möchte deshalb die Sprache als Instrument erzieherischen Wirkens betrachten. Sprache hat eine tiefe Beziehung zum Bewusstsein. Sprache hat große Macht über die Seele. Wörter können bannen oder verzaubern.

Ich nähere mich der Thematik nicht wissenschaftlich im Sinne von messtechnisch, sondern beobachtend; und dabei wende ich eine Methode an, die als Hineinversetzen gut bezeichnet ist. Diese Methode werde ich anschließend näher beschreiben.

Ich werde dann die kindliche Entwicklung als Entfaltung der Persönlichkeit, also des Bewusstseins unter dem Einfluss von Sprache und Sprachentwicklung durchlaufen und auf sprachliche Verhaltensweisen bei Erziehungspersonen und Kindern hinweisen. In diesem Zusammenhang werde ich auch über ein Phänomen sprechen, das hier wie an therapeutischer Stelle als **Trance** bezeichnet wird, an anderen Stellen anders. Es ist wesentlich, den Begriff Trance zu klären und von Vorurteilen zu befreien, wenn wir die kindliche Entfaltung seelisch verstehen und erzieherisch stärken wollen.

Auch wenn wir fortgesetzt daran arbeiten, unser sprachliches Verhalten vorbildlicher werden zu lassen, werden wir unsere Zeit brauchen. Auf dem Weg dorthin können wir aber schon eine Methode anwenden, die uns weiter nichts abverlangt: Vorlesen. Hier werde ich für **Märchen** plädieren. Schon wieder so ein Begriff, der mit Vorurteilen beschwert ist. Ich werde entwickeln, warum Märchen für die kindliche Reifung wesentlich sind. Andere haben das vor mir getan, ich möchte es aus dem Blickwinkel der Sprache und der Trance tun.

▶ Hineinversetzen

Probleme im zwischenmenschlichen Bereich entstehen, wenn die Beteiligten nicht die gleiche Sprache sprechen. Sprache meint hier natürlich mehr als die Wörter. Wir sprechen alle Deutsch, auch unsere Kinder. Aber die Bedeutung der Wörter ist unterschiedlich, die gesamte Semiotik des Gesprochenen noch mehr.

Ein typisches Bild ist der Erwachsene, der ganz ruhig und kontrolliert einem Kind etwas erklären will. Nur kann das Kind seinen logischen Erklärungen gar nicht folgen, weil es noch kein rationales Instrumentarium entwickelt hat. Was also tun, wenn kein Argument überzeugen kann? Am Ende finden wir den rationalen Erwachsenen oft im (irrationalen) Affekt.

Wenn wir verstanden werden wollen, müssen wir die Sprache des Empfängers sprechen. Auf eine Italienreise bereite ich mich vor, indem ich wichtige Redewendungen des Alltags einstudiere. Ich kann mich nicht darauf verlassen, dass die Italiener schon Deutsch oder Englisch werden sprechen können. Die Werbung hat das längst verstanden, die Erziehenden noch nicht. Oft scheint es mir, Erziehende wollten Kinder gar nicht verstehen, sie wollen beziehungsweise erwarten vielmehr, dass die Kinder sie verstehen.

Kinder zu verstehen und ihre Sprache zu sprechen, heißt nicht, sie sprachlich verbal zu imitieren, sondern sich in ihrem Begriffsraum zu bewegen. Kinder erleben die Welt anders. Halten Sie einen Augenblick inne und erinnern sich an Ihre Kindheit. Suchen Sie die Bilder der Vergangenheit und erinnern sich, wie Sie in der Kindergarten- und Vorschulzeit den Tagesablauf erlebt haben, die Erwachsenen, andere Kinder, ihr Spielzeug – und nun sprechen Sie mit dem Kind!

Nun kennen Sie die Methode des Hineinversetzens. Es folgen gleich noch ein paar Hinweise, wie dieser Perspektivenwechsel trainiert werden kann. Mir ist dieser Aspekt besonders wichtig, weil er mir wesentlich für das Verständnis vor- und grundschulischer Kinder scheint, denn diese Kinder *leben* das Hineinversetzen noch; je älter sie werden, desto mehr werden sie abstrahieren, was eine geistige ›Entfernung‹ zum Wahrgenommenen herstellt. Das kleine Kind, das in einer Kiste steht, sich an ihrer Kante festhält, in den Knien wippt und »wrumm, wrumm« intoniert, *fährt* Auto. Der übliche erwachsene Blick sagt, es *tut so*, als ob es Auto fahre. Was natürlich unstrittig richtig ist. Genau das ist der Sprachkonflikt.

Nun hört man oft genug: »Versetzen Sie sich doch einmal in die Lage...« Wer tut es? Wer will es? Wer kann es? Diese Floskel ist meist nur ein rhetorisches Instrument, das flink mit einer anderen Floskel abwehrt, wer kann.

Hineinversetzen setzt voraus, dass man es wirklich will und auch Spaß daran hat. Und es macht Spaß, mit Kindern zu kommunizieren! Sie haben so viele spannende Dinge zu erzählen, doch Erziehende sind oft verunsichert, weil Kinder auch von anderen Wesen berichten, also Engeln, Monstern, unsichtbaren Freunden oder Helfern. In unserer emotional gereizten Gesellschaft kann das Ängste und Aufgeregtheiten erzeugen. Die Kinder verschrecken, ziehen sich zurück und sprechen diese Dinge nicht mehr an.

Kinder, je jünger desto mehr, möchten aber auch über solche Erfahrungen und Gedanken sprechen. Es ist für sie jedoch ganz schwer, ihre Erfahrungen adäquat auszudrücken, weil ihnen die sprachlichen Mittel dazu noch fehlen. Wenn sie dann noch auf Widerstand beim Zuhörer stoßen, wechseln sie das Thema. Kinder verlieren genauso schnell das Vertrauen wie Erwachsene.

Mit Hineinversetzen meine ich also nicht eine plumpe Aufforderung á la: »Nun sei doch mal kreativ!« Ich möchte sie vielmehr dafür gewinnen, am Hineinversetzen Gefallen zu finden. Und das tue ich besser durch direkte Erfahrung als trockene Worte.

Deshalb schlage ich zu Beginn dieses Buchs drei Übungen vor, die nur Beispiele sind und von Ihnen nach Bedarf abgewandelt werden können. Im weiteren Verlauf des Buchs werde ich auch aus der Perspektive des Hineinversetzens beschreiben und argumentieren.

▶ Übung 1

❶ Sie sitzen in einem Raum, Bus, Flugzeug, Büro. Sie blicken immer nur in eine Richtung, wenden also den Kopf nicht. So betrachten Sie den Raum, in dem Sie sitzen.

2. Bewegen Sie sich gedanklich an einen Punkt im Raum, der sich in Ihrem Blickfeld befindet, und betrachten sich selbst von diesem Punkt aus, so gut es geht.
3. Erweitern Sie dann Ihre Wahrnehmung, so dass Sie sich von dem entfernten Punkt aus umgeben von diesem Raum sehen; wohlgemerkt immer noch, ohne den Kopf zu drehen.
4. Schließlich können Sie die Intensität steigern, indem Sie sich vor dem Raum wahrnehmen, der hinter Ihnen ist und den Sie nur von dem gedachten Blickpunkt aus sehen können.

Es kann gut sein, erst ein wenig Erfahrung mit dieser Übung zu sammeln, bevor Sie die folgenden ausprobieren. Ich bitte Sie, diese Übungen zu machen – sagen wir, so lange Sie an diesem Buch lesen –, weil mir dadurch erleichtert wird zu vermitteln, worum es mir geht.

Falls Sie Widerstand spüren, einen Punkt außer sich aufzusuchen, oder immer wieder abgelenkt werden, beobachten Sie bitte zunächst den ›Innenraum‹ Ihres Körpers. Der innere Widerstand wird von körperlichen Reaktionen und/oder geistigen Bildern begleitet sein. Richten Sie Ihre Aufmerksamkeit auf die körperlichen Regungen, und atmen Sie bewusst tief und ruhig.

Nehmen Sie dann zunächst nur sich selbst wahr, wie Sie gerade da sitzen, und aus der Position, die Sie gerade einnehmen. Diese Körperwahrnehmung können Sie dann behutsam ausdehnen. Wählen Sie irgendeinen Gegenstand in Ihrem Gesichtskreis, zum Beispiel eine Blumenvase, versetzen sich in die Vase hinein und wechseln dann zu der Wahrnehmung, wie die Vase sie sieht.

Ich bin ganz sicher, wenn Sie diese Übung immer mal wieder machen, wenn Sie einen versunkenen Moment Zeit haben, dann werden Sie bald eine angenehme Erfahrung damit verbinden. Dieser Zustand außerhalb ist wohltuend für den Geist, der so oft angespannt ist. Es ist ein wenig so wie hellwaches Dösen.

▶ Übung 2

Wenn Sie mit einer gewissen Leichtigkeit den äußeren Punkt einnehmen können, dann gehen Sie auf die Pirsch. Suchen Sie sich interessante Plätze. Ich habe zum Beispiel vor meinem Haus einen großen alten Birnbaum. Wenn der blüht, ist er überzogen mit einem weißen Spitzenkleid. Es ist mir dann immer wieder eine große Lust, mich wie einen Vogel in diesen Baum zu setzen und es auf mich wirken zu lassen, so von Ästen, Zweigen und Hunderten Birnblüten umgeben zu sein. In einem Dom von Birnblüten. Oder ich versetze mich in die Biene, die ich gerade dabei beobachte, wie sie sich in die Blüte taucht. Dieser Himmel intensiver Blütenfarbe um mich herum, wie ein gigantisches Diapositiv durch das Sommerlicht leuchtet und im Zentrum dieses Farbrausches ein Pokal, ein Kelch voll köstlichstem Nektar. Was für eine Lust!

Ich schlage Ihnen vor, in ähnlicher Weise Ihren Lebensraum zu betrachten. Suchen Sie sich die schönsten Punkte heraus und versetzen sich hinein. Wie fühlt es sich an, als solitärer Baum auf der Weide zu stehen? Wie ist es, als Regenwurm über die Erdkrume zu kringeln? Ich verspreche Ihnen, dass es eine große Bereicherung der sinnlichen Erfahrung mit sich bringen wird, aber mehr noch, wenn ich als Biene in der Blüte gewesen bin, bedeutet *Blüte* künftig etwas ganz Neues für mich.

Die Welt so zu sehen, nenne ich Ich-zentriert. Das Kind kennt ja zunächst nur *Ich*. Alles, was es wahrnimmt, ist *Ich*, folglich betrachtet es auch alles aus der Perspektive des Wahrgenommenen. Erst wenn das Kind die Trennung des Ich vom Nicht-Ich vollzogen hat, gibt es ein Anderes, dass *Ich* betrachten kann.

»Ich« hat hier natürlich nichts mit Ego zu tun, denn das hat das Kind ja zunächst noch nicht. Ich meine die Entität, die das Kind ist. Diese Entität ist pränatal universal. Die Geburt befördert die universale Entität *(Ich)* in ein Nicht-Ich hinein, das es bislang nicht gegeben hat. Ein solcher Schock will physisch und seelisch verarbeitet werden. Zum Glück ist das Kind – ich gehe jetzt in die erwachsene Perspektive – in einen traumähnlichen Bewusstseinszustand eingehüllt, der es schützt und ihm viel Zeit gibt, das – ich gehe zurück in die kindliche Perspektive – für die universale und omnipotente Entität Unfassbare zu akzeptieren und nach und nach zu fassen und zwar durch die magische Kraft der Sprache. Mit Sprache begreifen wir das Unbegreifliche.

▶ Übung 3

Diese Übung sollten Sie nur probieren, wenn Sie sich mit dem Hineinversetzen wirklich wohl fühlen, wenn Sie es angenehm und entspannend finden. Bei dieser Übung kommt eine weitere Komponente hinzu, bei der auch starke Emotionen ins Spiel kommen können. Der Schritt ist naheliegend. Wenn ich mich in irgendetwas hineinversetzen kann, sogar in den Meilenstein, der an der Landstraße steht, dann kann ich mich natürlich auch in andere Menschen hineinversetzen.

Das Moment, das hinzukommt, ist die Fremdheit des Blickwinkels. Die Biene, der Baum, der Meilenstein hat keine Meinung von mir. Wenn ich mich hineinversetze, dann kann ich eine angenehme außerkörperliche Erfahrung machen, werde aber nicht mit meinem Sosein konfrontiert.

Wenn ich mich aber in einen anderen Menschen hineinversetze und mich aus seinen Augen heraus anschaue, dann bin ich mit einer wirklich anderen Anschauung konfrontiert, die sich möglicherweise nicht konfliktfrei mit dem Bild in Übereinstimmung bringen lässt, das ich von mir habe oder von dem ich glaube, dass meine Umwelt es von mir hat.

Ein Konflikt übt einen mentalen Druck auf uns aus und es kann zu Reaktionen kommen, die als Projektion bezeichnet werden. Dabei wird das Verhalten des Gegenüber (und der gesamten Umwelt) fortgesetzt in einer bestimmten, verinnerlichten Weise gedeutet und entsprechend gehandelt, wodurch sich die Deutung bewahrheitet. Projektion behindert das Hineinversetzen, ja, wenn wir uns wirklich in eine Person hineinversetzen, dann schließt das sogar die Projektion ein, die diese Person auf uns hat!

Wenn Sie die Erfahrung machen wollen, versetzen Sie sich zunächst in die Perspektive eines Menschen, der Ihnen sehr nahe steht und zu dem Sie volles Vertrauen haben. Die große Weisheit raunt uns allerdings zu, dass die Feinde unsere größten Lehrmeister sind. Versetzen Sie sich in die Lage eines Feindes. Wie nimmt er Sie wahr? Die Frage ist nicht, was Sie denken, wie er Sie wahrnimmt. Sie sollen sich in Ihren Feind hineinversetzen. Wie würden Sie sich sehen, wenn Sie Ihr Feind wären? Wo sind die schwachen Stellen, wo die starken? Durch welche Projektionen und Vorurteile ist die Sicht Ihres Feindes gefärbt?

Wenn Sie diesen Perspektivenwechsel verinnerlicht haben, können Sie sich schließlich in ein Kind hineinversetzen. Schauen Sie es erst nur einmal an, als wäre es ihr Spielkamerad. Was ist Ihnen wichtig, wenn Sie dieses Kind sind? In diesem Augenblick. Und was nehmen Sie deshalb wahr? Und wie? Was wissen Sie von der Welt, und wie können Sie das in eine Ordnung bringen, die Handlungssicherheit bietet? Anfangs muss ein Kind sogar lernen, dass Dinge ganz von selbst in eine Richtung fallen können, die »unten« heißt. Können Sie sich widerstandslos da hineinversetzen?

▶ Kindersprache

Aus dieser Perspektive des Hineinversetzens möchte ich nun zunächst die kindliche Entwicklung beschreiben und den Beitrag, den Sprache dazu leistet, beziehungsweise die Einwirkung, die Sprache darauf nimmt. Deshalb sollten einige Begrifflichkeiten oder Sichtweisen geklärt werden.

Was ich schildere, ist nicht das, was das Kind ›wirklich‹ erlebt. Niemand weiß, was das Kind erlebt; und das Kind kann es uns nicht sagen. Meine Beschreibung erfolgt mit Begriffen, Worten und in Strukturen, die dem Kind noch nicht zur Verfügung stehen, nennen wir es der Einfachheit halber Bewusstsein – aber sprechen wir bei diesem Begriff die gleiche Sprache?

Sprache ist modulierter **Atem;** Atem ist der Lebenshauch. Noch bevor das Neugeborene die Augen öffnet, stößt es den Odem aus voller Kehle in die Welt und nimmt so akustisch Kontakt auf. Das Neugeborene sendet ein Signal in die fremde Umwelt, ein Lebenszeichen: Urschrei.

Ich halte es für wichtig, dieses Moment zu verstehen, denn es ist die Wurzel aller Sprache: die Emanation des Physischen aus dem Geist als Wort. Sprache ist elementar vital und kreativ. Deshalb möchte ich ein Bild skizzieren, in welchem Bewusstseinszustand sich das Neugeborene befindet. Natürlich wissen wir es nicht im wissenschaftlichen Sinne, aber wir können Betrachtungen über die Entwicklung anstellen, die das Bewusstsein macht, und daraus Mutmaßungen ableiten. Und wir können uns hineinversetzen.

Um eine Diskussion auszuklammern, gehen wir davon aus, dass der Zellhaufen, der in der Gebärmutter heranwächst und sich nach und nach zu einem Embryo und Fetus differenziert, irgendwann in diesem Verlauf mit etwas ›erhellt‹ wird, das wir Bewusstsein nennen. Weil es später ›drin‹ ist, muss es irgendwann ›hineingekommen‹ sein. Irgendwann in der Gebärmutter trat **Bewusstein** in den Fetus und es war am Anfang vermutlich wie Tiefschlaf.

Wie der Fetus heranreift, entwickelt sich sein sinnliches System und er stößt an Grenzen, zum Beispiel die Gebärmutterwand, von der er natürlich keinen Begriff hat. Selbst wenn die Augen soweit entwickelt sind, sieht er bestenfalls eine blutrötliche Atmosphäre um sich herum. Quasi schwerelos schwimmt er im körperwarmen Fluidum. Aber er nimmt die Begrenzung wahr und damit indirekt ›sich selbst‹, was immer zu dem Zeitpunkt das ist. Und vor allem, er hört: das fortgesetzte Pochen des Herzens in wechselnden Frequenzen und dazu das pumpende Spritzgeräusch in den Gefäßen. Darm- und andere Organgeräusche mischen sich mit dem, was an Klängen und Geräuschen von ›außen‹ womöglich hinzukommt. Vibrationen, mit denen der mütterliche Körper in Resonanz geht, können akustischen Reizen zugeordnet werden.

Die **Klangwahrnehmung** über Körper und Ohr ist begleitet von Stoffwechselreaktionen (Befindlichkeiten) der Mutter, an denen der Fetus teilnimmt. Die akustischen Reize (Klänge, Geräusche) sind deshalb von Natur aus mit bestimmten Befindlichkeiten, also Gefühlen der Lust oder Unlust assoziiert und prägen sich dem sich entwickelnden Organismus ein.

Das Ohr, betrachtet man es als Einheit mit dem Gleichgewichtsorgan, entwickelt sich sehr früh in der Schwangerschaft und prägt entsprechend tief die zerebrale Entwicklung (im Verein mit der Tiefen- und Oberflächensensibilität und dem Fühlen von Schallwellen). Schall als Elementar der Sprache, ist also von Anbeginn prägend für die Entfaltung der neuro-physiologischen Struktur. Defekte im auditiven Sinnessystem resultieren in kortikalen Minderentwicklungen.

Wir wissen, dass bereits der Embryo auf Sinnesreize reagiert und sich selbst durch Bewegungen ab dem zweiten Schwangerschaftsmonat Sinneserfahrungen verschafft. Was gereizt wird, entwickelt sich, so wie eine Pflanze immer zum Licht hin wächst. Und es lässt sich deshalb auch nachweisen, dass kulturelle Gruppen durch die divergierenden Wertesysteme und daraus folgender Sozialisation wechselnde Bereiche des Kortex stärker und schwächer entwickelt zeigen. Ist die Reizung zu stark und erfolgt fortgesetzt, kann es allerdings auch zur ›Überentwicklung‹ kommen. Weil das immer nur einen Teilaspekt berührt, entsteht dann das Bild einer dissoziierten Entwicklung.

Wenn der Fetus Sinnesreize aufnimmt und in sein Gehirn einleitet, dann werden sie dort auch irgendwie verarbeitet. Die Sinnesreize stimulieren die zunächst ›neutralen‹ Hirnzellen, synaptische Muster zu bilden, die den Sinnesreiz assoziieren. An diesem Punkt *beginnt* mit der Sinnesverarbeitung die Wahrnehmung – die spreche ich dem Fetus allerdings noch ab, denn sie setzt ein waches Bewusstsein voraus.

Durch Wiederholung, Wiedererkennen, Modulationen und Querassoziationen entsteht Stück für Stück ein ›Bild‹ zu jedem Reizmuster. Zunächst besteht es nur aus einer Assoziation auf (körperliche) Lust oder Unlust, die auf geistiger Ebene ursprünglich mit Gut und Böse gleichgesetzt wird. Zwar ist der Geist in der Lage, irgendwann komplexe Klang*bilder* zu erkennen, doch erst mit der optischen Wahrnehmung (und ihrer Fülle an Informationen) entsteht eine Dynamik, die rationelle Organisation der kortikalen Verarbeitungsprozesse ermöglicht. Es entstehen mentale Abbilder der Außenwelt, es werden Gestalten extrahiert und später auch abstrakte (nicht-gegenständliche) Ideen entwickelt beziehungsweise gelernt.

Von all dem weiß unser Fetus in seinem leeren oder fast leeren Einheitsbewusstein nichts. Vielleicht bewegen sich Bilder, die von anderen Seinsebenen einwirken, wie Projektionen eines Kaleidoskops durch seinen Geist, das bleibt aber zumindest derzeit noch esoterische Spekulation.

Die **Geburt** ist für die Entwicklung natürlich ein einschneidender Augenblick. Mit einem Schlag ist alles anders. Der Fetus, dem es vorher schon recht eng geworden ist, wird jetzt durch den Geburtskanal gepresst. Das endliche Hinauskommen in die Außenwelt ist körperlich eine Befreiung. Das Neugeborene wird von Geburtsbegleitern als in der Regel im ersten Augenblick wach und aufmerksam beschrieben. Die plötzliche Kälte und die fremden Geräuschen und Gefühle stellen sich schockartig ein; das Neugeborene schreit und kneift die Augen zu.

Die Geburt ist aber nicht nur von körperlichem Stress begleitet, auch die Perspektive ändert sich mit der Geburt vollständig. Vorher war *Ich* Zentrum der Welt und die ganze Welt war nichts als *Ich*. Für alles war gesorgt, also musste *Ich* nur dasein und sonst nichts.

Am Ende war dieses *Ich* schon irgendwie ›eng‹ geworden, aber alles, was war, war *Ich*. Nach der Geburt ist das vollkommen anders. Jetzt gibt es ringsherum ein Nicht-Ich und das ist erdrückend groß und ›feindlich‹. Das Neugeborene schläft die meiste Zeit, das heißt, es geht zurück in eine Welt (Regress), auf eine Ebene, wo die alten omnipotenten Gesetze fortbestehen, den Traum. Dabei ›lernt‹ es, dass Regress Erleichterung verschafft. Selbst Erwachsene lassen sich in vertrauensvoller Umgebung relativ leicht in Regress führen.

Mit der Geburt erfolgt die endgültige Trennung in Ich und Nicht-Ich. Bitte betrachten Sie den Geburtsvorgang, wie er heute klinisch praktiziert wird, oder zur Zeit Ihrer Geburt praktiziert wurde, oder wie er von bestimmten kulturellen oder sozialen Gruppen gestaltet wird einmal aus der Perspektive des Hineinversetzens. Welche ersten Eindrücke prägen sich tief in das wachsweiche Bewusstsein des Neugeborenen ein? Welche Beziehung entwickelt das isolierte Ich deshalb zum Nicht-Ich? Und von welchen akustischen Signalen (Geräusche, Wörter) wird diese Erfahrung begleitet? Das Neugeborene kneift die Augen zu, aber die Ohren kann es nicht zukneifen.

Ein Wesen, das neun Monate geschwiegen und in vollkommener Einheit mit sich gelebt hat, wird in eine Welt hinein*geweckt*, die außerhalb von ihm ist. Unvorstellbar aus dem Blickwinkel des Neugeborenen. Gleißendes Licht sticht die Augen, Schwerkraft zieht an der Statik, Herz und Lunge müssen selbsttätig pumpen, was für eine Herausforderung. Und es ist kalt, es ist ja so kalt. Da tut die Nähe des mütterlichen Körpers wohl, denn aus der Sicht des Neugeborenen ist *der* ja von *ihm* abgefallen, hat es verlassen.

Das Neugeborene ist anfangs häufig im Schlaf und womöglich träumt es auch irgendwie. Aber es wird auch wach, denn die Physis fordert Tribut. Der physische Organismus bleibt nur erhalten, wenn er beständig von festen und flüssigen Stoffen durchströmt wird; die müssen regelmäßig zu- und abgeführt werden. Hiervon hat das Neugeborene natürlich auch noch keinen Begriff. Es empfindet nur das Bedürfnis nach Nahrung oder Begegnung (Nähe) und: artikuliert sich akustisch, moduliert seine Lebensenergie, den Atem, und schreit.

Akustische Kommunikation ist die erste *Hand*lung des Neugeborenen. Sein **Schrei** ist das universale Urwort. Das Baby lernt schnell, dieses Urwort zu modulieren, und die Mutter erkennt bald die feinen Nuancen. So entwickelt sich neben Empfindung und Blick Schall zum dritten Medium der Verbindung (Kommunikation). Und das Baby erfährt die Macht des Wortes, nämlich an der Kraft und Gewissheit, mit der das Wort (sein Schreien) seine Notdürftigkeiten behebt. Auf dieser Stufe ist das Wort (Zeichen) noch eine Einheit von Bedeutendem (Signifikant) und Bedeutetem (Signifikat); das Wort zu sprechen, ist identisch mit der Erfüllung seines Inhalts. Die Erfahrung, die das Baby mit der Wirkkraft seines Schreiens macht, prägt sein Verhältnis zur Macht (und Recht) des Wortes für sein ganzes Leben.

Fortgesetzt gereizt entwickelt sich nun auch die visuelle Wahrnehmung rasant. Bald erkennt das Baby Objekte und greift danach; sein Lachen zeigt an, wenn es etwas wiedererkennt. Es greift auch nach dem Gesicht der Mutter. Dort entdeckt es etwas Entscheidendes: den Glanz in ihrem Auge. Nach diesem Glanz wird der neue Mensch ohne es zu wissen sein ganzes Leben lang suchen; er wird ihn im Glanz des Goldes entdecken oder im Auge des erleuchteten Meisters.

Es ist dieser Glanz, der dem Baby das tiefe Vertrauen und die Geborgenheit gibt, denn der Glanz ist Zeichen der uneingeschränkten Zugewandtheit. Und wenn die Mutter ihr Baby so in Liebe betrachtet und ihm dabei zum Beispiel durch Streicheln angenehme Körperempfindungen vermittelt, dann intoniert sie auch und zwar derart, das sie Einzellaute aus Konsonant und Vokal vielfach wiederholt, etwa: »Tu, tu, tu, tu, tu. Ki, ki, ki, ki, ki.« Und wenn sie bemerkt, dass ihr Baby unruhig wird, dann wird sie – ohne zu ›wissen‹ warum – einen Zischlaut verwenden wie »sch«, »ß« oder »schi«, der Pressstrahlgeräusche nachahmt.

Die symbiotische Beziehung ist so eng und so intakt, dass die junge Mutter spontan richtig handelt. Sie hat ein ursprüngliches, tiefes Wissen, das ihr Wesen erfüllt. Sie muss nicht nachdenken oder rationale Erwägungen anstrengen. Sie lebt dieses Wissen spontan, weil sie voller Liebe hingewendet ist.

Die rhythmische **Wiederholung** beispielsweise als verstärkendes Element wird auch eingesetzt, um Trance zu induzieren. Die rhythmischen Gefäßgeräusche begleiten die Entwicklung des Kindes von Anfang an. Stampfende Rhythmen sind der Beginn archaischer Musik; sie zitieren ursprünglich den Herzrhythmus und sein Geräusch. Die Vervielfachung von Personen und die Wiederholung von Szenen, meist drei Mal, ist auch rhetorisches Element in Mythen und Märchen. Dass die Mutter den Laut vorzüglich fünf Mal wiederholt, zeigt erneut, dass sie intuitiv richtig handelt, denn unsere Wahrnehmung kann fünf Elemente als einzelne wahrnehmen, mehr als fünf werden diffus zu »viele«.

Die Mutter nimmt ihr Baby in den Arm oder bewegt es auf andere Weise rhythmisch, zum Beispiel in der Wiege. Sie synchronisiert ihre und des Babys Bewegungen. Dabei unterhält sie intensiven Blickkontakt und ist vollkommen zugewandt. Sie krault, massiert oder streichelt ›ihr‹ Baby an wechselnden Körperstellen, etwa am Bauch. Durch all diese Reize und Synchronisationen taucht die Mutter sich selbst zusammen mit dem Baby in eine liebevolle Trance. Und in dieser Trance gibt sie Wissen weiter. Trance ist der natürliche Zustand, um Wissen weiterzugeben, allerdings nur *das* Wissen, also das ›reine‹, sprich spirituelle Wissen.

Die junge Mutter exponiert in dieser symbiotischen Beziehung, wie Erziehung tatsächlich funktioniert: ein Umfeld angenehmer Erfahrungen schaffen, einen offenen geistigen Zustand (Trance) und dahinein ein positives Vorbild geben. Das Baby wird zunächst lachen, später mit Speichel blasen und schließlich einen ersten Laut von sich geben. Gespannt warten die Eltern darauf, ob es zuerst »Pa« oder »Ma« artikuliert. Diese gespannte Erwartung erzeugt bei den Eltern einen Zustand der Trance. Wie sie voller Liebe auf den ersten Laut warten, übertragen sie Energie auf das Baby. Das Kind erfährt, dass es Aufmerksamkeit bekommt, wenn es Sprache benutzt. Die Sozial- oder Subjektmächtigkeit (Zustand der Kommunikation, Gefühl) ist die erste Qualität von Sprache, der das Kind begegnet, wenn man das Schreien des Babys ausschließt; danach erst lernt es die Objektmächtigkeit (Inhalt der Kommunikation, Logik) kennen.

Die rhythmische Wiederholung ist die erste Form artikulierter **Sprache,** die ein Baby erfährt, und dieses Vorsprechen durch die Mutter ist begleitet von der Erfahrung von Nähe. Später wird das Kind aus diesen Laut-Bausteinen erste Wörter durch Wiederholung, Verdoppelung bilden: »Mama, Tütü, Wauwau«.

Parallel dazu entwickelt das Baby aber eine ganze Reihe individueller und temporärer Klangfolgen, zum Teil mit nichtsprachlichen Elementen wir Gurgeln, Gurren, Grunzen oder atonalem Schreien, um positive wie negative Befindlichkeiten zu artikulieren. Die Mutter kennt all diese ›Wörter‹. Mit fortgesetzter Sprachentwicklung erfindet das Kind auch eigene Wörter, die nicht immer auf mangelnde Artikulation oder Missverstehen zurückzuführen sind.

In der Sprache findet das Kind einen frühen Ausdruck seiner Kreativität. Wieder ist Klang (Wort, Sprache) ursprünglicher als Licht (Abbild, Symbol), denn viel später erst beschreibt das Kind seine Welt durch ›Malen‹. Weil das Bild mehr sagt als tausendundein Wort, können wir dann komplexeren Einblick in seinen Begriffsraum und seinen Erlebnishorizont nehmen, aber ursprünglicher ist der Klang. Das Wort ist elementarer als das Bild.

▶ Trance

Neben der Entwicklung der Sprache und der Differenzierung der visuellen Wahrnehmung verläuft die Entfaltung des (Wach-) Bewusstseins. Der Urzustand des Bewusstseins ist gedankenleer wie der Tiefschlaf; wenn das Kind die Augen öffnet, wird es in irgendeiner Art von Wachbewusstsein sein.

Wachbewusstsein bringen wir mit Gedanken in Verbindung. Jeder weiß aber aus persönlicher Erfahrung, dass es im Schlaf auch einen Zustand geistiger Aktivität gibt (ob Bilder, Empfindungen oder Wörter, als ›Gedanken‹ zusammengefasst), also einen gedankenvollen unbewussten Zustand. Wir nennen ihn Traum.

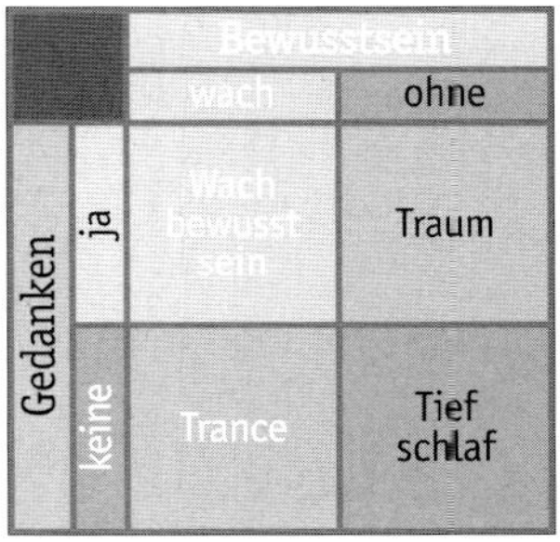

Die vier Hauptbewusstseinszustände Tiefschlaf, Schlaf, Wachzustand, Trance

Diese drei (Haupt-) **Bewusstseinszustände** sind physiologisch eindeutig beschreibbar. Es gibt aber einen vierten Bewusstseinszustand, der ebenfalls physiologisch eindeutig beschreibbar ist.

Längst sind weitere differenzierte Bewusstseinszustände entdeckt und beschrieben, doch das ist hier nicht wichtig. Wesentlich ist allein, dass es einen Bewusstseinszustand gibt, der sich durch bewusste Gedankenleere auszeichnet. Heute werden viele Methoden angeboten, diesen Zustand zu kultivieren, weil ihm positive Auswirkungen auf alle Aspekte des Lebens nachgewiesen sind, denn es ist ein Zustand körperlicher Entspanntheit und geistiger Ruhe, die sich zerebral beispielsweise in höherer Synchronisation der Gehirnwellen zeigt.

Das Neugeborene hat vermutlich schon pränatal erste ›Gedanken‹ erlebt. Die von den Wahrnehmungsorganen empfangenen frühen Signale stimulieren ja die in Bildung begriffene neuronale Struktur. Nur haben diese ›Eindrücke‹ noch keinen Inhalt, keinen Bezug auf Erfahrungen, es bleiben Reize, deren Verarbeitung kein Verhaltensschema aktiviert.

Wir sind geneigt, Bewusstsein mit Gedanken zu verquicken; kein Bewusstsein ohne Gedanken. Doch Gedanken sind ja auch von Bewusstsein unabhängig (Traum), warum soll dann Bewusstsein von Gedanken abhängig sein? Die Frage, wie verschwommen oder scharf die Gedanken eines Babys oder eines Anderen sind, berührt also in keiner Weise die Frage, ob Bewusstsein vorhanden ist oder nicht.

Bewusstsein wird gern an der Reflexion festgemacht, doch wenn es Bewusstsein ohne Gedanken gibt, gibt es Bewusstsein auch ohne Reflexion. Bewusstsein *(awareness)* ist Aufmerksamkeit, Wachheit an sich; Wachbewusstsein ist Bewusstsein mit Gedanken. Was ich hier zunächst schnell »Trance-Bewusstsein« nenne, ist gedankenleeres Bewusstsein, also Bewusstsein an sich. Deshalb *kann* dieser Zustand parallel mit anderen Bewusstseinszuständen auftreten, kann aber auch von den anderen überlagert und verdrängt werden. Die Kunst der Trance-Technik besteht darin, Trance-Bewusstsein herzustellen und zu erhalten, während (»obwohl«) Gedankeninhalte vermittelt werden oder auch ein Gespräch geführt wird. Darauf werde ich später noch eingehen.

Der Zustand geistiger Wachheit (Bewusstsein) ohne Gedankeninhalte ist inzwischen vielfältig untersucht und beschrieben worden. Interessant ist die Frage, wann ein Kind zum ersten Mal einen solchen Zustand geistiger Wachheit (auch ohne Gedanken) erlebt, denn in dem Augenblick hat es Bewusstsein (gedankenleer). Und dies läuft auf die Frage der Beseelung hinaus. Der Mensch ist ein beseeltes Wesen und verfügt deshalb über Bewusstsein (ich verkürze hier notgedrungen). Doch auch der an sich bewusste Mensch kann bewusstlos und bewusstseinslos werden; er kann sogar, wie die Nahtodforschung zeigt, bewusstlos sein und trotzdem nicht bewusstseinslos.

Beseelung ist die Befähigung zum Bewusstsein. Was beseelt ist, *kann* bewusst sein. Weil wir uns die Seele ununterbrochen wach vorstellen, tritt in dem Augenblick, wo die Seele in den Körper des werdenden Menschen eintritt – wann immer das sein soll –, mit ihr ein *waches* Bewusstsein ein. Wenn dieser Zeitpunkt so früh ist, wie die meisten Theoretiker vermuten, wird das Bewusstsein des werdenden Menschen inhaltsleer sein, folglich ist der ursprüngliche Bewusstseinszustand das gedankenleere oder Trance-Bewusstsein.

In dem Maße aber, wie neuronale Aktivität entsteht und sich diffuse Eindrücke durch Musterwiederholung zu ›Gedanken‹ formen, wird das gedankenleere Bewusstsein gefüllt. Und in dem Maße wie überwältigende Erfahrungen (extreme physiologische Zustände z. B. durch Angst, Erkrankung oder sonstige Belastung der Mutter) auf das System einwirken, wird Bewusstsein auch überlagert und getrübt werden.

Das Neugeborene ist zunächst gedankenleer, auch wenn es die Augen offen hält. Die beglückten Erwachsenen übersehen das gern, denn sie baden in der Ausstrahlung reiner Liebe, die das Neugeborene umgibt. Schaut man dem Baby unvoreingenommen in die Augen, sieht man, dass es zunächst wie absent, in gedankenleerem Bewusstsein ist. Selbst wenn es wach ist, kann es ja auch noch gar nichts erkennen. Erkennen setzt voraus, dass »im Gehirn« bereits eine Wahrnehmungsgestalt abgelegt ist und wiedererkannt wird. Für das Baby ist bis auf die begrenzten pränatalen ›Wahrnehmungen‹ jede Wahrnehmung erst einmal neu. Nach und nach prägen sich ihm bestimmte kortikale Reizmuster ein, weil sie sich wiederholen. Wir begegnen hier dem Element der Wiederholung erneut. Das Wiedererkennen einer **Gestalt** – das ist der Begriff für »kortikales Reizmuster« – ist mit einem Gefühl großer Lust (Befriedigung) verbunden unabhängig von der Qualität der erkannten Gestalt, weil das Wiedererkennen den Wahrnehmungsprozess in dieser Sache erfolgreich beendet. Die Lust beim Wiedererkennen prägt die Gesellschaft bis hin zu Star-Rummel und Marken-Fetischismus.

Mit dem Wiedererkennen beginnt das Bewusstsein, wie wir es umgangssprachlich verstehen, also die Reflexion. Immer mehr erkennt das Baby wieder, immer wacher wird sein Blick, denn die Wachheit seines Blicks ist die Reflexion des (Wieder-) Erkennens. Aber alle diese gedanklichen Aktivitäten bewegen sich zunächst auf dem Hintergrund leeren, reinen Bewusstseins. Es sind physische Strapazen, sensorischer Druck und emotionale Belastungen (Stress), die das System belasten, zu Veränderungen führen und schließlich das Bewusstsein überlagern und verengen. Ein Baby befindet sich die überwiegende Zeit im Tiefschlaf/Schlaf; und wenn es wach ist, hauptsächlich im Zustand der Gedankenleere. Je weniger das Baby schläft, desto länger ist es wach und um so mehr füllt sich sein Bewusstsein mit Gedanken. Gedanke versteht sich dabei als geistiger Impuls auf einer Skala von Null (kein Gedanke) bis Unendlich, und irgendwo dazwischen liegt der logisch-rationale Gedanke, der gemeinhin allein als Gedanke angesehen wird. Der Zustand der Gedankenleere ist aber der Ur- und Grundzustand.

Die meisten Menschen kennen den Zustand von Wachheit ohne Gedanken. Er wird gemeinhin als Dösen bezeichnet und als Tagträumen verurteilt, obwohl er das nicht ist. Dösen heißt, ich bin wach und »schaue Löcher in die Luft«, habe also keine Gedanken. Junge Kinder sind oft in diesem Zustand. Es ist ein Zustand tiefer Ruhe und Entspannung, durch den Gedanken bestenfalls als Karawane am Horizont ziehen. Ruhe können wir natürlich auch finden, wenn wir das Bewusstsein verlieren (Schlaf), doch wenn Sie die Wahl haben: Verlieren Sie gerne das Bewusstsein oder wollen Sie es lieber behalten?

Mehr noch, Bewusstsein ohne Gedanken ist nicht nur der Ur-Zustand, der Geist zeigt auch die Tendenz, diesen Grundzustand immer wieder einzunehmen, wenn man ihn nur lässt. Es kostet Konzentration (Fokussierung), nicht die Gedanken zu ›verlieren‹, aber auch wenn wir unseren Geist malträtieren, dass er sich konzentriere und die Gedanken fasse – ermattet er irgendwann und... leert sich. Dieses sich Leeren nennen wir Transzendieren und den dadurch erreichten Zustand Trance. Trance zu ermöglichen, zu erhalten und zu fördern dient das Instrumentarium der Trance-Therapie.

Der Zustand gedankenleeren Bewusstseins ist der Grundzustand menschlichen Bewusstseins. Der Geist nimmt diesen Zustand von sich aus ein, wenn wir es ihm erlauben. Durch Konzentration hindern wir ihn, durch Meditation können wir ihn unterstützen, wenn wir verlernt haben, den Geist zu lassen.

Nun geht Trance aber einen Schritt weiter. Es wird ja nicht das gedankenleere Bewusstsein angestrebt, wie in der Meditation, wo das allein zum Zweck der Relaxation und Regeneration geschieht. Bei der Trance wird dieser Zustand aufgebaut, um dann vitale Informationen nachhaltig wirksam zu übertragen. Geistige Inhalte sind also wichtig; es bestehen Parallelen zur schamanischen Reise und zu Mythen und Märchen.

Das klingt zunächst paradox. **Gedankenleere** meint aber nur, dass keine Gedanken von ›innen‹ kommen, also in uns aufsteigen. Der Geist wird zur Ruhe gebracht in dem Sinne, dass er selbst keine Gedanken mehr produziert. Das ist Gedankenleere.

Wer Erfahrung mit Meditation hat, weiß, dass von ›außen‹ kommende Sinneseindrücke die Meditation, also den gedankenleeren Zustand nicht stören. Wenn jemand berichtet, er habe in der Meditation den Straßenlärm gar nicht gehört, so ist das nicht ganz korrekt, denn sein Ohr hat ja nicht die Funktion eingestellt. Schallwellen sind aufgetroffen, Rezeptoren haben reagiert und Impulse an das Gehirn gesendet und die sind im wahrnehmenden Gehirn abgebildet worden. Der

Geist war aber so entspannt, dass er nicht einmal die Gestalt »Straßenlärm« aktiviert hat, was Erkennen genannt wird. Es kann aber auch sein, dass der Geist »Straßenlärm« zur Kenntnis nimmt, aber keinen weiteren Gedanken entwickelt wie Ärger und alle möglichen Phantasien, die eine Lawine von Gedanken auslösen und den Geist damit beunruhigen können.

Der zur Ruhe gekommene Geist kann den Zustand der Trance (Gedankenleere) aufrechterhalten und trotzdem von außen kommende Gedanken wahrnehmen. Er lässt sie an sich vorüber ziehen, ohne eine Gedankenlawine auszulösen. Die Kunst der Meditation besteht verkürzt gesagt darin, selbst in sich keine Gedankenlawinen auszulösen; die Kunst der Trance-Therapie, im Klienten keine Gedankenlawinen auszulösen.

Dabei ist die Trance-Therapie in ihrer Wirkung so überlegen, weil sie den Klienten öffnet. Sicherheit, Vertrauen, Stärkung etc. erlauben es ihm, sich zu öffnen, sein Bewusstsein, sein Denken und Fühlen, sein ganzes Sein weit werden zu lassen; offen, frei, gelöst, grenzenlos. Und in diese stille Weite hinein tropft der sorgfältig erwählte therapeutische Nektar.

Diese Kunst beherrschen Märchen-Erzähler und Schamanen; diese Kunst auch zeichnet den Trance-Therapeuten aus. Sie besteht darin, Trance zu induzieren und dann über Handlungsmuster und Sprache zu verfügen, welche den geweiteten Zustand der Trance erhalten, während parallel die heilenden Inhalte vermittelt werden. Alle drei wirken ausschließlich durch den Klang, instrumental, vokal oder narrativ, und wenn über Bilder, dann symbolisch.

Im visuellen Bereich wissen wir, dass bestimmte Figuren oder kinetische Muster an sich die Aufmerksamkeit stark attraktieren, doch in unserer Kultur wird besonders die Faszination des bewegten Bildes genutzt, um Betrachter in einen Trance-Zustand zu versetzen. Das Gefühl des Wiedereintauchens in den Alltag am Ende eines ›guten‹ Spielfilms ist bekannt. Die Strategie dabei ist, den Zuschauer mit sensorischen Stimuli so zu überfluten *(overwelming)*, dass er »sich vergisst«. Im Spielfilm geschieht das zum Beispiel durch Schnitttechnik, Kameraführung etc. bei gleichzeitiger Intensivreizung der akustischen Wahrnehmung.

Man kann den Bewusstseinszustand des Overwelming natürlich auch als Trance bezeichnen, aber eigentlich ist es treffender zu sagen, der Zuschauer sei gebannt. Auf jeden Fall ist er nicht selbstbewusst und in diesem Sinne unfrei.

Gleichzeitig ist er durch die Bannung auf die Botschaft fixiert, ganz gleich, welchen Inhalt sie hat. Diese Möglichkeit, Einfluss auf den Zuschauer zu nehmen, wird vielfältig genutzt. Wo aber in Propaganda und Werbung leicht über den moralischen Aspekt solchen Tuns geurteilt werden kann, ist es bei der an sich wertfreien Unterhaltung nur schwer zu fassen, in wie weit die ›Botschaft‹ beispielsweise eines Kinofilms moralisch ist oder nicht.

Abgesehen von diesem Aspekt der Moralfrage sind zwei grundsätzlich verschiedene Wege oder Methoden zu unterscheiden, durch die der gedankenleere Zustand erreicht werden kann. In der Trance-Literatur wird dann zwischen »positiver« und »negativer« Trance unterschieden. Das ist jedoch verwirrend und irreführend. Trance ist ein Zustand, der nicht gut oder schlecht sein kann, was mit »positiv« und »negativ« suggeriert wird; positiv oder negativ kann die Art und Weise sein, wie der Zustand erreicht wird und welche Botschaft mit welcher Absicht dahineingelegt wird.

Wir wissen, dass Menschen in Panik auch ›gedankenleer‹ sind, und erkennen, dass Angst als negativer Attraktor instrumentalisiert werden kann, um einen Trance ähnlichen Zustand hervorzurufen, gewöhnlich mit dem Zweck, die dann soweit willenlose Person dirigieren oder indoktrinieren zu können. Ich hielte es auch hier für richtiger, von **Bann** zu sprechen, aber die hilflose und unglückliche Bezeichnung »negative Trance« hat sich schon eingeschliffen.

Auch die durch negative, also Angst machende Gedanken erzeugte »negative Trance« versetzt in einen unfreien Zustand. Wenn jemand über Angst in Trance versetzt, also gebannt wird, dann kann ich beliebig auf der Klaviatur der Angst spielen; wenn jemand durch Überflutung gebannt ist, kann ich ihm Horrorbilder und Überschwang in beliebigem Wechsel zeigen. Betrachter von Spielfilmen sind manches Mal so gebannt, dass sie dringende physische Notwendigkeiten zu unterdrücken bemüht sind, um weiter schauen zu können.

Wirkliche Bewusstseinsleere, so wie sie ursprünglich im Fetus vorgestellt wurde, ist frei und weit, nicht auf einen Inhalt gerichtet, sondern offen für alle. Auch die Bewusstseinsleere der Meditation ist frei, doch die Bewusstseinsleere durch Bann ist unfrei. Die meditative Bewusstseinsleere entspricht dem vierten Hauptbewusstseinszustand, der oben mit Trance beschriftet wurde. Aber die panische Bewusstseinsleere entspricht ihm nicht. Im vierten Hauptbewusstseinszustand sinken beispielsweise Herzfrequenz und Atemvolumen, der Hautwiderstand steigt etc.

Trance – und ich meine im Folgenden immer »positive Trance«, wenn ich »Trance« sage – ist entgegen der landläufigen Vorurteile ein bewusster und freier Zustand. Wenn in eine in therapeutischem Sinne geführte Trance bannende Gedanken eingeführt werden, wird der Klient die Trance abbrechen. Kinder reagieren hier spontan und wenden sich innerlich oder auch physisch ab. Ein älterer Klient kann möglicherweise aus der Trance in den Bann überführt werden, wenn die bannenden Bilder direkt Projektionen berühren, die der betreffende Klient verinnerlicht hat. In der Sprache der Werbepsychologie heißt das, wenn die Person einen »hot spot« hat, der mit Angst machenden Bildern assoziiert ist. Dies wird um so schwerer möglich sein, je sicherer und gefestigter der Klient in der Trance-Erfahrung ist.

Trance ist ein geweiteter und befreiter Zustand, kein verengter und bestimmter. Trance kann nicht durch Konzentration erreicht werden. Was möglich ist und praktiziert wird, beispielsweise im Zen, den Geist so sehr zu konzentrieren, dass er sich schließlich erschöpft entlädt und dabei transzendiert.

Fokussierung, die immer wieder in Zusammenhang mit Trance genannt wird, ist nach unserem Sprachgebrauch nur ein anderes Wort für Konzentration, obwohl es auch Zentrierung bedeuten kann, was dem Trance-Zustand schon näher kommt. Wir sehen beim Begriff Fokus vorzugsweise den Brennpunkt auf den sich die konzentrischen Kreise verengen, und nicht den äußersten, vom Brennpunkt unendlich entfernten Kreis, in den sich alle Kreise weiten. Verengung bannt. Mit Fokussierung soll der Klient – in bester Absicht – geistig ›bei der Stange gehalten‹ werden. Jede Verengung ruft aber eine spontane Vermeidungsreaktion hervor, eine Abwehr, und sei sie noch so subtil. Enge bedeutet Gefahr.

Richtig verstanden braucht Trance solche Zugriffe nicht, weil sich der Geist ganz mühelos und spontan seinem Urzustand der Gedankenleere, der Offenheit und Weite zuwendet, wenn wir ihn nur lassen. Die stärkenden Bilder, die parallel zur Trance vermittelt werden, die Ressourcen, die dem Klienten erschließbar gemacht werden, die Achtung, die seiner Person und seinem Wesen gezollt wird, schaffen eine Atmosphäre, in die sich der Geist mit Freude und ohne Mühe hineinweitet und alles assimiliert, was sie (für ihn) enthält.

Zusammengefasst ist Wachbewusstsein also kein einheitlicher Zustand, sondern weist ganz unterschiedliche Grade auf, die von dösig über wach bis panisch reichen, von gedankenleer bis überreizt. Bei manchen Zuständen des Wachbewusstseins ist der Geist völlig von der Sache erfüllt, also selbstvergessen. Ein solcher Zustand kann zum Beispiel durch Angst hergestellt werden (Panik) oder durch Liebe (Trance). Und in beide Zustände hinein fließen Informationen, einmal sind sie an die Erfahrung von Liebe und Vertrauen gebunden (positiv), das andere Mal an Angst und Misstrauen (negativ). Deshalb ist die Frage der **Moral** so zentral für die Trance. Sie wird in einem eigenen Abschnitt weiter unten behandelt.

Weiter ist Trance ein ganz natürlicher und ursprünglicher Bewusstseinszustand, in dem sich Kinder je jünger desto öfter sowieso befinden. Die schamanische Kultur zeigt, dass es ein Anliegen sein kann, diesen Bewusstseinszustand zu erhalten und zu kultivieren, der mit dem Verlust der Kindheit bedroht zu sein scheint. Mütterliche Kulturen sind mehr nach innen gerichtet, deshalb kultivieren sie auch die Trance. Väterliche Kulturen sind mehr nach außen gerichtet, deshalb lehnen sie Meditation ab und instrumentalisieren die Trance für nach außen gerichtete (weltliche) Zwecke. Kulturen, in denen das Mütterlich-Seelische stärker wirkt, verfügen über Strukturen, um die Fähigkeit zur Trance zu erhalten und weiterzugeben. Für sie ist es ein Instrument der Heilung aller Krankheiten der Seele (und die Krankheiten des Körpers sind nur Abbilder der Krankheiten der Seele) und es öffnet das Tor zu einem Reich, wo das Glück zu finden ist, das wir im Leben suchen: das Land der Seele.

Dass Trance ein natürlicher Bewusstseinszustand ist, kann sehen, wer Kinder genau beobachtet. Immer wieder gleiten sie in Trance; ob sie den kleinen Zeiger der Uhr beobachten; ob sie malen, singen, spielen, tanzen, Musik hören; und selbst noch, wenn sie das Poster ihres Stars anhimmeln; oder endlich den Schlüssel ihres Traumautos in der Hand haben. Trance-Erfahrungen begleiten uns und durchziehen unser Leben von der Geburt über die Hochzeit bis zum Sterbebett und seiner außerkörperlichen Erfahrung. Was ist Bewusstsein?

▶ Böse Welt

Unser Urzustand ist gedankenleeres Bewusstsein. Doch wenn Kinder in diesen ›göttlichen‹ Zustand gehen, wird er sogleich als Dösen oder Tagträumen diskreditiert und viele, fast alle Erwachsenen fühlen sich aufgerufen, das Kind »wachzurütteln«. Dabei ist es vollkommen wach! Nur ist seine Aufmerksamkeit nicht nach außen gerichtet, sondern nach innen.

Kinder werden heute viel zu früh und zu heftig ›wachgerüttelt‹. Nicht nur von besorgten Erziehungspersonen, sondern von einer ununterbrochen reizüberfluteten Umwelt und den ihr folgenden Aggressionen und Ängsten. Das hat zur Folge, dass die natürliche Fähigkeit zur Trance früher verloren geht, das Kind »macht dicht« und ist dann auch erzieherisch nur noch schwer oder gar nicht erreichbar. Das Verletzen von Offenheit erzeugt Misstrauen. In dem Maße aber, wie sich das Kind in sich zurückzieht, wird es von den Erziehenden stärker bedrängt. Dadurch entsteht eine angespannte Situation, die sich wie ein Krampf nicht lösen will.

Das Kind braucht eine entspannte Situation, um sich öffnen zu können. Es muss in Ruhe seine Erfahrungen machen und seine Welt in Gut und Böse ordnen. Diese elementare Erfahrung der Welt hat jeder Erwachsene selbst irgendwann gemacht, doch sie ist so tief in der Erinnerung versunken, dass sie unser Verhalten nur noch unbewusst beeinflusst. Deshalb fällt es Erziehungspersonen oft nicht leicht, den geistigen Vorgängen im Kind zu folgen. Dann geschieht es auch, dass Erwachsene aus Fürsorge und dem Gefühl der Überlegenheit heraus dem Kind alles Mögliche vorschreiben und einreden und es damit einengen, darauf ›fokussieren‹, so zu werden, wie sie es haben wollen.

Die ›Philosophie‹ des erwachenden Geistes ist ursprünglich und ganz natürlich: *Ich* ist gut, *Nicht-Ich* ist nicht gut (böse). Die erste soziale Erfahrung, die das Baby macht, ist mit der Mutter; es bezieht sie in *Ich* ein (Symbiose) und schon deshalb ist *Mutter* a priori gut. Die zweite Erfahrung, der Vater, ist für das Baby zunächst Nicht-Ich, also böse. Wie schnell das Kind *Vater* in *Ich* einbezieht, hängt vermutlich auch davon ab, wie innig das Kind die Beziehung zwischen Mutter und Vater erfährt, also wie weit sie ›eins‹ sind.

Diese Art der Betrachtung führt regelmäßig zu starker Abwehr, weil Emotionen berührt werden und Projektionen auslösen. Deshalb möchte ich unterstreichen, dass ich nicht davon gesprochen haben, dass »der Vater« (ein Vater, mein Nachbar, Sie) »böse« (ein schlechter Vater) ist. Ich beschreibe die Welt aus der Perspektive des erwachenden Geistes. Das Kind hat ja noch gar keinen Begriff von Gut und Böse wie wir, es reflektiert lediglich auf seine Lust und Unlust; diese Reflexion ist aber die Wurzel aller späteren Polarisierungen und ganz zuvor der von Gut und Böse.

Das Baby weiß auch noch nicht, was *Vater* ist. Was Mutter ist, ›weiß‹ es von Anfang an, nämlich der Teil von *Ich,* der es ernährt und erhält. *Vater* ist Teil des Nicht-Ich, dem das Baby erst mit der Geburt begegnet und den es erst noch ›einverleiben‹ muss. Wenn alles normal verläuft, wird das sehr schnell geschehen.

Wesentlich ist, dass eine fortgesetzte Beurteilung als »gut« (Lust) oder »böse« (Unlust) von allem erfolgt, was dem Kind, was uns begegnet. Mit der geistigen Reifung, werden unsere Urteile differenzierter, doch im Grunde geht es immer um Gut und Böse. Um die Emotionalität herauszunehmen, verwende ich nun das Begriffspaar nährend/fordernd (was das Baby als gut und böse erlebt). Das Mütterliche, Seelische *(Ich)* ist nährend, das Väterliche, Weltliche *(Nicht-Ich)* ist fordernd. Nähren (Energie) und Fordern (Ordnung) bringen im Wechselspiel (kosmischer Tanz) das Leben hervor, heißt es. Beide Pole sind unverzichtbar notwendig, wo immer der eine ist, ist auch der andere.

Bei unseren Vorfahren, die noch ursprünglicher dachten, nahm man das heilige Gastrecht in Anspruch, das heißt, man war vor jeglicher weltlicher Gewalt geschützt, wenn man sich an den Herd oder Ofen setzte. Diese Funktion des Schutzes und der Sicherheit drückt sich im »heimischen« oder »mütterlichen« Herd aus. Und das Bild dieses Schutzes hat sich bis heute im Kirchenasyl erhalten, denn der Altar ist die vergeistigte Feuerstelle. Das Mütterliche nährt und bietet Schutz, das Väterliche ordnet und fordert.

Wenn die Mutter später beginnt, Forderungen an das Kind zu stellen, wenn sie also auch väterliche Aspekte zeigt, verlässt sie das Symbol *Mutter* und wird *Hexe.* Die Mutter ist das einzige Symbol im Märchen, das eine ›charakterliche‹ Wandlung durchläuft. Das kommt daher, weil die Mutter zunächst (während der Symbiose) noch ein Teil des Helden (Kind) ist. Alle anderen Symbole gehört von Anfang an zum Nicht-Ich, die Mutter erhält diesen Status erst nach Verlassen der Symbiose, mit Beginn der Autonomie.

Wenn *Ich* beginnt, das Nicht-Ich wahrzunehmen, erfährt es einen starken Reiz, den wir Neugier nennen. Das Kind will die Welt erfahren, das heißt in dieser Terminologie, das Nicht-Ich erkunden und sich einverleiben. Es stellt fest, dass *Nicht-Ich* aus einzelnen Teilen besteht, und es fängt an, eins nach dem anderen zu ›begreifen‹ und zu ›bewerten‹, ob es ihm nützt (gut) oder schadet (böse).

Die Neugier ist der Antrieb, das Wagnis einzugehen, aber Voraussetzung ist, dass sich das Kind angenommen und geborgen fühlt, weil es sonst den (Lebens-) Mut nicht aufbringt. Das Kind bringt ein **Urvertrauen** mit, doch das bleibt nur erhalten, wenn es in der familiären Situation auf fruchtbaren Boden fällt. Wenn das Kind Vertrauen hat, geht es das Wagnis ein, dem Nicht-Ich zu begegnen, sammelt Erfahrungen, erwirbt Fertigkeiten und baut sein Urvertrauen in die Welt hinein aus.

Dieses fortgesetzte Risiko, auf die Welt zuzugehen und sie zu erobern, kann das Kind leichter eingehen und deshalb dann auch erfolgreicher absolvieren, wenn es in einer Atmosphäre heranwächst, die sein Vertrauen stützt und dazu gehört nach liebevollen Eltern ein verlässliches Wertesystem. Ein Wertesystem ist aber nur so tauglich, wie es mit der natürlichen Erfahrung der Welt übereinstimmt, das bedeutet, ein Wertesystem das ›weltfremd‹ ist, kann nur mit Druck (Enge, Zwang, Bann, Stress) aufrecht erhalten werden.

Im Zustand der Trance fühlen wir uns vollkommen eingebettet. Im Zustand der Trance sind wir voller Vertrauen. Vertrauen zu Anderen wächst ursprünglich und in dem Maße, wie wir ihnen begegnen können, ohne zu verengen. Erziehungspersonen, die mit dem Zustand der Trance nicht vertraut sind, neigen zur Verengung. Nur wenige Erziehungspersonen sind persönlich mit dem Zustand der Trance vertraut, alle aber mit dem des Banns.

Im Zustand der Trance sind wir völlig offen und nehmen die Welt unvoreingenommen wahr. Deshalb erfahren wir auch die inhärente Werteordnung (Naturgesetz) ganz direkt. Das ist natürliche Erkenntnis, die ganz natürlich zu moralischem Handeln führt. Das Kind begegnet der Welt unvoreingenommen, weil es noch keine Erfahrungen gemacht hat, und offen, weil es in Trance oder einem Trance ähnlichen Zustand ist. Es liegt an den Erziehungspersonen, wie lange dieser Zustand erhalten bleibt, und das heißt, wie lange die Werteordnung des Naturgesetzes die Entwicklung des Kindes nachhaltig prägt und wann und in welchem Ausmaß das menschliche Gesetz und die Konventionen des Alltags in diesen Zustand integriert werden (oder in ihn einbrechen).

Das Kind betrachtet die eigene Welt ganz ursprünglich als gut und das Fremde als nicht-gut (wer das in älteren Jahren noch immer undifferenziert tut, wird naiv genannt). Und weil das Kind vom Zustand der Trance (gedankenleeres Bewusstsein) beseelt ist, zählt es alles zu seiner Welt (gut), was diesen Zustand nicht stört, und erfährt alles als feindlich (böse), was diesen Zustand verletzt, dazu gehören beispielsweise Schmerz, Angst, Falschheit, Emotionalität etc.

Dass im Zustand der Trance auch **Missbrauch** erfolgen kann, wurde schon erwähnt, auch dass Angst einen Zustand (Bann) erzeugen kann, der dem Trance-Zustand ähnlich ist. Das Kind kennt ursprünglich nur die von Freiheit und Liebe erfülle Trance, die von einem starken und kreativen Wachstumsimpuls begleitet wird. Diese Weitung setzt Vertrauen, also Liebe voraus. Die Zentrierung kann aber auch durch eine gegen Null strebende Verengung (Fokussierung, Konzentration) erzeugt werden. Dieses Zusammenziehen oder Konzentrieren wird durch Druck, also letztlich Angst bewirkt. Angst wird durch physische Schmerzen beziehungsweise deren Erwartung erzeugt, aber auch durch seelische wie Liebesentzug, Missachtung, Falschheit, Zwang. Die Magie, die von dieser abstoßenden Kraft ausgeht, wird ursprünglich als Bann bezeichnet und durch einen Fluch, eine Verwünschung, wie es im Märchen heißt, auferlegt.

Die ins Unendliche strebende, weitende Trance ist von einem wachen, offenen und freien Bewusstsein erfüllt. Die auf den Punkt konzentrierende, also ins Nichts zusammenziehende sogenannte negative Trance, also der Bann, ist von einem verengten, verkrampften oder egozentrischen Bewusstsein gezeichnet.

▶ Selbstgespräche

Wenn wir davon ausgehen wollen, dass Kinder oft in Trance sind und besonders leicht in Trance gehen, dann verstehen wir auch, warum das gesprochene Wort – besonders des Erwachsenen natürlich – solchen Eindruck beim Kind hinterlässt. Leider aber nicht nur jenes erzieherische Wort, von dem erwartet wird, dass es bewusst und in guter Absicht gesprochen wird, sondern alles, was gesagt wird, beeindruckt das Kind nachhaltig. Nach und nach erst ›lernt‹ es, dass das Wort nicht ›Gesetz‹ ist und dass es ihm nicht blind vertrauen kann. Doch die magische Kraft des Wortes wirkt, und nicht nur bei Kindern. Ein: »Sie sind ein Versager!« trifft wie ein schneidendes Schwert.

Was wir sagen und wie wir es sagen, ist von unserer subjektiven Befindlichkeit geprägt. Theoretisch wissen wir, dass unsere Seele zumindest derzeit noch einen lichten und einen dunklen Teil hat. Aber wir sind uns dieses dunklen Teils nicht wirklich bewusst. Wir verlagern unseren negativen Seelenanteil durch Projektion in die Außenwelt (Nicht-Ich) und nehmen ihn so als außerhalb von uns wahr. In diese Wahrnehmungsart werden andere Personen einbezogen, indem negative Seelenanteile auf sie projiziert werden. Personen reagieren gewöhnlich mit Gegenprojektion und es entsteht das, was im Märchen als Verstrickung sichtbar wird.

Es wird in diesem Zusammenhang auch vom **Schatten** gesprochen, weil es schwierig ist, den eigenen Schatten zu sehen. Unsere Selbstwahrnehmung ist überlagert, vermutlich weil alte Wunden darunter liegen. Ein blinder Fleck; wir sehen nicht, dass unser Schatten auf die Außenwelt fällt, klagen aber, dass es so düster aussieht.

Deshalb ist es für Erziehungspersonen im Allgemeinen und Eltern im Besonderen wichtig zu hinterfragen, inwieweit sie auf das Kind projizieren, also Erwartungen und Befürchtungen einreden oder hineindeuten. Wir können es erkennen, wenn wir ganz genau hinhören, was wir dem Kind sagen und wie, was wir damit tatsächlich zum Ausdruck bringen und warum wir es sagen. Das kann eine große Herausforderung sein.

»Pass auf, dass du die Klassenarbeit nicht wieder verhaust!«, drückt vor allem die Ängste und Sorgen der Mutter aus und enthält vielleicht sogar einen stillen Vorwurf.

Versetzen Sie sich in das Kind: Es hat sein Versagen in der bestimmten Anforderung bereits mehrfach erlebt und ist erneut auf dem Weg in eine solche Anforderung. Was würden Sie in dieser Situation hören wollen? Dass Sie *aufpassen* sollen, nicht wieder zu versagen?

Wir wollen, dass uns Mut zugesprochen wird. Was macht uns Mut? Das Bild des Erfolges; es gibt das Vertrauen in die eigene Kraft. Angst lähmt, das wissen wir doch. Zuversicht beflügelt. Natürlich muss das stärkende Bild real sein, es muss im Erfahrungsraum des Kindes ankern. Wer ein Kind so gut kennt, wie die Eltern, kennt auch die Stärken, die Erfolge. Auch wenn es ›nur‹ der Sprung vom Drei-Meter-Brett ist, für das Kind ist es die Erinnerung an einen Triumph! Wir geben dem Kind ein Bewusstsein seiner eigenen Stärke mit auf den Weg, indem wir es an eine Situation erinnern, in der es seine Stärke, einen *persönlichen* Erfolg erlebt hat. Wir führen das Kind mit unserer Sprache in dieses Bild und fluten sein Denken damit, öffnen und befreien es. Das ist Trance.

Das ›gute‹ Bild stärkt das Kind,* und es kann sich daran ankern. Sicher, wenn das Kind nicht in der Lage ist, den Satz des Pythagoras zu verstehen, oder nicht bereit dazu, wird auch das gute Bild nicht helfen. In den allermeisten Fällen sind Kinder aber nur blockiert, manchmal sogar in der Form, dass sie zuhause alles können und in der Prüfungssituation nichts rekapitulieren. Auch Erwachsene kennen diesen Prüfungs-Blackout. Die Verhaltensblockade wird durch einen Bann verstärkt: »Da kommt unser Versager!« Beim Erwachsenen werden durch solche bannenden Sätze gewöhnlich entsprechende kindliche Erfahrungen angesprochen, die vom Schatten eingehüllt sind. Ein solcher Satz drückt auf den wunden Punkt wie auf einen Klingelknopf. Bei einer zarten Seele um so mehr.

Weil Kinder sehr kreativ sind, schaffen sie sich selbst, was sie dringen brauchen. Sie umgeben sich mit Bildern, die ihnen Kraft geben, zum Beispiel ein Maskottchen, dass sie auf solchen schweren Gängen begleitet. Es gib verschiedene Möglichkeiten, dem Kind ein positives Bild anzubieten. Wir können es an eine Situation erinnern, in der es einen persönlichen Sieg errungen hat. Wir können ihm aber auch eine Geschichte erzählen von einem, der in ähnlicher Situation erfolgreich war.

Um das Vertrauen des Kindes nicht zu verletzen oder zu missbrauchen, sollten Erziehungspersonen lernen, genau hinzuhören. Auch was das Kind wirklich sagen will, aber ganz zuerst dem, was sie selbst sagen:

Hören Sie sich zu!

Diese Aufforderung mag zunächst absurd klingen; doch wenn man ihr folgt, tut sie das bald nicht mehr. Schnell kommt ein bannender Satz über die Lippen. Die Märchen sind voll von solchen Ver*wünschungen:*

*Das funktioniert natürlich auch bei Erwachsenen, aber Kinder sind gewöhnlich offener dafür.

»Der Mann versprach, alles zu tun, was sie verlangt hatte. Die Rabe aber sagte: ›Ach, ich weiß es schon, du wirst mich nicht erlösen.‹« [KHM 93]

▶ Wort und Gesetz

Nach diesen Exkursen komme ich auf die Entwicklung des Kindes zurück. Wir haben es verlassen, als die Mutter sich mit dem Kind zusammen in Trance begab, um ihm das Wort zu geben. Sie und andere Personen wiederholen dieses Spiel mit endloser Geduld und warten gespannt darauf, welches der erste Laut ist, den das Baby hervorbringt. Bald danach bildet es erste Wörter durch Verdoppelung und lernt auch ihre Bedeutung. Dies geschieht etwa mit neun Monaten; schon drei Monate später, wenn es zu laufen beginnt, kennt es einige Wörter und Namen.

Wie wach der Wachzustand eines Kleinkindes ist, wissen wir nicht zu bemessen, aber sein Bewusstseinskreis ist sehr beschränkt und der Wachzustand ist vermutlich nicht durch geordnete Gedankenfolgen geprägt, sondern mehr durch spontane und sprunghafte zerebrale Reaktionen auf Wahrnehmungen. Wir können das beim Krabbelkind noch deutlich beobachten, wie die Aufmerksamkeit, also der Fokus des Wachbewusstseins, sprunghaft und unkontrolliert wechselt – und auch immer wieder transzendiert, also den Fokus in die Unendlichkeit weitet.

Die prozentuale Verteilung von Tiefschlaf-, Schlaf-, und Wachbewusstsein verschiebt sich zunehmend zu Gunsten des Wachbewusstseins, und dieses Wachbewusstsein wird immer mehr von Gedanken erfüllt. Die Fülle visueller Muster (Gestalt) wird immer dichter mit akustischen Mustern (Wort) assoziiert. Der Begriff wird zum Instrument, der das Bild (Vorstellung vom Ding) beherrscht und damit das Ding selbst. Das Kind macht die Erfahrung, wenn es »Balla« intoniert, erscheint der Ball (weil eine Erziehungsperson ihn reicht). In dem Augenblick, da Baby »happhapp« artikulieren kann, ist es in der Lage (Macht), Einfluss auf seine Nahrungsversorgung zu nehmen – zumindest in seinem Umfeld – und das ist eine wesentliche Voraussetzung für den Schritt in die Welt (Autonomie).

Die visuellen Muster nehmen zunehmend **Gestalt** an, und das Kind eignet sich ein Vokabular an, mit dem es diese Gestalten zitieren kann. Der Name, das Wort ist Index auf die abstrakte Gestalt und ersetzt soweit den konkreten Gegenstand.

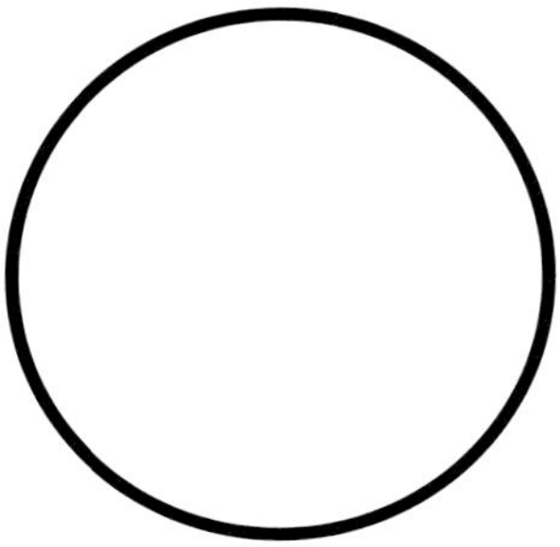

Gestalt ist das theoretisch vollkommene (Wahrnehmungs-) Muster. Es gibt die Gestalt »Baum«, und es gibt endlos viele und niemals gleiche visuelle Muster, die der Gestalt Baum mehr oder weniger gut zugeordnet werden können. Die Gestalt ist sozusagen das Ding an sich. Die Zuordnung des optischen Stimulus zu einer Gestalt nennen wir Erkennen, und das bedeutet, im beliebigen Ding immer wieder das Ding an sich erkennen.

Um die visuelle Fülle zu kontrollieren, hierarchisiert die Wahrnehmung Gestalten wie in einer Baumstruktur; eine umfassendere Gestalt setzt sich aus elementareren zusammen. Die einfachsten Gestalten sind geometrisch. Im Bild der »Dreiecksbeziehung« wird eine geometrische Gestalt verwendet, um eine soziale Konstellation zu begreifen.

Gestalten unterscheiden sich durch Gestalthöhe, auf einer Skala, deren Pole die »gute« und die »schlechte« Gestalt sind. Diese Qualität wird auch Prägnanz genannt; je prägnanter eine Gestalt ist, desto ›besser‹ ist sie.

Gemessen wird die Prägnanz in Informationseinheiten (bit). Je prägnanter eine Gestalt ist, desto weniger Information benötigt ihre Beschreibung. Der Geist oder das Gehirn strebt deshalb immer den prägnantesten Zustand an, den es finden kann, denn weniger Information bedeutet weniger Arbeit für das Denkorgan, es findet schneller zu seinem ursprünglichen Zustand der Gedankenleere zurück. Die gute Gestalt fördert somit die Trance, die schlechte hemmt sie. Gestalten mit höchster Prägnanz sind Kreis, Kreuz und Quadrat.

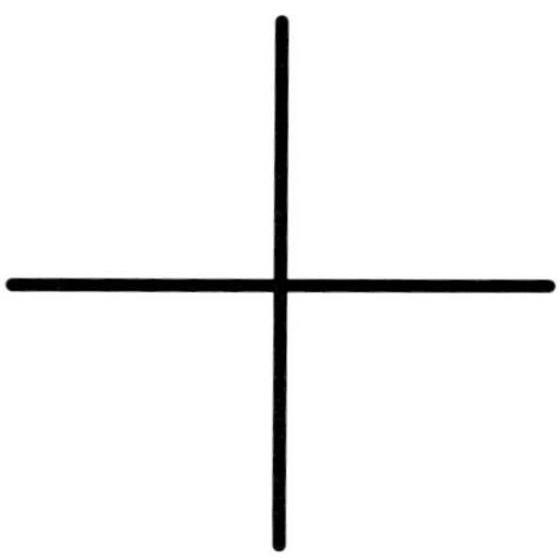

Ein Kreis ist eine gute Gestalt; ein eieriger Kringel mit ›Öffnung‹, ist eine schlechte; ein erkanntes Bild ist eine gute Gestalt, ein wirres Durcheinander ist eine schlechte; eine Lösung ist eine gute Gestalt, ein Problem ist eine schlechte. Happhapp ist eine gute und schöne Gestalt, weil sie Befriedigung bringt; Pipi ist eine schlechte und hässliche Gestalt, weil sie lästig und unerwünscht ist. Und so weiter.

Etwa ein Jahr später bildet das Kind Zwei-Wort-Sätze, stellt also eine Subjekt-Prädikat- oder Objekt-Prädikat-Beziehung her. Jetzt erlebt es tatsächlich die Macht des Wortes, denn während es selbst noch weitgehend hilflos ist, kann es durch das gesprochene Wort Dinge in Bewegung setzen und Einfluss auf seine Umwelt nehmen. Diese Macht, die das Kind darin erfährt, misst es andererseits auch dem Wort zu, das an es gerichtet wird. Ein scharfes Wort kann da schon Tränen auslösen. Und die bannenden »negativen Trancen« aus der Umwelt, mehr noch aber aus dem engsten Kreis der Familie, graben sich tief in das grüne Bewusstsein ein:

> Als Allerleirauh kam, fragte der König: »Wer bist du?« – »Ich bin ein armes Kind, das keinen Vater und Mutter mehr hat.« Fragte er weiter: »Wozu bist du in meinem Schloß?« Antwortete es: »Ich bin zu nichts gut, als daß mir die Stiefeln um den Kopf geworfen werden.« [KHM 65]

Je mehr das Kind seinen Wahrnehmungshorizont erweitert, desto mehr kommt es mit den eigenen Grenzen in Berührung und um so mehr erlebt es die Eltern und andere Erwachsene als allmächtig und allwissend. Ihr Wort ist Gesetz, oft weil sie es besser wissen, doch letztlich, weil sie die Macht haben, es durchzusetzen. Viel mehr als diese am Ende physische Gewalt sind es aber das Mysterium, das vom Wort ausgeht, und die Erfahrungen, die das Kind damit von Anfang an verbindet, was dem Wort die Macht gibt.

Wenn das Kind einen Kochlöffel in die Hand nimmt und hochreckt, dann *ist* es ein Schwert, es tut nicht nur so. Wenn ein Vater sein Kind »zum Teufel wünscht«, dann *muss* das Kind zum Teufel gehen:

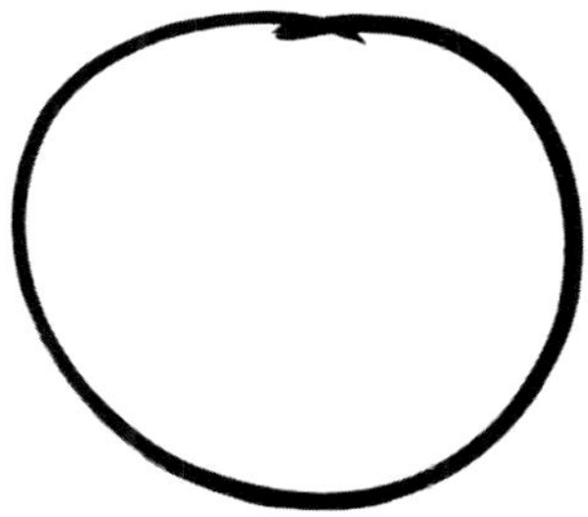

> Zu einer Zeit war das Kind unartig, und die Mutter mochte sagen, was sie wollte, es hielt nicht Ruhe. Da ward sie ungeduldig... und sagte: »Ich wollte, du wärst eine Rabe und flögst fort, so hätt ich Ruhe.« Kaum hatte sie das Wort gesagt, so war das Kind in eine Rabe verwandelt und flog von ihrem Arm zum Fenster hinaus. [KHM 93]

Erwachsene gehen mit der **Macht des Wortes** oft gedankenlos und nachlässig um. Für das (kleine) Kind beschwört das Wort Realität. Die ist zwar ›nur‹ seelisch, aber für das Kind ist das Seelische zunächst noch alles. Auf der seelischen Ebene gibt es keine Lüge (als Sammelbegriff für das falsche Wort). In dem Maße, wie das Kind mit Lüge konfrontiert wird – auch gern harte Realität genannt –, verlässt sein Geist die Sphäre des Seelischen und wendet sich zum Stofflich-Weltlichen hin. Die Entwicklungsphase, in der das Seelische dominiert, nennen wir Kindheit; wenn also heute mit Recht vom Verlust der Kindheit gesprochen wird, ist eine zu frühe Säkularisierung gemeint.

Wenn das Kind Angst hat, weil ein Löwe unter seinem Bett liegt, dann *liegt* ein Löwe unter dem Bett! Wenn der Vater anweist, dass ins Bett zu gehen ist, Löwe darunter oder nicht, hat das Kind keine Wahl, weil das Wort des Vaters Gesetz ist. Es wird mehr oder weniger lange flehen, aber letztlich in die Verdammung gehen. Es ›lernt‹, dass die Welt (Vater) bedrohlich ist, gnadenlos etc.; es lernt genau das daraus, was es lernen ›will‹. Es zieht sich zurück von der Welt und das heißt, die Eroberung des Nicht-Ich wird gehemmt und kommt irgendwann soweit zum Erliegen, und das heißt, der verbleibende Rest wird zum Schatten des neuen Menschen, den er auf »die Welt« projiziert.

Das Kind ist dem elterlichen Willen völlig unterworfen und jeder Widerstand, den es bieten könnte, kann (und wird) gebrochen werden. Es ist grausam, jemanden in ein Bett zu verbannen, unter dem ein feuriger Löwe mit glühenden Augen liegt, finden Sie nicht?

Der nächste Schritt der sprachlichen Entwicklung besteht darin, dass es ein Wort für das Kind selbst gibt, den Namen, so wie Papa, Mama, Opa, Heike und Tante Sisi Namen haben. Jetzt wird das Kind selbst zum Geber des Wortes: Tommy balla! (»Ich möchte gern mit dem Ball spielen. Spielst du bitte mit mir?«) Der, von dem das Wort kommt, ist der Gesetzgeber. Wenn Tommy einen Namen hat, kann er auf sich bezogene Aussagen treffen (Gesetze verabschieden). Anfangs unterscheidet sich Tommy noch nicht von Opa, Heike und anderen, die alle nur Entitäten sind, die bestimmte Zustände annehmen oder Dinge tun können. Später wird Tommy erkennen, dass er sich von Opa und Heike unterscheidet. Tommy wird das Wort Ich[1] und damit sein Ego entdecken.

[1]Hier ist das Personalpronomen gemeint, mit dem sich das ausdrückt, was wir Ego nennen. Weiter

Zunächst aber hat Tommy das Wort entdeckt, die Macht des Wortes, und er wird später alles mögen, was diese Macht stärkt: Rhythmus, Reim, Ritus, Zaubersprüche...

Die Machtphantasie, die mit dem Wort verbunden ist, zeigt sich sehr schön in dem Märchen: »Der süße Brei«[2] [KHM 103]. Ich will es hier einrücken und bitten, es im Zustand des Hineinversetzens zu lesen und mit der Vorstellung, mit der Macht des Wortes zu leben und sich diese Macht einzuverleiben.

Es war einmal ein Mädchen, das lebte mit seiner Mutter allein. Sie hatten aber nichts mehr zu essen. Deshalb ging das Kind hinaus in den Wald. Es ging lange Wege, bis es Nacht wurde und der Mond silbern schien. Da begegnete ihm eine alte Frau. Die Großmutter setzte sich auf die Wurzeln eines großen Baums und winkte dem Kind, sich zu ihr zu setzen. Sie wusste auch schon von seiner Not. Deshalb gab sie ihm ein goldenes Töpfchen. Die Alte sagte dem Kind, es solle sprechen: »Töpfchen koche!«; dann würde das Töpfchen süßen Hirsenbrei kochen, und wenn genug wäre, solle es sagen: »Töpfchen steh!«; dann würde das Töpfchen aufhören, süßen Hirsenbrei zu kochen.

Das Mädchen bedanke sich und ging mit dem goldenen Töpfchen heim zu seiner Mutter. Ei, was war die Freude groß! Jetzt konnten sie so oft süßen Brei essen, wie sie wollten. Nun hatten aller Hunger und alle Armut ein Ende.

Auf eine Zeit war das Mädchen ausgegangen, da bekommt die Mutter eine Lust und spricht: »Töpfchen koche!« Da kocht das Töpfchen süßen Brei und die Mutter isst sich satt, wie sie mag. Als sie aber ganz satt ist, kocht das Töpfchen immer noch und kocht immer weiter und weiter. Die Mutter will, dass es wieder aufhört, aber sie weiß das Wort nicht. Sie ruft nur immer wieder: »Hör auf, Töpfchen, hör auf!« Also kocht das Töpfchen fort, und der Brei steigt über den Rand hinaus und kocht immerzu, die Küche hinein und das ganze Haus voll, und das zweite Haus und dann die Straße entlang, als wollte es die ganze Welt satt machen. Es war aber die größte Not, denn alles versank im Brei und kein Mensch wusste zu helfen.

Endlich, als gerade nur noch ein einziges kleines Haus übrig ist, da kommt das Kind heim, und spricht nur: »Töpfchen steh!« Da hörte das Töpfchen auf zu kochen. Aber um die Stadt herum blieb ein großer Wall aus süßem Hirsebrei stehen, und wer in die Stadt hinein will, der muss sich bis auf den heutigen Tag hindurch essen.

oben habe ich den Begriff Ich verwendet, um die Erfahrung beschreibbar zu machen, wie sich aus einem universalen Wesen *(Ich)* etwas abgrenzt, dass es selbst nicht ist und ihm entgegensteht, das Nicht-Ich.

[2] Der Text wurde nach Grundsätzen überarbeitet, die weiter unten noch in anderem Zusammenhang erläutert werden.

▶ Mit Kindern reden

Längst kann das Kind jetzt insoweit flüssig reden. Und es hat Spaß daran! Es fängt an zu fragen und fragt uns »ein Loch in den Bauch«. Jetzt können Sie anfangen, dem Kind Märchen vorzulesen. Es stellt selbst Spielereien mit der Sprache an, und es liebt die Sprüche und Verse im Märchen, die es schnell kennt und mitspricht. Das Rhythmische und Reimende oder Stabende (sich wiederholende Anfangsbuchstaben) unterstützt das Kind beim Lernen; Rhythmus und inhaltliche Wiederholung sind sowohl grundlegende rhetorische Elemente des Märchens, als auch Techniken, die Trance fördern.

Wenn wir aufmerksam zuhören, stellen wir oft fest, dass Kinder jetzt etwas ausdrücken wollen, aber keine Begriffe dafür haben. Dann können wir ihnen helfen, wenn wir mit ihnen gemeinsam danach suchen. Weil Kinder noch keine komplexen Sprachmuster verstehen, können sie sich bildhaft dichter ausdrücken. Kinder malen keine Bilder, sie schreiben sie; sie schreiben Bildsymbole in rhetorischer Anordnung in das Format des Blattes, dabei wählen sie voller Absicht bestimmte Farben.

Das Kind zeichnet Gestalten, es zeichnet nicht *einen* Baum sondern *Baum*. Wenn sich die Bäume auf verschiedenen Bildern eines Kindes unterscheiden, dann nicht, weil es unterschiedliche Bäume sind, sondern weil das Kind *Baum* in der jeweiligen Situation anders erlebt. Deshalb ist es zum Beispiel möglich, an dem Baum, den ein Mensch zeichnet, zahlreiche Aspekte seiner Persönlichkeitsentfaltung abzulesen.

Zwischen dem Menschen und dem Baum gibt es eine verborgene Symbiose (nämlich den Sauerstoff/Kohlendioxyd-Kreislauf). Der Baum nährt den Menschen mit seinen Früchten, bietet Schutz und liefert Holz für vielfältige Anwendungen. So wird er zum Lebensbaum. In allen frühen Religionen gibt es den heiligen Baum. Er verbindet die Unterwelt (Wurzeln) mit dem Himmel (Krone). Außerdem ist der Baum anthropomorph: Krone-Kopf, Stamm-Rumpf, Wurzeln-Füße; und wird deshalb mit dem Menschen verglichen, und der Mensch identifiziert sich seelisch mit ihm.

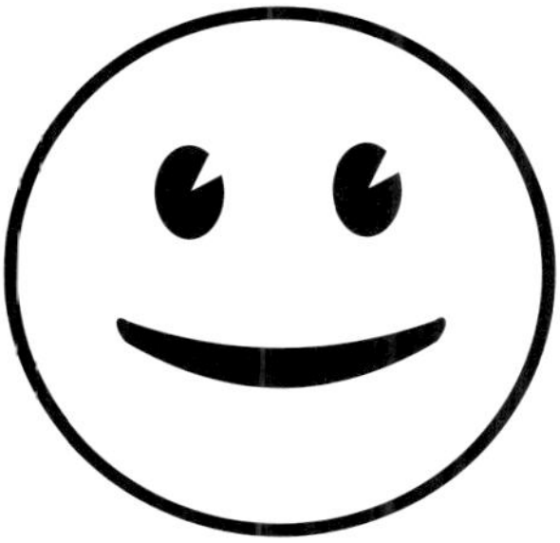

Das Kind setzt also beim Zeichnen die Gestalten, die seine optische Wahrnehmung zur Verarbeitung entwickelt, abstrahiert hat, in grafische Elemente um, die wir **Piktogramme** nennen können. Das erste Figürliche, was ein Kind zeichnet, ist *Ich*. Das Piktogramm für *Ich* ist das Gesicht (Smily) beziehungsweise der Kopf. Das Blatt Papier, auf das *Ich* geschrieben wird, steht für das Nicht-Ich; es wird mit der Zeit immer dichter mit Piktogrammen für verschiedene Gegenstände besetzt werden: mit einem Haus, mit Bäumen und Blumen, mit Wiese, Wolken und einer Sonne in der Ecke oben, mit Vögeln und vielem anderen, was den Erlebnisraum des Kindes kreuzt. Das Nicht-Ich (leeres Blatt) wird von Einzelobjekten gefüllt, die das Kind durch den Begriff (dargestellt als Piktogramm) in sein Ich-Bild integriert. Dabei erfährt das Kind die Macht der Zeichen und Symbole. Sie dienen der Eroberung des Nicht-Ich, sie sind Instrumente der geistigen Einverleibung und damit Nahrung für den Geist und wenn es gut läuft auch für das Bewusstsein.

Wenn wir das Kind in der Möglichkeit beschränken, fortgesetzt über die Eroberung der Begriffe in Form von Sprache und Bildsymbolen die Welt, seine Welt zu erobern, beschneiden wir seine Freiheit und machen es bloß gefügig als Empfänger vorgefertigter Worte und Bilder, die Hülsen (trojanische Pferde) für ganz andere Interessen sind, als die des Kindes.

Der Ich/Kopf schwebt zunächst im ›luftleeren Raum‹ des Nicht-Ich. Er wird von den Sinnesorganen gebildet: »Punkt, Punkt [Augen], Komma [Nase], Stich [Mund], fertig ist das Mondgesicht [Kringel drumherum].« Erziehungspersonen machen es dem Kind meist so lange vor, bis es selbst den Stift (mit der Faust) ergreift und zu ›schreiben‹ beginnt.

Das Ich ist mit dem Nicht-Ich durch Sinnes- und Handlungsorgane verbunden. Deshalb entwickelt sich aus dem Organ des Sein, Daseins und Wahrnehmens, dem Ich/Kopf, ein Organ des Handelns, der Körper. Der erscheint gewöhnlich zunächst als zweiter Kringel unter dem Kopf. Erst wenn der Körper wahrgenommen worden ist, können daraus die Organe des Handelns hervortreiben.

Wenn das Kind das Piktogramm Kopf ›schreiben‹ kann und wenn es dieses Piktogramm zu *Kopf mit Körper* erweitert hat, wird es irgendwie Beine und Arme daran setzen, im einfachsten Fall als vier Striche, die parallel oder radial vom Körper fortlaufen. Später werden gabelartige Endungen als Piktogramme für *Hand* und *Fuß* hinzukommen.

Das Gesamt-Piktogramm heißt **Kopffüßler,** weil Kopf (Mondsgesicht) und Gliedmaßen die dominierenden Elemente sind. Der Körper-Kringel kann lang wie eine Gurke sein, kreisrund (kleiner oder größer als der Kopf), ›unsichtbar‹ als nichtssagender Krakel oder völlig abwesend; immer beschreibt er die Körpererfahrung des Kindes in der Situation. Ähnlich ist es mit den Händen. Weil *Hand* mit Handeln, also Handlungsfähigkeit und -befugnis, Er*fasse*n und Be*greifen* verbunden ist, können Hände fehlen oder kümmern.

Der Kopffüßler ist das Ich in der Welt. Und es ist in dem Zusammenhang interessant, dass gerade nach dem zweiten Weltkrieg, in den 60-er Jahren ein Künstler[1] den Kopffüßler zu seinem Thema gemacht und damit viel Aufmerksamkeit auch international gefunden hat.

Nach dem Kopffüßler beginnt das Kind, die Gestalten anderer Objekte seines Erfahrungsraums in Piktogramme umzusetzen. Diese Kollektion von Bildelementen, die da entsteht, entspringt ganz dem alltäglichen Erfahrungskreis. Das Kind ist sehr kreativ, wenn es mit diesen knappen grafischen Mitteln und wenigen Piktogrammen auch Konstellationen ausdrückt, die es auf der seelischen Ebene beschäftigen,[2] aber der Artikulationsraum ist begrenzt, weil es zu wenige Piktogramme kennt. Deshalb nehmen Kinder gern neues »Bildmaterial« in ihr Repertoire auf. Es ist Aufgabe von Erziehung, dieses Repertoire bereit zu stellen, dem Kind zu vermitteln und seine Verwendung zu pflegen. Lassen wir das Kind damit allein, Gestalten für seinen Ausdruck zu finden, wird es »fremdes Material« aufsammeln (Comic-Figuren etc.)

Mit dem Mondgesicht machen es Eltern meist spontan richtig. Auch bei *Haus* funktioniert das noch ganz gut: »Das ist das Haus vom kleinen Klaus« (oder ähnlich) ist der Merkvers, zu dem ein Haus gezeichnet wird. Auch *Baum* wird meist noch ganz gut vermittelt, dann aber bricht die ›vor*bild*liche‹ Erziehung (rhythmisch Sprechen und dazu zeichnen) ab, weil sich Erziehungspersonen ›künstlerisch‹ überfordert sehen.

[1] Horst Antes

[2] Hier möchte ich beispielhaft auf die Arbeiten von Marc Chagall verweisen

Wenn das Kind in diesem Stadium mit den (mentalen) **Bildern des Märchens** in Berührung gebracht wird (und mit Vorlesen ist keine Erziehungsperson überfordert), kann die Faszination dieser Bilder seinen Eifer zum kreativen Ausdruck fördern. Vom symbolischen Kosmos der Märchen getragen, kann das Kind seine Gestalt prägende Fertigkeit trainieren, Piktogramme für die Gestalten zu erfinden. Ich plädiere dafür, dem Kind in der Aus-Bildung möglichst lange Zeit zu geben, diesen sogenannten bildnerischen Ausdruck zu entwickeln und zu verfeinern, der ein Gestalt-Findungsprozess ist und damit eine geistige Grundtechnik.

Mit der Abstraktion **Alphabet** sollte man Kinder möglichst spät konfrontieren, denn die Verschlüsselung von Ideen (Denk-Gestalten) in eine Abfolge typographischer Zeichen ist der schwarze Schlüssel, der das Reich der Bilder verschließt. Und die meisten vergessen schon in frühen Jugendjahren, wo sie diesen Schlüssel hingelegt haben. Wo in der Bildung Wert auf die frühe Entwicklung von Abstraktionsvermögen gelegt wird, kann mit Zahlen begonnen werden, um die Bilder länger frei vom geschriebenen Wort zu halten. Das wird die Seele des Kindes beruhigen und seine gestaltgebende Kraft stärken.

Wenn wir *mit* dem Kind sprechen wollen, ist es gut, seine Sprache zu sprechen. Das heißt zunächst zu lernen, dem Kind unvoreingenommen zuzuhören und zu hören, was es wirklich sagt und wie es sich ausdrückt. Dazu gehört für mich zu aller erst, dass ich mich auf die Ebene des Kindes begebe. Für einen kurzen Wortwechsel mag es aus Bequemlichkeit hingenommen werden, sich zum Kind hinabzubücken, aber für ein Gespräch unter Gleichen nimmt man auch gleiche Plätze ein. Warum sollte das für Kinder nicht gelten. Wir empfinden es als arrogant, wenn jemand »von oben herab« mit uns spricht, gar von einer Kanzel; Erwachsene tun das mit Kindern regelmäßig.

Es ist aber auch nicht nötig, sich auf den Fußboden zu setzen, es gibt Sofas und Sessel und Kuschelsäcke und vieles andere. Das Kind sollte einen Platz haben, möglichst seinen Lieblingsplatz, auf dem es sich ganz sicher fühlt, und die Erziehungsperson sollte auf ebenbürtiger Sitzgelegenheit und soweit **in Augenhöhe** Platz nehmen. Das ist Voraussetzung für ein *Gespräch*. Es kann natürlich im Einzelfall sein, dass sich bestimmte Körperstellungen entwickelt haben, die das Kind mit Vertrauen und Geborgenheit verbindet, zum Beispiel Sitzen auf dem Schoß.

Das Kind wird sich nur öffnen, wenn ernst genommen wird, was es vorträgt, und vor allem, wenn nichts bewertet wird. Es hat nichts mit Achtung zu tun zu loben, was das Kind sagt, so wie seine Bilder »schön« gefunden werden. Die Bilder sind nämlich meist nicht schön, im Sinne der ästhetischen Kategorie, aber sie sind immer und ohne Einschränkung bemerkenswert und es ist meist spannend, sich das Bild vom Kind erklären zu lassen. Wenn das Kind unvoreingenommen gefragt wird, dann wird es sich öffnen und freudig erzählen, oft auch über das Bild hinaus oder ›dahinter‹.

Wenn ein Kind beispielsweise erzählt, es habe einen unsichtbaren Spielkameraden, dann steht das nicht zur Diskussion. Wenn ich sage, ich hätte die Pläne für mein neues Haus schon im Kopf, steht das ja auch nicht zur Diskussion. Wenn das Kind erklärt, es habe einen Schutzengel, lässt es sich mit Logik oder Atheismus nicht umstimmen. Warum auch. Ist es nicht wunderbar, wenn das Kind einen Schutzengel oder unsichtbaren Freund hat? Der versteht die Ängste und Fragen des Kindes vermutlich viel besser, weil er **die Sprache des Herzens** spricht – und das ist die universale Kindersprache.

Wenn das Kind also einen unsichtbaren Freund hat, dann *hat* es einen; und es ist gut, dass es einen hat, denn wenn es einen hat, braucht es einen. Der unsichtbare Spielkamerad erfüllt eine wichtige Funktion für das Kind; aber Erwachsenen erscheint er wie eine Bedrohung. Seien Sie dem unsichtbaren Freund – oder der Psyche des Kindes, die ihn erschafft – dankbar. Die kreative Phantasie des Geistes hat sich Entwicklungsraum erschlossen. »Sie sind keine schlechte Mutter, wenn ihr Kind einen unsichtbaren Freund hat«; könnte Titel eines ganzen Buchs sein.

Nehmen Sie das Unsichtbare ernst!

Aber bitte im Sinne des Kindes, also aus seiner Perspektive heraus. Kinder sind sehr tolerant und nachsichtig. Kein Kind wird Ihnen übel nehmen, wenn Sie ihm gestehen, dass Sie diesen Spielkameraden gar nicht sehen können, es wird Sie höchstens bedauern. Und es wird Ihnen vermutlich freimütig alles über ihn erzählen, was Sie wissen wollen. Sie sollten aber beim Fragen ein Maß finden, sonst ›füttern‹ Sie den Unsichtbaren vielleicht unnötig. Er wird verschwinden, wenn seine Aufgabe erfüllt ist; große Aufregung um sein Erscheinen kann ihn aber auch anschwellen lassen und unsterblich machen.

Es ist leichter, ein Kind wirklich ernst zu nehmen, wenn man sich hineinversetzen kann: Wenn das Kind Angst hat, weil ein Löwe unter seinem Bett liegt, dann *liegt* **ein Löwe unter dem Bett,** wirklich! Wenn Sie mit dem Kind sprechen wollen, müssen Sie diese Realität akzeptieren. Sie werden dem Kind die Angst nicht nehmen, indem Sie ihm erklären, dass ein Löwe viel zu dick sei, um unter dem Bett zu liegen. Dieser Erklärungsversuch ist lächerlich, aber die meisten Erziehungspersonen werden so an die Sache herangehen. Auch die Frage, wie denn bitteschön der Löwe dahin kommen kann, gehört in diese Kategorie. Keine Chance! Der Löwe wächst.

Unter dem Bett *liegt* ein Löwe. Wie er dahingekommen ist und ob der da drunter passt, interessiert das Kind nicht, weil es diese Abstrakta noch nicht begreift. Wie groß ist ein Löwe? Größer als ein Auto? Nur wenn Sie das Kind ernst nehmen, können Sie mit ihm sprechen. Wenn unter dem Bett ein Löwe liegt und dem Kind Angst macht, dann muss der Löwe da weg. Das steht doch außer Frage. Und das einzige, was das Kind interessiert – und das sollte das einzige sein, was Sie interessiert – ist, *wie* der Löwe da wegzukriegen ist. Wenn Sie sich bis zu diesem Punkt bewegen, dann können Sie sich gleich in einem intensiven und vermutlich spannenden Gespräch mit dem Kind befinden.

Man muss kein Therapeut sein, um eine gute Lösung zu finden. Falls aber die Umwelt den Löwen fortgesetzt füttert und das Kind schließlich somatisch reagiert, dann kann Trance-Therapie das mit dem Vertrauen auch verlorene Selbstvertrauen des Kindes wieder aufbauen helfen und es bei der Zähmung des Löwen begleiten. Aber für irgend so einen kleinen Löwen, der sich unter ein Bett verirrt hat, kann ein offenes Gespräch unter Gleichen schon helfen. Unter allen Betten liegt schließlich irgendetwas. Unter manchen gewaltige Monster. Was liegt unter Ihrem Bett?

Angst ist allgegenwärtig, wie es Bakterien sind. Kinder haben Ängste. Der Löwe unter dem Bett ist ein Ausdruck davon. Das Kind empfindet etwas (Angst) und um es auszudrücken, projiziert es die Empfindung. Weil es aber noch nicht den Erfahrungshorizont hat, ein allgemein übliches Bild zu wählen, nimmt es eines aus seinem Erlebniskreis. Den Löwen hat es im Zoo (oder Bilderbuch, Comic, Spiel, Fernsehen) als bedrohlich erlebt. Er ist also ein brauchbares Bild, um die Angst zum Ausdruck zu bringen, zumal mit der Metapher »Löwe unter Bett«.

Erwachsene machen es genauso; doch wenn Vater sagt, ihm stünde das Wasser bis zum Hals, fragt ihn Mutter nicht, wie denn das Wasser dort hinkommen könne oder erklärt, dass dann doch die ganze Stadt unter Wasser stünde.

Nun sollten wir aber erst recht nicht so schlau sein und, weil wir das Kind durchschauen, voller ›Anteilnahme‹ fragen, wovor es denn *wirklich* Angst habe. Dass kann es ebenso wenig sagen, wie Vater, denn der weiß auch nicht, wovor er wirklich Angst hat; denn das, was er als seine Angst ›kennt‹ ist nur seine Projektion. Die Angst, von der die **Projektion** stammt, kennt er nicht. Seine Projektion ist nur durch die Summe seiner Erfahrungen bereits mehrfach überlagert, komplexer und differenzierter als ein Löwe unter dem Bett – beispielsweise, dass er noch nie im Leben eine richtige Chance bekommen habe. Die Metapher des Wassers bis zum Hals ist nur der kommunikabele Ausdruck der Projektion.

Kinder sind sehr feinfühlig; manche Erwachsene unterschätzen das wohl, beziehen es jedenfalls in ihr Handeln nicht ein. Ein Kind merkt, wenn über sein Problem hinweg geredet wird. Es merkt aber auch, wenn jemand nur so tut, als ob er sich interessiere. Um mit dem Kind angemessen sprechen zu können, müssen wir uns in seine Perspektive und seine seelische Situation hineinversetzen. Der Löwe bleibt Fakt; gesucht ist die (Er-) Lösung von der Bedrohung (Angst). Der Löwe ist mit Angst assoziiert und prägt in dieser Weise das gesamte Denken des Kindes in diesem Themenfeld. Das ist übrigens bei Erwachsenen genauso, die Inhalte sind nur andere und die *hotspots* (Löwe) natürlich auch.

Wie man sich als Erwachsener dem Kind als Wesen nähert, dafür muss wohl jeder seine individuelle Ausdrucksform finden. Für Eltern ist das ein spontaner familiärer Prozess, über den normalerweise nicht nachgedacht werden muss; für andere Erziehungspersonen ist es Ausdruck ihrer individuellen Neigung. Als Kunstpädagoge würde ich natürlich vorzugsweise zu einem großen Bogen Papier und Buntstiften greifen. Vielleicht mag das Kind ja den Löwen malen, damit ich besser verstehen kann, was es bedrückt. Vielleicht male ich auch etwas, zum Beispiel ein Bett mit sehr hohen Beinen (damit viel Platz für den Löwen darunter bleibt). Dann male ich ein Kind in das Bett und sage: »Das bist du. Und wo ist der Löwe?« So kann ein **Mal-Dialog** mit dem Kind beginnen.

Es gibt viele Möglichkeiten, den Löwen zu erlösen. Vielleicht stellt sich dann schon heraus, dass der Löwe nur so schrecklich aussieht, eigentlich aber ganz nett ist und Kinder sogar sehr gern hat, und dass er unter dem Bett liegt, um das Kind mit seiner Stärke zu beschützen. Der Löwen wusste nicht, dass er das Kind erschreckt.

Falls der Löwe aggressiver ist (oder von Erziehungspersonen ›gefüttert‹ wurde), kann es dazu kommen, dass Schlaf- oder andere Störungen auftreten. Die Eltern haben das verängstigte Kind ins Bett gebracht und es schließlich auch geschafft, das Licht auszumachen und Ruhe herzustellen. »Schlaf schön!« Aber der Löwe liegt noch immer unter dem Bett. Und schlimmer noch. Keiner glaubt mir, nicht einmal meine Eltern. Ich bin ganz allein, allein in meinem Bett (Bauch-Höhle). Es ist dunkel. Unter dem Bett (Nicht-Ich) liegt der Löwe (die Anderen). Ich höre seinen Atem. Er wird mich fressen, wenn ich einschlafe. Jede Nacht kommt er und will mich fressen. Und dann will ich weglaufen, aber ich kann nicht. Schweißgebadet wacht das Kind auf und schreit aus voller Kehle. Und die Eltern, die es doch glücklich ins Bett verfrachtet hatten – stöhnen.

Gut wäre jetzt, eine **Geschichte** parat zu haben. Eine Geschichte zum Beispiel von einem großen Löwenjäger, der drei Söhne hat. Und in dem Wald, bei dem sie wohnen, treibt ein gefährlicher Löwe sein Unwesen.

Der älteste Sohn geht in den Wald, um den Löwen zu fangen. Er begegnet einem [Krafttier], missachtet aber seinen Rat und wird vom Löwen gefressen. Der zweite Sohn geht in den Wald, begegnet einem [anderes Krafttier], missachtet auch den Rat und wird vom Löwen gefressen. Schließlich geht der jüngste Sohn, trifft [wieder anderes Krafttier], beachtet den Rat und kann mit dessen Hilfe den Löwen besiegen. Der ist in Wirklichkeit ein verwunschener Prinz der jetzt erlöst ist. Und die beiden Brüder sind nun auch wieder ganz lebendig.

Dies war die improvisierte Anwendung eines Grundmusters von Märchen. Natürlich ist es optimal, wenn man ein solches Gerüst dem Erfahrungsraum des Kindes entsprechend füllen kann, aber allgemein gehaltene Geschichten, wie es die Märchen sind, tun auch einen guten Zweck und es braucht keine weiteren Fähigkeiten, als sie vorzulesen.

Das Kind ist ganz offen für Geschichten, also ein Problem in Bildsymbolen zu bewegen und zu betrachten, welche Züge die Figuren auf dem Schachbrett des Lebens machen und welche Folgen das hat. Kinder lieben Geschichten; wie schön, wenn die so gehaltvoll und seelisch hilfreich sind, wie unsere Märchen.

Wenn vorgelesen oder erzählt wird, hören nicht nur Kinder fasziniert zu, aber es ist genauso schön, eine heilende Geschichte behutsam im **Dialog** mit dem Kind zu entwickeln. Das Kind wird dann vielleicht sogar selbst Vorschläge machen, zum Beispiel, dass es jenseits des Meeres eine Insel gibt und auf dieser fernen Insel steht das verwunschene Schloss des Löwen.

Welche Inhalte ein Kind einbringt, ist natürlich davon abhängig, was es bereits früher erfahren und deshalb zur Verfügung hat. Es sucht nach einem Bild, das zu dem *Gefühl* passt, dass es in sich hat (nicht zum rationalen Inhalt). Wenn das Kind ausreichend Bildsymbole zur Verfügung hat, wird es das Schloss auf der Insel ›bewusst‹ wählen. Dorthin gehört der Löwe, weil das Schloss »seine richtige Wohnung« ist, so wie die Wohnung des Löwen im Zoo. Und *Insel* ist fern und isoliert, also sicher.

Vorsicht! Es ist ganz unwichtig, was das Kind da als Löwe in dem Schloss auf der Insel unter Kontrolle bringen will. Wichtig ist einzig und allein, wie der Löwe unter dem Bett wegkommt, also wie er in das Schloss auf die Insel kommt. Und ich finde, hier drängt sich doch zunächst die Frage auf, warum der Löwe denn nicht zuhause in seinem Schloss ist, sondern unter dem Bett liegt, wo er nicht hingehört. Jetzt wird das Kind vermutlich etwas erzählen...

Wie sich weiter unten noch entwickeln wird, bietet die Bildsymbolik des Märchens einen exzellenten Teppich von Gestalten, mit denen sich Problemkonstellationen der Seele besonders gut in symbolischer Form nachstellen lassen, zumal in der Anderswelt jede dramatische Wendung durch Einsatz von Wundern möglich ist. Wunder beseitigen im Alltag Steine, die uns das Leben in den Weg gelegt hat. Das Wunder geschieht aber auf der seelischen Ebene und die Manifestation in den Alltag geht ihren eigenen Weg.

Das **Symbolsystem** mythischer und märchenhafter Bilder ist über Jahrhunderte und Jahrtausende aus unserer Kultur erwachsen, beschreibt also unsere seelischen Wurzeln und die Fülle von Lebenssituationen, die in unserer Tradition liegen. Die Sprache der Märchen ist, soweit es den seelischen Bereich betrifft, unsere Muttersprache. Selbst Erwachsene, die als Kinder kaum mit Märchen in Berührung gekommen sind, werden von der Bildsymbolik in aller Regel tief berührt und sie ist ihnen leicht zugänglich. Jeder kennt diese ›Muttersprache‹, weil er sie als Kind gesprochen hat. Eine Sprache, die man einmal gelernt hat, kann man mit der Zeit verlernen, wenn man sie nicht benutzt, aber man kann sie sich schnell wieder aneignen, wenn man will.

Auf der seelischen Ebene sprechen alle Menschen aller Rassen, Kontinente oder Nationen eine sehr ähnliche Sprache. Die national oder richtiger kulturell bezogene Märchensprache ist quasi ein Idiom der Seelensprache. Das Idiom verschafft aber als sprachlicher ›Stallgeruch‹ ein heimatliches Gefühl und damit Sicherheit und Vertrauen.

Mit Kindern zu sprechen, die gerade erst ein um sich mitzuteilen hinreichendes Sprachvermögen erlangt haben, hat einen ganz besonderen Reiz, weil sie da noch Erfahrungen mitteilen, die für den erwachsenen Zuhörer sehr, sehr weit entfernt sind, zum Beispiel pränatale. Das ist aber auch der Punkt in der Entwicklung, wo die **Kommunikation** zwischen Eltern/Erwachsenen und dem Kind abzureißen beginnt.

Solange nämlich das Kind die Artikulation einstudiert und Einzelwörter prägt, sind Erwachsene freudig und absichtslos bereit vorzusprechen. Auch auf die Zwei-Wort-Sprache gehen Erwachsene noch gern ein. Sobald sich das Kind aber inhaltlich äußern kann, geht der erwachsene Kommunikationspartner in Opposition, weil er auf der Ebene der Inhalte kommunizieren will, wie er es alltäglich gewohnt ist. Das Kind kommuniziert aber zunächst auf der Ebene der direkten (gefühlten) Erfahrung.

Weil das Kind nicht über Abstrakta verfügt, drückt es sich in Bildern aus. Es wählt diese Bilder nur danach aus, ob sie das gleiche Gefühl vermitteln; die rationalen Gehalte beachtet das Kind zunächst gar nicht, weil sie ihm noch fremd sind. Der Erwachsene, auf der anderen Seite, spricht fast nur die rationalen Gehalte an. Weil aber das Kind seiner Rede intellektuell noch gar nicht folgen kann, ist es für ihn »dumm«. So reden Kinder und Erwachsene aneinander vorbei, weil sie auf verschiedenen Ebenen kommunizieren. Der Erwachsene behandelt das Kind, als ob es dumm sei; im Märchen ist es der Dummling.

Der Erwachsene sieht dabei nicht, dass er auf den nicht rationalen Kanälen aus der Perspektive des Kindes gesehen selbst auch ziemlich ›dumm‹ ist.

▶ Sprachbarriere

Wenn wir mit Kindern reden wollen, ist es hilfreich, die üblichen Sprachbarrieren näher zu beleuchten. Allen voran ist es der andere Blickwinkel, den Kinder haben, eine andere ›geistige‹ Einstellung, die jedenfalls nicht geistig im Sinne von rational ist, wie Erwachsene das Geistige regelmäßig verstehen.

Wer mit Kindern reden will, kann sich ihre Sprache, ihre Rhetorik und vor allem ihre Bildsymbolik recht leicht aneignen, indem er möglichst oft Märchen liest und sich mit der Symbolik auseinandersetzt.

Dass die ›kindliche‹, die ›naive‹ Art der Wahrnehmung auch in jedem Erwachsenen noch drinsteckt, lässt sich leicht demonstrieren. Auf unseren Seminaren habe ich immer eine Handpuppe dabei, um sie im geeigneten Moment unverhofft hervorzuholen und sprechen zu lassen. Jeder Erwachsene kann gut nachfühlen, dass ein Kind eine solche Puppe als eigenständiges, lebendiges Wesen erlebt, weil ihr ›Mund‹ und ihr ganzer Körper sich zum gesprochenen Wort bewegt. Selbst wenn man nur die vier nackten Finger als Oberlippe zusammengelegt und den Daumen als Unterlippe nimmt, also mit der Hand die Mundhöhle nachbildet und zur Sprache bewegt, wirkt das lebendig auf uns. Tatsächlich wird diese Geste unter Erwachsenen als Zeichen verwendet, wenn jemand zu viel oder zu dumm daherredet.

Weil die Handpuppe ein eigenständiges Wesen *ist,* erzählt ihr das Kind auch freimütig Dinge, die es dem Erwachsenen, der die Puppe führt, so vielleicht nicht sagen würde. Und wenn man dem Kind auch eine Handpuppe gibt, dann führt es seine Puppe und legt ihr Sätze in dem Mund, die seine eigenen Sätze sind, die es selbst so aber nicht sagen würde. So können sich die beiden Puppen über etwas unterhalten, über das der Erwachsene und das Kind womöglich nicht oder nicht so offen sprechen könnten. Obwohl das Kind ›weiß‹, dass es selbst die Puppe führt, erlebt es sie doch als ein frei handelndes Wesen, das konsequenterweise Hemmungen, die das Kind selbst hat, nicht haben muss. Diese Welterfahrung nennen wir **animistisch,** was bedeutet, dass auch Tiere und Dinge als beseelt erlebt werden.

Für den archaischen Menschen, den ›Märchenmenschen‹, hat alles, was lebendig ist, einen Namen. Deshalb haben Flüsse, Berge und Winde Namen, aber auch (heroische) Waffen, wie Siegfrieds Balmung, (mythische) Tiere, wie der Vogel Phönix, sogar (göttliche) Pflanzen, wie die germanische Weltesche Yggdrasil, oder (rituelle) Gegenstände, wie der Gral.

Das Wort ist der Träger von beziehungsweise das Medium für Beziehungen, und Leben ist ohne Beziehungen nicht denkbar. Sprechen bedeutet deshalb leben; und folgerichtig können Tiere in der Seelenwelt sprechen und sogar Blut oder Knochen oder Brunnen. Wenn mein Schwert einen Namen hat, dann kann ich eine Beziehung zu ihm aufbauen. Mein Schwert ist ein Wesen mit eigenen Kräften, die meine zum Teil überschreiten. Und wenn ich mit Balmung eine Beziehung eingehe, dann addieren sich nicht einfach meine Kräfte mit dem Schwert, ich vereine mich mit Balmung, wachse mit ihm über mich hinaus, Balmung macht mich unbesiegbar, macht mich zum *Sieg*fried.

Wer die Becher austrinkt, wird der stärkste Mann auf Erden, und wird das Schwert führen, das vor der Türschwelle vergraben liegt. [KHM 60]

Mit dem **Namen,** dem Wort erweckt das Kind den Gegenstand zum Leben und beherrscht ihn. Das Wort »Schwert« macht aus einem Kochlöffel *Schwert.* Solche Verwandlungen sind für ein Kind nichts Besonderes, es tut das ununterbrochen. »Schwert« ist der Zauberspruch, das Ding in der Hand, das eine stabförmige Gestalt hat, vom Zustand *Kochlöffel* in den Zustand *Schwert* zu versetzen. Deshalb sind auch im Märchen Verwandlungen alltäglich, es bedarf nur eines Spruchs, eines Wortes.

Wenn ein junger Mann von einer Hexe verwünscht wird und nun *ein Stein ist,* so heißt das aus erwachsener Sicht, dass er eben noch *normal* war und jetzt *wie* ein Stein ist; oder die junge Frau, die sich aus Kummer in eine Blume verwandelt, ist aus erwachsener Sicht infolge ihrer Enttäuschung *wie* eine Blume. Wir machen den Blumenzustand der Jungfrau zur Metapher und verhindern dadurch, dass sie *Blume* wird, sie wird nur *wie Blume*. Ihnen fallen sicherlich schnell ein paar Männer ein, die *wie Steine*, oder ein paar Frauen, die *wie Blumen* sind? Stellen Sie sich den oder die »als« vor und Sie sind mitten in einem Märchen. Schauen Sie nur, ein verwünschter Stein, eine verwünschte Blume!

Wenn das Kind aus seiner animistischen Perspektive heraus spricht, der Erwachsene aber aus seiner rationalen hinhört, reden beide aneinander vorbei.

Allerdings hat nur der Erwachsene die Wahl. Er kann dieses Faktum ignorieren, also direkt oder indirekt verlangen, das Kind müsse rational denken – worauf er allerdings noch eine Weile warten muss –, oder sich selbst in die animistische Perspektive hineinversetzen und mit dem Kind sprechen.

Der Erwachsene, der sich in seiner rationalen Perspektive ›richtig‹ fühlt, wertet die ›kindliche‹ Perspektive ausgesprochen oder unterschwellig ab, stuft sie als unreif und unwissend (›dumm‹) ein. Das Kind wird als **Dummling*** dargestellt und fortgesetzt so behandelt. Eine ganze Reihe Märchen setzt sich mit der Situation Dummling, also *Ich* in der Welt, auseinander. Das ist die Situation der Symbiose am Anfang des Weges in die Autonomie. Märchen dieses Typs stärken das Kind in seiner Rolle als »Kleiner«, der sich behauptet – auch gegen den Spott und die Missachtung durch die Großen und die Gefahren der Welt.

Im Sprachgebrauch der Erwachsenen ist »kindlich« synonym mit unbedeutend, undifferenziert, nicht ernst zu nehmen, »kindliche Vorstellungen« eben; und wenn es jemand übertreibt, pfeifen wir ihn zurück: »Nun werd' aber nicht kindisch!« Wenn Erwachsene die Sprache der Kinder nicht verstehen, nehmen sie nicht ernst, was sie sagen; und weil sie sie nicht ernst nehmen, verstehen sie sie nicht. Wenn beispielsweise ein Kind in seiner ›Unwissenheit‹ Familiengeheimnisse ausplappert, dann werden die Peinlichkeit und die Betroffenheit mit dem Sprüchlein überbrückt: »Ach ja, Kindermund tut Wahrheit kund.« Dem Kind wird damit auf anscheinend nette Weise jegliche ›Intelligenz‹ absprochen. Wenn Vater trotzdem wütend wird, wird Mutter deshalb auch sagen: »Es weiß doch noch nicht, was es sagt.« Das stimmt nur nicht. Das Kind weiß ganz genau, was es sagt, nämlich das, was es mithört und miterlebt. Es weiß nur nichts von den unter den »Großen« verabredeten Verdrehungen und Verrenkungen, die dazu dienen, das Familiengeheimnis zu vernebeln und damit vor dem Zugriff durch das Nicht-Ich (die Anderen, die Nachbarn, Kollegen, ›Freunde‹) zu schützen.

Der Dummling kommt in vielen Märchen als solcher gar nicht vor, doch in jedem Drei-Brüder-Märchen ist der Jüngste in der Position des Dummlings, dem keiner etwas zutraut. Und Drei-Brüder-Märchen sind Legion. Die klassische Form des weiblichen Dummlings ist das Aschenputtel, also eine Magd, die schmutzigste Arbeit tun muss.

*Das Piktogramm für *Dummling* ist der Kopffüßler.

Dummling, Däumeling oder Daumerling bezeichnen einen Kleinen, der nur so groß wie ein Daumen ist. In den Märchen erscheint er uns immer als Junge. Darin sehe ich eine patriarchalische Projektion. Däumeling-Märchen halte ich für vital wichtig für Kleinkinder ab drei Jahren (Kanon Gruppe ❶; s. u.), aber sie müssten den veränderten gesellschaftlichen Verhältnisse in dem Sinne angepasst werden, dass die Figur als das erscheint, was sie in dem Alter noch ist und auch sein sollte, ein Neutrum: *das* Kind. Statt der maskulinen Endung *-ing* empfehle ich deshalb *-chen* oder *-lein* zu verwenden: *das* Däumelchen, *das* Däumelein.*

Im Konzert der Hand ist der Daumen der griffigste, gröbste, der ›dumpfeste‹ Finger. Unser *dumpf,* das mittelhochdeutsche *tumb* (taub) und das englische *thumb* (Daumen) sind sprachverwandt mit dumm. Im Schimpfwort »taube Nuss« hat sich taub für dumm bis heute gehalten.

Auch wer »nicht hinhört« wird als dumm eingestuft, aber ganz besonders die Unfähigkeit zu sprechen wird mit Dummheit gleichgesetzt nach dem Motto: Wer nicht sprechen kann, hat nichts zu sagen. Das zeigt sich auch darin, dass jemand, der die Landessprache nicht richtig beherrscht, eher als dumm (»dummer Ausländer«) eingestuft wird. Selbst wenn die Person hochintelligent ist, bemerken das zu wenige, wenn sie die Landessprache nur radebrechend spricht. Diese ›Dummheit‹ und ›Hilflosigkeit‹ trägt allerdings auch dazu bei, dass der Fremde im (nicht-touristischen) Ausland viel Zuwendung findet. Er löst einen Beschützerimpuls aus, ähnlich wie das ›dumme‹ Kind.

Statt mit dem Kind zu sprechen, meinen manche, sie müssten mit ihm ständig albern herumschnattern; andere gehen ständig in die Position, es zu belehren und seine Fehler herauszustreichen. Was das Kind wirklich zu erzählen hat und worüber es sich dringend austauschen möchte, überhören beide, weil sie es nicht ernst nehmen. Kleinkinder berichten beispielsweise von vorgeburtlichen Erlebnissen oder anderen transpersonalen Erfahrungen und von Begegnungen

**Das* Mädchen ist neutral, *das* Bübchen auch, das sagt nur heute niemand mehr; wir sagen Junge, *der* Junge. Schon das neutrale Baby wird als *der* Junge männlich angesprochen, als *das* Mädchen neutral. Die weibliche Dirne, die zum männlichen Knaben oder Jungen gehört, haben wir (sprachlich) dem »Sex« geopfert. In der nächsten Altersstufe haben wir den Junker und die Jungfrau. Der Junker wurde zum Fahnenjunker und ist inzwischen sprachlich desertiert. Die Jungfrau gibt es noch, sie wurde allerdings (entjungfert) zu einem Neutrum: *das* Fräulein. Das Baby als Frau betrachtet ist eine kleine Magd, ein Mägdchen oder Mädchen; als Mann betrachtet ist es das Junge an sich: der Junge (als Nachfolge des Alten).

mit Wesen einer geistigen Realität. Wir erinnern uns daran, für das Kind sind der äußere Gegenstand und die innere Idee (Gestalt, Gedanke) zunächst identisch und ersetzen sich gegenseitig. Die Gestalt *Spielkamerad* hat deshalb eine zweifellose Realität für das Kind, auch wenn aus unserer Sicht dieser Spielkamerad bloß einge*bild*et ist. Ebenso gilt es für andere Wesenheit, für die das Kind keine Begriffe hat und die es deshalb mit dem benennt, was wir ihm anbieten. Bringen wir das Kind mit der Idee von Engeln in Berührung, wird es für den ›Spielkameraden‹ vielleicht diesen Begriff verwenden; in einer schamanischen Stammeskultur wird es ein Krafttier wählen; und in der sekularisierten Welt eben einen sekulären Spielkameraden.

Das Drama zwischen Erziehungsperson und Kind verläuft immer nach dem gleichen Muster. Das Kind zeigt ein Verhalten, dass die Erziehungsperson zu recht oder unrecht ändern möchte und dem Kind deshalb entsprechende Anweisungen erteilt. Das Kind kann (»will«) den **Anweisungen** nicht Folge leisten. Der Erwachsene wird seinem Repertoire entsprechend verschiedene und seiner Geduld gehorchend mehrere Versuche unternehmen, dem Kind »beizubringen«, was er ihm »eintrichtern« möchte, und wird am Ende dirigistisch und autoritär reagieren und es ihm vielleicht sogar »einbläuen«. Das Kind wird seelisch verletzt und zieht sich zurück, damit die Wunde heilen kann. Es lernt den Rückzug. Geschieht das fortgesetzt, bilden sich immer dickere Narben, bis ein ›Panzer‹ gewachsen ist. Das kindliche Wesen (Seele) geht in den permanenten Rückzug, die innere Immigration, und um es herum wächst eine Hülle, die wir Person nennen.

Ende der 70-er Jahre kam die Generation von Lehrern an die Schulen, die mit den Idealen der 68-er Bewegung Pädagogik studiert hatte. Das Stichwort war **Antiautoritär** und die gleichnamigen Kindergärten schossen aus dem Boden. Man wollte die kindliche Kreativität sich frei entfalten lassen, deswegen war nichts verboten. Schnell ging es drunter und drüber, mache Einrichtung wurde auch vom Gesundheitsamt geschlossen. Die Junglehrer traten als Studienassessoren den »langen Weg« durch die Beamtenlaufbahn an und meinten noch, sie könnten nebenbei in Berlin-Kreuzberg ein zweites Summerhill vom Himmel zaubern. Ich erinnere mich, dass einer der gebeutelten Kollegen im Wochenmagazin »Der Spiegel« seine antiautoritären Ideale nach wenigen Jahren an einer Gesamtschule unter der Überschrift subsummierte: »Jetzt greife ich ganz hart durch.«

Kinder suchen keine Argumente. Die können sie auch noch gar nicht oder nicht gut genug verarbeiten. Kinder können sich auch nicht selbst Regeln für das Zusammenleben geben. Damit sind sie überfordert. Das Rad sollen sie ja auch nicht neu erfinden. Aufgabe der Kultur, vertreten durch Erziehungspersonen ist, Kindern diese Kulturtechniken und das Wertesystem zu vermitteln, und zwar zunächst durch ihr Sosein, das durch Übereinstimmung von Wort und Tat geprägt ist.

Kinder orientieren sich am Vorbild.
Das Wort ist für sie kein Argument sondern eine Parole. Und wer die Parole ausgibt, muss sie selbst als erster befolgen.

Deshalb müssen Erziehungspersonen an sich vorbildlich sein. Weil wir das aber alle nur mehr oder weniger sind, sollten wir so oft wie möglich das offene und intelligente Gespräch mit dem Kind suchen. Wenn wir dem Kind gegenüber wahrhaftig sind, hilft ihm das, unsere Schwächen und Fehlverhalten liebevoll in sein Gesamtbild zu integrieren und über unsere Unzulänglichkeiten hinaus Vertrauen zu fassen. Das Gespräch schafft dieses Vertrauen um so mehr, je tiefer es in die Trance führt. Wenn wir uns dabei eines bewährten Trance-Mediums wie des Märchens bedienen, erleichtert es uns den Zugang zum Kind und gibt ihm Sicherheit.

Andere (schamanische) Techniken sind genauso gut denkbar. Voraussetzung aber ist, dass wir uns selbst zunächst dem geistigen Zustand Trance öffnen, wenigstens dem, wie er vom Märchen ausgeht. Das fällt uns als rational geprägten Wesen leichter, wenn wir das Medium und sein Wirken genauer kennen und verstehen, weil uns das rationale Durchdringen Sicherheit vermittelt.

Zu können brauchen wir zunächst nichts weiter, als die richtigen Märchen auszusuchen und sie schlicht und einfach vorzulesen. Es kann sein, dass sich beim Kind ein Bedürfnis zeigt, an bestimmten Bildern intensiver zu arbeiten. Dann können wir ihm Einhilfe geben, indem wir es zum Malen oder Nachspielen des Märchens anregen. Einzelne Figuren und Symbole aus dem Märchen können als Püppchen oder Bildkarte erweckt werden und ein Eigenleben entwickeln, aus dem eine neue Geschichte entsteht, deren Verlauf das Kind bestimmt. Wir können dem Kind zuhören, wenn es uns etwas zu dem Märchen erzählen will, aber wir sollten nicht danach fragen. Wenn das Kind Erklärungen wünscht, sollten sie märchenkonform sein. Und wenn das Kind einfach nur ein bestimmtes Märchen vorgelesen bekommen möchte, dann sollten wir seinem Wunsch nachkommen. Kinder sind im Erkennen ihrer Bedürfnisse und im Ausdruck der entsprechenden Wünsche an sich souverän und bleiben es auch in dem Maße, wie diese Bedürfnisse von der Umwelt geachtet werden. Deshalb wird das Kind auch sagen, wann es ein Märchen oft genug gehört hat.

Wenn wir das Kind anregen, allein oder mit uns zusammen oder in einer Gruppe mit Märchenbildern zu arbeiten, dann sind die konkreten Inhalte nicht wichtig und die Alltagslogik schon gar nicht. Es geht viel mehr darum, einen Zustand von Trance aufzubauen, der die Erziehungsperson und das Kind oder die ganze Gruppe in eine energetische Einheit versetzt, um in dieser Trance schlechte Gestalten, die in das Denken des Kindes eingedrungen sind, in gute zu überführen und damit die an dieser Stelle blockierte Energie wieder in Fluss zu bringen. Im Märchen heißt das Erlösung, wir nennen es heute lösungsorientierte **Therapie.**

▶ Bildsprache

Wir sind durch viele und vielfältige Sprachen mit unserer Umwelt verbunden. Zu den vier Armen und Beinen des Kopffüßlers sind mit den Jahren viele Striche dazugekommen, und als Erwachsene sitzen wir in einem Netz von Sprachen und Beziehungen. Jede Beziehung hat ihre eigene Sprache – bis hin zu eigenen Wörtern. Es gab einmal ein Zwillingspaar, das eine eigene Sprache hatte, die nur diese beiden verstanden; außerdem sprachen sie ihre Muttersprache Englisch.

Akustische Signale breiten sich wellenförmig aus und erzeugen Schalldruck, wo sie auftreffen. Dieser Schalldruck kann abgegriffen und in andere Impulse umgewandelt werden. Eine Membrane erleichtert das »Lesen« der Schallwellen; im menschlichen Ohr das Trommelfell. Das Labyrinth, als erster Ort der Rezeption der aus dem Raum kommenden Schallwellen, ist gleichzeitig auch Organ der Orientierung im Raum bezogen auf die Schwerkraft. **Haut und Hören** haben die gleiche Wurzel, entspringen dem gleichen Keimblatt (Ektoderm). Die Differenzierung in der embryonalen Entwicklung beginnt mit dem Labyrinth bereits in der vierten Schwangerschaftswoche, was allein schon die Bedeutung dieses Aspekts zeigt.

Klänge, ob kreischender Lärm oder gefühlvolle Musik, können uns ›unter die Haut gehen‹. Musik-Fans wollen die Musik nicht nur ›hören‹ (Trommelfell), sondern auf und in ihrem Körper (Haut und Knochen) spüren. Musik und Gesang (Klang der Sprache) transportieren Inhalte, Botschaften auf der Ebene des Gefühls (Haut). Deshalb sprechen wir auch von der Weltsprache Musik. Und sie tun das an der rationalen Instanz unseres Geistes vorbei. Gute Filmmusik, die allein der Stimmung der gezeigten Bilder dient, nimmt der Zuschauer nicht wirklich bewusst wahr.

Die akustische **Sprache** ist die erste, mit der sich der neue Mensch mitteilt: Er stößt den Urschrei aus. Mit der Geburt tritt aber das bewegte Bild an die erste Stelle der Wichtigkeit. 80 % der Information nehmen wir über das Auge auf. Um diese Datenfülle zu verarbeiten, entwickelt das Denksystem Gestalten und Hierarchien von Gestalten, die durch Begriffe (Wörter) aufgerufen werden.

Diese assoziative Verarbeitungsstruktur ermöglicht es zum Beispiel, Märchen zu erzählen: Der Erzählende produziert eine modulierte Schallwelle, die als akustisches Signal ein Wort dekodiert, das als Begriff Index auf eine Gestalt ist und in der Abfolge und Summe der Gestalten ein Bild malt, das in einer Abfolge von Bildern zu einem Plot gehört. Die Gesamtheit dieses Vorgangs heißt Geschichte/Erzählung und hier Märchen, weil eine spezielle Sprache, nämlich die Bildsprache der Seele im Allgemeinen und der nordeuropäischen Volksmärchen im Besonderen als Code vereinbart beziehungsweise intrinsisch ist.

Für das Kind ist die Eroberung der Welt eine Eroberung von Sprache. Wer Sprache beherrscht, beherrscht die Welt. In diesem Prozess der Eroberung macht das Kind fortgesetzt Erfahrungen mit der Macht der Sprache. Kultur (das Wort des Vaters in der Sprache der Mutter) ist eine sich über Erziehung fortpflanzende Bild- und Denkstruktur, die sich kortikal immer wieder neu abbildet.

Deshalb definiert und formuliert (fasst in Sprache) eine Kultur sogenannte Werte, also Maximen des Handels auf der Basis von Beurteilungskriterien von Gut und Böse, die auf den Axiomen einer Weltanschauung (z. B. christlich) aufbauen. Diese Werte werden in Bildsymbole codiert an die nachfolgende Generation weitergegeben. Das **Wertesystem** muss dem neurophysiologischen System inhärent sein, um die Entwicklung des Kindes zu prägen. Weil das Baby/Kleinkind/Kind aber nicht verbal ›erzogen‹ werden kann, gibt man ihm Vor-Bilder. Diese Bildsymbole wirken über die Wahrnehmung als Imagination (Einbildung) auf die neurophysiologische inklusive der kortikalen Struktur, während sie sich entwickelt, und prägen sich ihr dabei ein. Das mangelhafte Vorbild der Erziehenden wird durch das generationsübergreifende Vorbild unterstützt, das in die Bildsymbolik der Kulturgruppe codiert ist. Wir sind heute überflutet von Bildsymbolen eines negativen (Angst instrumentalisierenden) Wertesystems, dessen Axiom die unbedingte Profitmaximierung ist; die Bildsymbolik unseres kulturellen Unbewussten (Mythen und Märchen) hat die Kraft, diesen Einfluss zu neutralisieren.

Es kann, es darf nicht darum gehen, dem ›Keim‹ ein von erwachsenen Erziehungspersonen oder Anderen erdachtes, also konstruiertes Werte- und Denksystem aufzupfropfen. Vielmehr ist der Erziehende wie ein Gärtner: Er schafft optimale Entwicklungsmöglichkeiten, greift aber in die Entwicklung selbst direkt nicht ein. Seine Aufgabe ist, dem Keim zu ermöglichen, die natürlich vorgegebenen Strukturen optimal auszufüllen und eine individuelle Position darin zu finden. Deshalb ist ein **System von Bildsymbolen** um so besser geeignet, je besser es die Wirklichkeit, die Realität der Natur, abbildet.

Aufgrund des geradezu darwinistischen Ausleseprozesses, in dem die Märchen über Jahrtausende entstanden sind, denke ich, dass Märchen diese Anforderung besonders gut erfüllen und es keine temporäre Kinderliteratur geben kann, die sie auch nur annähernd ersetzen könnte. Es gibt aber eine ganze Reihe ideologischer Einwände, die gegen Märchen und ihre Symbolik vorgebracht werden. Auf ein System von Bildsymbolen kann die Erziehung nicht verzichten, tut es aber zunehmend. In dieses Vakuum drängen in Beliebigkeit andere Bildsymbole, die das natürliche Wertesystem zersetzen. Das ist die Situation, die wir heute erleben. »Kinder brauchen Märchen«* und ihre Bildsymbolik deshalb als Schutz- und Explorationsraum, in dem sie sich ›werbefrei‹ entfalten können.

Weil die Märchen aus unserer Kultur hervorgegangen sind, bildet ihre Moral zwangsläufig das Wertesystem unserer Kultur ab. Wenn sich unser Wertesystem verändert hat, müssen wir die Märchen entsprechend anpassen. Die Tradition des Erzählens hat diese Anpassung im Verlauf der Zeit quasi automatisch geleistet. Weil die aber vor zwei Jahrhunderten abgerissen ist, müssen wir den Faden heute

*Bettelheim, Bruno: Kinder brauchen Märchen. (amerik. Orig.ausg.: The Uses of Enchantment. New York 1975) München (dtv) 1980

mit den Mitteln aufnehmen, die in unserer Gesellschaft zur Verfügung stehen, und das ist die im weitesten Sinne geistige Auseinandersetzung mit der Materie.

An den Grundwahrheiten ändert sich indes nichts, denn es sind immer noch Väter, Mütter, Kinder und Geschwister, um die es geht, und die Beziehungen, Konflikte und Projektionen, über die sie sich verbinden, sind prinzipiell immer die gleichen, seit es eine menschliche Gesellschaft gibt. *Wertesystem* wird allgemein viel oberflächlicher verstanden, nämlich als die Summe gesellschaftlicher Konventionen. Gesellschaftliche Konventionen verändern sich im Lauf der Generationen. Blickt man aus der Perspektive unserer heutigen Konventionen auf die Märchen, sieht man veraltete, also ›schlechte‹ Konventionen, was zur Ablehnung führt. Die Moral der Märchen greift aber viel tiefer, nämlich auf das der Natur inhärente Wertesystem, das sich in ihren Strukturen und Abläufen demonstriert. Dieses naturweise Wissen ist in die Märchen (und Mythen) eingeflossen, deren Autor nicht ein genialer, aber solitärer Dichter ist, sondern unsere Kultur als Ganze, der Erzähler beziehungsweise Sänger *und* das mit seiner Aufmerksamkeit ›abstimmende‹ Publikum.

Das naturweise Wissen ist tief in die Märchen eingeprägt und hat dadurch die Jahrtausende überdauert, doch je ›kultivierter‹ unsere Gesellschaft geworden ist und sich dabei von der Natur in ihre (Beton-) Burgen zurückgezogen hat, um so mehr ist ihr dieses Wissen entglitten und beim Weiter- und Weitererzählen ist allerlei hinzugekommen, das die Wahrnehmung der Zuhörer verwirrt und die enthaltenen Wahrheiten verschleiert und verwässert.

Die Moral der Märchen blickt auf die Seele. Die Verkleidungen der Personen und ihre Tänze und Verrenkungen sind nur Abbilder, mit denen die Symbole behängt sind. Das Wertesystem der Seele drückt sich in einem geistigen Organ aus, das wir Gewissen oder innere Stimme nennen.

Die Märchen, wie wir sie heute lesen, sind überlagert vom Wertesystem beziehungsweise den Konventionen einer Gesellschaft vor zwei Jahrhunderten. Das erschwert Heutigen den Zugang. Wir haben uns weiterentwickelt, die Märchen nicht. Unsere Sprache, unsere Lebensgewohnheiten, unsere Werte haben sich verändert, an den Märchen ist das spurlos vorüber gegangen. Deshalb finden wir in den Märchen, natürlich auch in der Grimmschen Sammlung, historisches Strandgut ohne Wert.

Um die Märchen zu restaurieren, müssen behutsam viele Schichten von Patina abgetragen werden. Erst wenn das geschehen ist, wenn wir einen möglichst klaren Blick auf die gute Gestalt des jeweiligen Märchens haben, können wir daran gehen, wenn es nötig erscheint, diese Gestalt mit ihren Bildsymbolen in die heute angemessene Sprache zu transponieren und so auf den Stand der gesellschaftlichen Entwicklung zu heben.

Die Märchen sind durchzogen von Begriffen aus dem Lebensalltag, der zwei Jahrhunderte zurückliegt. Viele Ausdrücke, Redewendungen oder Bezeichnungen für Gegenstände sind uns inzwischen fremd geworden. Wer weiß heute noch, wie Garn gekocht wird? Ein Wort, das nicht verstanden wird, ob akustisch oder inhaltlich, ist eine schlechte Gestalt, das heißt, es übt Gestaltdruck auf die Wahrnehmung aus. Das Gehirn steht unter Stress, die schlechte Gestalt in eine gute aufzulösen. Wenn die Wahrnehmung im Fluss der Sprache ein einzelnes Wort nicht versteht, kann aus dem Sinnzusammenhang etwas substituiert werden, um diese Lücke zu überbrücken, doch die Klarheit der Kommunikation insgesamt wird dadurch reduziert und somit auch sinkt die Intensität der Trance.

Das heißt aber nicht, die Märchen in Alltagssprache zu übersetzen. »Rotkäppchen« im Ruhrgebiet-Slang und -Idiom ist sicherlich sau-komisch, aber mit Märchen hat das so viel zu tun wie Oktoberfest mit Mozart. Es geht darum, eine geläufige und gut rezipierbare Begrifflichkeit zu verwenden, der eigentümliche Klang jedoch, der die Märchen durchweht wie ein Hauch der Ewigkeit, diese besondere sprachliche Anmutung, sollte erhalten bleiben, auch in der wörtlichen Rede und in der Anrede von Personen. Dieser ›Märchen-Klang‹ signalisiert fortgesetzt konnotativ: Wir befinden uns im Reich der Seele. Alles ist ›nur‹ ein Märchen.

Das dunkelste Kapitel unserer Vorvergangenheit, das sich in den Märchen niedergeschlagen hat und so dort bis heute nachzulesen ist, ist die Erziehung durch Angst, die wir **schwarze Pädagogik** nennen. Angst ist die Abwesenheit von Liebe. Erziehung durch Angst bedeutet, Disziplinierung durch Liebesentzug (das schließt Missachtung, Misshandlung und schließlich Missbrauch ein).

Die schwarze Pädagogik instrumentalisiert den Entzug von Liebe. Jedes individuelle Wesen ist abhängig von einem Zustrom von Lebensenergie, so wie die

Pflanze Sonne zum Gedeihen braucht. Die ›Sonne‹ des Lebens ist die Liebe. Liebe ist kein Gefühl, sie ist eine Energie, die mehr oder weniger da ist, also ein Zustand. Wer keine Liebe geben kann, weil er selbst keine oder nicht genug hat, verfällt darauf, seine Umwelt durch Liebesentzug zu manipulieren. Das gilt für Eltern auch und dieses Muster wird von anderen Erziehungspersonen fortgesetzt, die es nahtlos in Politik, Wirtschaft und Gesellschaft überführen.

Dahinter steckt ein differenziertes Projektionsmuster, das ich hier nicht entwickeln kann. Wichtig ist auch nur, dass die Pädagogik es längst erkannt, die Umsetzung den Alltag aber bislang nicht wirklich erreicht hat. Das liegt vor allem daran, das wir – nicht nur in unserem Land, sondern weltweit – ein Verhalten verinnerlicht haben, durch Belohnung und Strafe, Hin- und Abwenden, also Liebe und Angst, das Nicht-Ich zu manipulieren. Was wir dabei verdrängen, ist die Tatsache, dass das Nicht-Ich nichts anderes als unser eigener Schatten ist, jener Teil des Ganzen, den wir noch nicht ›eingenommen‹ haben. Wir entziehen unserem Schatten die Liebe und damit uns selbst. Denn wenn wir unseren Schatten nicht lieben, wie wollen wir uns dann mit ihm vereinen? Solange wir aber mit unserem Schatten noch uneins sind, sind wir unvollkommen.

Die schwarze Pädagogik wird von Eltern an Kinder weitergegeben und von denen an ihre Kinder. So ist ein blinder Fleck entstanden, der die ganze derzeitige Menschheit umfasst. Wenn wir nur rein hypothetisch überlegen, auf jegliche Art von Belohnung und Strafe zu verzichten, sind wir zunächst hilflos, was wir denn dann noch tun können, weil wir es uns anders gar nicht vorstellen können. Das Wort »Bäume erziehen« meint, sie beschneiden. Wir haben das Bild des Hirten verinnerlicht, der mit spitzem Stock die Tiere auf den Weg treibt, den er als ›rechten‹ definiert. Eine Stute dagegen führt ihr Fohlen im Schutz ihres Körpers in die Kunst des Laufens ein. Sie ist vorbildlich.

Wenn wir uns ein vorbildliches Symbolsystem schaffen wollen, sind wir vor moralische Fragen gestellt. Jede Geschichte vermittelt eine **Moral,** die »Moral von der Geschicht'« eben. Und die ist nicht immer ›moralisch‹. Wenn ein Übeltäter in einer Geschichte ungestraft oder mit einem blauen Auge davon kommt, dann ist die Moral dieser Geschichte, dass es lohnen kann, üble Dinge zu tun, weil man eine Chance hat, nicht erwischt zu werden. Im Märchen findet am Ende immer die ausgleichende Gerechtigkeit ihren Weg. Geschichten, die diese Regel verletzten, sind keine Märchen im Sinne dieses Buchs und meiner Meinung nach schädlich für die Seele, die kindliche Entwicklung aber ganz besonders.

Angst (Bedrängung) wird meist synonym mit dem fast vergessenen *Furcht* (Gefahr) verwendet. Das Kind, das voller Liebe in die Welt kommt, wird mit dem Nicht-Ich auch mit der Nicht-Liebe (Angst) konfrontiert. Liebe und Angst sind das duale Paar, das allem menschlichen Handeln zuunterst liegt. *Ich* erlebt das Nicht-Ich als Bedrohung, deshalb fürchtet es sich davor und muss zu einem Objekt oder einer Entität ›da draußen‹ erst Vertrauen entwickeln, bevor es sich öffnet.

Das Erleben akuter Bedrohung heißt *Angst*. Und dieses Gefühl ist verbunden mit einem neurophysiologischen Zustand, der wahre Wunderkräfte freisetzen kann, wenn sie zur Rettung nötig sind, der aber auch *versteinern,* also einen Totstellreflex auslösen kann, wenn die Gefahr *riesenhaft* ist. *Riese* ist das Bildsymbol für übermächtige Erwachsene, allen voran natürlich die Eltern. Deshalb kann *Riese* das Däumelchen wohl ›säugen‹, aber *Riese* ist auch *Menschenfresser.*

»Angst haben« meint meist, sich zu fürchten, also die Gefahr wahrzunehmen, dass die *Angst* handgreiflich werden könnte. Diese Furcht/Angst wirkt wie ein Detektor, sie schärft die Sinne bis zur Ahnung. Die Müllerstochter ahnt, dass mit ihrem Bräutigam etwas nicht stimmt:

Sooft sie ihn ansah oder an ihn dachte, fühlte sie ein Grauen in ihrem Herzen. [KHM 40]

Aber in der akuten Situation, der sie nicht entgehen kann, bleibt sie furchtlos, hat keine Angst und überwindet deshalb das Böse (die Räuber). Der Held muss (Geburt) das unbekannte Land (Zukunft) betreten. Wenn wir auf das Fremde (Nicht-Ich) zugehen, löst das ganz natürlich Angst (Furcht) aus. Also muss sich der Held der Angst stellen. Nur dann kann er das Abenteuer Leben bestehen und Schätze (Lebenserfahrung) gewinnen. Sich der Angst stellen, heißt aber nicht, durch Märchen Angst zu verbreiten, um das Kind zu ›erziehen‹, sondern umgekehrt die im Kind vorhandene Angst in Märchen zu thematisieren und eine positive Lösung dafür zu entwickeln. Gruselmärchen sind ein Beliebtes Genre; sie dienen nicht der Sensation, sondern zeigen, wie der Held das Grauen überwindet.

Wir leben in einer Kultur der Angst. Der von Angst Besessene instrumentalisiert das bannende Wort (sog. negative Trance) zur Steuerung und Kontrolle seiner Umgebung: »Sie *sind* ein Versager«; »Wenn Sie nicht..., dann...« Die Hierarchie unserer Organisationen ist eine Hierarchie der Angst und beherrscht alle Ebenen der Gesellschaft. Im erzieherischen Bereich sind Androhungen als ›Lernhilfe‹ an sich sogar gut gemeint, das Kind soll vor Ungemach geschützt werden, doch zu welchem Preis?

Wenn du das Wasser berührst, so kommt eine Hand heraus, hascht dich und zieht dich hinab. [KHM 181]

Dieses schreckliche Bild der nassen Hand, die aus der unergründlichen Tiefe des schwarzen Wassers hervorschnellt und nach meinem Fußgelenk hascht, verlässt mich nie wieder, wenn es einmal eingebrannt ist. Aus jedem Tümpel, aus jedem Wasser schnellt diese Hand hervor. Gut, ertrunken bin ich bislang auch nicht, aber wie viel Energie habe ich aufgebracht, über all die Jahrzehnte, um diese nasse Hand zu zähmen.

Der Geist der schwarzen Pädagogik zeigt sich beispielhaft in der Däumelein-Geschichte vom jungen Riesen:

Wie er da so saß, kam über den Berg ein großer Riese daher. »Siehst du dort den großen Butzemann?« sagte der Vater, und wollte den Kleinen schrecken, damit er artig wäre, »der kommt und holt dich.« [KHM 90]

Hinter dieser Drohung (die der Erwachsene vielleicht sogar witzig findet) steckt das Kalkül, wenn das Kind (der Schüler, der Knecht, der Bürger) Angst hat, sucht es Schutz beim Vater (Staat) und befolgt deshalb dessen Anweisungen – auch wenn sie missachtend oder sonst wie nicht liebenswert sind. Und diese Rechnung geht familiär wie politisch immer wieder auf. Das Märchen zeigt nun, was der Vater auf der seelischen Ebene tatsächlich anrichtet:

Der Riese aber hatte mit seinen langen Beinen kaum ein paar Schritte getan, so war er bei der Furche. Er hob den kleinen Däumling mit zwei Fingern behutsam in die Höhe, betrachtete ihn und ging, ohne ein Wort zu sprechen, mit ihm fort. [KHM 90]

Das Wort ist Gesetz. Was gesprochen ist, wird wahr. Das Resultat der schwarzen Pädagogik ist die Verwünschung des Kindes. Däumelchen wird aber nicht in ein Tier verwünscht (und so behandelt), wie es viele andere Märchen vorführen, sondern vom Butzemann geholt. Die Eltern verlieren das Kind seelisch, und dann wird lauthals geklagt:

Der Vater stand dabei, konnte vor Schrecken keinen Laut hervorbringen und dachte nicht anders als sein Kind für verloren. [KHM 90]

Er hat es ja auch in dem Moment verloren, weil er die Seele des Kindes verletzt hat. Folgt man dem Schema, dass ein Märchen aus Notsituation, Suchwanderung und Erlösung besteht, dann beschreibt die exemplarische Darstellung dieser seelischen Misshandlung durch den »Bauersmann« die Notsituation. Die Einstellung des Vaters, die sich hier zeigt, dürfen wir getrost auf den ganzen Tag ausdehnen und die Klaviatur seiner Spruchweisheiten und Erziehungstricks umfasst sicherlich viele Oktaven.

Das Märchen beginnt wie jede gute Trance damit, den Zuhörer *(Kind)* zu empfangen und ihm zu zeigen, dass seine Situation betrachtet und erkannt ist. Wir zeigen ihm Bilder, die er wiedererkennt, weil sie seinem Erleben analog sind. Wiedererkennen schafft ›Heimat‹ und damit Vertrauen und das fördert die Trance.

Däumelchen-Geschichten müssen sehr einfach gehalten sein, weil sie sich an sehr junge Kinder richten. Deshalb bringt der ›Butzemann‹ (Riese) selbst schon die Wende, denn er säugt das Däumelchen:

Nach Verlauf von zwei Jahren ging der Alte [Riese] mit ihm in den Wald, wollte ihn versuchen und sprach: »Zieh dir eine Gerte heraus.« Da war der Knabe schon so stark, daß er einen jungen Baum mit den Wurzeln aus der Erde riß. Der Riese aber meinte: »Das muß besser kommen«, nahm ihn wieder mit und säugte ihn noch zwei Jahre. Als er ihn versuchte, hatte seine Kraft schon so zugenommen, daß er einen alten Baum aus der Erde brechen konnte. Das war dem Riesen noch immer nicht genug, er säugte ihn abermals zwei Jahre, und als er dann mit ihm in den Wald ging und sprach: »Nun reiß einmal eine ordentliche Gerte aus«, so riß der Junge den dicksten Eichenbaum aus der Erde, daß er krachte, und war ihm nur ein Spaß. »Nun ist's genug«, sprach der Riese, »du hast ausgelernt«, und führte ihn zurück auf den Acker, wo er ihn geholt hatte. [KHM 90]

Man sieht förmlich den kleinen Jungen, der diese dreifach gestaffelte Vision von Kraft und Stärke mit blanken Augen aufsaugt und sich zu eigen macht. Ja, der Riese (die polterigen Eltern) nähren *[mich]* und deshalb werde ich so stark werden, dass ich »Bäume ausreißen« kann.

An dieser Stelle geschieht etwas, das wir in manchen Märchen wiederfinden: Bevor der Held auf die Suchwanderung geht, also Stationen durchläuft, die ihn zur Lösung seines Problems leiten, durchläuft er eine Einweihung oder Weihe, wird ausgestattet für die Seelenreise. Die Notsituation (Katastrophe, also Wendepunkt) zwingt ihn, das bergende Elternhaus (Uterus) zu verlassen, aber den Schritt hinaus in die Welt (Geburt) wird er gewöhnlich durch ein (Frucht-) Wasser getragen (Christopherus-Motiv), hier von einem Riesen, ein andermal vom Eisenhans (Wildemann). Er bekommt eine Einweihung; hier ganz direkt als Säugen beschrieben. Unser Held ist ein Däumelein, kein junger Mann, der die Jugendweihe erhält, wie beim Eisenhans.

Nun, das Däumelein wächst durch das Säugen zu einem jungen Riesen heran und kommt so zum Vater zurück auf den Acker, der sich die sechs Jahre scheinbar nicht vom Fleck wegbewegt hat, nicht vorangekommen ist. Nun erst beginnt die eigentliche Suchwanderung, die Suche nach Anerkennung nämlich. Es beginnt damit, dass der junge Riese versucht, seinem Vater durch Leistung zu imponieren:

Wie er fertig war, ging er in den Wald und riß zwei Eichenbäume aus, legte sie auf die Schultern, und hinten und vorn eine Egge darauf, und hinten und vorn auch ein Pferd, und trug das alles, als wär es ein Bund Stroh, nach seiner Eltern Haus. [KHM 90]

Der Vater ist aber nicht anerkennend, sondern nur erschrocken (Angst), und die Mutter ruft angesichts ihres Sohnes entsetzt: »Geh fort, wir wollen dich nicht.« (Vermeidung) Das Däumelein sucht nun die mütterliche Anerkennung, indem es ordentlich isst: »einen großen Schweinekessel voll«. Doch selbst das genügt ihm nicht; die Mutter bekommt ihn nicht mehr satt.

Deshalb verlangt er nun vom Vater den *Stab,* »einen Stab von Eisen, den ich vor meinen Knien nicht zerbrechen kann«. Der Stab (Marschalstab, Szepter) steht für die Führerschaft. Doch der Vater kann dem Sohn nicht so viel ›Stab‹ übergeben, wie der verlangt, und versagt wie die Mutter. Nun ist das Däumelein wirklich autonom, kann sich von Mutter und Vater lösen.

Bei Märchen für ältere Kinder würde am Ende der Suchwanderung die Erlösung folgen, die ins Schlussbild hinein mit der ausgleichenden Gerechtigkeit ausklingt. Beim Däumelein ist die Verletzung so tief, weil früh erfolgt, dass die ausgleichende Gerechtigkeit selbst die Erlösung ist und sehr lang ausgekostet wird. Indem eine künftige Entwicklung antizipiert wird, eröffnen sich rechtzeitig Verhaltensalternativen.

Das Däumlein gibt »sich für einen Schmiedegesellen aus« und verschafft sich Gerechtigkeit. Zuerst entlarvt es einen »Schmied, der war ein Geizmann«, indem es ohne Lohn für ihn arbeitet, ihm dafür aber die Schläge gibt, die es als Kind vermutlich einstecken musste. Nach dem Schmied kommt ein Amtmann, »auch ein Geizhals«, an die Reihe. Der schreckt in seiner Angst nicht einmal vor einem Mordanschlag zurück, kann dem Däumelchen aber nichts anhaben, das bemerkt nicht einmal den Versuch.

Schließlich schickt das Über-Ich (Amtmann) den Helden auch noch in die verwunschene Mühle (Hades, Hölle, Hel). Das Däumlein geht den Gang durch die Unterwelt. Durch diesen »rituellen Tod« und die anschließende »zweite Geburt« ist der Held vollkommen erlöst. Er versetzt dem Amtmann nebst seiner Frau (Vater und Mutter) einen gewaltigen Tritt, dass sie hoch, hoch in die Luft fliegen und zieht seiner Wege:

Und sie schwebten da in der Luft, und konnte keins zum andern kommen, und ob sie da noch schweben, das weiß ich nicht; der junge Riese aber nahm seine Eisenstange und ging weiter. [Ende; KHM 90]

Dieses Märchen beschreibt in vollendeter Weise die Loslösung und den Schritt in die Autonomie mit allen Projektionen und Verletzungen. Für Eltern mag dieses Märchen starker Tobak sein, man sollte aber bedenken, dass *Riese* eine Metapher für Eltern ist, was heißt, dass die Eltern selbst die (Riesen) sind, die das Däumelchen zum jungen Riesen aufpäppeln. Riesen sind aber auch Menschenfresser.

Dieses Märchen bietet dem Kind für seine Seelenarbeit eine kraftvolle Wunschphantasie, die ihm Erleichterung verschafft. Es kann die Angst, die es in seiner Erziehungssituation erlebt, mit Hilfe des Märchens gleich lindern, statt Jahrzehnte damit zu leben, um schließlich eine Therapie zu machen.

Schwarze Pädagogik versteigt sich auch zu Prügelstrafen, um Zucht und Ordnung herzustellen, wie sie der Zeitgeist fordert. Und das Grimmsche Märchen findet lustige Umschreibungen dafür:

Aber das sage ich dir, machst du dummes Zeug, so streiche ich dir den Rücken blau an, und das ohne Farbe, bloß mit dem Stock, den ich da in der Hand habe, und der Anstrich soll ein ganzes Jahr halten, darauf kannst du dich verlassen. [KHM 104]

Angst wird Kindern hauptsächlich verbal gemacht. »Ich will euch mit grünem Haselsaft waschen« [KHM 81]; droht der Wirt zwei Unschuldigen, um ein Geständnis von ihnen zu erpressen. Er meint, mit einer frischen Gerte vom Haselstrauch dermaßen prügeln, dass aus der Gerte der grüne Saft herausläuft. Ein solches Sprachbild kann nur schaffen und verwenden, wer das Geschehen kennt. Eine Haselrute ist übrigens besonders elastisch und zäh.

Die **Prügelstrafe** haben wir in den rund zweihundert Jahren, seit dieses Märchen niedergeschrieben wurde, offiziell abgeschafft, aber die Methoden, Angst zu erzeugen, haben sich nur psychologisiert. Erwachsene müssen Kinder nicht schlagen oder ihnen explizit drohen, um ihnen Angst zu machen. Von einem anderen abhängig zu sein, ist beängstigend genug. Allein das achtlose Verhalten und die fortgesetzten kleinen Missachtungen genügen schon. Ein Kind kennt nämlich nur eine einzige Angst: von den Eltern nicht geliebt zu werden. Und es tut alles, alles, um diese Liebe zu erhalten, und schließlich auch, um sich wenigstens die Illusion davon zu erhalten.

Wie achtungslos, wie lieblos sie ihre Kinder behandeln, merken Erwachsene oft gar nicht. Welches moderne Elternpaar sagt noch: »Gewiß hast du ein Haar in die Suppe fallen lassen; wenn's wahr ist, so kriegst du Schläge.« [KHM 65] Lieblosigkeit ist schlicht und einfach der Habitus, dem Erwachsene fortgesetzt in ihrem Alltag ausgesetzt sind, was sie selbst oft gar nicht ›merken‹, weil es genau das Verhalten ist, das sie bei ihren eigenen Erziehungspersonen ›vorbildlich‹ abgeschaut haben. Das kann so weit gehen – das kennen wir aus unserem Alltag –, dass Eltern ihre Kinder verfluchen, im Märchen heißt das verwünschen:

Zu einer Zeit war das Kind unartig, und die Mutter mochte sagen, was sie wollte, es hielt nicht Ruhe. Da ward sie ungeduldig... und sagte: »Ich wollte, du wärst eine Rabe und flögst fort, so hätt ich Ruhe.« Kaum hatte sie das Wort gesagt, so war das Kind in eine Rabe verwandelt und flog von ihrem Arm zum Fenster hinaus. [KHM 93]

Das Märchen zeigt natürlich nicht nur, was elterliches Verhalten bewirkt, sondern auch, dass und wie dieses verwünschte Mädchen trotzdem seinen Weg macht und erlöst wird. Der Vater, der von seinem Sohn enttäuscht ist, weil er nichts gelernt hat, was er für etwas ›Rechtes‹ hält, droht, ihn zu verstoßen, doch Erlösung findet im Märchen auch dieses Kind:

»O du verlorner Mensch, hast die kostbare Zeit hingebracht und nichts gelernt, und schämst dich nicht, mir unter die Augen zu treten? Ich will dich zu einem dritten Meister schicken, aber lernst du auch diesmal nichts, so will ich dein Vater nicht mehr sein.« [KHM 33]

Die ›Magie‹ des Wortes prägt die kindliche Entwicklung, aber auch unser ganzes weiteres Leben nachhaltig. Das kleine Kind nimmt zunächst alles für wahr, was auch immer gesagt wird. Was anderes kann es tun? Auch und gerade, wenn es mit der Androhung von Liebesentzug erpresst wird: »Wenn du zu ihr hingehst, so bist du unser Kind nicht mehr.« [KHM 43] Das heißt wörtlich genommen, das Kind verliert seine Eltern und wird zur (seelischen) Waise, wenn es nicht tut, was verlangt wird. Ist das nicht eine erschreckende Vorstellung? Die Eltern drohen ihrem »eigen Fleisch und Blut« mit dem Verlust der Existenzgrundlage, erpressen es »zu seinem Besten«.

Mär meint eine (längere) Erzählung; *Märchen* wurden auch kurze gleichnishafte Geschichten genannt, die von der Kanzel erzählt wurden, um die von schlichtem Geist beseelten Gläubigen zu belehren und zu erziehen. Beispiele solcher ›Märchen‹ finden sich auch in der Grimmschen Sammlung. Die Herausgeber waren bemüht, die erfolgreichen »Kinder- und Hausmärchen« zu dem zu entwickeln, was sie sich unter einem Erziehungsbuch vorstellten. Ein kurzes Textbeispiel soll das illustrieren:

Es war einmal ein Kind eigensinnig und tat nicht, was seine Mutter haben wollte. Darum hatte der liebe Gott kein Wohlgefallen an ihm und ließ es krank werden, und kein Arzt konnte ihm helfen, und in kurzem lag es auf dem Totenbettchen. Als es nun ins Grab versenkt und die Erde über es hingedeckt war, so kam auf einmal sein Ärmchen wieder hervor und reichte in die Höhe, und wenn sie es hineinlegten und frische Erde darüber taten, so half das nicht, und das Ärmchen kam immer wieder heraus. Da mußte die Mutter selbst zum Grabe gehen und mit der Rute aufs Ärmchen schlagen, und wie sie das getan hatte, zog es sich hinein, und das Kind hatte nun erst Ruhe unter der Erde. [KHM 117]

Doch abgesehen von solchen (und anderen) Ausrutschern, die durch den Raster fallen, wenn wir unseren Kanon (s. u.) zusammenstellen, sind die Märchen in der Grimmschen Fassung, wenn wir sie mit unserem heutigen Alltagswissen lesen, durchsetzt von inhaltlichen Unreinheiten, die in ihrer Zeit infolge des gesellschaftlichen blinden Flecks nicht sichtbar waren. Aus der klärenden Distanz von zweihundert Jahren nehmen wir diese Verstellungen viel deutlicher wahr und können uns aufmachen, sie zu bereinigen. Doch wie hüten wir uns vor unserem heutigen eigenen blinden Fleck?

Einige wenige Aspekte, die ich als restaurierungsbedürftig ansehe, möchte ich abschließend beispielhaft anreißen. Besonders der Umgang mit dem Tier als Nahrung liegt mir am Herzen. Im Märchen gibt es ja zweierlei Arten Tier, das eine, das nur gejagt und verspeist wird, also wie eine leblose Sache behandelt wird, und das lebende, weil sprechende mythische Tier, das dem Menschen gleichgestellt agiert und ihm im seelischen Bereich sogar (partiell) überlegen ist.

Damit will ich nicht für einen Vegetarismus plädieren, der die Märchen durchdringen soll, doch ich bin auch der Meinung, der große *Reichtum,* den Hans mein Igel in Form von *Eseln* und *Schweinen* in das Dorf seines Vaters treibt, muss nicht zwingend so beschrieben werden:

»trieb die Schweine vor sich her ins Dorf und ließ schlachten; hu! da war ein Gemetzel und ein Hacken, daß man's zwei Stunden weit hören konnte.« [KHM 108]

Was für ein mächtiges Bild. Das Schlachten beginnt mit einem Schlachtruf: Hu! Und schon geht Gemetzel los, es wird gehackt und geknackt. Beile sausen durch die Lüfte. Ihr Geräusch und das Brechen der Knochen ist zwei Stunden weit zu hören. Das entspricht einer Bombennacht. Aber es sind ja nur Tiere, also Waren?

Weiter finden wir Spruchweisheiten vor, wie: »Essen, soviel man mag, und leiden, was man muß« [KHM 107]; oder: »›Der Wein hängt aneinander... und ist nicht gut abbrechen‹, und tat noch einen ernsthaften Zug.« [KHM 77] Sie alle sind im Verlauf des Märchens verzichtbar und deshalb vermutlich eingeflossen. Die Moral aber stellt Alkohol als Problemlöser dar: »erst wollte er sich einen rechten Mut trinken« [KHM 28]. Diese ›spruchweise‹ Strategie der Entschuldigung allgemeinen Fehlverhaltens und -denkens wird das Kind später nachplappern, wenn wir sie ihm hier so unbedacht anbieten.

Es gibt in der Grimmschen Sammlung auch genügend Beispiele schlechter Moral und bannender Trance, die (gerade für das Kind) noch versteckter und unterschwelliger sind und deshalb auch subtiler wirken:

Der Goldschmied, der einen Höcker hatte und wie alle Buckeligen keck genug war... merkte erst jetzt, daß ihm zu dem Höcker auf dem Rücken noch ein zweiter ebenso großer vorn auf der Brust gewachsen war. Da erkannte er die Strafe seiner Habgier und begann laut zu weinen.« [KHM 182]

Spätestens hier (und bei den Juden-Märchen) wird deutlich, dass eine Restaurierung unserer kulturellen Kronjuwelen, die schon eine ganze Weile unerkannt dahindämmern, dringend geboten ist.

Billiger ist freilich, die Märchen fallen und verfallen zu lassen. Märchen leben ja nur, wenn sie erzählt und erzählt werden. Wenn nicht erkannt wird, was wir verlieren, wenn wir die Märchen aufgeben, wird uns das schließlich teuer zu stehen kommen, aber mehr noch unseren Kindern und Kindeskindern, das deutet sich heute schon an.

▸ Vorlesen

Das Warum soll nun genug begründet sein. Bevor ich die Stafette aber an die konkrete Märchen-Symbolik und -Therapie weiterreiche, möchte ich mich noch zum Praktischen der pädagogischen Seite äußern.

Ich bin davon überzeugt, dass Märchen durch die Vermittlung eines Systems von Bildsymbolen mit ihren inhärenten Werten einen substanziellen Beitrag zur Bildung leisten. Als Bildung bezeichne ich die absichtslose Förderung der psychosozialen Entfaltung auf der vorhandenen individuellen neurophysiologischen Basis. Erziehung dagegen verfolgt einen Zweck, zum Beispiel, vollwertige Mitglieder der Gemeinschaft; was immer das ist. Die ›zweite Welt‹ der Märchen bietet der (kindlichen) Seele einen Schutzraum, in dem sie sich frei entfalten kann.

Ein besonderer Vorzug ist, dass die Märchen einfach nur vorgelesen werden müssen. Die Wirkung kann gesteigert werden, wenn ein paar Aspekte berücksichtigt werden, was die Situation betrifft, in der, und die Art und Weise, wie vorgelesen wird.

So wie die Märchen heute verbreitet werden, sind sie allerdings mit Achtsamkeit zu betrachten. Hier liegt noch viel Arbeit vor uns. In den meisten Märchenbänden (Grimm), die aktuell angeboten werden, erscheint ohnehin nur eine Auswahl aus den Kinder- und Hausmärchen; die (für den Zeitgeist) problematischsten Stücke lässt man bereits außen vor. Ausgegrenzt werden aber auch an sich wertvolle Texte, weil sie bei Grimm in Platt erscheinen. Die Texte, die aufgenommen werden, erscheinen aber immer im Wortlaut wie damals (1857).

Märchensammlungen werden aus unterschiedlichen Motiven zusammengestellt. Die Grimms hatten zunächst literaturwissenschaftliche, andere haben kulturhistorische, wieder andere rein kommerzielle Gründe. Was in meinen Augen *Märchen* von anderen Kinderbüchern unterscheidet, ist ihre spirituelle Kraft und die deshalb so große psychohygienische Wirkung. Die haben aber nur bestimmte Märchen, die wir großzügig als Zaubermärchen zusammenraffen.

Als ersten Schritt haben wir aus der Grimmschen eine Sammlung von Märchen zusammengestellt, die für Trance-Arbeit brauchbar scheinen. Diese Sammlung nennen wir hier **Kanon.** Bei allen Einschränkungen, die bereits dargelegt wurden, sind die Märchen des Kanons akzeptabel, wie sie sind, solange es keine restaurierten Fassungen gibt.

Zum einfachen Vorlesen mag das besser sein, als auf Märchen zu verzichten. Doch wer Märchen therapeutisch einsetzen will, muss sich auf die Texte einlassen, um sie zu klären und für den jeweiligen Fall entsprechend anpassen zu können. Der Therapierende muss in gewissem Umfang in der Lage sein, *Märchen* zu sprechen, also über ein Repertoire von Bildsymbolen verfügen und für seinen Ausdruck verwenden. Im zweiten Teil dieses Buchs wird die Grundlage dafür ausgebreitet.

Der Plot des Märchens stellt den Handlungsrahmen, in dem der Therapeut dem Kind begegnet. Weil das Kind inniger beteiligt ist, als beim bloßen Zuhören, kann es Handlungsimpulse beitragen, auf die der Therapeut spontan angemessen reagieren muss, ohne die Trance zu stören.* Nur wenn er die Symbolsprache des Märchens nicht verlassen muss, um sich dem Kind mitzuteilen, kann er die Heil-

*Irgendwo, die Quelle ist nicht wichtig, habe ich gelesen, je tiefer die Trance sei, desto schwerer sei es für den Klienten, vernünftig zu reagieren, und als Beispiel wurde die Situation gemalt, aus dem Schlaf per Telefon geweckt vom Chef angesprochen zu werden. Tiefe Trance (gedankenleeres Bewusstsein) wird hier mit Tiefschlaf (ohne Bewusstsein) gleichgesetzt. Nicht allen, die sich mit Trance-Arbeit beschäftigen, scheint der Zustand gedankenleeren Bewusstseins geläufig. Tatsächlich neigt der Erwachsene heute, dessen Bewusstsein in die Gedankenleere geleitet wird, in den bewusstlosen Zustand abzugleiten (einzuschlafen). Die Gründe dafür können hier nicht erörtert werden. Kinder sind eher fähig, die Gedankenleere wach zu erleben, hellwach, so wach, dass sich bislang noch nicht entwickelte Sinnesebenen erschließen können. Und diese Wachheit wird durch Interaktionen im Verlauf der Trance nicht notwendig unterbrochen, im Gegenteil können tänzerische Bewegung oder rituelles Sprechen Trance stärken.

trance des Märchen erhalten, um das Kind auf seiner Suchwanderung kenntnisreich zu begleiten und zur Erlösung zu leiten.

Der Kanon ist in sieben Gruppen unterteilt entsprechend den Entwicklungsschritten Symbiose, Autonomie und Weihe. Märchen beginnen thematisch bei der Symbiose (Gruppe ❶). Das betrifft Kinder bis etwa zum zweiten Lebensjahr. In diesem Alter kann man zwar unter entsprechenden Voraussetzungen Märchen vorlesen, aber wirklich empfangsbereit sind Kinder erst, wenn sie sich soweit flüssig verständigen können, also etwa mit drei Jahren.

Märchen, die sich mit der Symbiose ❶ beschäftigen, sind also mehr rückwirkend heilend zu sehen. Die Gruppe ❷ beschreibt den Übergang von der Symbiose zur Autonomie. Mit etwa drei Jahren ist das Kind an diesem Punkt. Märchen der Gruppe ❸ beschreiben die Autonomie. Auch diese Märchen können einem Dreijährigen grundsätzlich vorgelesen werden.

Solche Einteilungen und Zuordnungen sind natürlich in einem gewissen Maß subjektiv, weil es keine eindeutige Definition der Zugehörigkeit gibt. Jedes Märchen ist anders, und es ist Ermessenssache, es nun in die eine oder die benachbarte Gruppe zu geben. Die Gruppenzuweisung ist also nur eine Orientierung.

Ich empfehle so vorzugehen, dass dem Kind zunächst die Märchen der Gruppe ❶ vorgelesen werden. Nach einer Weile bietet man ein Märchen aus Gruppe ❷ an, und achtet auf die Reaktion. Wenn das Kind schon ein paar Märchen kennt, sollte es jedes Mal gefragt werden, welches Märchen es hören möchte, oder ob ein neues ausgewählt werden soll. Achten Sie den Wunsch des Kindes, er ist weise. Es wird beobachtet, dass Kinder ein bestimmtes Märchen wieder und wieder hören wollen. Und wenn Sie sich beim Vorlesen versprechen und nur ein Wort anders ist, protestiert das Kind vielleicht, weil es den Text schon so genau weiß. Wie bei der Nahrung für den Körper weiß das Kind auch bei der Nahrung für die Seele ganz genau, was es braucht. Wenn wir ihm aber nur lange genug etwas ins Mäulchen stopfen, obwohl es immer wieder spuckt, wird es schließlich schlucken und sich gewöhnen. Doch geben wir ihm, was es spontan und unschuldig verlangt, dann bekommt es genau das, was es gerade braucht, und das ist sicher optimal. Mit der Seele ist es ebenso.

Wenn das Kind alle Märchen der Gruppe ❶ kennt, lesen Sie eines aus Gruppe ❷ vor, wenn es ein neues hören will. So lernt es nach und nach diese Gruppe kennen und wird sich daraus wünschen, was seine Seele gerade braucht. Genauso schreiten Sie zur Gruppe ❸ weiter.

Theoretisch sollten die fünf Gruppen auf die Jahre bis zur Einschulung verteilt werden. Wenn viel vorgelesen wird, ist der Kanon nicht umfangreich genug. Es gibt zahlreiche deutsche Märchensammlungen, in denen man nach weiteren passenden Texten suchen kann. Gewisse Wiederholungen bei den Themen und Motiven erleichtern die Einordnung.

Der Schritt in die Autonomie (Gruppe ❸) ist auch ein Schritt in die Gesellschaft. Die großen Geheimnisse (Leben und Tod, Mann und Frau, Himmel und Hölle) und die sozialen Beziehungen innerhalb der Gruppe sind Gegenstand der Jugendweihe, mit der die Kinder in die soziale Gemeinschaft der Erwachsenen aufgenommen wurden. In Märchen der Gruppe ❹ steht der Schritt in die Autonomie im Vordergrund, aber es fließen schon Elemente der Einweihung ein. Die Märchen der Einweihung sind in Gruppe ❺ zusammengefasst. Die Märchen der Gruppen ❹ und ❺ sind im Kindergarten-Alter gut platziert, sie können aber auch schon früher vorgelesen werden. Das Kind kann die Bildsymbole des Märchens immer nur in dem Maße verstehen, wie es sie auf Erfahrungen im Alltag beziehen kann. Es hört also nur, was es heraushören kann. Eltern nutzen das bisweilen, wenn sie sich vor dem Kind verschlüsselt unterhalten oder einen Namen, den das Kind nicht mitbekommen soll, buchstabieren. Kinder ahmen das Verfahren später nach, wenn sie eine Kindersprache* sprechen. Und feine Leute früher sprachen Französisch, wenn die »Lakaien« nicht mithören sollten.

Die Furcht ist also unberechtigt, Kinder könnten überfordert werden, wenn sie Märchen hören, die noch »nichts für ihre Ohren sind«. Erst in dem Moment, wo das Kind die entsprchende Erfahrung macht, versteht es das Bildsymbol. Genau darin liegt das pädagogische Geschenk der Märchen.

Heutige Pädagogik klärt auf und konfrontiert das Kind mit Wahrheiten, die es noch gar nicht verarbeiten kann, zum Beispiel beim Thema Sexualität oder Drogen. Schwarze Pädagogik verbietet, um die Gefahr zu vermeiden, bannt das Kind aber in einen Schutzpanzer und macht es gefügig. Mit Märchen können wir dem Kind in symbolischer Form Denkstrukturen und Verhaltenskonzepte anbieten, die es noch gar nicht verstehen kann. Sie werden in Bildsymbolik codiert in seiner

*z. B. die sog. Löffelsprache: »Ichhichlefich liebhielefieb dichhichlefich.«

Erinnerung (kortikal) hinterlegt und aktiviert, wann immer das Kind mit der akuten Situation konfrontiert ist.

Im Kindergarten bieten Märchen vielfältige Möglichkeiten, in der Gruppe zu arbeiten, und wenn Kinder in intensivem Kontakt zu Märchen aufwachsen, kann man auch in der Grundschulzeit noch Märchen einsetzen. Daraus ergibt sich dann ein fließender Übergang zu Mythen und Sagen, die danach gern gelesen werden, und schließlich in spirituelle Betrachtungen, die dem Geist unserer Zeit angemessen sind. Dass Kinder heute weniger die alten Märchen, Mythen und Sagen lesen, liegt zum Teil schlicht auch daran, dass der Markt unentwegt Neues produzieren muss.

Auf dem ›Lehrpfad‹ der Märchen können wir die Kinder in kleinkindlicher Symbiose in Empfang nehmen und durch die Autonomie in das Abenteuer des Lebens leiten. Wir können sie durch positive Bilder stärken. Wir geben ihnen Bilder mit auf den Weg, die wie märchenhafte Wunderdinge geheimnisvolle Kräfte entfalten, wenn das Kind in Not kommt. Vor allem aber bieten wir dem Kind einen spirituellen Schutzraum vor Bildern, die sich in seinem System einnisten wollen. Fremde, bannende Bilder im Gehirn sind wie Knöpfe *(hotspots);* Gestalten, die unser Auge wahrnimmt, drücken diese Knöpfe.

Die ursprüngliche Einteilung in fünf Gruppen ist später erweitert worden. In Gruppe ⓿ sind Märchen versammelt, die bedenkenlos vorgelesen werden können, aber mehr der Unterhaltung zuzuschreiben sind. Reine Gruselmärchen sind in Gruppe ⓿ nicht aufgenommen worden; das Symbol der Furchtlosigkeit wird in anderen Märchen mit berührt.

In der Gruppe ❻ sind Märchen versammelt, die besonders kritische Probleme wie Behinderung, Missbrauch oder andere Konstellationen thematisieren. Für die Märchen dieser Gruppe gilt genauso, dass sie Kindergartenkindern angeboten werden können. Nur ein betroffenes Kind kann den entsprechenden Aspekt der Symbolik erkennen und dekodieren. Selbst Erwachsene, wenn sie nicht geschult sind, verstehen die Symbolik nicht unter diesem Aspekt und sind entsprechend erstaunt, wenn sie diese Facette erfahren. Die Märchen dieser Gruppe sind auch als Hinweis gedacht, was ausgehend von Märchen therapeutisch möglich sein könnte.

Nach der Frage, welche Märchen **wann** vorgelesen werden können, bleibt noch kurz das **wie** zu erörtern. Letztlich wird jeder Vorleser mit jedem Kind gemeinsam den gerade angemessenen Raum schaffen, wenn beide achtsam miteinander umgehen. Das Kind tut das, wenn wir (alle) es ihm vormachen.

Das Vorlesen sollte in einem entspannten ›Raum‹ erfolgen und einem gewissen Ritus folgen. Auf gar keinen Fall sollte das Vorlesen von irgendwelchen Bedingungen abhängig gemacht werden. Ich empfehle einen festen Rhythmus, zum Beispiel jeden Sonntag oder jeden dritten Tag. Dieser Termin ist unbedingt einzuhalten und sollte nur durch das Kind abgesetzt werden, weil es keine Lust oder etwas Wichtigeres vor hat. Verhandlungen über Terminverschiebungen sollten nur in begründeten Ausnahmen geführt werden. Es sollte auch nicht zu oft vorgelesen werden, weil das den Wert mindert. Letztlich müssen Sie aber mit dem Kind Ihr eigenes Maß finden.

Weil das Vorlesen Ruhe voraussetzt, sehen wir es im familiären Rahmen eher am späten Nachmittag bis Abend. Ich persönlich sehe normalerweise keinen Grund, nicht vor dem Schlafen zu lesen. Die Trance, die durch das Vorlesen erreicht wird, kann das Einschlafen erleichtern. Das hängt aber auch sehr davon ab, wie stark die Trance ist, die Sie durch das Vorlesen aufbauen. Wer sich gut in die Märchenwelt einfühlen kann, wird auch die aus den Bildern fließende Trance durchlässiger weitergeben.

Es kann aber auch sein, dass ein Kind durch Märchenbilder so erregt (nicht verängstigt) wird, dass es nicht einschlafen kann, weil die Bilder es so stark beschäftigen. In solchen Fällen ist es besser, auf den Nachmittag zu gehen, um anschließend Zeit zu haben, das Erlebte spielerisch zu verarbeiten.

Das Erzählen selbst sollte an einem gemütlichen Platz stattfinden. Das Kind soll die Position einnehmen, die ihm gefällt, oder auch herumlaufen, wenn es das möchte. Lassen Sie sich nicht irritieren und lesen besonnen weiter. Wenn das Kind Sie anspricht, gehen Sie darauf ein und lesen dann weiter vor. Wenn Sie merken, dass das Kind gar nicht bei der Sache ist, lassen Sie das Vorlesen unauffällig ausklingen. Das heißt aber nicht, das Kind wolle nicht vorgelesen bekommen. Wenn Sie es ein anderes Mal fragen, ob Sie wieder vorlesen sollen, sagt es vielleicht begeistert ja (und Sie erleben womöglich trotzdem genau dasselbe).

Assoziieren Sie das Vorlesen mit keinerlei Konsum, beispielsweise von Keksen, Kakao etc. Essen Sie vorher oder hinterher Kekse. Vorlesen ist Vorlesen. Kekse essen ist Kekse essen. Ein beliebter Ritus verbindet das Vorlesen mit dem Zubettgehen. Wenn Sie nicht direkt vor dem Einschlafen im Bett vorlesen wollen, setzen Sie sich mit dem bettfertigen Kind zum Lesen hin und bringen es anschließend ins Bett, so entsteht eine Zäsur.

Geben Sie sich beim Vorlesen keine besondere Mühe. Es ist wirklich nicht notwendig, Dialoge mit verteilten Stimmlagen zu sprechen. Das wirkt unserer Sache sogar entgegen. Es ist auch wirklich nicht notwendig, das Gruseln mit der Stimme darzustellen oder den Schrecken, den ein Drache verbreitet. Lesen Sie die Märchen vor, wie das Selbstverständlichste von der Welt, sagen wir so, wie sie eine Meldung aus der Tageszeitung vorlesen würden. Die Inhalte, die ›Bedeutung‹ dessen, was Sie vorlesen, verstellt Ihnen als rationalem Erwachsenen leicht die Sicht, doch die Inhalte sind für das Kind ganz unwichtig. Die Bildsymbolik ist die Botschaft, und die versteht jeder, nicht nur das Kind, genau so, wie er sie aufgrund seiner Erfahrungen oder Einsicht verstehen kann und muss.

Lesen Sie so, wie es ihnen leicht fällt. Lesen Sie so langsam, dass Sie ruhig atmen können. Lesen Sie ruhig *noch* ein bisschen langsamer. Sprechen Sie jedes einzelne Wort deutlich und klar aus. Das lässt der Wahrnehmung genügend Zeit, die Bilder in der Vorstellung aufzubauen, damit sich der Geist gut hineinversenken kann, tief hineinversinkt und dem schillernden Spiel der Bilder zuschaut, die eine Geschichte erzählen. Genau das ist Trance.

Teil 2

Bildsprache der Märchen

Felix von Bonin

Die Semiotik untersucht alle kulturellen Prozesse als Kommunikationsprozesse.
Ihre Absicht ist es zu zeigen, wie den kulturellen Prozessen Systeme zugrunde liegen.
Umberto Eco[1]

In diesem Teil des Buchs stelle ich die Bildsprache der Märchen in ihren Grundzügen vor. Zunächst werde ich definieren, was hier *Märchen* heißen soll; dann werde ich auf die beiden mir hier wesentlichen Kriterien Trance und Moral eingehen.

Eine Sprache besteht aus einer Menge von **Zeichen** und Regeln für die Beziehungen, welche die Zeichen untereinander eingehen. Dieser Regelsatz heißt Grammatik. Die Grammatik der Märchensprache hat Lüthi[2] vor einem halben Jahrhundert bereits niedergelegt. Die ›Wörter‹ der Sprache *Märchen* sind Bildsymbole.[3] Ich werde einen Grundwortschatz der Märchensprache skizzieren und einige Kernwörter genauer betrachten. Danach werde ich erneut auf die Rhetorik eingehen, dann detailliert in Bezug auf Trance.

[1]Einführung in die Semiotik. München (Fink) 1972

[2]Lüthi, Max: Das europäische Volksmärchen (1947). München (Francke)

[3]Um die Betrachtung nicht aufzublähen, soll der Symbol-Begriff hier nicht weiter theoretisch betrachtet werden. Primäres Kriterium sei der vereinte Gegensatz, der die Unendlichkeit der Idee eröffnet. Dieser Gegensatz ist beim Bildsymbol *per definitionem* gegeben, denn es ist entweder das

Diese theoretischen Vorbetrachtungen führen dahin, eine Auswahl von Märchen (Kanon) zu begründen und Märchen aus diesem Kanon exemplarisch vorzustellen und zu restaurieren. Dies geschieht im dritten Teil des Buchs.

▶ Märchen

Zunächst muss allerdings geklärt sein, was *Märchen* bedeutet, denn der Begriff ist ähnlich vorbelastet wie *Trance*. Alles Weitere läuft dann darauf hinaus, diesem Märchen-Begriff folgend eine Auswahl von Märchen aus der Grimmschen Sammlung zu treffen, die für die Trance-Arbeit mit Kindern[4] geeignet scheinen.

Exemplarisch soll an einzelnen Märchen aus diesem Kanon eine Betrachtung der Symbolik vorgestellt werden. Bei dieser Betrachtung geht der Fokus über das Symbol-Inhaltliche (Moral) hinaus und es wird auch betrachtet, welche Trance-Techniken in den Märchen vorgefunden werden und wie wir sie nach unserem heutigen Kenntnisstand weiterentwickeln können.

Ziel ist, den vorgefundenen Märchentext nach den zuvor dargelegten Regeln behutsam sprachlich zu aktualisieren, anhand der Symbolanalyse den Bildplot zu klären und zu bereinigen und die Beachtung einiger Regeln der Trance-Induktion zu überprüfen und gegebenenfalls zu verfeinern, um so zu einer restaurierten Fassung auf der Höhe der Zeit zu kommen.

Weil ich bereits an vielen anderen Stellen zum Begriff *Märchen* Stellung genommen habe, möchte ich es hier in aller Kürze in einer neuen Betrachtungsweise tun. Zunächst sollen es Märchen *aus unserem Kulturkreis* sein, weil ja die Bilder unserer Seele berührt werden sollen, die von unserer Kultur geprägt ist. Innerhalb der weit gefassten Gattung Märchen gibt es Arten. Eine davon zeichnet sich durch besondere *Symboldichte* aus. Sie wird gemeinhin als *Zaubermärchen* deklariert.

Weil Märchen bekanntlich (weltweit) immer wieder ähnliche Motive behandeln, mag eine unserer Märchensammlungen genügen, um unsere Betrachtung überschaubar zu halten, und da liegt die Entscheidung für die Grimmsche nahe.

Abbild der Sache oder des Sachverhalts oder es ist die verknüpfte Idee, und doch ist es beides gleichzeitig. Die Gestalthöhe einer solchen Symbolisation ist allerdings gering. Dass Märchensymbolik auch tiefer gründet, soll an anderer Stelle nachgewiesen werden, wo es hier nicht *en passant* Erwähnung findet.

[4] Die Märchen eignen sich gleichermaßen für die Arbeit mit Eltern oder anderen Erwachsenen.

Genau betrachtet ist diese Grimmsche Sammlung[1] eine breite Kollektion von Texten unterschiedlicher Art, die im Verlauf der Ausgaben über ein halbes Jahrhundert hinweg in wichtigen Passagen immer wieder durch den Herausgeber verändert wurden. Deshalb soll zumindest die Erstausgabe (1812/15) neben die heute allgemein verbreitete Ausgabe letzter Hand (1857) gestellt werden.

Aus der Grimmschen Sammlung habe ich das extrahiert, was ich als Märchen im Sinne dieses Buchs betrachten will, also Märchen, die sich durch hohe Symboldichte auszeichnen. Dies sind in aller Regel auch die bekanntesten, heißt beliebtesten Märchen aus den KHM.

Ich habe an anderer Stelle schon darüber geschrieben, das manches Märchen als Bericht von einer schamanischen Reise gelesen werden kann. Hier möchte ich darauf hinweisen, und das liegt ja genau in dieser Linie, dass Märchen **Trance-Reisen** sind. Das gilt sogar für viele Texte, die hier nicht als Märchen akkreditiert sind. Die eigenartige Struktur und Rhetorik des Märchens enthält zahlreiche Trance-Elemente, wie die Wiederholung (im Märchen oft dreifach), den Rhythmus (wichtige Passagen sind gereimt), den Klang (Sprache ist zuerst Klang) und das visionäre Bild (die Ideen der Trance).

Kinder, die das Phänomen *Märchen* gut kennen, gehen oft schon in Trance, wenn es nur heißt, ein Märchen solle erzählt oder vorgelesen werden. Selbst unruhige Kinder kommen nach und nach zur Ruhe – ein Allheilmittel für motorische Unruhe sind vorgelesene Märchen aber nicht. Märchen sind vielmehr ein spielerisches Training für die *Seele:* Reinigung der Psyche, Ordnung des Geistes, Weitung der Vision.

Wir können das Märchen als eine *Kette von Ideen* betrachten, die durch Bildsymbole vermittelt werden. Weil sowohl das (Bild-) Symbol wie auch die Idee *per definitionem* transzendiert, befördern beide sich verstärkend die Trance, weil die ja auch ein transzendierender Prozess ist, also in die Weite des Unendlichen[2] strebt. Die Handlungsfolge läuft synchron zur Trance über eine Abfolge von Ideen, dargestellt durch Bildsymbole, geradlinig auf eine **Moral** zu. Diese Moral ist die Moral des einen Märchens, die aber Teilmenge der Moral an sich (Meta-Moral) ist, die wir auf die Seele bezogen auch innere Stimme oder Gewissen nennen.

[1]Grimm, Brüder: Kinder- und Hausmärchen (KHM). 1812/15–1857.

[2]Nicht etwa in die Enge des Nichts, wie der Bann, was von Unkundigen leicht vermischt wird.

Wenn die Moral des Märchens dem Gewissen zuwider läuft, wird das Transzendieren gehemmt. Deshalb können Märchen nicht wahllos als Trance-Reise verwendet werden, denn einige Märchen enthalten Ideen schwarzer Pädagogik oder andere Moral, die unangemessen ist.

Auch die Texte des Kanons – im Anhang findet sich meine (subjektive) Liste – müssen jeder einzeln genau betrachtet werden. Dabei geht es nicht um literarische oder kulturgeschichtliche Fragen, sondern um die Moral und die Trance fördernde Sprache und Erzählweise. Unbekannte Wörter, fremde Verhaltensweisen oder veraltete Gewohnheiten können heute irritieren und damit den Fluss der Trance stören, können andererseits aber auch das Märchen-Flair versprühen und damit die Trance fördern. Die richtige Dosierung und Entscheidung im Einzelfall wird wichtig.

Bekannt ist der **Einwand,** es könnten doch auch ›realistische‹ Geschichten oder andere Märchen verwendet werden. Auch dazu will ich mich an dieser Stelle nur kurz äußern. Kindern werden **alle möglichen Geschichten** angeboten. Märchen zeichnet aus, dass sie ein über Jahrhunderte gewachsenes Kulturgut sind, in das die Erfahrungen vieler Generationen eingeflossen sind; es handelt sich um Geschichten, die sich herauskristallisiert haben, weil sie elementare Probleme in zeitloser Symbolik darstellen und immer zu einer positiven Lösung führen. Märchen habe eine Allgemeingültigkeit und Tiefe, die der beste Einzeldichter nie erreichen kann. Märchen sind überzeitlich und erhaben.

Die verfügbaren Märchen sind durch die Sammler zum Teil bearbeitet und dabei manches Mal stark verändert worden. Durch Quellenvergleich und in Kenntnis der Fortentwicklung von Pädagogik und Psychologie, einschließlich der Trance- oder (noch irritierender) Hypno-Therapie. Außerdem ist die Grimmsche Sammlung wie dargelegt ein Sammelsurium; »Volksausgaben« sind aber meist schon bereinigt. Dabei werden dann regelmäßig auch wichtige Texte wie beispielsweise der *Machandelboom* fortgelassen.

Bekannt ist auch der **Einwand** der drastischen Bilder. Ich verweise hier auf meinen Beitrag über das Märchen *Von dem Machandelboom** [KHM 47]. Junge Mütter neigen dazu, ihr Kind vor allem bewahren zu wollen, und nehmen ihm

*Wenn einer eine Reise tut. In: Bonin, Felix von (Hrsg.): Schamanismus und Märchen. Param 2003, S. 31 ff

dabei oft wichtige Entwicklungsimpulse, denn nur, was gereizt wird, entwickelt sich.* In der guten Absicht, das Kind vor ›Schmutz‹ zu schützen, wird die Umgebung so antiseptisch gehalten, dass der sich entwickelnde Organismus keinen Anreiz erfährt, Abwehrkräfte zu entwickeln. Keine Mutter würde ihr Kind im Körbchen festbinden, damit es nicht laufen lernt, weil es hinfallen könnte. Und es fällt hin und tut sich weh. Und es lernt doch laufen.

Für die seelische Entwicklung gilt das nicht minder. Kinder leiden seelische Not und durchleben traumatische Erfahrungen, das können auch die besten Eltern nicht verhindern. Die Sprache der Seele ist aber immer direkt und ehrlich. Aus der Perspektive des Erwachsene sind es zum Teil schreckliche Bilder, die in Märchen gemalt werden, und er nennt sie *drastisch*. Tatsächlich entstehen die Bilder aber in *seinem* Kopf. Das Kind kennt diese Bilder noch gar nicht und kann sie deshalb in den Symbolen auch nicht entdecken.

Der Erwachsene projiziert die drastischen Bilder, die in seiner Erinnerung abgelegt wurden, auf die Bildsymbole in den Märchen. Vor diesen (seinen) Bildern will er das Kind schützen, um es nicht damit zu belasten. Das ist ehrenhaft, das Kind sieht diese Bilder nur überhaupt nicht, weil es sie nicht kennt und deshalb auch nicht wiedererkennen kann. Das Märchen enthält ja keine konkreten Bilder, sondern Symbole, also Gestalten von Ideen, die sich in Bildern darstellen.

Sicherlich ist es **ein drastisches Bild,** wenn eine Mutter ihrem Kind den Kopf mit dem Deckel der Truhe abhaut. Der Erwachsene sieht das Bild und assoziiert es mit seinem Wissen: der Schmerz, das spritzende Blut, das Durcheinander, die ganze Schweinerei. Aber das Kind weiß von all dem nichts. Es sieht einen Rumpf ohne Kopf und einen Kopf ohne Rumpf. Am Ende des Märchens, und ähnlich kommt es in anderen Märchen vor, ist der Kopf auch wieder dran. Das ist für das Kind genau so selbstverständlich, wie die Loslösung vom Kopf, Erwachsene blenden dieses Faktum gerne aus, weil es nicht in ihr Bild, ihre Projektion passt. Auf der seelischen Ebene, in der Anderswelt, ist ›Kopflosigkeit‹ genauso gut bekannt wie ›Körperlosigkeit‹. Schamanen beispielsweise berichten regelmäßig davon.

Der Erwachsene versteht am Anfang die Trennung des Kopfes vom Rumpf nicht; er versteht nicht, warum der Vater den Sohn isst (verschlingt), warum die Schwester die Knochen zusammenlegt und daraus ein Flammenvogel (Phönix)

*Zu viel Hygiene schadet dem Immunsystem. dpa, 20. September 2002 aufsteigt, der auf eine mythische Reise geht und mit Geschenken für Vater, Schwester und Mutter zurückkommt; und am Ende versteht der Erwachsene erst recht nicht, dass das Kind dann wieder ganz ist, mehr noch: erst recht ganz ist.

Jeder Zuhörer projiziert auf die Symbole, was er kann (will). Das Kind ist noch weitgehend frei von Projektionen, es hat noch nicht viel zu projizieren. Deshalb sieht es die Gestalten in großer Reinheit. Der Erwachsene nimmt die Gestalten kaum mehr wahr, weil sein Vorrat an Projektionsmaterial so groß ist und Projektionen immer mit starken Emotionen verbunden sind, die das Bewusstsein überlagern. Der Projektor sieht nur das Bild, er sieht nicht, dass es eine Folie ist, die er selbst über die Wirklichkeit legt.

Was die psychische oder seelische Technik *Märchen* auszeichnet ist, dass nicht rationalisiert wird – was das Kind ohnehin noch nicht nachvollziehen kann –, dass nicht erkannt oder eingesehen werden muss. Märchen lösen seelische Spannungen durch das symbolische Nacherleben und Erlösen. Dabei ist die kindliche Seele vollkommen geschützt, weil das Kind die Symbole nicht etwas bedeuten lassen kann, was es nicht kennt. Symbole bedeuten »alles oder nichts«. Und das Kind weiß auch in jedem Moment, es ist ›nur‹ ein Märchen.

Und, um die märchenhafte Dreizahl zu erfüllen, ein dritter **Einwand:** Märchen machten **Angst.** Auch dazu habe ich mich schon vielfach geäußert. Nicht die Märchen machen Angst, sondern die drastischen Bilder sind mit Erfahrungen von Angst assoziiert. Die Wahrnehmung erkennt zunächst nur die Gestalten und die darüber gestülpten Abbilder. Unsere Erfahrung assoziiert die Gestalten aber auch mit einer bestimmten, in einer früheren Situation erfahrenen neurophysiologischen Konstitution (Emotion).

Wenn die Emotion zum Beispiel durch ein Märchensymbol angerührt wird, drängen jene »drastischen Bilder« in die Vorstellung, die mit der Erfahrung der besagten neurophysiologischen Konstitution verbunden sind und überlagern die schlichten Abbilder, in welche die Märchen die Gestalten kleiden. Die Angst ist in uns, wir projizieren sie auf eine Märchenfigur.

Selten *machen* Märchen Kindern Angst. Fast immer lässt sich herausfinden, dass das Kind schon vorher Angst gehabt hat, vielleicht so diffus, dass sie als solche nicht erkannt worden ist, vielleicht auch, weil die Eltern sie nicht erkennen wollten. Das Kind kann seine Angst nicht angemessen artikulieren. Um so problematischer ist es, wenn die Angst von einem, beiden oder einem alleinigen Elternteil ausgeht oder vom Kind darauf projiziert wird, was klassisch beides zusammenkommt.

Im Märchen findet die kindliche Seele die Symbolmuster, in denen es seine persönliche und individuelle Angst auf einer allgemein gehaltenen Projektionsfläche ausdrücken und damit im Wortsinn aus sich heraus befördern kann.

Erwachsene projizieren nicht nur ihre (negative) Lebenserfahrung auf die Bildsymbole des Märchens, sondern mehr noch: Wenn ein Kind zum Beispiel seine Angst in der Sprache der Märchen ausdrücken kann, wollen die Erwachsenen nicht hören, dass es Angst hat. Sie fühlen sich zu recht oder unrecht verantwortlich oder schuldig. Und um diese **Betroffenheit** nicht reflektieren zu müssen, wird auf das Märchen als Ganzes projizieren: »Das Märchen macht meinem Kind Angst«; und das Märchen deshalb abgelehnt. Tatsächlich wird aber verschleiert, dass das Kind tatsächlich Angst hat und das Märchen nur seine Sprachlosigkeit an dieser Stelle überbrückt.

Solcherart und andere Verstrickungen sind in den Märchen thematisch an der Tagesordnung. Besonders die Texte der Gruppen ❹ bis ❻ des Kanons behandeln die Probleme menschlicher Beziehungen: Verrat, Betrug, Lieblosigkeit, Neid, Untreue – und wie der Held mit Hilfe seelischer Kräfte zu *seiner* guten Lösung kommt.

Bei den Problemthemen der Gruppe ❻ können durch das Anhören heftige Emotionen bei erwachsenen Zuhörern berührt werden. Deshalb sind diese Märchen in Seminaren (für Erwachsene) besonders geeignet. Selbst bei zwei Dutzend Teilnehmern wird jeder einzelne ganz individuell auf die Symbolik projizieren. Und die Auseinandersetzung mit diesen Projektionen in der Gesprächsrunde führt oft zu sehr tiefen Erfahrungen, die auch in weite Vergangenheit zurückreichen. Die Wirksamkeit der Symbolik, also ihr Angebot, darauf zu projizieren, scheint nicht abhängig davon, ob jemand als Kind viel, wenig oder gar nicht mit Märchen in Berührung gekommen ist. Die Märchen scheinen viel mehr ein universelles Muster (aus Gestalten) zu sein, die mit jeglicher Bebilderung ausgestattet werden können.

Es geht sogar noch einen Schritt weiter, denn die Seele macht sich ein Märchen auch zurecht. Kinder beachten bestimmte Figuren in einem Märchen kaum, andere stark; notfalls erfinden sie sogar Figuren hinzu. Auch den exakten Handlungsverlauf biegen sie sich zurecht. Wir können das nachempfinden: Erinnern Sie sich an ein Märchen ihrer Kindheit, das Sie beeindruckt hat. Rekapitulieren Sie den Handlungsverlauf, so gut Sie können. Besorgen Sie sich die Textfassung, die Sie als Kind vermutlich gehört haben, und lesen Sie nach, was wirklich geschrieben steht. Das berühmte Pfefferkuchen- oder Lebkuchenhaus beispielsweise kommt bei Grimm gar nicht vor. Auch bei Hänsel und Gretel nicht.

Der Vorzug der Märchen-Trance besteht darin, dass jeder (Kind oder Erwachsener) nur sieht, was er sehen kann. Nichts wird ans Licht gezerrt oder mit tiefenpsychologischer Fragetechnik herausgearbeitet. Die Märchenbilder führen zu einer Ein-Sicht, eine für jeden einzelnen Zuhörer individuelle Erkenntnis. Und das Erkennen schafft Distanz, Lösung und Befreiung. Erlösung ist still und sanft, voller Frieden und Liebe.

Wir haben den Märchen-Kanon in **sieben Gruppen** eingeteilt; die fünf Kerngruppen nehmen Referenz auf die Phasen seelischer Reifung:

⓿ Unterhaltung
❶ Symbiose
❷ Symbiose/Autonomie
❸ Autonomie
❹ Autonomie/Einweihung
❺ Einweihung
❻ Therapie

Symbiose ❶ meint, dass der natürliche Zustand der (Einheit aller) Dinge gestört ist oder im Verlauf des Märchens gestört wird. Im weiteren Verlauf wird die rechte (also natürliche) Ordnung durch den Helden wiederhergestellt. Für diese Gruppe gilt der Aspekt der Symboldichte weniger, denn des jungen Alters der Zielgruppe wegen müssen die Plots möglichst knapp gehalten sein.

Das Märchen führt die Überlegenheit der natürlichen Ordnung vor. Das gibt dem Kind Sicherheit und Zutrauen, seelische Nahrung, die es zur Persönlichkeitsentfaltung braucht. Das Märchen zeigt, dass es Kräfte gibt, die warum auch immer diese Ordnung stören (böse). Dass aber der Held (gut) wunderbare Unterstützung bekommt, wenn er die unlösbare Aufgabe unternimmt, die gestörte Ordnung wiederherzustellen.

Autonomie ❸ bezieht sich auf die Phase, in der das Kind sich seelisch von der Mutter trennt, sich also als eigenständige Person erlebt. Hier wird im Märchen auch die Reaktion der Mutter und der Eltern thematisiert. Das Kind muss in die Welt hinaus ziehen und sich im Leben bewähren. In einigen Märchen zieht es in die Welt, kehrt aber am Ende (siegreich) in dem »Schoß der Familie« zurück (Gruppe ❷); in anderen Märchen gewinnt der Held am Ende das Lebensglück. Oft sind das die *Prinzessin* und das *halbe Königreich* und damit ist er dann auch schon in Gruppe ❹, denn mit den Amouren ist es so eine Sache: Partner müssen gesucht und gefunden, gegen Rivalen, Neider und böse Alte verteidigt, vor allem aber von Verstrickungen (Kindheitstraumata) erlöst werden.

Die Autonomie entwickelt sich im Spannungsfeld von (Lebens-) Mut und (Trennungs-) Angst, Gut und Böse. Aber diese Entwicklung findet in einem sozialen Umfeld statt, das interferiert. Eltern und Geschwister, doch allen voran die Mutter, sind verstrickt. Die ist gerade beim Schritt aus der Symbiose in die Autonomie von so zentralen Bedeutung, dass sie eine symbolische Metamorphose durchläuft von der guten (gebärenden) Jungfrau und Mutter über die (fordernde und bedrohende) Stiefmutter und Hexe oder (konkurrierenden) Zauberin.

Einweihung ❺ geht noch einen Schritt weiter, denn dabei werden Lebens- und Stammesgeheimnisse weitergegeben, bei Hochkulturen spirituelle Geheimnisse. Das Kind ist danach kein Kind mehr, sondern Jungfrau oder Jungmann. Die Weihe ist schon in frühen Kulturen bekannt. Durch verschiedene Riten und teilweise gefährliche, oft aber schmerzhafte Prozeduren wird die Aufnahme in die Gemeinschaft als gleichwertiges Mitglied markiert. Die großen Themen der Einweihung im Märchen sind Leben, Liebe, Tod, aber auch schamanische Reisen, Wunscherfüllung und Meditation oder das Intrigenspiel treuloser Männer und falscher Bräute, neidischer Schwestern und geltungssüchtiger Eltern. Die gesamte Palette aus der Familientherapie ist hier vertreten.

Aus den Gruppen ❶ bis ❺ wird weiter unten je ein Beispiel näher betrachtet. Wir werden den Text der Erstausgabe der *Kinder- und Hausmärchen* zusammen mit dem Text der letzten Ausgabe aus Grimmscher Hand (1857) vergleichen und in die Symbolik blicken, besonders unter dem Aspekt, wie der Text zur Trance optimiert werden kann und wo andere Anpassungen nötig scheinen. Aus dieser Analyse geht dann eine neue Textversion des Märchens hervor. Diese Überarbeitungen sind exemplarische Vorschläge, wie die Texte des Kanons zu restaurieren sind.

▶ Die Sprache der Seele

Die praktische Arbeitssprache des Alltags wird in der Anderswelt zu einer Andersprache. Das Kind wird zum Helden, zum Prinzen oder zur Prinzessin, die Eltern sind Könige oder Riesen, der Schlüssel ist golden, die Schuhe sind gläsern, die Axt ist von Silber. Jedes Wort wird augenblicklich wahr.

Diese ›Sprache‹ kennen wir aus dem Reich der Träume. Sie ist bildhaft und symbolisch und erschaffend: Das Wort aktiviert das Bild, das Bild ist Realität. Surrealistische Kunst vermittelt einen Eindruck davon, auch phantastische oder esoterische. Die Sprache der Träume ist ganz individuell, ihre Bilder bekommen Bedeutung durch den Träumer. Die Bilder der Märchensprache sind symbolisch im Sinne von vielsagend, also an sich voller Bedeutung, der einzelne Betrachter spiegelt sich individuell darin.

Die Bildsymbolik der Seele ist ein Destillat der Alltagssprache, die Alltagssprache ein Aufguss der seelischen Bilder. Beide Sprachen sind miteinander verbunden wie Körper und Geist. Die Sprache der Seele entwickelt sich parallel zu ihrer Reifung und verwendet die Bilder, die ihr verfügbar sind. Diese Bilder sind deshalb nur Abbilder, die genommen werden, um die Gestalten ›mit Leben‹ zu füllen.

Die Sprache der Seele ist ursprünglich, eine Kollektion von Archetypen oder Gestalten und eine Struktur (Moral), die sie miteinander in Beziehung setzt. Diese Struktur der Bildsymbolik ist direkte Abbildung der naturweisen Ordnung. Sie etabliert sich als erste Ebene des Denkens, die oberste Instanz, deren Gesetz Wahrhaftigkeit ist und deren Stimme das Gewissen.

Auf dieser Struktur bauen später differenziertere Strukturen auf, die den akut vorliegenden subjektiven und kulturell bedingten Tatsachen und Umweltbedingungen folgen und deren Begriffe und Bilder einbinden. So ›wuchern‹ über die ursprüngliche Struktur archetypischer Bildsymbole mit den akkumulierenden Erfahrungen aus dem äußeren Leben immer mehr und immer dichtere Schichten, die zunehmend rigide, rationale Strukturen annehmen und schließlich so säkular sind, dass sie durch eine simple Signalfolge dargestellt werden können. *Rumpelstilzchen* ließe sich auch mit Morsezeichen übertragen und würde (erfolgreich decodiert) genau die gleichen Bilder auslösen.

Jedes Bildsymbol der Seelensprache hat seinen zugewiesenen Platz in der Gesamtstruktur, die polar (gut/böse) organisiert ist. Eine Hexe ist immer böse und man sieht es ihr an, weil sie hässlich ist. Hass, gehässig und hässlich gehören zum gleichen Wortstamm. Deshalb heißt es auch: Hass macht hässlich. Im Märchen sieht der Böse immer auch böse (hässlich) aus, denn das Märchen sieht nicht mit Menschenaugen, sondern mit Herz und Seele.

Einige Symbole wie der Alte sind nicht eindeutig. Der Wolf beispielsweise kann für eine Bedrohung stehen oder für eine unterstützende Kraft. Aber wenn er in einem Märchen ein Helfer ist, dann ist er es das ganze Märchen über und wird niemals zu einer Bedrohung und umgekehrt.

▶ Das Kind

Das zentrale Bildsymbol im Märchen (wie in der sich entfaltenden Seele) ist das erwachende Ich (Ego), über das sich der (junge) Mensch identifiziert. Der Protagonist im Märchen wird deshalb auch gern als Held bezeichnet, womit die heroische und narzistische Komponente angesprochen ist.

Das Märchen ist eindeutig polar organisiert. Das gilt auch für die Geschlechter. Männliche und weibliche Helden machen unterschiedliche Erfahrungen und werden unterschiedlich dargestellt und behandelt. Feministische Theoretiker machen daran gern ihre Kritik fest und übersehen in ihrem Eifer, dass die Märchen durch matriarchale Vorstellungen geprägt sind und »die Frauen« insgesamt doch besser wegkommen als »die Männer«.

Nachdem wir *Kind* als Symbol der reinen Seele bedeutet haben, finden wir zwei Kernsymbole für den kindlichen Helden: *Dummling* und *Aschenputtel*.

Ist der Held ein **Knabe**, so ist er amplifiziert zu einer undifferenzierten Gruppe von sieben oder zwölf Brüdern, die vom Vater verflucht oder von der Stiefmutter verhext in Vögel verwandelt werden. Nur die einzige Schwester (das Weibliche) kann diesen vervielfachten Knaben (das Männliche) durch ihre seelische Größe (Schweigegelübde und Standhaftigkeit) erlösen, er selbst ist ganz und gar handlungsunfähig (Flügel statt Arme).

Bleibt dem Knaben dieses Los erspart, dann ist er der jüngste von drei Brüdern und muss unlösbare Aufgaben erfüllen, gewöhnlich drei. Seine großen Brüder versagen und werden getötet oder versteinert oder verzaubert. Der jüngste aber, den sie Dummling nennen, der aber noch direkten Kontakt zur (Mutter) Natur hat, gewinnt durch seine reine Seele spirituelle Hilfe. So erlöst er die verwunschene Prinzessin und gewöhnlich seine Brüder und gegebenenfalls Eltern gleich mit und gewinnt die seltene Kostbarkeit, ein glückliches Leben.

Ist der Held ein **Mädchen,** dann ist es entweder die einzige Tochter mit dem vervielfachten Bruder der verflucht wird und den sie erlösen muss. Sie tut es passiv, also erlebend und erleidend, indem sie schweigt und manchmal auch nicht lacht und das gewöhnlich sieben lange Jahre lang. Zwischendurch heiratet sie und wird Mutter. Die böse Schwiegermutter oder sonst wer schwärzt sie an und sie kann sich nicht verteidigen, weil sie schweigen muss, um ›den Mann‹, ihre Brüder zu erlösen, die durch den Vater verflucht wurden. Das ist familiäre Verstrickung. Weil die Jungfrau rein bleibt und ihr Wort erfüllt, erlöst sie die Brüder und wird selbst im letzten Moment vom Scheiterhaufen gerettet und gewinnt ein glückliches Leben.

Ist das Mädchen die jüngste von drei Schwestern, dann ist ihre Mutter früh gestorben und die Stiefmutter (Hexe) hat die rivalisierenden älteren Schwestern mitgebracht. Diese drei fremden Frauen, die nichts anderes sind als die verdreifachte entfremdete Mutter, Stiefmutter, schwarze Mutter, Hexe oder Zauberin, fügen der Jüngsten alles Herzeleid zu, behandeln sie wie einen Aschenputtel und geben ihr boshafte Aufgaben, wie im Winter im Papierkleid Erdbeeren sammeln. Weil sich die Jüngste dem Wirken der Natur (›Schicksal‹) anvertraut und ihre Seele rein erhält, wird sie zur goldenen Jungfrau, und wenn nicht gleich ein Prinz kommt, sie zu freien, so wissen wir doch, er wird kommen.

Seltener kommen als Kind zwei Protagonisten vor, dann oft Zwillinge oder **Brüderchen und Schwesterchen.** Diese befinden sich in dem gleichen Spannungsfeld, nur dass die Verfielfachung nicht erfolgt ist. Gewöhnlich ist Brüderchen die treibende ›männliche‹ Kraft, aber es ist immer wieder Schwesterchen, von dem die (weibliche) Erlösung ausgeht.

Dummling/Aschenputtel ist eine narzistische Persönlichkeit, die im Märchen ihre Bewährung erlebt. Der Held durchläuft verschiedene Stationen (Szenen) seines Lebensdramas. Er geht von Zuhause fort, weil dort eine Notsituation besteht, und gerät in die Anderswelt (Zauberwald), wo er sein *Skript,* also die ›Not‹, die ihm sein Elternhaus mitgibt, (symbolisch) auslebt. Zum Ausgleich der ›Not‹ geben die Eltern dem Helden übrigens teilweise Wunderdinge und Wegzehrung (Symbole der Kraft und Fürsorge) mit. Die Reise des Helden durch die Anderswelt, seine Suchwanderung oder sein Erlösungsweg, verläuft über diverse Etappen, Begegnungen, Prüfungen und mündet schließlich in die Erlösung.

▶ Die Anderswelt

In der seelischen Welt wie im Märchen sind die physikalischen Gesetzte von Raum und Zeit aufgehoben. Das emotional/soziale Bezugssystem ist eindeutig; Personen sind gut oder böse und das sieht man ihnen an, weil sie entsprechend schön oder hässlich sind, freundlich oder boshaft. Eigenschaften der Personen sind immer offenbar und ändern sich im Verlauf nicht (Ausnahme: Mutter/Hexe). Der Held durchleidet auf seiner Reise die Verstrickungen und Verwirrungen, die aus der vorgegebenen Konstellation entstehen. Am Ende wird das Gute vom Bösen geschieden, das Gute überweltlich (Belohnung), das Böse unterweltlich, ›höllisch‹ (Strafe) zugeordnet. Damit wird das elementare Grundbedürfnisse nach Ordnung und ausgleichender Gerechtigkeit (Gesetz) befriedigt und eine Atmosphäre des Friedens und der Ausdehnung für die Entfaltung der Persönlichkeit geschaffen.

Die Anderswelt ist animistisch. Handlung tragende Tiere sprechen ganz selbstverständlich und verhalten sich (gestiefelter Kater) wie Menschen. Tiere Verfügen über geheimes Wissen und (gewöhnlich einzelne) Wunderkräfte. Mythische Tiere wie Drache, Löwe oder Adler (Greif, Phönix etc.) sind gefährliche Gegner für den Helden. Selbst Objekte (Blut, Knochenflöte, Gestirne, Winde) können sprechen. Requisiten im Märchen sind Wunderwaffen, verleihen Wunderkräfte oder ermöglichen Wunderheilungen, schaffen magische Beschützer, seltene Kostbarkeiten oder Reichtümer herbei. Es gibt menschliches Personal mit Wunderkräften wie Zauberer, Hexen, den oder die Alte, doch jeder Erwachsene verfügt zumindest über die Macht des Wortes, (die eigenen) Kinder zu verwünschen. Das geschieht vielfach eingangs des Märchens. Dass auch das Kind über die Macht des Wortes verfügt, erzählt die wunderbare kleine Geschichte vom süßen Brei [KHM 103].

Die Schwerkraft ist aufgehoben, Entfernungen spielen keine Rolle, Zeit läuft nur symbolisch ab. Die Handlung ist geradlinig, es wird nur ein Handlungsstrang ohne Nebenstränge oder Verzweigungen gesponnen. Die Handlung ist vorgezeichnet und oft schematisch, zum Beispiel bei der typischen dreifachen Wiederholung einer entscheidenden Szene, oft durch einen Reim unterstrichen. Wenn der älteste und der mittlere Bruder ausziehen, wissen wir schon, dass sie versagen werden; wenn der Dummling auszieht, wissen wir, dass er obsiegen wird und sind nur gespannt, wie.

Zielstrebig verfolgt der Held seinen Weg und sucht die Herausforderung, den Punkt der Eskalation, an dem die Erlösung stattfinden kann. Diese Konsequenz ist notwendig, weil der Held aus eigenen Kräften die Herausforderung nicht bestehen kann. Die meist drei Aufgaben (symbolisieren die Herausforderung durch das Leben), die er (unter Todesdrohung) zu bewältigen hat, sind unlösbar.

In dieser Situation seelischer Not kann der Held verzweifeln, also sich entzweien, und seine Ich-Bezogenheit (Projektion auf das Nicht-Ich) schließlich zur Boshaftigkeit steigern. So beobachtet es der Held gewöhnlich bei den feindlichen Erwachsenen und seinen älteren Geschwistern. Weil er aber reinen Herzens ist, die Ordnung der Natur nicht stört und sogar wiederherstellt, mitfühlend und hilfsbereit gegen Mitmensch und Kreatur ist, wächst ihm überirdische Hilfe zu. Das ist die Meta-Moral des Märchens.

In manchen Märchen darf der Held auf gar keinen Fall einschlafen, will er die verwunschene, schwarze Prinzessin erlösen. In anderen Märchen bekommt er im Traum einen wichtigen Hinweis, und in einigen wenigen werden die unmöglichen Aufgaben sogar erledigt, während er schläft. So oder so zeigt sich eine enge Beziehung zwischen Märchen und Traum, wie zwischen schamanischer Reise und Traum, beziehungsweise Trance und Traum, die alle mit der außerkörperlichen Erfahrung verbunden sind, die als Nahtoderfahrung wissenschaftlich untersucht wird und als sogenannte Astralreise, Astralprojektion oder luzides Träumen spirituelle Technik ist.* Märchen hören ist auch Traumarbeit.

*Zurfluh, Werner: Märchen als Schlüssel zu den Quellen der Nacht. Geesthacht (Wolkentor) 1985

Märchen-Trance, schamanische Reise und Traum bilden ein **triadisches Feld.** Darin steht der Traum für das Unbewusste, denn schamanische Reise wie Trance sind bewusst ablaufende Prozesse. Die schamanische Reise steht für die direkte Wirkung, sie wird mit einer konkreten Frage unternommen, während Trance und Traum indirekt, aber langfristig wirken. Die Märchen-Trance schließlich steht für eine allgemein verbindliche Bildsymbolik, während die Bilder der schamanischen Reise, mehr noch aber die des Traums sehr subjektiv und mehr noch nur aus dem Subjekt heraus deutbar sind.

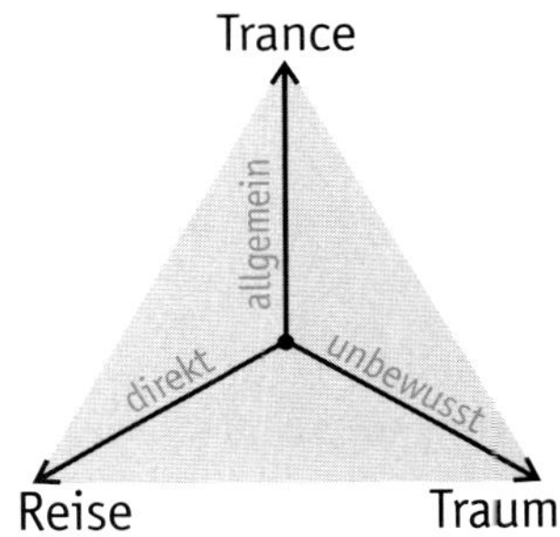

Das triadische Feld von Märchen-Trance, schamanischer Reise und Traum

Die Anderswelt dient einzig dem Zweck, dem Helden den Weg in ein glückliches Leben zu weisen, ihn also in das Geheimnis des Leben einzuweihen (Initiation), das sich als naturweise Ordnung ausdrückt. In dieser Einweihung, also durch das Märchen, wird ein Wertesystem vermittelt, das es dem Kind später als Erwachsenem ermöglichen soll, auch die Niederungen des Lebens zu durchwandern und doch »keinen Schaden an seiner Seele« zu nehmen.

Die Meta-Moral der Märchen ist spirituell. Sie unterstellt die mechanische Kausalität des physikalischen Daseins dem kreativen Sosein der Liebe, also der Weisheit des Herzens, und vertraut auf die ausgleichende Gerechtigkeit. Die Nähe zur Karma-Idee zeigt sich darin, dass der Boshafte am Ende seine Strafe oft selbst bestimmt.

Unter dieser Meta-Moral werden in einzelnen Märchen einzelne Problemkreise thematisiert, die aus dem alltäglichen Zusammenleben in der Familie entstehen. Allen voran der Kinderwunsch. In vielen Märchen wird ein Kind gewünscht »und sei's ein...«. Damit beginnt die Malaise. Dann wieder sind es Konflikte zwischen Eltern und Kindern. Die gute Mutter wird zur Stiefmutter und Hexe. Der Vater verflucht die Söhne oder begehrt die Tochter. Die Geschwister sind verstrickt. Kinder werden ›verkauft‹ und so fort. Ferner werden Konflikte zwischen Eheleuten beziehungsweise Verliebten behandelt wie Untreue, materielle Not, Missgunst und Neid. Für all diese Einzelfälle werden in Märchen Szenarien entwickelt und symbolische Lösungswege im Einklang mit der Meta-Moral vorgeführt. Märchen sind Psychodramen auf der Bühne der Anderswelt in denen der Zuhörer die Hauptrolle spielt, ohne sich dessen ›bewusst‹ zu sein.*

▶ Das gute Ende

Wesentlich für Märchen und Therapie ist, dass die Sache immer gut ausgeht. Der Held, der sich bewährt hat, muss eine überreiche Belohnung (Verstärkung) erfahren; seine boshaften Widersacher müssen komplementär hart bestraft werden (ausgleichende Gerechtigkeit). Was anfangs der Geschichte im Ungleichgewicht war oder in ihrem Verlauf ins Ungleichgewicht gekommen ist, wird am Ende zurechtgerückt und ausgewogen. Die Seele wird in einem harmonischen, zentrierten, ausgeglichenen und moralischen Zustand aus dem Märchen entlassen.

Das Märchen schlägt erzählerisch einen Bogen, das unterscheidet es von der schamanischen Reise. Bei der ist ein *Rückweg* wichtig, der die Stationen des vorangegangenen Weges rekapitulier und an genau dem dezidierten Übergangspunkt in die Anderswelt (Höhle, Tor, Brücke) endet, an dem sie begonnen wurde. Auch viele Märchen enden, wo sie begannen, sind also kreisförmig; der siegreiche Held kommt nach Hause zurück. Bei der schamanischen Reise sollen aber alle Stationen des vorangegangenen Weges rückwärts durchlaufen werden. Die Verwandtschaft von Reise und Märchen wird daran deutlich, dass einige Märchen auch diesen bilateralen Rückweg zeigen. Die alte Frau, die am großen Wasser steht und fischt rät dem Helden:

> da is 'n olen Brunnen, darut is 'n groten Boom wassen, daran hänget 'n Vugel im Buer, den nümm af; dann nümm noch 'n Glas Water ut den Brunnen un gaa mi düsen beiden den sülvigen Weg wier torügge. [KHM 96]

Die schamanische Reise unterscheidet sich von der Märchen-Trance auch darin, dass sie eine subjektive Erfahrung ist wie der Traum. Die Reise wird mit einer dezidierten Frage unternommnen, und die Erfahrungen auf der Reise werden als (symbolische) Antwort auf diese Frage betrachtet. Die Märchen-Trance wirkt da-

*Durch die Überflutung mit Bildern ist der Effekt des Films eindringlicher (bannend). Wer an Märchen drastische Bilder kritisiert, sollte zuvor betrachten, welche Bilder und mehr noch welche Meta-Moral durch Film und Fernsehen ununterbrochen und mit welcher Eindringlichkeit verbreitet wird und sich so im Symbolraum junger Menschen etabliert. Diese bannenden Botschaften werden aber geduldet, gebilligt und sogar begrüßt, weil sie dem Bewusstein der erwachsenen Mehrheit entsprechen, also gesellschafts- bzw. systemkonform sind.

gegen langfristig und indirekt. Der Held kehrt nicht mit einer Beute (Antwort) zurück. Die Bildsymbolik ist allgemein gültig und vermittelt übergreifend eine Moral und ein Wertesystem, die rekursiv auf die Natur Bezug nehmen. Diese Inhalte müssen nicht irgendwohin zurückgeführt werden, weil sie omnipräsent sind.

Der Rückweg bei der schamanischen Reise gewährleistet die harmonische Rückführung aus der Trance. Die aufgebaute Assoziationskette subjektiver Bilder wird rückwärts aufgelöst. Das entfällt bei der Märchen-Trance, weil mit allgemeingültigen (›objektiven‹) Bildern gearbeitet wird. Außerdem ist bei den zuhörenden Kindern der Niveauunterschied zwischen Trance- und Alltagsbewusstsein nicht so groß.

Das Märchen beginnt üblicherweise mit einer Induktionsformel wie: »Es war einmal«; »Zu Zeiten« oder »Einst« und öffnet damit die zeitliche Dimensionen vorab in mythische, also seelische Weite. Sodann werden die Hauptpersonen vorgestellt und die Besonderheiten ihrer Beziehung untereinander. Daraus zeichnet sich das Bild einer Not, in der sich der Held befindet. Diese Not ist, wie bereits beschrieben, exemplarisch und der Held bricht auf, sie stellvertretend für alle Betroffenen zu überwinden.

Der Weg, den der Held beschreitet, also die Handlung der Geschichte, wird als Heldenreise, Suchwanderung und ähnlich bezeichnet. Er zieht in die Welt, um sein Glück zu suchen, eine Grundidee männlichen Handelns: die Erforschung des unbekannten Landes. Zu Zeiten der Märchensammler hat sie manchen zum Auswandern in die »neue Welt« bewogen.

Nachdem die Suchwanderung glücklich abgeschlossen ist, die Guten belohnt und glücklich, die Bösen durch meist selbst bestimmte Strafen erlöst, endet das Märchen. Aber wie wird der Zuhörer aus der Märchen-Trance entlassen? Das Märchen versetzt ihn schon mit der Einleitungsphrase in Trance und leitet ihn durch die Seelenlandschaft. Aber wie leitet das Märchen aus dem Trance- in das Alltagsbewusstsein zurück?

In einigen wenigen Märchen läuft der Handlungsfaden tatsächlich lateral wie bei der schamanischen Reise. Dann sammelt der Held zum Beispiel auf dem Hinweg Aufgaben ein, erfährt am Ziel die Geheimnisse, die sich hinter den Aufgaben verbergen und auf dem Rückweg löst er mit seinem geheimen Wissen diese Aufgaben. Wieder am Ausgangspunkt angekommen, empfängt er die Belohnung, die Erlösung. Eine besonders elegante Gestalt zeigt *Der goldene Vogel* [KHM 57].

Der goldene Vogel stielt drei goldene Äpfel vom Baum des Königs. Der Apfel steht für das höchste Gut; dass er golden ist, zeigt dies an. Der Baum an sich, der Weltenbaum (Yggdrasil) wird als Spender und Erhalter des Lebens verehrt. Deshalb ist die Frucht des Baums, der Apfel, der Ehrenpreis des Helden, denn das Paradies ist der Obstgarten an sich. Und kann es eine größere Belohnung geben, als das Paradies?

Weil der König den goldenen Vogel haben will, ziehen die Söhne einer nach dem anderen los. Gleich am Anfang ihrer Reise begegnet ihnen ein sprechender Fuchs (Krafttier), doch nur der Jüngste nimmt seine Führung an. Der Fuchs lässt ihn auf seinen Rücken steigen, »so fing der Fuchs an zu laufen, und da ging's über Stock und Stein, daß die Haare im Winde pfiffen« [KHM 57], und trägt ihn so durch die Anderswelt zu den einzelnen Schauplätzen.

Anfangs befolgt der Jüngste den Rat des Fuchses und übernachtet im bescheidenen Wirtshaus. So kommt er zu dem Schloss, kann durch die schlafenden Wachen schleichen und kommt auch in die Kammer, wo der goldene Vogel ist. Von der Pracht geblendet missachtet er nun aber den Rat, der Vogel schlägt Alarm, der Jüngste wird gefangen und dem König vorgeführt. Der will ihm das Leben nur schenken, wenn er ihm das goldene Pferd bringt. Mit dem Pferd ergeht es nicht anders; und sein Besitzer fordert nun die Prinzessin aus dem goldenen Schloss (goldene Jungfrau). Der Fuchs bringt den Jüngsten auch dort hin. Der küsst die Schöne im Bade, wie der Fuchs geraten hat, erlaubt ihr dann aber doch gegen den Rat, sich zu verabschieden. Wieder wird er festgesetzt. Der Held ist nun am Ziel, bei der Jungfrau, die er gefreit (geküsst) hat und die ihn will. Doch der König/Vater steht vor ihrem Glück. Der will einen Berg abgetragen haben, der ihm die Sicht (auf die Zukunft) versperrt. Der Jüngste soll den Berg in (symbolischen) sieben Tagen abtragen. Er macht sich tapfer ans Werk, doch vergebens. Am Abend des letzten Tages kommt der Fuchs erneut, heißt den Helden *schlafen* und erledigt derweil die Aufgabe. Nun hat der Held die Jungfrau gewonnen und der Fuchs geleitet das Paar zurück. Jetzt befolgt der junge Mann seinen Rat. Er bringt die Jungfrau zum König und bekommt dafür das goldene Pferd. Er raubt aber die Jungfrau und entkommt mit ihr und dem Pferd. Das Pferd bringt er dem nächsten König und bekommt dafür den goldenen Vogel, reitet aber mit Pferd und Vogel davon.

Nun hat der Jüngste Jungfrau, Pferd und Vogel durch die Hilfe des Fuchses gewonnen, nun will der Fuchs seinen Lohn. Er bittet: »Wenn wir dort in den Wald kommen, so schieß mich tot und hau mir Kopf und Pfoten ab.« Der Königssohn hat jedoch bei allem, was er inzwischen erlebt hat, die Lehre noch nicht ganz verstanden und erwidert: »Das wäre eine schöne Dankbarkeit«, und verwehrt den Wunsch. Der Fuchs gibt ihm daraufhin noch einen rätselhaften Rat und geht, der Königssohn missachtet diesen Rat erneut, kauft seine heruntergekommenen Brüder vom Galgen frei und wird von denen in einen Brunnen gestoßen, worauf sie mit seiner Beute heim zum alten König ziehen.

Der Jüngste ist allerdings beschützt, fällt weich und der Fuchs holt ihn wieder heraus. Der Sturz in den Brunnen (vgl. Frau Holle [KHM 24]) ist das symbolische Rudiment des (initiatischen) Gangs durch die Unterwelt, wie er in Mysterienkulten üblich ist. So gelangt der Jüngste doch heil an seines Vaters Hof zurück. Der Kreis seiner schamanischen Reise schließt sich. Das Verbrechen wird aufgeklärt. Und jetzt erst ist der junge König reif genug für das Geheimnis. Der Fuchs bittet ihn erneut und er erfüllt die Bitte, »und kaum war es geschehen, so verwandelte sich der Fuchs in einen Menschen, und war niemand anders als der Bruder der schönen Königstochter [also ihr männlicher Anteil], der endlich von dem Zauber, der auf ihm lag, erlöst war. Und nun fehlte nichts mehr zu ihrem Glück, solange sie lebten.« [KHM 57]

Viele Märchen enden mit der Beschreibung der Strafe für den oder die Boshaften: »So lange tanzen, bis sie tot zur Erde fiel.« [KHM 53] Die ausgleichende Gerechtigkeit wird an das Ende gestellt, um sie besonders zu exponieren. Das kann sinnvoll sein, wenn die berührte Verletzung sehr tief ist, weil es dem verstrickten Ego Genugtuung bietet und so der Seele Erleichterung verschafft. Offener und freier ist ein Ausklang mit einer Vision: »Dem Schuster aber ging es wohl, solange er lebte, und es glückte ihm alles, was er unternahm.« [KHM 39]

Weil das Märchen eine Erzählung ist, wäre es einengend und ermüdend, die Figur des Rückwegs jedes Mal einzuhalten. Offensichtlich haben die alten Märchenerzähler aber die Notwendigkeit gespürt, ihre Zuhörer aus der Trance zurückzuholen. Jedenfalls gibt es eine ganze Reihe von Schlussphrasen, die mit einem Verfremdungseffekt (V-Effekt) arbeiten. Dieses Stilmittel hat Brecht (»glotzt nicht so romantisch«) entwickelt, weil er das Publikum wachrütteln wollte. Er hat wahrgenommen, dass sein Publikum fasziniert vom Bühnenspiel in Trance ging und ›romantisch glotzte‹, statt revolutionäre (rationale) Gedanken zu entwickeln.*

Der V-Effekt wird beispielsweise ausgelöst, wenn man den (selbstvergessenen) Zuhörer persönlich anspricht: »Ich wollte, du und ich, wir wären auch dabeigewesen.« [KHM 52] Auch das Durchbrechen der Erwartung oder paradoxe Aussagen (perzeptive Diskrepanz) holen aus der Trance: »Und die Katz läuft nach Haus, mein Mährchen ist aus.« [KHM I-82] »Mein Märchen ist aus, und geht vor Gustchen sein Haus.« [KHM 108] »Mein Märchen ist aus, dort läuft eine Maus, wer sie fängt, darf sich eine große, große Pelzkappe daraus machen.« [KHM 15] Diese paradoxe Schlusspassage kann ausgeweitet werden: »Bist du auch auf der Hochzeit gewesen? – Jawohl bin ich darauf gewesen, und in vollem Staat. Mein Kopfputz war von Schnee, da kam die Sonne, und er ist mir abgeschmolzen; mein Kleid war von Spinneweb, da kam ich durch Dornen, die rissen mir es ab; meine Pantoffel waren von Glas, da stieß ich an einen Stein, da sagten sie klink! und sprangen entzwei.« [KHM 84]

Dabei entsteht allerdings eine kleine neue Trance, die ihrerseits mit einem Klang! ausklingt. Auch ein heller Klang (Tischglocke, Wecker) holt aus der Trance zurück, hier in einem mundartlich überlieferten Märchen: »Un da trok ik en Paar gläserne Schohe an, un da stott ik an en Stein, da segd et »klink!« da wören se kaput.« [KHM 91]; oder mit einem anderen Weckgeräusch: »Da krähte ein Huhn ›kikeriki, das Märchen ist auserzählt, kikeriki.‹« [KHM 158]

*Er hat leider nicht verstanden, dass sein ›glotzendes‹ Publikum im Aufnahmezustand seines weiten und gedankenleeren Bewusstseins war, dass sein V-Effekt-»Wachrütteln« nur verunsichert und verängstigt. Die Methoden, das zu erzeugen, was wir heute perzeptive Diskrepanz nennen, sind inzwischen erheblich verfeinert worden. Eine ganze Klaviatur steht zur Verfügung, Aufmerksamkeit reflexartig zu provozieren, das Bewusstsein zu bannen und an der Nase durch die Konsumwelt zu führen. Allerdings erlahmt der natürliche Reflex, der letztlich ein Angstreflex ist, und die nötige ›Dosierung‹, um das genauso natürliche *perceptive defence* zu überwinden, muss fortgesetzt angehoben werden, was natürlich nicht *ad infinitum* möglich ist. In den Medien ist diese Schwelle heute längst überschritten. Die Verhaltensauffälligkeiten bei Kindern, die so rasant zunehmen, sind *ein* Symptom dafür.

▶ Grimm und Trance

Es ist ein Segen, dass wir diese (und andere) Sammlungen haben, denn sie enthält viele wertvolle Texte. Es ist allerdings notwendig, sich mit der Materie zu beschäftigen und einen bewussten Umgang zu pflegen, denn die Sammlung ist weitläufig und das Gesammelte ist historisch geprägt und durch Bearbeitung der Herausgeber verändert.

Unsere Gesellschaft hat sich weiterentwickelt, die Märchen nicht, weil sie niedergeschrieben sind. Was die Märchenerzähler intuitiv richtig gemacht haben, können wir heute tiefenpsychologisch und transpersonal theoretisch nachvollziehen und den Gegebenheiten entsprechend verfeinern.

Eine beliebige Verwendung von Märchen in der Trance-Therapie kann nicht empfohlen werden. Einige KHM-Märchen transportieren durchaus schlechte Vorbilder und überholte Lebensgewohnheiten. Und einige KHM-Märchen operieren mit Methoden schwarzer Pädagogik, ein historisches Erbe, das bis heute nicht überwunden ist.

Hierbei sind verschiedene Situationen zu unterscheiden. Wenn im familiären Rahmen Märchen vorgelesen werden, können die des Kanons in Ermangelung sprachlich überarbeiteter Fassungen soweit verwendet werden. Kleine Unschönheiten im oben genannten Sinne können hingenommen werden, wenn man die förderlichen Impulse berücksichtigt, die durch Märchen gegeben werden.

Soll ein Märchen aber gezielt therapeutisch zur Trance verwendet werden, dann müssen höhere Ansprüche an die sprachliche und inhaltliche Konformität des Textes gestellt werden; und es sollten weiterführende Instrumente bereitliegen, um die von der Märchen-Trance angestoßenen Bilder weiter bearbeiten zu können (Nachspielen mit Puppen, Malen, Märchen-Karten, ›märchenhaftes‹ Gespräch), falls das Kind dies möchte.

Vorteilhaft ist, wenn aus einer solchen Trance-Sitzung ein handfestes Symbol hervorgeht, das selbst gemalte Bild beispielsweise oder eine Tierfigur, ein Stein, eine Märchen-Karte, das der Therapeut dem Kind zur verstärkenden Erinnerung mit auf den Weg gibt. Dieser Bedeutungsträger ist mit dem Märchen, beziehungsweise dem, was das Kind daraus an Stärkung gezogen hat, ›aufgeladen‹ und erinnert das Kind fortgesetzt an die gewonnene Kraft und die erfahrenen Ressourcen.

Um das Kind durch eine Märchen-Trance zu führen und spontan auf seine Reaktionen therapeutisch konform zu reagieren, muss ein gewisses Repertoire an Märchensymbolen verfügbar sein. Zum Einstieg ist es hilfreich, Märchen zunächst einmal immer wieder zu lesen. Die Texte des Kanons können zum Beispiel zunächst als Vorlesegeschichte eingesetzt werden. Mit den Märchen des Kanons steht ein Arsenal zur Verfügung, in dem leicht etwas zum therapeutischen Anliegen Passendes zu finden ist. Kleine sprachliche und inhaltliche Unebenheiten können leicht abgeraspelt werden. Je vertrauter der Therapeut mit der Bildsymbolik des Märchens wird, desto eher und leichter, wird er beim Vorlesen Inhalte spontan anpassen oder schließlich eben einen Märchenstoff hernehmen und dem therapeutischen Ziel entsprechend für das Kind umarbeiten.

▶ Symbolgruppen

Die Bildsymbolik als Ganze kann in Gruppen geordnet werden. Allen voran stehen Bildsymbole, die durch **Personal** dargestellt werden. Das kann unterteilt werden in Menschen, Spezialisten, sonstige Wesen, sprechende, mythische und verwunschene Tiere.

Menschen sind der arme Müller und seine schöne Tochter oder die Mutter, die »war eine rechte Hexe, und hatte zwei Töchter, eine häßlich und böse, und die liebte sie, weil sie ihre rechte Tochter war, und eine schön und gut, die haßte sie, weil sie ihre Stieftochter war.« [KHM 56] König, Hans, Rotkäppchen und die Großmutter gehören auch dazu.

Spezialisten meint Menschen mit speziellen Wunderkräften: »Was ich mit meinen Augen ansehe, das springt auseinander, so gewaltig ist mein Blick... der Dicke, legte sich nieder und hielt seinen Mund ans Wasser... und er trank das ganze Meer aus, daß es trocken ward wie eine Wiese.« [KHM 134]

Wesen fasst alle anderen anthropomorphen Figuren zusammen, von Zwergen und Riesen, über Wichtelmänner und Rumpelstilzchen, zur weisen Frau, Hexe und zum Zauberer, dem Teufel, Gevatter Tod und dem Geist aus der Flasche.

Sprechende Tiere sind insofern dem Personal zuzuordnen, weil sie menschliche Qualitäten und Charaktereigenschaften vertreten, ähnlich den Spezialisten. Das meint vor allem sogenannte »Krafttiere« wie Fuchs, Wolf, Bär etc. Diese haben neben ihrem menschlichen Verhalten und der Fähigkeit, sprachlich zu kommunizieren, meist noch eine spezielle Fähigkeit, die mit ihrer Gattung verbunden ist: Der Wolf kann schnell weit laufen, der Fuchs ist schlau, der Fisch kann das versunkene Ei oder den verlorenen Ring (Kugel, Seele) ›aus der Tiefe‹ wiederbeschaffen.

Mythische Tiere sind meist gefährliche Gegner des Helden. Sie repräsentieren überirdische Mächte und Kräfte, die dem verirrten Menschen begegnen oder Pforten bewachen, durch die der Weg des Helden führt. Im Märchen kommen Drache, Greif, Phönix, aber auch schwarze Hunde, wundersame Schlangen und anderes vor.

Verwunschene Tiere schließlich meint Menschen, in der Regel männlichen Geschlechts, die in Tiere verwandelt sind. Knaben werden in Vögel verwünscht, in Esel, Igel und so weiter. Oder die Hauptperson tritt gleich in Tiergestalt auf die Bühne, als Löwe, Bär, Fuchs oder anderer, entweder als Tierbräutigam oder verwunschener Bruder. Dann ist er dem Helden gewöhnlich ein treuer Diener, der durch Tötung erlöst seine menschliche Gestalt wiedererlangt.

Die **Requisiten** ordnen sich in Szenarien, magische Orte und Wunderdinge.

Das wichtigste *Szenarium* ist kulturbedingt der Wald, der zum Zauberwald wird. Selbst wenn wir heute durch unsere kultivierten Wälder auf schönen Fußwegen wandern, können wir uns vorstellen, wie aus Waldgeruch, Sonnenflirren und Tiergeräuschen der Zauberwald zwischen den Büschen hervortritt. Ebenso faszinierend ist das große Wasser, der unüberwindliche Strom oder das weite Meer, die geheimnisvollen Inseln darin und die fremden Länder dahinter, das andere Ufer. Dort wohnt auch der Teufel, dort ist die Unterwelt.

Magische Orte sind Brennpunkte in der Anderswelt. Der besondere Baum, die Quelle, der Brunnen, der Glasberg, der Turm oder das Spukschloss.

Mit *Wunderdingen* ist die Anderswelt geradezu gespickt. Beliebt sind Wunderwaffen, die den Helden unbesiegbar machen, und Wunderheilungen, die alle Ärzte ausstechen. Die Versorgung mit dem Lebensnotwendigen besorgen Tischchendeckdich und Goldesel; Tarnkappen, Wunschmäntel, Meilenstiefel und Zauberspiegel sind zur Hand, wo sie gebraucht werden. Die Summe der Wunderdinge ist Symbol der Omnipotenz von *Ich* – und fast alle finden sich schon bei Odin, unserem germanischen Ur-Ich.

Als **Gesten** werden symbolische Handlungen der Personen und sprechenden Tiere zusammengefasst. Verwünschen ist eine solche Geste oder in die weite Welt ziehen. Es gibt freundliche, ausgleichende und boshafte Gesten.

Freundliche Gesten zeigt der Held, wenn er Nahrung teilt, aus Not rettet oder hilfreich ist; oder die weise Frau, wenn sie rät; der Butt, wenn er Wünsche erfüllt und so fort.

Gerechte Gesten werden gern als drastisches Bild abgelehnt.* Die Tauben picken den boshaften Schwestern die Augen aus; die neidische Mutter muss in glühenden Schuhen tanzen; die boshafte Hexe wird im Ofen verbrannt; der unschuldige Held wird vor dem Tod gerettet oder wiederbelebt; die betrogene Braut bekommt drei magische Kleider.

Doch *boshafte Gesten* gibt es auch, das Verwünschen gehört noch zu den harmloseren. Junge Männer werden in Stein verwandelt oder geköpft, weil sie ein Rätsel nicht lösen können; junge Frauen degenerieren zur Blume, weil sie verletzt und verlassen werden, Stiefkinder werden traktiert, müssen Erdbeeren im Winter sammeln und Linsen aus der Asche klauben.

Handlungen haben **Beweggründe**; es gibt sündige, schicksalhafte und aufrechte. *Sündige* Beweggründe sind vor allem Neid, Gier und Stolz; *schicksalhafte* Armut, Dummheit oder andere Not; *aufrechte* Mitleid, Ehrlichkeit, Verantwortung.

Der Held hat **Aufgaben** zu bewältigen, regelmäßig unter Todesdrohung. Die boshaften Gesten stellen *boshafte* Aufgaben: »Da hast du einen [durchlöcherten] Löffel, damit schöpfe mir den großen Teich aus.« [KHM 186] Doch auch ohne Boshaftigkeit sind die Aufgaben für den Helden unlösbar: »daß du mir einen

*Gerade die drastischen Strafen geben oft Anlass zu der Kritik, Märchen seien grausam. Tatsächlich sind Märchen überhaupt nicht grausam, ganz anders als viele Comics oder Filme, die Kinder statt dessen zu sehen bekommen. Grausam sind im Märchen immer nur die Bösen und die Strafen, die sie bekommen – und das finden wir gerecht: »Wie du sähst, so wirst du ernten.«
Erwachsene bedeuten die Sprache der Seele oft falsch. Eine Ehefrau mag sagen: »Wenn er schnarcht, könnte ich ihn töten.« (dpa, 13.11.2001) Und die Vorstellung verschafft ihr seelische Erleichterung, wie ein jeder nachvollziehen kann, doch es wird immer beim »könnte« bleiben, denn sie denkt ja »im Traum nicht« daran, es wirklich zu tun.
Und wenn im Märchen ein Kopf abgehauen wird, dann »sehen« Erwachsene das spritzende Blut, den Tumult, die Schweinerei, ihre Projektion des Grauens. Das Kind sieht, wie es heißt: einen Kopf, der vom Rumpf getrennt ist. Mehr nicht. Als Symbol trifft dies auf die meisten Erwachsenen zu, ihr Geist (Kopf) ist vom Körper getrennt; der Mühlsteinkragen ist das historische Kleidungsstück dazu, Schlips und Kragen das kontemporäre.

Ring herbeibringst, den ich ins Rote Meer habe fallen lassen.« [KHM 134] Oder: »ein Einhorn, das großen Schaden anrichtet, das mußt du erst einfangen.« [KHM 20]

Eine besondere Form der unlösbaren Aufgabe ist das *Rätsel*. Entweder handelt es sich um eine Plage (versiegter Brunnen, Erkrankung der Prinzessin), die niemand abzuwenden weiß, oder die begehrte Prinzessin stellt ihren Freiern Fragen (Rätselprinzessin). Die größte und schwerste aller unlösbaren Aufgaben aber ist es, den Lebenspartner zu *erlösen*.

Im magischen Kampf des Helden gegen seine Widersacher werden **Wunderkräfte** aller Art eingesetzt. Die Widersacher sind mit individuellen Kräften ausgestattet, manche (Tiere, Riesen) mit physischen, andere (Hexen, Zauberer) mit magischen.

Wenn der Held überhaupt über Wunderkräfte verfügt, dann nur als *starker Hans* über unvergleichliche Körperkraft. Ansonsten gewinnt der Held entweder Helfer, die über Wunderkräfte verfügen, oder er erwirbt selbst Wunderkräfte, meist durch den Besitz von Wunderdingen. Die eigentliche Wunderkraft des Helden erwächst aber seinem Urvertrauen und der Reinheit seines Herzens, die ihm den rechten Weg weisen, auf dem ihm die nötige Hilfe zufließt.

▶ Hauptfiguren

Um das Kind, den Helden, gruppieren sich wenige Hauptfiguren, die das enge familiäre Umfeld abbilden: die Alten, Vater und Mutter, Geschwister. Allerdings erscheinen diese Grundmuster in vielfältigen Variationen. Idealerweise sind die Alten ein wohlwollender Magier (Odin) und eine weise (Kräuter-) Frau (Gaia), die Eltern sind König und Königin und die Geschwister »hatten sich so lieb, nein so lieb, daß, wenn eins das andere nicht sah, ward es traurig.« [KHM 51]. Nicht nur die Realität sieht anders aus, auch im Märchen erscheinen diese Bezugspersonen in wechselnden Verstrickungen.

▶ Der König

Das Symbol König taucht an vielen Stellen in vielen Sachbezügen auf. Hier soll nur ein Zitat gegeben werden, das dieses Symbol in seiner tiefsten Wurzel berührt: »Der König, der sein liebes Kind vor dem Unglück gern bewahren wollte.« [KHM 50]

König ist der gute Vater, der Landesvater, der Sonnenkönig, der das ›Reich‹ zusammenhält und selbstlos für das Wohl der Seinen (sein Reich und sein Reichtum) sorgt. König entspricht der Gestalt Vater. Deshalb kann der König im Märchen auch wie der Vater im Alltag das Ideal verlassen.

Regelmäßig ist er auf der Jagd (nach Beute), während die Königin daheim niederkommt oder andere einschneidende Ereignisse stattfinden. In einigen Märchen ist er auch (schon) auf der Jagd nach Menschen (im Krieg), während die junge Königin daheim der Gewalt der schwarzen Mutter ausgesetzt ist. Auf der Jagd auch verirrt sich der König, beispielsweise weil er einem besonderen Tier (weiße Hirschkuh/Hexe [KHM 60]) nachsetzt, dann gerät er in Verstrickung, sammelt eine verwunschene Prinzessin ein oder ›verkauft‹ seine Tochter, um aus dem Wald hinausgeführt zu werden.

In seinem Bemühen, das Schloss (die Ordnung) zu beschützen, ist *König* das Über-Ich. Er kerkert den Eisenhans (den Wildemann in sich) ein, um die Kultur zu schützen; aber er ist bisweilen ungerecht. Er verflucht schnell seine Söhne oder missbraucht die Tochter, selten sexuell, aber regelmäßig seelisch; er hintergeht seine Frau und erwartet übermenschliche Leistungen von seinen Kindern.

Der Vater/König erscheint aber nicht nur in seiner zweiten Rolle als Jäger, manches Mal ist er auch ein armer Müller, der nichts als eine schöne Tochter hat, oder ein Besenbinder, ein Bettler, ein Holzhauer, der mit seiner Familie am Rande (des Waldes) wohnt und am Hungertuch nagt.

Alle Elternfiguren sind für die Handlung eher unbedeutend. Sie vertreten die Ursachen der Notsituation, die den Helden bewegt. Die Rolle, die von den Eltern gespielt wird, erklärt die Not des Helden, die Axiome seines Skripts, die Paradigmen seiner Projektionen.

▶ Die Königin

Mit der Königin ist es ganz ähnlich. Sie ist das Pendant, die Spiegelhälfte des Königs, die Mutter, die strahlende Herrscherin der Nacht. Die Königin ist innig mit der Natur verbunden und deshalb auch immer Große Mutter. Sie verfügt über Hexenkünste, verwünscht auch schon mal ein Kind, wird aber spätestens zur schwarzen Mutter oder Hexe, wenn das Kind in die Autonomie strebt, streben muss oder sollte. Ist das Kind eine Tochter, wird sie auch zur boshaften Rivalin.

Die Königin kommt im Märchen oft gleich am Anfang vor. Sie wünscht sich ein Kind und kann keins bekommen: »Ich bin wie ein Acker, auf dem nichts wächst.« [KHM 144] Durch mythisches Wirken bekommt sie dann doch ein Kind. In den neueren Fassungen Grimms stirbt die gute Mutter dann bald, um durch eine Stiefmutter ersetzt zu werden, die das Boshafte gleich mitbringt, oft in Form einer oder zweier Schwestern. Die Stiefmutter entdeckt sich bald als Hexe oder Zauberin; in ursprünglicheren Formen lebt die Mutter fort, wandelt sich aber von der nährenden zur fordernden und nehmenden, zur schwarzen Mutter Kali.

Die Königin kann gleichfalls Müllerin sein, oft ist sie Bäuerin und Spinnerin (Fleiß) oder auch nur Haushälterin und Köchin.

Dann wieder tritt die Königin gegen Ende der Geschichte auf. Entweder ist die Heldin inzwischen zur *Königin* avanciert, dann ist Königin die Verlängerung von Prinzessin. Oder sie ist die vorhandene Königinmutter, dann wird sie sich gegen die junge Königin wenden, die sich wegen eines Schweigegelübdes zur Erlösung ihrer vom Vater verwunschenen Brüder nicht wehren kann. Vielleicht ist sie auch mit dem König verheiratet, der im Wald eine goldene Jungfrau vom Baum gepflückt hat, dann wird sie in Kürze sterben.

An einem solchen Punkt wird die Betrachtung diffizil, denn wir finden es natürlich verwerflich, dass die Ehefrau verschwinden muss, damit »eine Jüngere« ihren Platz einnehmen kann – während ja »der Kerl« der gleiche bleibt. Märchenfiguren sind aber keine individuellen Personen, sie vertreten Prinzipien, eine bestimmte Gestalt, für die sie das Bildsymbol sind. Weil die Idee an sich endlos ist, sind auch die Ideen *König* oder *Königin* endlos. Wenn also die Neue kommt und die Alte geht, ist das auf der Ebene der Seele nur die Verjüngung der Einen. Deshalb auch will der Vater den Sohn verschlingen, er will sich das Junge einverleiben, das ja Teil seiner selbst ist, er muss aber regelmäßig lernen, dass er sich selbst wandeln muss, also nicht das Junge verschlingen, sondern selbst zum Jungen werden und als Altes zurücktreten.

▶ Die Alten

Aus den Eltern werden die Alten. Und so ambivalent König und Königin sind, so verschiedenartig treten der und die Alte im Märchen auf. Aus der (guten) Mutter wird die Großmutter, die Große Mutter, die weise Frau, die aus ihrer Kenntnis der natürlichen Vorgänge heraus hilfreichen Rat gibt. Über die Fortentwicklung des Vaterkönigs wird selten berichtet, gern liegt er bereits als der Alte auf dem Sterbebett und hat nur noch sein Erbe zu verteilen. Der Alte taucht aber auch ohne Weiteres auf, dann ist er mal der Hilfreiche, Wissende, der dem Helden in aussichtsloser Lage beisteht, ein andermal aber auch der »alte Mann im Wald«, im schwarzen, grünen oder roten Rock, der Teufel.

Auch die Große Mutter ist nicht immer weise Frau, sie ist auch Teufels Großmutter, als solche allerdings gutmütig, und sie wird zur tödlichen Bedrohung, zur alles Verschlingenden, die kleine Kinder isst. Besonders die Repräsentanz des Weiblichen erscheint im einheitlichen Bild der Trinität von drei Frauen, gemeinhin Schicksalsgöttinnen: die Jungfrau, die Mutter, die Alte; die den Lebensfaden spinnen, bemessen und abschneiden. Das männliche, das väterliche Prinzip erscheint im Alten polar und zwiespältig, mal guter oder böser Zwerg, mal weiser Altkönig oder gemeiner Teufel.

▶ Der Prinz

Dieses Kernsymbol zeichnet die Gestalt des jungen Mannes. *Prinz* ist das Ideal von *Kind*. Er spricht: »Ich fürchte mich nicht.« [KHM 50] Er kommt zur rechten Zeit, als »gerade die hundert Jahre verflossen« sind und während seine zu voreiligen Vorbewerber an der Dornenhecke scheitern: »blieben darin hängen, konnten sich nicht wieder losmachen und starben eines jämmerlichen Todes« [KHM 50], öffnen sich ihm alle Türen: »Als der Königssohn sich der Dornenhecke näherte, waren es lauter große schöne Blumen.« [KHM 50]

Aus der Perspektive der Prinzessin ist er oft auf die Rolle des Paris reduziert, der sie als Rechte zwischen den drei Schwestern herausfinden muss (z. B. [KHM 21]). Und dann soll er sie (Dornröschen, Schneewittchen u. v. m.), die in einem hundertjährigen Schlaf liegt, wach küssen und erlösen.

Oft ist der Prinz aber ein Dummling, der jüngste von drei Brüdern, der die elterliche Not (armer Müller) hinter sich lassen, sich durch den Zauberwald schlagen und unlösbare Aufgaben erledigen muss. Wenn er Glück hat, ist er ein starker Hans, hat also ungewöhnliche (Körper-) Kräfte, meist muss er jedoch durch sein reines Herz und sein rechtes Handeln überirdische (spirituelle) Hilfe gewinnen, um die verwunschene Prinzessin zu erlösen (Himmelreich auf Erden) und das halbe Königreich (Reichtum) zu gewinnen. Aber wohl gemerkt, er bekommt nur ein halbes Königreich, ein ganzes muss er schon selbst daraus machen.

Nicht selten hat er jedoch weniger Glück. Dann wird er als ein Hans mein Igel geboren oder in Raben und Schwäne verwunschen, die passiv und hilflos darauf warten müssen, von ihrer Schwester erlöst zu werden, die deswegen weder sprechen noch lachen darf und so in Verruf gerät.

Wird uns eingangs nicht erzählt, wie es zur Verwünschung des Kindes kommt, dann kann uns der (heiratsfähige) Mann gleich als Tierbräutigam begegnen, als Igel, Esel oder Bär, vielleicht sogar als Eisenofen. Dann kann ihn nur die Unschuld einer goldenen Jungfrau (Symbol: Spindel) erlösen, bei der er in der Nach seine Tierhaut ablegt. Mancher Prinz ist aber auch in seiner Tiergestalt magischer Helfer des Helden und hilft ihm, die unlösbare Aufgabe zu lösen beziehungsweise löst sie für ihn. Ist dadurch die Prinzessin erlöst, wird das Tier ›getötet‹ und zeigt sich als Bruder der Prinzessin.

▶ Die Prinzessin

Mit der Prinzessin ist es ähnlich dem Prinzen. Sie ist das Ideal des weiblichen Kindes, doch auch sie wird von Älteren vielfältig misshandelt und missbraucht. Wenn der König oder Kaufmann sich im Lebenswald verirrt, dann wird sie für seine Rettung an das Untier verkauft, das sie sodann erlöst. Dem armen Müller muss sie als schöne Tochter Stroh zu Gold spinnen. Und wenn der König, Kaufmann oder sonstige Vater wieder heiratet, bleibt sie außen vor, wird zum Aschenputtel, doch als solches fühlt sie sich ohnehin gern schnell. Dann träumt sie von ihrem Prinzen und durch die Reinheit ihres Herzens und die Kleidergeschenke vom Wunschbaum gewinnt sie ihn auch.

Arg wird ihr oft mitgespielt. Der Vater begehrt sie oder verkauft sie und wenn er ihre Brüder verflucht oder meucheln will, gibt man ihr die Schuld, sie muss den Leidensweg gehen, schweigen um ihren vervielfachten Bruder zu erlösen – ganz ähnlich, wie der Tierbruder die Prinzessin erlösen helfen muss, um selbst erlöst zu werden.

Sie ist die Jungfrau. Sie wird geprüft, ob Gold (Glück) oder Pech ihre Farbe ist. Als goldene Jungfrau ist sie verwunschen, schläft im gläsernen Sarg, wohnt im goldenen Schloss am Ende der Welt oder wird auf dem Glasberg gefangen gehalten, wo sie passiv wie die verwunschenen Prinzen/Tiere auf ihre Erlösung warten muss.

Aber als Rätselprinzessin kann sie auch eine eiserne Jungfrau sein. Dann verlangt sie oder ihr Über-Ich *König* die Lösung unlösbarer Aufgaben von den Freiern, bei Todesdrohung. Sie ist männermordend. Manchmal wird sie auch gleich von einem Drachen bewacht. Sie kann auch krank sein, nicht lachen oder sprechen können oder sonst wie autistiform; immer wartet sie auf ihren Erlöser.

Kummer hat sie mit ihrem Liebsten und Gemahl. Er wird von der Nixe in die Unterwelt gezogen oder von einer falschen Braut bezirzt. Der Bräutigam vergisst sie aus irgendeinem Grund oder einfach durch die Ferne, und nur ihre unerschütterliche Treue bringt ihr den Liebsten zurück, die falsche Braut muss ihrer Gier nach Gütern wegen weichen.

Aber die Prinzessin kann auch treulos sein, verrät den Gemahl, der für sie sein Leben opfern wollte, betrügt ihn auf dem großen Wasser der Seele mit dem Schiffer und wirft ihn über Bord in die unbewusste Tiefe des Meeres. Er wird gerettet, doch ein langer Leidensweg liegt vor ihm.

▸ Synopse

Wenige Kernsymbole für Personal werfen einen weiten Spannungsbogen von Verstrickungen auf. Die sechs Figuren der drei Generationen (Gestern, Heute, Morgen) sind allein in dieser kurzen Überschau oben in 51 Rollen genannt worden. Und diese Skizze erhebt wahrlich keinen Anspruch auf Vollständigkeit: der Alte; die Alte; Bäuerin; Besenbinder; Bettler; falsche Braut; Bräutigam; Drache; Dummling; Eisenhans; weise Frau; Große Mutter; Großmutter; Hans mein Igel; starker Hans; Haushälterin; Hexe; Holzhauer; Jäger; goldene Jungfrau; schlafende Jungfrau; verwunschene Jungfrau; der Jüngste; Kaufmann; die Kinderlose; Köchin; Königinmutter; alter Mann; grünes Männchen; rotes Männchen; schwarzes Männchen; Müller; Müllerin; Müllerstochter; gute Mutter; schwarze Mutter; Nixe; Raben; Rätselprinzessin; Rivalin; Schiffer; Schwäne; Soldat; Spinnerin; Stiefmutter; Teufel; Teufels Großmutter; Tierbräutigam; Zauberin; böser Zwerg; guter Zwerg.

Manche der Rollen sind leicht als symbolische Beschreibungen einzelner Aspekte des Helden zu erkennen, die in eine Rolle ausgelagert sind, um sie zu dramatisieren. Viele andere gesellen sich hinzu wie der treue Diener, der Ziehvater, der schlaue Bauer oder Schneider und nicht zuletzt all die ursprünglichen Berufsgruppen mit ihren Eigenartigkeiten, denn der Beruf prägt das Leben des Menschen. Existenzielle Berufe sind Symbole für Lebensaspekte.

Ähnliche Funktion, Eigenschaften des Helder als autonome Figuren darzustellen, haben die Tiere, nicht nur die meckernde Ziege. Krafttiere wie Fuchs, Wolf, Bär etc. begleiten den Helden als magische Helfer; mythische Tiere wie Drache, Einhorn, Phönix oder Greif (Adler) treten meist als Widersacher beziehungsweise Torhüter auf; Widersacher sind neben Hexen und Zauberern aber auch Riesen und wilde Tiere wie das Wildschwein. Der Drache *(Lindwurm)* ist in seiner ursprünglichen Form als (weiße) Schlange, auch mit Krönchen, eher hilfreich, bringt Reichtum oder lässt die Sprache der Tiere verstehen.

Solcherart gruppieren sich die Hauptsymbole um die Kernsymbole und es entsteht eine Kosmologie von Symbolen, die ihr Zentrum im Kind/Helden hat und ihm eine Landkarte durch die Irrungen und Wirrungen der Seele bietet, damit er sein Glück finden und die Unglücklichen um sich herum erlösen kann. Und weil er selbst als einfacher Mensch überfordert ist, bekommt er Wunderwaffen und Zauberdinge hinzugesellt, damit er das »große Werk« vollbringen kann.

▶ Rhetorik

Abschließend soll die Rhetorik des Märchens betrachtet werden, soweit sie für Trance relevant ist. Auf die Wirkung der Einleitungsphrase wurde bereits hingewiesen. Auch der Erzähler induziert – wie der Therapeut oder Schamane –, wenn er in seiner Funktion bekannt oder entsprechend gekleidet ist, auf Grund der **Erwartung** allein durch sein Erscheinen bereits Trance. Seine erworbene Fertigkeit, Wort und Stimme zu verwenden, um Trance zu fördern und zu erhalten, zeichnet ihn aus.

Wir rekapitulieren kurz, dass der Geist an sich im Zustand der Trance ist. Rationale Gedanken, schlechte Gestalten (Probleme, Lügen, Ungerechtigkeit etc.) oder abstrakte (vom Bild ›weggezogene‹) Begriffe und Regeln sind nach außen gerichtet und laufen der Trance zuwider. Deshalb ist die Rationalität zu unterlaufen, was im Märchen allein durch Aufhebung der physikalischen Gesetze und die daraus folgenden Wunderlichkeiten gegeben ist. Von solcher Phantastik geht eine Faszination aus, die sich immer wieder neu Bahn bricht, ob gestern als Surrealismus oder heute in Fantasy und Science Fiction.

Die Begrifflichkeit, die dem Geist die Trance erschwert, wird durch Substitution überwunden. In der Meditation wird ein bedeutungs*leeres* Klangwort *(Mantram)* verwendet, um den Geist zu leeren und **transzendieren** zu lassen. Ziel ist ja auch die tiefe Ruhe und Entspannung der *Leere*. Im Märchen sollen aber (mythische) Inhalte transportiert werden, ohne die Trance zu unterbrechen. Das wird durch Symbolik erreicht, weil Symbole so vielschichtig sind, dass der rationale Geist sie nicht wirklich greifen und sich an ihrer Bedeutung festhalten kann. Ziel der Märchen-Trance ist die *Lehre,* also die Weitergabe des kulturellen spirituellen, also höheren Wissens hinein in die Leere.

Therapeutisch konkret heißt das, der Klient selbst kann die Symbole mit *seinen* Inhalten füllen, kann parallel zum Märchen unbemerkt und unausgesprochen auf seiner intimsten und okkulten (verborgenen) Sphäre sogar vor seiner eigenen (vom Über-Ich kontrollierten) Ratio verborgen etwas durchleben, was durchlebt werden will. Sein Ego muss es nicht einmal in konkret angesprochener Form ›ertragen‹, sondern das Problemfeld kann quasi stillschweigend und symbolisch abgearbeitet werden. Dadurch werden Bloßstellungsängste vermieden; der Klient empfindet erst gar nicht die Notwendigkeit, Widerstand aufzubauen, und kann sich dem Fluss der symbolischen Handlung ganz anvertrauen und hingeben, so dass die Lösung im Märchen zu *seiner* Lösung im Leben werden kann.

Mythen und Märchen übernehmen unter anderem auch die Aufgabe, Kindern schon vor der Initiation in das Erwachsenenleben, also in einem Entwicklungsstadium, wo sie rational und begrifflich noch nicht erreichbar sind, einen Bezugsrahmen zu vermitteln, der sie auf Situationen und Erfahrungen vorbereitet, die sie noch nicht kennen und auch noch gar nicht verstehen können. Durch Märchen haben Kinder am spirituellen Erbe ihrer Kultur vorrational auf bildhafter Ebene Teil, so dass ihre neurophysiologische Entwicklung (bis hinein in die kortikale Ausformung) auf diesem sicheren, umfassenden und ganzheitlichen Hintergrund erfolgen kann. Märchen sind deshalb sehr effektive und nachhaltige Vermittler von Werten, die Grundlage seelischer Stabilität sind.

Um die Trance aufrecht zu erhalten, muss auch die Rhetorik der Erzählung entsprechend angelegt werden. Von den alten Erzählern, die diese Forderung intuitiv und durch Lernen am Erfolg umgesetzt haben, sind bestimmte rhetorische Gestalten entwickelt worden, die wir an den tradierten Märchen ablesen können.

Grundelement als Träger der Handlung ist das **Symbol.** Um den Geist in die Transzendenz zu öffnen, wird in der poetischen Sprache das Oxymoron oder im Zen das Koan erfunden. Die Seele, die Psyche, das Kind drückt sich in (universalen) Bildsymbolen aus, die an sich transzendent sind.

Ein Symbol ist immer einfach, ist die »große Lösung«, hat Gestalthöhe, ist prägnant. Und es zeigt einen vereinten Gegensatz (Polarität). Das Spannungsfeld dieses Gegensatzes oszilliert um die Vorstellung seiner Vereinigung, die ja nur in der Transzendenz wirklich werden kann. Jeder Begriff, der angesichts des Bildsymbols aufkommen mag, wird vom Charisma des Symbols als Idee ins Unendliche gesaugt und in sein Gegenteil transzendiert.

Deshalb sind die Figuren immer einfach, entweder gut oder boshaft, niemals beides, nur ausnahmsweise, wenn die Mutter zur Hexe wird. Symbolische Bilder, die sich in die transzendente Wahrheit fügen, weil sie selbst transzendent sind, stören den Geist in seiner Trance nicht; auch nicht, wenn die Symbole bösen (boshaften) Inhalts sind, denn Gut und Böse, Licht und Schatten sind das Spiel, das auf dem Seelentheater gegeben wird. In der Immanenz kann es das eine ohne das andere nicht geben; in der Transzendenz vereinigen sich die Gegensätze.

Auch das Ensemble der Figuren, erweitert durch die Tiere, zeichnet sich durch eindeutige Eigenschaften aus. Oft sind dies Eigenschaften des Helden, die ausgelagert sind, um sie als Figur zu dramatisieren. Psychologische Betrachtungen können so weit gehen, alle Figuren nur als Facetten der Psyche des Helden zu deuten, eine beliebte Methode in der Psychotherapie.

Einfach wie Inventar und Personal ist der **Plot** (Verlauf der Geschichte) angelegt, in der klassischen Form wesentlich in drei Abschnitte gegliedert: Anfang, Mitte, Ende. Anfangs wird die Situation des Helden geschildert, seine Not oder die Not, die zu seiner wird, ihre personalen Ursachen und Hintergründe (z. B. Armut der Eltern) und seine Befindlichkeit. Dann beginnt die Heldenreise, die aus verschiedenen Etappen, Szenen, Bildern besteht, im Kern meist drei. Dafür gibt es bestimmte Stereotype wie Begegnungen, Prüfungen, Aufgaben, Anschläge, Fallen, Belehrungen. Die Handlungsmuster sind immer wieder ähnlich und

vorhersehbar. Das boshafte Handeln des Bösen ist immer so eindeutig wie die uneingeschränkte Unterstützung der ganzen Natur für das unschuldige Kind, den Helden, den Aufrechten, den ›Einfältigen‹, den, der reinen Herzens ist und nicht abweicht.

Der Zuhörer kann sich diesem Geschehen vollkommen gelöst hingeben, weil er ganz gewiss sein kann, dass er nicht beschädigt wird und es ausnahmslos am Ende eine ausgleichende Gerechtigkeit geben wird. Der Rechte wird immer erhöht, der Falsche ausnahmslos degradiert. Es gibt keine Bedrohung, keine Gefahr. Unter der Dramatik der Erzählung liegt ein unendlicher Friede.

Wie schon im ersten Teil dieses Buchs entwickelt, ist **Wiederholung** ein vitales Instrument. Neben der Einfachheit ist sie das stärkste rhetorische Stilmittel zur Trance. Ganze Szenen werden wiederholt, wenn sie wichtig sind. Dann werden sie gewöhnlich zweimal weitgehend identisch (z. B. von den beiden älteren Brüdern) durchlaufen, beim dritten Mal kommt es zur entscheidenden Wende. Die Dreizahl ist ein Elementar in der Sphäre der Anderswelt. Bis heute werden immer drei Sieger geehrt (Gold, Silber, Bronze; Sonne, Mond und Sterne) oder drei Models im Badeanzug fotografiert. Die Wiederholung geht aber bis in die Verdoppelung eines Wortes oder Nachhall eines Klangs, besonders als Reim oder Stabreim. Für den Geist gibt es nichts Befriedigerendes als Wiedererkennen, denn das bedeutet für ihn die Lösung, die gute Gestalt, Ruhe; Lösung leitet in Transzendenz.

Das Wahrgenommene ist zunächst eine sehr, sehr schlechte Gestalt (Rätsel) und entsprechend bedrängend (Angst/Bann) und unbefriedigend; eine wirre Menge bioelektrischer Impulse, die das Gehirn reizt. Erst wenn im Wahrgenommenen ein Muster, eine Wiederholung erkannt wird, wird es zur guten Gestalt. Abgesehen von den äußerst seltenen Momenten von Erkenntnis, heißt Erkennen immer Wiedererkennen. Der Geist hat die ihm gestellte Aufgabe (Sinnesreize) erledigt, indem er den inneren Zusammenhang der Einzelstimuli erkannt und diesen Wahrnehmungskomplex einer Gestalt (und später auch einem Begriff) zugeordnet hat.

Jeder kennt wohl die Irritation und das damit verbundene Gefühl der Unruhe, etwas zu sehen und nicht zu erkennen. Bei Fernsehbildern erlebt man es bisweilen oder bei ungewöhnlichen Fotos.

Sie sehen etwas, aber erkennen nichts. Das erzeugt **Gestaltdruck,** eine schlechte Gestalt, die erlöst werden will. Fieberhaft arbeitet Ihr Gehirn und sucht und sucht nach der Gestalt, unter der es das Gesehene wahrnehmen, also abhaken, in eine Schieblade stecken kann. Die Frage angesichts ›moderner Kunst‹, was das denn bitte darstellen solle, ist Ausdruck des nicht ertragenen Gestaltdrucks. Wenn Sie den Begriff für die abgebildete Gestalt kennen, dann erkennen Sie augenblicklich »das Bild«. Sie werden diesen Begriff nie wieder vergessen und verlieren für immer die Fähigkeit, das Bild *nicht* zu erkennen. Wie lange ertragen sie den Gestaltdruck, den Begriff für die Gestalt nicht auf Seite 205 nachzuschauen?

Der Stimulus wird gesehen, also vom Auge aufgenommen und auch wahrgenommen, das meint, vom Gehirn registriert, aber der wesentliche und erlösende Schritt, das Erkennen, gelingt nicht. Der Vorgang kann nicht zum Ende geführt werden. Je nach mentaler Kraft kürzer oder länger arbeitet unser Gehirn daran, bis wir aufgeben oder es endlich erkennen: Wirre Farbtupfer und Striche werden zu *Baum*. Heureka!

Es gibt dramatische und sprachliche Wiederholungen, beide laufen oft parallel. Bei der Drei-Geschwister-Wiederholung wird derselbe Sachverhalt und Handlungsverlauf auch sprachlich dreimal sehr ähnlich bis wortgenau wiederholt; modifiziert ist nur die dritte und letzte Wiederholung, die zur Lösung führt.

Diese szenischen Wiederholungen werden oft durch gereimte Passagen unterstrichen und sind Aussprüche oder Gesang einer Figur. Diese formelhaften Sprüche enthalten sinnvollerweise die paraphrasierte Moral des Märchens. Dann sind sie gleichzeitig eine Wiederholung des Umfassenden im Punktuellen (holographisches Prinzip). Im *Machandelboom* [KHM 47] wird das Lied, das die schamanische Reise skizziert, achtmal wiederholt:

> Mein Mutter, der mich schlacht,
> mein Vater, der mich aß,
> mein Schwester, der Marlenichen,
> sucht alle meine Benichen,
> bind't sie in ein seiden Tuch,
> legts unter den Machandelbaum.
> Kywitt, kywitt,
> wat vör'n schöön Vagel bün ik!

Die einfachste Form der Wiederholung ist die im Märchen gern verwendete **Wortwiederholung:** »sie trat heraus so schön, aber auch so schön, daß der König gleich die Krone von seinem Kopf abnahm und ihr aufsetzte.« [KHM I-71]

Eine weitere Form ist die Kettenerzählung, eine sprachliche Polonaise, für die verschiedene Abläufe bekannt sind:

> Der Jäger sprach zu dem Löwen: ›Du sollst wachen, damit uns niemand im Schlaf überfällt‹... Der Löwe legte sich..., um zu wachen, aber er war vom Kampf auch müde, daß er den Bären rief und sprach: ›Lege dich neben mich, ich muß ein wenig schlafen, und wenn was kommt, so wecke mich auf.‹ Da legte sich der Bär neben ihn, aber er war auch müde und rief den Fuchs und sprach: ›Lege dich neben mich, ich muß ein wenig schlafen, und wenn was kommt, so wecke mich auf.‹ Da legte sich der Wolf neben ihn, aber er war auch müde und rief den Fuchs und sprach: ›Lege dich neben mich, ich muß ein wenig schlafen, und wenn was kommt, so wecke mich auf.‹ Da legte sich der Fuchs neben ihn, aber er war auch müde, rief den Hasen und sprach: ›Lege dich neben mich, ich muß ein wenig schlafen, und wenn was kommt, so wecke mich auf.‹ Da setzte sich der Hase neben ihn, aber der arme Has war auch müde, und hatte niemand, den er zur Wache herbeirufen konnte, und schlief ein. Da schlief nun die Königstochter, der Jäger, der Löwe, der Bär, der Wolf, der Fuchs und der Has, und schliefen alle einen festen Schlaf. [KHM 60]

Durch Erleben und Erzählen kommt auch eine Wiederholung zustande, die im folgenden Beispiel besonders geschickt gewoben ist:

Der Förster hatte aber eine alte Köchin, die nahm eines Abends zwei Eimer und fing an Wasser zu schleppen und ging nicht einmal, sondern vielemal hinaus an den Brunnen und Lehnchen sah es: »Hör einmal, alte Sanne, was trägst du denn so viel Wasser zu?« – Wenn du's keinem Menschen wieder sagen willst, so will ich dir's wohl sagen. Da sagte Lehnchen, nein, sie wollte es keinem Menschen wieder sagen, so sprach die Köchin: »Morgen früh, wenn der Förster auf die Jagd ist, da koche ich das Wasser, und wenn's in dem Kessel siedet, werf ich den Fundevogel 'nein, und will ihn darin kochen. Und des andern Morgens in aller Frühe stieg der Förster auf und ging auf die Jagd, und als er weg war, lagen die Kinder noch im Bett, da sprach Lehnchen zum Fundevogel: »verläßt du mich nicht, so verlaß ich dich auch nicht!‹ so sprach der Fundevogel: nun und nimmermehr. Da sprach Lehnchen: »Ich will es dir nur sagen, die Sanne schleppte gestern Abends so viel Eimer Wasser ins Haus, so fragte ich sie, warum sie das thäte, so sagte sie: wenn ichs keinem Menschen sagen wollte, so wollte sie es mir wohl sagen; so sprach ich: ich wollte es gewiß keinem Menschen sagen, da sagte sie, morgen früh, wenn der Vater auf die Jagd wäre, wollte sie den Kessel voll Wasser sieden, und dich hineinwerfen und kochen. [KHM 51]

Die sprachlich/inhaltliche Wiederholung ist für das Märchen, was der stampfende Rhythmus für den rituellen Tanz ist. Auch das Lied als sprachliche Kunstform für Erzählungen basiert auf der Wiederholung, oft drei Strophen, die drei Etappen oder Episoden besingen, jeweils abgeschlossen durch einen immer gleichen Refrain – den das Publikum be*geist*ert und versunken, entrückt, in Trance mitsingt. Dieser Drei-Strophen-Aufbau wie auch im Lied, Song, Gedicht etc. bietet eine Grundstruktur an, auf der sich eine therapeutische Geschichte in Märchensprache aufbauen lässt. Diese einfache Struktur wird mit Bildsymbolen gefüllt,* wie es für den therapeutischen Zweck dienlich ist. Dabei werden die Regeln der Trance-Therapie mit den in diesem Buch skizzierten märchenhaften Mitteln umgesetzt.

Auch bei humorigen (Bütten-) Reden kann man beobachten, dass die komische Skizze aus dem Leben immer wieder zu einer gleichen oder ähnlichen Schlusszeile führt, oft ein Reim, der die »Moral vom Ganzen« zusammenfasst. Dieser Reim ist dem Publikum bei der zweiten Wiederholung bekannt und wird ab der dritten schon mitgesungen oder gesprochen. Dieses Gemeinschaftserlebnis

*Das ist auch das Grundprinzip, auf dem die »Märchen-Karten« (Param, 2001) basieren.

baut eine Gruppen- oder Massentrance auf, einen ›Geist‹. Ähnlich geht es im Märchen.

Eine weitere Form der dramatischen Wiederholung ist die Amplifikation, was im Märchen zum Beispiel die Vervielfachung einer Figur bedeutet. Wenn eine Familie zwölf Söhne und eine Tochter hat, so sind das keine Mengenangaben sondern symbolische Werte.

Ähnlich gilt es für die Drei-Geschwister-Märchen. Der Held wird vervielfacht, zunächst verdoppelt, indem sein Schatten, also die Summe seiner nicht gelebten Eigenschaften, in einer anderen Figur, dem bösen Bruder, personalisiert wird. Die Bedrohung, die im Schatten liegt, wird sodann durch eine weitere Verdoppelung dramatisiert. Jetzt steht der gute Held zwei bösen Geschwistern (›ältere‹ Abbilder seiner selbst) gegenüber. Der winzige, unbedeutende, nichtwissende Mensch (Däumelchen) sieht sich eingekeilt zwischen den übermächtigen Brüdern, die auch Vergangenheit und Zukunft heißen können.

Eine besondere und Trance besonders fördernde Wiederholung liegt darin, dass gleiche Figuren in verschiedenen Märchen auftauchen und ihr Verhalten daher bereits bekannt ist. Der Märchenhörer weiß, dass der Jäger die Prinzessin nicht töten wird, wie es die böse Königin befohlen hat. Ebenso ist es mit bestimmten Stereotypen, die in wechselnden Märchen auftauchen. Wenn ein verirrter König in seiner Not das verspricht, was ihm als erstes zuhause entgegenläuft, dann weiß der märchenerfahrene Zuhören bereits, dass es nicht das Hündchen, sondern die Prinzessin sein wird. Mehr zu wissen als die handelnde Figur versetzt den Zuhörer in Spannung (Suspense). Faszination induziert Trance und Spannung fasziniert; das Wunderbare, das Erstaunliche fasziniert ebenfalls, ebenso das Schöne, Prächtige und Erhabene.

Allerdings auch das Unerwartete, Erschreckende, Gefährliche, Gewalttätige, Quälende, Böse, Verengende. Positive Faszination ist wie ein Dahinschmelzen; negative Faszination ist reflexhaft, also nicht freiwillig, konditioniert. Deshalb ist die Faszination des Schreckens heute so verbreitet, weil sie so gut »funktioniert«. Sie ist eine kontemporäre Form schwarzer Pädagogik, die sich auch zur Magie versteigen kann.

Schließlich wirkt das Moment der Wiederholung, wenn ein Märchen wiederholt vorgelesen wird. Mit jedem Wiederhören des Märchens wird die Trance tiefer.

Wiedererkennen beruhigt, Fremdes beunruhigt. Deshalb sollten auch Begrifflichkeiten und Verhaltensweisen, die unserem heutigen Erfahrungsraum nicht mehr entsprechen, angepasst werden, um Irritationen zu vermeiden. Die schlechte Gestalt eines nicht verstandenen Wortes stört die Trance unnötig. Bei Eingriffen in die Textvorlage muss natürlich sehr einfühlsam beachtet sein, Moral und Meta-Moral nicht zu beschädigen und das stilistisch Märchenhafte zu erhalten.

▶ Klang

Ein wesentliches Trace-Element ist der Klang der Stimme und der Wörter. Der Sprecher kann eine Sprechweise entwickeln, die an sich schon Trance aufbaut. Das Märchen arbeitet aber auch viel mit Klangbildern (Anmutung): »Hunkepuus« [KHM 136] für ein hinkendes Pferd oder »Hurleburlebutz« [KHM I-66] als Name eines magischen Fuchses, der gleichzeitig ein magisches Wort, ein Zauberspruch ist. Ilsebill [KHM 19], Okerlo [KHM I-70] oder Pif Paf Poltrie [KHM 131] gehören auch dazu. Besondere Faszination geht vom Sprechgesang aus, wenn er zur Formel wird:

> verläßt du mich nicht,
> so verlaß ich dich auch nicht...
> nun und nimmermehr [KHM 51]

oder zum Vers:

> Lieber Jäger, laß mich leben,
> ich will dir auch zwei Junge geben. [KHM 60]

Solche Strophen werden gewöhnlich dreimal, aber im Einzelfall auch achtmal wiederholt, dadurch tief im Geist verankert, und werden von Zuhörern deshalb auch besonders gut erinnert und laut oder im Geiste mitgesprochen.

Überhaupt spielen Musik und Gesang, also der Klang der Sprache, eine wichtige Rolle in vielen Märchen. Die beiden Ausgestoßenen Hans mein Igel und das Eselein gewinnen durch die liebliche Musik, die sie zum Erstaunen aller machen: »Da hörte er einen Gesang, der war so lieblich, daß er still hielt und horchte.« [KHM 12] Musik ist »unwiderstehlich« [KHM 8]. »Als er die Musik hörte, deuchte er sich schon im Paradies zu sein.« [KHM 185] Der Eine »blies ein schönes, aber trauriges Lied« [KHM 181], da erkennt ihn seine Liebste wieder; der Andere, »als er... Musik machte, in der Luft drei Raben erblickte, die dahergeflogen kamen« [KHM 6]. Er wird durch sie vor einem Mordanschlag gewarnt.

Musik ist als Bildsymbol Teil des Märchens, auch als Flöte, die den Mord verrät, oder als Vogel, der nicht mehr singt. Musik ist aber auch als Rhythmus und Klang des Gesprochenen rhetorisches, also Trance-Element, das zu instrumentalisieren der Übung bedarf.

Die gehobene Sprechweise der Figuren empfehle ich weitgehend beizubehalten, auch das historische Flair, weil dadurch die Theatralik, also das Exemplarische des Leidens und Erlebens transportiert wird und weil eine sprachliche und bildhafte Faszination davon ausgeht, was Trance fördernd wirkt.

▶ Unterbrechung

Zur Rhetorik gehört auch, die Trance zu lösen. Trance kann nicht endlos aufrecht erhalten bleiben. In der Kunstform Spielfilm ist gut zu beobachten, wie Spannung aufgebaut wird, um sie dann wieder zu lösen. Spannung kann nicht immer weiter gesteigert werden, Stilmittel der Sendenden, wie Rezeptoren der Empfangenden versagen irgendwann. Deshalb wird aufgebaute Spannung gelöst, um dann erneut Spannung, größere Spannung aufbauen zu können.

Ähnlich ist es in der Trance. Deshalb ist es ein probates Mittel, die Trance zurückzunehmen, aufzulösen, um sogleich erneut Trance, tiefere Trance zu induzieren. Die Märchenerzähler müssen diese Notwendigkeit schon gespürt haben, denn es sind entsprechende Wendungen in den Texten zu finden: »Da lebte Allerleirauh lange Zeit recht armselig. Ach, du schöne Königstochter, wie soll's mit dir noch werden!« Dieser letzte Satz ist reflektierend, läuft also der Trance entgegen. Gleich mit dem nächsten Satz wird die Trance aber mit einer Phrase wieder aufgenommen, die der üblichen Einleitungsphrase ähnlich ist: »Es geschah aber einmal, daß ein Fest im Schloß gefeiert ward.« [KHM 65]

Bei einem anderen Beispiel wird die Erzählung kurz unterbrochen: »Da könnt ihr denken, wie die Königin froh war.« [KHM 55] Oder es wird eine (rhetorische) Frage gestellt und der rationale Geist damit hervorgeholt, um dann sogleich wieder in die Unendlichkeit der Anderswelt einzutauchen:

Die Alte schaute nur ein wenig in die Höhe, dann sprach sie: »Jetzt ist's Zeit, Töchterchen, daß du hinausgehst, tu deine Arbeit.« Sie stand auf und ging hinaus.

»Wo ist sie denn hingegangen?«

Über die Wiesen immer weiter bis in das Tal. Endlich kam sie zu einem Brunnen, bei dem drei alte Eichbäume standen. [KHM 179]

▶ Märchen-Beispiele

Im Folgenden sollen nun sechs ausgewählte Märchen vorgestellt werden, aus jeder Gruppe des Kanons eines. Dabei wurden bewusst bekanntere Texte ausgewählt. *Der Wolf und die sieben jungen Geißlein* [KHM 5] zeigt die Mutter-Kind-Symbiose, wie sie bedroht, gestört und vom Jüngsten wiederhergestellt wird. Bei *Frau Holle* [KHM 24] verlässt die Heldin gezwungenermaßen die Symbiose, kehrt aber nach Bewährung als goldene Jungfrau wieder in den Schoß des Heims (zur schwarzen Mutter) zurück. *Das tapfere Schneiderlein* [KHM 20] zieht in die Welt und bewährt sich trotz seiner Schwäche mit Witz. Es meistert die Autonomie und macht sein Glück.

Für den Schritt in die Autonomie, der von Einweihung begleitet ist, war ursprünglich das sehr bekannte und beliebte *Dornröschen* vorgesehen. Weil ich das aber bereits vorgestellt* habe, wurde ein anderes Beispiel gesucht. Die Wahl fiel auf *Die zwei Brüder* [KHM 60], obwohl es nicht so bekannt ist, weil an diesem sehr langen Märchen auch die Unterbrechung und Fortsetzung der Trance demonstriert werden kann und soll. Die beiden Goldkinder ziehen erfolgreich in die Welt hinaus, doch sie werden dabei auch in Lebensgeheimnisse eingeweiht.

Einweihung jenseits der Autonomie vermittelt *Rapunzel* [KHM 12], das auch sehr bekannt ist, allerdings mehr für das Bild des Jungfernturms, von dem sie ihr Haar herab lässt, weniger für seinen Schluss, an den sich die wenigsten erinnern.

In der Gruppe der Sonderthemen gehört *Allerleircuh* [KHM 65] zu den Harmloseren, obwohl es auch um Missbrauch bzw. Inzest geht. Recht bekannt/beliebt ist es vermutlich seiner zurückhaltenden Beschreibung wegen, die Bilder sind nicht so drastisch. Märchen zu schwereren Fällen von Menschenhandel, Missbrauch und Behinderung werden gemieden und sind wenig bekannt.

Jedes Märchen wird zunächst genau betrachtet, wobei die Fassungen erster (1812/15) und letzter Hand (1857) nebeneinander gestellt werden. Es folgt eine

*in der dreizehnbändigen Reihe »Heilung durch Märchen«

inhaltliche Betrachtung mit dem Focus auf die Symbole, ihre Bedeutung und die vom Märchen transportierten Botschaften.

Sodann soll der Text für die Trance optimiert werden. Als Vorbereitung werden Wortwahl, Handlungsverlauf (Plot) und -länge (Erzähldauer), gesellschaftliche Konnotationen, unerwünschte Moral und ähnliches aufgespürt und betrachtet. Dabei werden die vorgewonnenen Einsichten in die Symbolik berücksichtigt.

Diesen Überlegungen folgt eine entsprechend redigierte Fassung des Märchens. Die sechs neu getexteten Märchen sind, wie schon erwähnt, am Ende des Buchs zu einem Vorleseteil zusammengefasst; das Beispiel für die Gruppe ⓿ wird nicht weiter analysiert und erscheint nur dort:

⓿ Die kluge Else [KHM 34]
❶ Der Wolf und die sieben jungen Geißlein [KHM 5]
❷ Frau Holle [KHM 24]
❸ Das tapfere Schneiderlein [KHM 20]
❹ Die zwei Brüder (Das Goldei) [KHM 60]
❺ Rapunzel [KHM 12]
❻ Allerleirauh [KHM 65]

Teil 3

Praktische Anwendungen

Ein Märchen aus uralten Zeiten,
das kommt mir nicht aus dem Sinn.
Heinrich Heine, Lorelei-Ballade

▶ Märchen-Beispiele

▶ Einführung

In diesem Abschnitt sollen nun sechs Märchen aus dem Kanon vorgestellt werden. Es werden zunächst die beiden Fassungen aus Grimmscher Sammlung eingerückt, der Märchentext der Erstausgabe von 1812/15 und der Letztausgabe von 1857, es folgt eine Betrachtung des Märchens und eine Neufassung. Bei den Märchentexten wurde die ursprüngliche Schreibweise übernommen, weil es sich um Zitate handelt. So vermittelt das Lesen ganz nebenbei auch einen Eindruck davon, wie sich unsere (Schrift-) Sprache in diesen zwei Jahrhunderten verändert hat.

Es empfiehlt sich, die sechs Beispiele der Reihe nach zu lesen, weil bei den vorderen Verfahren oder Details erklärt werden, die später als bekannt vorausgesetzt werden. Die aus den einzelnen Betrachtungen abgeleiteten neuen Textfassungen von diesen sechs Beispielen zusammen mit dem Beispieltext für die Gruppe ⓿ des Kanons finden Sie zusammengefasst im nachfolgenden Vorleseteil.

❶ Stärkung der Symbiose

▶ Der Wolf und die sieben jungen Geißlein

▶ 1.1 Vorwort

Dieses Märchen erscheint zunächst ganz unscheinbar. Eine gewöhnliche Familiensituation: »Kevin allein zu Haus.«* Aber wie geht das Märchen so anders damit um: Wie im Film bleibt das unmündige Kind im elterlichen Haus, dem Inbegriff der Sicherheit, allein zurück, Cevin als Einzelkind, die Geißlein zu siebt. Was bedeutet das? Ich meine: dem Kind, was bedeutet das dem Kind.

Die Auseinandersetzung mit der dunklen Seite des Lebens, dem *Bösen*, kommt hier wie dort unvermeidlich. Cevin wird mit Einbrechern konfrontiert, die Geißlein mit dem »großen bösen Wolf«. Und wieder die Frage: Was bedeutet es? Cevin meistert die Situation, weil er ein pfiffiger Junge ist, der so aussieht, wie pfiffige Jungen heute auszusehen haben. Und die Geißlein? Am Ende kehrt der mütterliche Schutz zurück. Die Gefahr ist gemeistert, doch welche Gefahr? Einbrecher? Hungrige Wölfe? Was bedeutet das alles – dem Kind? Welche Erfahrungen hat das Kind gemacht? Mit Einbrechern wohl eher noch nicht, darüber amüsieren sich Erwachsene. Das Kind steht unter dem Eindruck ganz anderer Erfahrungen und Bilder, die es in diesem Geschehen als Gestalten wahrnimmt.

▶ 1.2 Der Wolf und die sieben jungen Geislein [KHM I-5]

in der Textversion von 1812

Eine Geis hatte sieben Junge, die sie gar lieb hatte und sorgfältig vor dem Wolf hütete. Eines Tags, als sie ausgehen mußte, Futter zu holen, rief sie alle zusammen und sagte: »liebe Kinder, ich muß ausgehen und Futter holen, wahrt euch vor dem Wolf und laßt ihn nicht herein, gebt auch Acht, denn er verstellt sich oft, aber an seiner rauhen Stimme und an seinen schwarzen Pfoten könnt ihr ihn erkennen; hütet euch, wenn er erst einmal im Haus ist, so frißt er euch alle miteinander.«

Darauf ging sie fort, bald aber kam der Wolf vor die Hausthüre und rief: »liebe Kinder, macht mir auf, ich bin eure Mutter und hab' euch schöne Sachen mitgebracht.« Die sieben Geiserchen aber sprachen: »unsere Mutter bist du nicht, die hat eine feine liebliche Stimme,

*Titel eines Hollywood-Films

deine Stimme aber ist rauh, du bist der Wolf, wir machen dir nicht auf.« Der Wolf ging fort zu einem Krämer und kaufte sich ein groß Stück Kreide, die aß er und machte seine Stimme fein damit. Darnach ging er wieder zu der sieben Geislein Hausthüre und rief mit feiner Stimme: »liebe Kinder, laßt mich ein, ich bin eure Mutter, jedes von euch soll etwas haben.« Er hatte aber seine Pfote in das Fenster gelegt, das sahen die sieben Geiserchen und sprachen: »unsere Mutter bist du nicht, die hat keinen schwarzen Fuß, wie du; du bist der Wolf, wie machen dir nicht auf.« Der Wolf ging fort zu einem Bäcker und sprach: »Bäcker, bestreich mir meine Pfote mit frischem Teig,« und als das gethan war, ging er zum Müller und sprach: »Müller, streu mir sein weißes Mehl auf meine Pfote.« Der Müller sagte nein. – »Wenn du es nicht thust, so freß ich dich.« Da mußte es der Müller thun. Darauf ging der Wolf wieder vor der sieben Geiserchen Hausthüre und sagte: »liebe Kinder, laßt mich ein, ich bin eure Mutter, jedes von euch soll etwas geschenkt kriegen.« Die sieben Geiserchen wollten erst die Pfote sehen, und wie sie sahen, daß sie schneeweiß war und den Wolf so fein sprechen hörten, glaubten sie es wäre ihre Mutter und machten die Thüre auf, und der Wolf kam herein. Wie sie ihn aber erkannten, versteckten sie sich geschwind, so gut es ging, das eine unter den Tisch, das zweite ins Bett, das dritte in den Ofen, das vierte in die Küche, das fünfte in den Schrank, das sechste unter eine große Schüssel; das siebente in die Wanduhr. Aber der Wolf fand sie alle und verschluckte sie, außer das jüngste in der Wanduhr, das blieb am Leben.

Wie der Wolf seine Lust gebüßt, ging er fort, bald darauf kam die alte Geis nach Haus. Was für ein Jammer! der Wolf war da gewesen und hatte ihre lieben Kinder gefressen. Sie glaubte sie wären alle todt, da sprang das jüngste aus der Wanduhr, und erzählte, wie das Unglück gekommen war. Der Wolf aber, weil er sich vollgefressen, war auf eine grüne Wiese gegangen, hatte sich in den Sonnenschein gelegt und war in einen tiefen Schlaf gefallen. Die alte Geis dachte, daran, ob sie ihre Kinder nicht noch erretten könnte, sagte darum zu dem jüngsten Geislein: »nimm Zwirn, Nadel und Scheere und folg' mir nach.« Darauf ging sie hinaus und fand den Wolf schnarchend auf der Wiese liegen: »Da liegt der garstige Wolf,« sagte sie und betrachtete ihn von allen Seiten, nachdem er zum Vieruhrenbrot meine sechs Kindlein hinuntergefressen hat, gieb mir einmal die Scheere her: »Ach! wenn sie noch lebendig in seinem Leibe wären!« Damit schnitt sie ihm den Bauch auf, und die sechs Geiserchen, die er in der Gier ganz verschluckt hatte, sprangen unversehrt heraus. Sie hieß sie gleich hingehen und große, und schwere Wackersteine herbeitragen, damit füllten, sie dem Wolf den Leib, nähten ihn wieder zu, liefen fort, und versteckten sich hinter eine Hecke.

Als der Wolf ausgeschlafen hatte, so fühlt' er es so schwer im Leib und sprach: »es rumpelt und pumpelt mir im Leib herum! es rumpelt und pumpelt mir im Leib herum! was ist das? ich hab' nur sechs Geiserchen gegessen.« Er dacht, er wollt einen frischen Trunk thun, das mögt' ihm helfen und suchte einen Brunnen, aber wie er sich darüber bückte, konnte er vor der Schwere der Steine sich nicht mehr halten, und stürzte ins Wasser. Wie das die sieben Geiserchen sahen, kamen sie herzu gelaufen, und tanzten vor Freude um den Brunnen.

▶ 1.3 Der Wolf und die sieben jungen Geißlein [KHM 5]
in der Textversion von 1857

Es war einmal eine alte Geiß, die hatte sieben junge Geißlein, und hatte sie lieb, wie eine Mutter ihre Kinder lieb hat.

Eines Tages wollte sie in den Wald gehen und Futter holen, da rief sie alle sieben herbei und sprach: »Liebe Kinder, ich will hinaus in den Wald, seid auf eurer Hut vor dem Wolf, wenn er hereinkommt, so frißt er euch alle mit Haut und Haar. Der Bösewicht verstellt sich oft, aber an seiner rauhen Stimme und an seinen schwarzen Füßen werdet ihr ihn gleich erkennen.« Die Geißlein sagten: »Liebe Mutter, wir wollen uns schon in acht nehmen, Ihr könnt ohne Sorge fortgehen.« Da meckerte die Alte und machte sich getrost auf den Weg.

Es dauerte nicht lange, so klopfte jemand an die Haustür und rief: »Macht auf, ihr lieben Kinder, eure Mutter ist da und hat jedem von euch etwas mitgebracht.« Aber die Geißerchen hörten an der rauhen Stimme, daß es der Wolf war. »Wir machen nicht auf«, riefen sie, »du bist unsere Mutter nicht, die hat eine feine und liebliche Stimme, aber deine Stimme ist rauh; du bist der Wolf.« Da ging der Wolf fort zu einem Krämer und kaufte sich ein großes Stück Kreide; die aß er und machte damit seine Stimme fein. Dann kam er zurück, klopfte an die Haustür und rief: »Macht auf, ihr lieben Kinder, eure Mutter ist da und hat jedem von euch etwas mitgebracht.« Aber der Wolf hatte seine schwarze Pfote in das Fenster gelegt, das sahen die Kinder und riefen: »Wir machen nicht auf, unsere Mutter hat keinen schwarzen Fuß wie du; du bist der Wolf.« Da lief der Wolf zu einem Bäcker und sprach: »Ich habe mich an den Fuß gestoßen, streich mir Teig darüber.« Und als ihm der Bäcker die Pfote bestrichen hatte, so lief er zum Müller und sprach: »Streu mir weißes Mehl auf meine Pfote.« Der Müller dachte: »Der Wolf will einen betrügen«, und weigerte sich, aber der Wolf sprach: »wenn du es nicht tust, so fresse ich dich.« Da fürchtete sich der Müller und machte ihm die Pfote weiß. Ja, so sind die Menschen. Nun ging der Bösewicht zum drittenmal zu der Haustüre, klopfte an und sprach: »Macht mir auf, Kinder, euer liebes Mütterchen ist heimgekommen und hat jedem von euch etwas aus dem Walde mitgebracht.« Die Geißerchen riefen: »Zeig uns erst deine Pfote, damit wir wissen, daß du unser liebes Mütterchen bist.« Da legte er die Pfote ins Fenster, und als sie sahen, daß sie weiß war, so glaubten sie, es wäre alles wahr, was er sagte, und machten die Türe auf. Wer aber hereinkam, das war der Wolf. Sie erschraken und wollten sich verstecken. Das eine sprang unter den Tisch, das zweite ins Bett, das dritte in den Ofen, das vierte in die Küche, das fünfte in den Schrank, das sechste unter die Waschschüssel, das siebente in den Kasten der Wanduhr. Aber der Wolf fand sie alle und machte nicht langes Federlesen; eins nach dem andern schluckte er in seinen Rachen; nur das jüngste in dem Uhrkasten, das fand er nicht.

Als der Wolf seine Lust gebüßt hatte, trollte er sich fort, legte sich draußen auf der grünen Wiese unter einen Baum und fing an zu schlafen. Nicht lange danach kam die alte Geiß aus dem Walde wieder heim. Ach, was mußte sie da erblicken! Die Haustüre stand sperrweit auf; Tisch,

Stühle und Bänke waren umgeworfen, die Waschschüssel lag in Scherben, Decke und Kissen waren aus dem Bett gezogen. Sie suchte ihre Kinder, aber nirgend waren sie zu finden. Sie rief sie nacheinander bei Namen, aber niemand antwortete. Endlich, als sie an das jüngste kam, da rief eine feine Stimme: »Liebe Mutter, ich stecke im Uhrkasten.« Sie holte es heraus, und es erzählte ihr, daß der Wolf gekommen wäre und die andern alle gefressen hätte. Da könnt ihr denken, wie sie über ihre armen Kinder geweint hat.

Endlich ging sie in ihrem Jammer hinaus, und das jüngste Geißlein lief mit. Als sie auf die Wiese kam, so lag da der Wolf an dem Baum und schnarchte, daß die Äste zitterten. Sie betrachtete ihn von allen Seiten und sah, daß in seinem angefüllten Bauch sich etwas regte und zappelte. »Ach Gott«, dachte sie, »sollten meine armen Kinder, die er zum Abendbrot hinuntergewürgt hat, noch am Leben sein?« Da mußte das Geißlein nach Haus laufen und Schere, Nadel und Zwirn holen. Dann schnitt sie dem Ungetüm den Wanst auf, und kaum hatte sie einen Schnitt getan, so streckte schon ein Geißlein den Kopf heraus, und als sie weiter schnitt so sprangen nacheinander alle sechse heraus, und waren noch alle am Leben, und hatten nicht einmal Schaden gelitten, denn das Ungetüm hatte sie in der Gier ganz hinuntergeschluckt. Das war eine Freude! Da herzten sie ihre liebe Mutter und hüpften wie ein Schneider, der Hochzeit hält. Die Alte aber sagte: »Jetzt geht und sucht Wackersteine, damit wollen wir dem gottlosen Tier den Bauch füllen, solange es noch im Schlafe liegt.« Da schleppten die sieben Geißerchen in aller Eile die Steine herbei und steckten sie ihm in den Bauch, so viel sie hineinbringen konnten. Dann nähte ihn die Alte in aller Geschwindigkeit wieder zu, daß er nichts merkte und sich nicht einmal regte.

Als der Wolf endlich ausgeschlafen hatte, machte er sich auf die Beine, und weil ihm die Steine im Magen so großen Durst erregten, so wollte er zu einem Brunnen gehen und trinken. Als er aber anfing zu gehen und sich hin und her zu bewegen, so stießen die Steine in seinem Bauch aneinander und rappelten. Da rief er:

»Was rumpelt und pumpelt in meinem Bauch herum?
Ich meinte, es wären sechs Geißlein,
so sind's lauter Wackerstein.«

Und als er an den Brunnen kam und sich über das Wasser bückte und trinken wollte, da zogen ihn die schweren Steine hinein und er mußte jämmerlich ersaufen. Als die sieben Geißlein das sahen, da kamen sie herbeigelaufen, riefen laut: »Der Wolf ist tot! Der Wolf ist tot!« und tanzten mit ihrer Mutter vor Freude um den Brunnen herum.

▶ 1.4 Betrachtung

1.4.1 Einstieg

Dieses Märchen habe ich ausgewählt, weil es ein besonders typischer Vertreter der Gruppe ❶ ist: Symbiose. Gleich im ersten Satz wird diese Symbiose angesprochen: »Es war einmal eine alte Geiß, die hatte sieben junge Geißlein, und hatte sie lieb, wie eine Mutter ihre Kinder lieb hat.« [1857] Die alte Geiß am Anfang, die Mutter am Ende und die sieben Geißlein von ihr eingeschlossen symbolisiert sogar der Satzbau diese Symbiose, in der das Kind hier noch lebt. Mit der Sprachentwicklung beginnt der Weg in die Autonomie; die Sprachentwicklung markiert auch das märchenfähige Alter.

Das Kind hat bereits gemerkt, dass es nicht mehr Zentrum eines geschlossenen Universums ist, das es allein erfüllt. Mit der Geburt musste es erfahren, dass es eine *Welt da draußen* gibt, ein Nicht-Ich. Seelisch bleibt das Kind aber zunächst noch in Symbiose mit der alles besorgenden Mutter, anders könnte es physisch nicht überleben und seelisch die überwältigende Situation nicht positiv verarbeiten. Das Kind ›weiß‹ aber von der Trennung und es ahnt, es weiß im Unbewussten, dass es sich immer weiter wird trennen müssen. Wenn man will, kann man die Persönlichkeitsentfaltung als ein fortgesetztes Lösen, Loslassen betrachten.

1.4.2 Symbol-Exzerpt

Bei dieser Methode wird der Märchentext quasi destilliert, so dass nur die Symbolträger zurückbleiben. Es empfiehlt sich, diese einzeln untereinander zu schreiben; weil es viel Platz einnehmen würde, sind sie hier in Spalten nebeneinander aufgereiht.

Der vorliegende Text eignet sich besonders gut für diese Art der Analyse, weil er überschaubar kurz und deshalb besonders geradlinig aufgebaut ist und eine einfache, direkte Botschaft (Moral) transportiert.

Die Geschichte besteht aus einer Handlung. *Handlung* wird dargestellt als eine Folge von Szenen, und jede Szene ist repräsentiert durch eine Gruppe von Symbolen, deren Meta-Symbol *Szene* ist. Aus der Reihe von Symbolen, als die sich *Handlung* darstellt, kann also weiter eine Reihe von Meta-Symbolen extrahiert werden, wobei jedes Meta-Symbol für eine Szene steht. Eine Abfolge von

Szenen wird Plot genannt. Für »Der Wolf und die sieben jungen Geißlein« sieht das Symbol-Exzerpt etwa so aus:

[1: Symbiose]
alte Geiß
sieben junge Geißlein
und hatte sie lieb

[2: Trennung bedeutet Gefahr]
in den Wald gehen
vor dem Wolf hüten
Bösewicht
verstellt sich
ihr werdet ihn erkennen
ohne Sorge fortgehen

[3: Erste Prüfung]
anklopfen
erkennen
nein sagen

[4: Zweite Prüfung]
anklopfen
erkennen
nein sagen

[5: Dritte Prüfung]
anklopfen
erkennen
glaubten, es wäre wahr

[6: Katastrophe]
Türe auf
Wolf
erschrecken
verstecken
Tisch
Bett
Ofen
Küche
Schrank
Waschschüssel
Kasten der Wanduhr
findet alle
verschlucken

[7: Heldentat]
das Jüngste nicht

[8: Wechsel der Ebenen]
Wolf schläft *[seel. Ebene]*
alte Geiß *[Alltagsrealität]*
Schreck!
Haustür offen
Tisch
Stühle
Bänke
Waschschüssel
Decke
Kissen aus dem Bett

[9: Heldentat, Verstärkung im Alltag]
das Jüngste nicht
holt es aus Uhrkasten
[Geburtsritus]

[10: Trauerarbeit – Wechsel der Ebene]
Jammer

[11: Geburtsritus, Verstärkung]
Wiese mit Wolf
[seelische Ebene]
im Bauch zappelt etwas
Kopf aus Bauch stecken
alle (sechs) am Leben
Freude!

[12: Ausgleichende Gerechtigkeit]
Wolf hat Durst *[Gefahr]*
im Brunnen ersaufen
[Geburt]

[13: Gutes Ende]
»Der Wolf ist tot!
[Gefahr besiegt]
Tanz um den Brunnen
[Geburt geglückt]

1.4.3 Plot

Das Symbolexzerpt lässt die Symbolik der Botschaft sichtbar werden und zeigt in der Abfolge der Symbole die Rhetorik. Die Symbole gruppieren sich zu Szenen im Handlungsverlauf (Plot), die als Bezeichner für die Symbol-Gruppe Meta-Symbole sind. Die Abfolge der Meta-Symbole legt den strukturellen Kern der Geschichte dar und lässt ihre Moral, also ihr ›pädagogisches‹ Anliegen, sichtbarer werden.

Im vorliegenden Fall besteht der Plot aus folgenden Meta-Symbolen

[1: Symbiose]
[2: Trennung bedeutet Gefahr]
[3: Erste Prüfung]
[4: Zweite Prüfung]
[5: Dritte Prüfung]
[6: Katastrophe]
[7: Die Heldentat]
[8: Wechsel der Ebene]
[9: Verstärkung]
[10: Trauerarbeit]
[11: Geburtsritus]
[12: Ausgleichende Gerechtigkeit]
[13: Gutes Ende]

1.4.4 Deutung

[1: Symbiose]

[2: Trennung bedeutet Gefahr]

Das Meta-Symbol [Symbiose] wurde eingangs schon betrachtet. Lohnend ist aber an dieser Stelle, wie so oft, der Blick in die ursprüngliche* Fassung: »Eine Geis hatte sieben Junge, die sie gar lieb hatte und sorgfältig vor dem Wolf hütete.« [1812]

Hier ist die liebevolle Symbiose ausgeweitet auf die *böse* Seite, die ganz natürlich dazugehört. Dem Kind begegnet ja nicht nur im Vater/Wolf ein Nicht-Ich, in der Mutter ist dieses Nicht-Ich ebenfalls enthalten, nur erfährt das Kind das erst später, wenn die Mutter zur Hexe wird. Das *Böse* ist also auch in der Symbiose *in persona Mutter* vorhanden, wenn auch verborgen. Das würdigt dieser erste Satz durch Einbeziehung des Wolfs. In der späteren Fassung erscheint *Wolf* erst unter dem zweiten Meta-Symbol [Trennung bedeutet Gefahr]. Wolf ist nicht mehr Schatten-Teil der Symbiose, sondern Index auf [Trennung bedeutet Gefahr].

***Ursprünglich* ist eine Vereinfachung, denn es bezieht sich auf die Textfassung der Erstausgabe, die ja schon von den Grimms bearbeitet wurde. Mit der Niederschrift der Erstausgabe soll trotzdem eine Zäsur vollzogen sein; so ist dieses *ursprünglich* zu verstehen.

In dem Zusammenhang sind die sprachlichen Verschiebungen vielsagend. In der ursprünglichen Fassung gibt die Mutter für die Trennung den wichtigen Grund der Futterbeschaffung an; in der späteren Fassung geht sie einfach nur »hinaus in den Wald«.

Der ursprüngliche erste Satz ist treffender, weil das Junge hier sogleich im Spannungsfeld zwischen der guten mütterlichen Geiß und dem bedrohlichen väterlichen Wolf steht. Und so ist es doch auch, denn der Wolf ist nichts anderes, als der Vater, das väterliche Prinzip – diese Gleichsetzung ist typisch für das Märchen. Während *Mutter* natürlich das beschützende Gute ausfüllt, das zunächst ja sogar Teil des Kindes ist, besetzt *Vater* natürlich das Nicht-Ich. Mehr noch besetzt der Vater aber auch schon von sich aus die Gegenposition, denn der steht seit Bekanntwerden der Schwangerschaft in der familiären Triade (Vater, Mutter, Kind) in Konkurrenz zum Kind (Mutter neutral oder auf Seite des Kindes). Auch durch seinen Habitus und sein Erscheinungsbild bietet sich *Vater* als Projektionsfläche für die Angst des Kindes als erstes an. Das Kind stattet durch diese Projektion *Vater* mit *Angst* aus, was *Vater* in Folge ermöglicht, durch verbreiten von Angst zur Autorität (Über-Ich) zu werden. Das lässt das Kind nur zu gerne geschehen, weil damit das (bedrohliche) Nicht-Ich zum beschützenden Über-Ich (Ordnungsmacht) wird.

Die Mutter erklärt dem Kind – die ›sieben Geschwister‹ sind das eine, amplifizierte Kind – mit den Worten: »Liebe Kinder... seid auf eurer Hut vor dem Wolf, wenn er hereinkommt, so frißt er euch alle mit Haut und Haar. Der Bösewicht verstellt sich oft.«

Der Vater droht, die Kinder zu verschlingen; in manchen Märchen tut er es auch, gewöhnlich bereitet eine Frau ihm das Kind ›schmackhaft‹ zu. Und ist es nicht so, dass manche Väter sich ihre Kinder einverleiben? Dann verschlingen sie die schöne Tochter als ihren ganzen Stolz und den nichts-nutzen Sohn zur eigenen Verjüngung. Der Sohn bekommt die Spielsachen, die der Vater als Kind gern gehabt hätte. (Der *verschlingende Vater* müsste genauer betrachtet werden, was hier aber zu weit führte.)

Doch wie nun soll das Kind das Böse erkennen, wenn es sich verstellt? Sich zu verstellen, heißt lügen. Ein Vater zeigt sich zum Beispiel stolz, tatsächlich aber benutzt er die schöne Tochter und setzt sie unter Leistungsdruck. *Lüge* existiert in der gedanklichen Welt des Kindes aber zunächst nicht. Folglich kann es die Lüge als solche auch noch nicht erkennen (und deshalb lügt es so fasziniert, wenn es sie verstanden hat). Die Mutter sagt dem Kind, woran es *Wolf* erkennen kann und dass er sich verstellt; aber wie es die Lüge erkennen kann, wie soll sie es ihm sagen?

Der (gefährliche) Wolf, der hereinkommt, kann aber tiefer blickend auch schon der während der Schwangerschaft in die Sphäre des Kindes eindringende Penis sein, der bedrohlich stoßend und rüttelnd (Angst) seine Macht beweist. Er wird damit zum ersten Repräsentanten des *Draußen*, des Nicht-Ich. Diese negative Erfahrung kann rekapituliert werden, wenn der Penis später in anderem Setting als Bedrohung auftaucht. Deshalb kann es auch möglich werden, das Symbol *Wolf* hier bei erfolgtem sexuellem Missbrauch oder zur Prävention einzusetzen. Das bleibt aber Erwägungen im Einzelfall vorbehalten.

Auf jeden Fall steht *Wolf* hier für das Eindringende, das gemeistert werden muss, weil es nicht abgewehrt werden kann. Natürlich ist oft auch die Mutter bedrohlich, weil sie die Symbiose nicht erfüllt und in der familiären Triade mit dem Vater auf einer Seite steht. Das ist auch im Märchen möglich; dann werden die Eltern zu menschenfressenden Riesen. Aber bei Familie Geiß wird uns ein harmonisches Familienleben gezeigt. Doch wenn es harmonisch ist, wo ist der Vater? Schon weil gar keine andere Figur zur Verfügung steht, besetzt das Kind *Wolf* mit *Vater*. Und so ist es auch gemeint. Warum?

Das Mütterliche ist mit dem Seelischen verbunden. Dieses andere Reich, die Welt der Träume, Mythen und Märchen ist für die Seele ganz real, wie uns zum Beispiel der Schamanismus zeigt. Aus diesem Reich kommt immer nur Hilfe, selbst Tiere sind als Krafttiere Helfer. Die Bedrohung kommt aus der realen Welt, durch die Bedürfnisse der Physis und die seelische Not, die bedürftige Menschen sich und anderen antun. Die Seele ist unzerstörbar. Bedrohung kommt aus der väterlichen Welt da draußen, der rationalen, materiellen Sphäre. Hier wird also nicht »der Mann« als »hungriger Wolf« verteufelt (womit auch sollte ein Kind dieses Bild füllen?), sondern ein kosmisches Bild entworfen, in dem sich aus der ur-einen Kraft zwei Polare teilen und daraus die Dualität entsteht, in der wir uns physisch erleben, die wir aber auf der seelischen Ebene auch verlassen können.

Auf der menschlich-sozialen Ebene stellen Vater und Mutter diese polaren

Urkräfte (Animus und Anima) physisch dar, und das Kind begegnet diesen Urkräften (normalerweise) zuerst in Vater und Mutter. Das Kind entwickelt sich im Spannungsfeld seiner Eltern.

[3: Erste Prüfung]
[4: Zweite Prüfung]
[5: Dritte Prüfung]

Es geht weiter mit [Prüfung], die dreimal erfolgt, um hervorzuheben, dass sie ritueller Natur ist. Die drei einzelnen Prüfungen könnten auch zum Meta-Symbol [drei Prüfungen] zusammengefasst werden, so wie die sechs plus eine Geiß auch *Kind* sind. Wie immer bringt das dritte Mal die Entscheidung. Hier bedeutet sie: Die Gefahr kommt unvermeidlich. Warum?

Die Mutter muss die Symbiose (zeitweise) aufgeben. Das Leben fordert es von ihr. Deshalb sagt sie eben ganz richtig, dass sie Futter holen müsse. Das Kind kann nicht fortgesetzt in der Symbiose verweilen. Das Nicht-Ich dringt zunehmend ein, und das Kind selbst will ja auch die Welt des Nicht-Ich für sich erobern. Während *Mutter* gewöhnlich im Haus arbeitet, arbeitet *Vater* im Hof oder weiter fort, er ist draußen und kommt zurück. *Vater* ist lateral. Die Konfrontation mit ›dem Bösen‹ ist also unausweichlich und für die Entfaltung der kindlichen Persönlichkeit notwendig. Es muss als Held (also auf der seelischen Ebene) das Böse besiegen, um es in sich zu integrieren. Eine unglückliche Ehefrau und Mutter ist eher bereit, die Symbiose mit dem Kind ungebührlich lange aufrechtzuerhalten. Dass sie damit die Entfaltung des Kindes hemmt, ist der Mutter natürlich nicht bewusst, sonst würde sie es sicher nicht tun.

Im ersten Satz bereits entwickelt diese Geschichte eine komplexe Problemverquickung, die grundlegend ist. Ich habe an anderer Stelle darauf hingewiesen, dass sich Meisterwerke oft schon dadurch auszeichnen, dass in der Ouvertüre bereits das Gesamtwerk in Samenform enthalten ist. So auch in diesem Fall. Es geht um Vater und Mutter und im Zentrum vor allem um das Kind, das dabei hervor- und vor allem aus etwas heraus kommt und sich dann in einer Welt und in einer Perspektive wiederfindet, die es organisieren und verarbeiten muss.

Mit der Geburt wurde das Kind unmittelbar mit dieser Realität konfrontiert, inzwischen hat es sich soweit physisch etabliert, dass die seelische Abnabelung folgen kann. Das Kind muss den mythischen Kampf des guten Ich gegen das Böse Nicht-Ich kämpfen, um sich auf die reale Autonomie vorzubereiten. Wenn dem Kind die Möglichkeit genommen wird, diesen Kampf zu kämpfen (wenn der Vater absent ist oder nicht auch mal ein Machtwort spricht) und es auch kein passables Surrogat kreieren kann, wird es zu psycho-sozialen Beeinträchtigungen kommen.

[6: Katastrophe]

Was geschieht, wenn Gut und Böse aus dem Gleichgewicht kommen, wird in einer kurzen Abfolge der Zerstörung geschildert. Das Böse verschlingt das Kind in seinem versechsfachten *Alter ego*, den Geschwister-Geißen, die ohnehin nur fiktiv erscheinenden, das Jüngste verschlingt es nicht. Das ist das Bild des sichereren Zentrums im umringenden Chaos.

[7: Die Heldentat]

Der Kampf gegen die Bedrohung, das Böse, ist unausweichlich, weil er Teil dieses physischen Lebens ist, er ist ein Überlebenskampf, den jede Zelle in jedem Augenblick führt. Das Physische muss in ständiger Bewegung gehalten werden, um das Leben zu erhalten. Leben ist auf der physischen Ebene wesentlich Bewegung. Diese Wahrheit besteht für das Kind seit der Geburt, wo es mit dem ersten Atemzug diese Bewegung und seine Sprachentwicklung, seine Entwicklung hin zum Wort begonnen hat. Folgerichtig flüchtet es sich in der Not an seinen Ursprung zurück, in den ›Kasten‹ hinein. Das Jüngste beweist durch diese beherzte Tat – vor allem sich selbst – seine Überlebensfähigkeit. Der Sprung in den Kasten wird zur Heldentat, das Kind zum Helden, der das Böse ›besiegt‹.

[8: Wechsel der Ebenen]

Danach zieht der Wolf ab, legt sich auf die Wiese und verfällt in Schlaf. Er repräsentiert soweit die seelische Ebene, die jetzt verlassen wird, während die alte Geiß erscheint und mit ihr die Alltagsrealität. Das heißt, bereits hier wird auch die Mutter zum Eindringenden, jetzt in eine seelische Realität. Das Kind hat einen Heldenkampf absolviert und sich zur Ruhe zurückgezogen, aber die Mutter sieht nur die ›verwüstete‹ Wohnung. In der Urfassung wird das nur kurz erwähnt, in der Letztfassung ist dieses Bild ausgeschmückt. Dazu mehr im folgenden Abschnitt zur Trance.

Das Kind befindet sich derzeit im retardierten Zustand im Kasten, vielleicht wollen wir es auch Regress nennen. Es hat ja nicht wirklich gekämpft, sich nur gerettet, das ist für es aber eine Heldentat, und die Ruhe im Kasten verdient.

[9: Heldentat, Verstärkung im Alltag]

Nachdem die Mutter ihr Entsetzen ausgelebt hat, wiederholt sich die Heldentat im Triumph. Das Jüngste kommt als überlegener, weil überlebender Held hervor und berichtet vom Kampf. Die auf der seelischen Ebene symbolisch geleistete Heldentat wird im Erzählen auf der Ebene des Alltags wiederholt und dadurch verstärkt und gefestigt. Es bewahrheitet sich: Das Kind ist ein überlebensfähiger Held. Indem es aus dem Kasten der Retardation hervorkommt in die reale Welt, wiederholt es rituell die Geburt, aus der es jetzt und für immer als Held hervorgeht. Und indem das Kind berichtet, gewinnt es den Abstand der Betrachtung, die geistige Distanz.

[10: Trauerarbeit]

Die Mutter leistet nun Trauerarbeit, sie hat ihr Kind verloren, denn es hat soeben den ersten Schritt in die Autonomie getan. Der Vater/Wolf (die Welt) hat ihr versechsfachtes fiktives Kind ›verschlungen‹. Das Kind hat mit dem Schritt aus der seelischen Symbiose hinaus einen Schritt zur geistigen Freiheit hin getan, und damit auf das Rationale und Geistige (Vater) hin.

Die Mutter verweilt aber nicht in passiver Trauer oder bindet gar ihr Kind (»das Einzige, was ich noch habe«) an sich, sondern sie wird aktiv, geht hinaus auf die Wiese, bewegt sich also selbst auf die seelische Ebene und begegnet dem Wolf; dabei folgt ihr das Kind natürlich gern.

Trauerarbeit, wie andere tiefe emotionale Zustände, erleichtert den Wechsel der Ebene, weil sie fokussiert. So wechselt auch hier die Geschichte nach der Verankerung im Alltag wieder auf die ›andere‹ Ebene, wo der Wolf liegt und schläft.

[11: Geburtsritus]

Mutter und Kind nähern sich dem Wolf auf der seelischen Ebene, in der Anderswelt, und betrachten das Mysterium: Sie bemerken die Bewegungen in seinem ›Bauch‹. Die erfahrene Mutter leitet sofort eine Geburt ein und das Jüngste steht dabei und kann alles mitverfolgen. Der Leib öffnet sich, schon steckt das Kind den Kopf heraus und im Nu ist das versechsfachte *Alter ego* in der Welt. Eine glückliche Geburt. Alles ist gut gegangen. Alles ist in Ordnung.

Die solchermaßen erneut durchlaufene rituelle Geburt versichert das Kind, das alles gut ist. Der Wolf ist ein bedrohlicher Teil der Wirklichkeit, er führt aber auch Veränderungen herbei und bringt so Leben immer wieder neu hervor. Das eindringende Böse zerschlägt etwas irdischen Tant, aber letztlich und vor allem betreibt es das stoffliche Leben. Dabei ist hervorzuheben, dass die wiederholte, rituelle Geburt aus dem väterlichen (gemeisterten) Wolf heraus erfolgt. Das Kind hat eine tatsächliche mütterliche Geburt hinter sich; in dieser rituellen zweiten Geburt durchläuft es die geistige, väterliche (Kopf-) Geburt.

[12: Ausgleichende Gerechtigkeit]

Der erwachte Geist fordert ausgleichende Gerechtigkeit, aber noch ist es *die Alte* (Über-Ich), von der die Strafe angeordnet wird. Die drastischen Bilder, die das Märchen für die Strafen zeichnet, durch die ausgleichende Gerechtigkeit hergestellt wird, sind oben schon diskutiert worden; im folgenden Abschnitt wird darauf noch einmal gezielt eingegangen. Belassen wir es an dieser Stelle dabei.

Der Wolf hat Durst; weil wir uns in der Anderswelt befinden, ist es die Seele, die Durst hat. Was für ein Durst ist es, der den Wolf treibt? Warum geht er zum Brunnen? Der Brunnen verbindet einerseits die mittlere Welt mit der Anderswelt, Helden gelangen durch den Brunnenschacht ›hinüber‹; der Brunnen ist aber auch Symbol des Geburtskanals. Im Volksglauben kommen die Kinder aus dem Brunnen; die Verbindung von Wasser und Leben liegt auf der Hand.

Wenn der Wolf nach der rituellen Geburt zum Brunnen geht, dann geht er zurück, reduziert sich auf die vaginale Gestalt und verschwindet in ihr. Das Ersaufen im Brunnen ist die umgekehrte Geburt. Das Böse (der Schatten) ist im Brunnen aufgelöst, also vollkommen integriert.

Auf der seelischen Ebene sind Täter und Opfer eine duale Einheit, die in sich neutral ist; die Gestalt Täter/Opfer ist ausgeglichen; auf der physischen Ebene sind Täter und Opfer getrennte Gestalten, zwischen denen ein asymmetrisches Spannungsfeld besteht, das ein Ungleichgewicht erzeugt. Daraus entwickelt sich das Bedürfnis nach ausgleichender Gerechtigkeit auf der ›realen‹ Ebene. Auch diese ausgleichende Gerechtigkeit ist symbolisch und spricht die Seele an, sie ist nicht wörtlich zu verstehen. Trotzdem muss dieser Punkt noch näher betrachtet werden.

[13: Gutes Ende]

In der Schlussszene wird das erlösende Ende zelebriert. Die Gefahr ist besiegt. Der ›Dämon‹ ist an seinen Ursprung im Brunnen zurückgekehrt. Die Geburt ist geglückt. Das Kind ist in der realen Welt angekommen und die Mutter und das versiebenfachte, also aus sechs und eins wiedervereinte Kind tanzen vor Freude um den Brunnen als Symbol für Geburt und Gebähren.

1.4.5 Moral

Diese Geschichte bereitet das Kind mental auf die unvermeidliche Lösung von der Mutter vor, versichert das Kind zunächst aber viel mehr, das es mit seiner Geburt seine Richtigkeit hat und dass alles gut gelaufen ist, dass Grund zur Freude besteht, auch wenn die Umstände in mystischem Dunkel unerklärlich bleiben. Dadurch wird das Kind im Hiersein be- und gestärkt.

Das Kind erlebt, dass Leben aus dem Reagieren der dualen Gegensätze hervorgeht und dass es diese unvermeidliche Bewegung des Reagierens überleben und beherrschen kann. Mutter Geiß stattet das Kind gleich am Anfang mit einer positiven Trance aus: »Ihr werdet ihn gleich erkennen.«

Die kindliche Welt der Symbiose ist eindeutig geteilt in drinnen (fördernd, Mutter) und draußen (hemmend, Vater); in der Sprache der Seele heißt das gut und böse. Erst in dem Maße, wie das Kind sich die Autonomie erarbeitet, wird der Vater in die familiäre Triade aufgenommen, die dann als *Familie,* als deren Zentrum sich das Kind erlebt, *Nicht-Familie* gegenübersteht – ein wichtiger Schritt auf dem langen Weg vom Ich zum Nicht-Ich.

Das Bild des Wolfs erscheint in diesem Kontext richtig. Als Krafttier gehört der Wolf zur Anderswelt. Er ist auf der Seelenebene keine Bedrohung, selbst wenn er ein Kind verschluckt, bleibt es am Leben, so wie Jonas im Bauch des Walfisches. Der Wolf steht für einen Aspekt des Männlichen, den *einsamen Wolf,* der allein einer feindlichen Welt gegenübersteht, also durchaus ein Symbol für die Situation des Kindes. Dieses negative Bild gilt es zu opfern, im Brunnen zu versenken, um die Geburt in die Welt zu einer Geburt in eine glückliche Zukunft werden zu lassen.

Problematisch sehe ich hier tatsächlich die Herbeiführung der ausgleichenden Gerechtigkeit, die ungeschlacht gestaltet ist. Die Wackersteine, die dem Wolf auch bei Rotkäppchen in den Bauch genäht werden, gehen wohl auf einen Mythos vom versteinerten Wolf zurück, darauf weisen die Grimms in der Erstausgabe in einer Anmerkung hin. Über einen Mythos vom versteinerten Wolf war aber nichts weiter zu erfahren; jedenfalls scheint es aus dieser Geschichte heraus nicht notwendig, diesen Akt beizubehalten, der zu leicht als tierquälerisch missverstanden werden könnte. Um ein möglicherweise bedeutendes Symbol nicht zu verlieren, wird bei der Neutextung das Motiv der Versteinerung übernommen.

Wenn man dieser Darlegung folgt, enthält dieses Märchen eine stärkende Trance zur Verarbeitung des Geburtsschocks und zur stärkenden Vorbereitung auf die Autonomie.

1.4.6 Trance-Elemente

Achtung

Wie nach Lehrbuch empfängt das Märchen das Kind in seiner subjektiven Situation der Symbiose und Sicherheit. Mit einem einzigen Satz wird seine Situation vollkommen nachgezeichnet. Das Kind in seinem Sosein und Dasein wahrzunehmen und zu würdigen, ist ein Ausdruck von Achtung, der das Vertrauen zur Begegnung schafft.

Verstärkung

Dieses Vertrauen wird gleich zu beginn durch eine (positive) Trance verstärkt: »Ihr werdet ihn gleich erkennen.« Das Wort »gleich« vermittelt die Leichtigkeit, »werdet« die Gewissheit. Unter diesem positiven Einfluss beginnt das Abenteuer.

Spannung

Die Geiß hat den Geißlein gesagt, woran sie den Wolf erkennen können. Dadurch entsteht Spannung: Werden sie ihn erkennen? Spannung ist ein dramaturgisches Mittel, das die Aufmerksamkeit fokussiert. Spannung wirkt faszinierend.

Ein Element der Spannung ist die dreifache Wiederholung. Das Kind fiebert mit den Geißen, ob sie die Gefahr erkennen und abweisen können. Beim ersten Mal sind sie erleichtert, beim zweiten Mal stellt sich die bange Frage, wird es wieder gut gehen und beim dritten Mal...

Entladung

Spannung wird aufgebaut, damit sie sich entladen kann. In dieser Entladung werden eingekapselte, also unverarbeitete Emotionen freisetzen. Darin besteht die reinigende Wirkung. Das Einbrechen des Wolfs und die Verwüstung, die er anrichtet, lösen Angst im Kind aus. Wie schon erörtert wurde, hat das Kind ganz natürlich Angst und hier kann (und darf) es sie in symbolischen Bildern ausleben – zumal es Rettung gibt. Das Jüngste (also das Kind) findet den schützenden Ort.

Verstärkung

Das Kind hat eine große Leistung vollbracht. Es hat aufmerksam zugehört und die Gefahr erkannt. Es hat Angst durchlebt. Und es hat sich gerettet. Der Wolf schläft, also die Gefahr ist zunächst abgewendet. Das Geleistete und Erarbeitete wird vertieft und verankert, indem es noch einmal rekapituliert wird.

Diese Vertiefung wird durch einen Wechsel der Ebenen eingeleitet. Ein solcher Ebenenwechsel irritiert und stört deshalb zunächst die Trance. Das ist gewollt. Das Kind befindet sich ja derzeit in einer eingeigelten Situation und in einer Art Trance, wie sie der Held nach dem Kampf erlebt. Diese Trance wird beendet, damit eine neue aufgebaut werden kann. Nachdem der Held gesiegt hat, wird er erfahren, was er besiegt hat.

Das Unterbrechen und Wiederaufnehmen vertieft die Trance. Als der Wolf einbrach und die Verwüstung anrichtete, war das Kind direkt betroffen und emotional überlagert, wenn dieser Ablauf jetzt berichtend wiederholt wird, vertieft zum einen das Wiederkennen die Trance, zum anderen ist das Kind in der betrachtenden Distanz bewusster, deshalb vor Ängsten geschützt, und baut so keinen Widerstand auf.

Weil das Wiedererkennen ein starkes Moment darstellt, sollen die beiden Reihen von Gegenständen betrachtet und angeglichen werden. Es müssen sieben Gegenstände sein, in denen sich ein Kind verstecken und die der Wolf verwüsten kann. Die Waschschüssel ist als Versteck nicht so überzeugend, aber vor allem ist der Begriff Kindern heute fremd, in ihrem Erfahrungsraum nicht vorhanden; genauso ist es mit dem Uhrenkasten und auch dem Ofen. Gleichzeitig sollen die Begriffe so allgemein sein, dass sie jeder Zuhörer mit eigenen Assoziationen füllen kann. Aus lernpsychologischen Gründen sollte die Abfolge der Gegenstände eine gewisse Sinnfälligkeit haben. Ich schlage vor: Bad, Schrank, Kommode, Tisch, Bett, Truhe, Koffer.

Die Wiederholung geht aber einen entscheidenden Schritt weiter. Die Heldentat bestand darin, dem Bösen zu begegnen und zu überleben. Die aus dieser Tat gewonnene Kraft wird nun eingesetzt, um einen weiteren Schritt zu tun und die Geburt willentlich und bewusst zu wiederholen, aus dem ›Uhrkasten‹ oder ›Koffer‹ hinauszutreten in das Chaos. Der Held ist in der Realität angekommen.

Einweihung

Das Kind durchläuft die klassischen Stufen der Einweihung: es begegnet dem Tod, liegt eine Weile im Todesschlaf und wird nun wiedergeboren, bekommt eine Einweihung in das Mysterium (der Geburt), und danach wird gefeiert.

❷ Übergang von der Symbiose in die Autonomie

▶ Frau Holle

▶ 2.1 Vorwort

»Frau Holle« ist ein sehr bekanntes und beliebtes Märchen, was sicher auch auf das schöne Bild zurückzuführen ist, Frau Holle würde die Betten ausschütteln, wenn es schneit. Dieses Bild war den Grimms auch extra eine Anmerkung wert, die sich bis in die Ausgabe letzter Hand gehalten hat: »Darum sagt man in Hessen, wenn es schneit, die Frau Holle macht ihr Bett.«

Interessanter ist natürlich die Frage, wer diese Frau Holle ist – aus der Sicht des Kindes. Wie offensichtlich gerade dieses Märchen dazu verleitet, es ›pädagogisch‹ zu instrumentalisieren, zeigt der Vergleich der beiden Fassungen, die weit auseinander gehen. Es ist hier kein Raum, dies im Detail zu verfolgen; unscheinbare Umformulierungen verschieben oft die Bedeutung ganzer Szenen und verwässern die Moral, behängen sie mit dem Schleier der Konventionen.

▶ 2.2 Frau Holle [KHM I-24]
in der Textversion von 1812

Eine Wittwe hatte zwei Töchter, davon war die eine schön und fleißig, die andere häßlich und faul. Sie hatte aber die häßliche und faule viel lieber, und die andere mußte alle Arbeit thun und war recht der Aschenputtel im Haus. Einmal war das Mädchen hingegangen, Wasser zu holen, und wie es sich bückte den Eimer aus dem Brunnen zu ziehen, bückte es sich zu tief und fiel hinein. Und als es erwachte und wieder zu sich selber kam, war es auf einer schönen Wiese, da schien die Sonne und waren viel tausend Blumen.

Auf der Wiese gieng es fort und kam zu einem Backofen, der war voller Brot; das Brot aber rief: »ach! zieh mich 'raus, zieh mich 'raus, sonst verbrenn' ich, ich bin schon längst ausgebakken!« da trat es fleißig herzu und holte alles heraus. Darnach ging es weiter und kam zu einem Baum, der hing voll Aepfel und rief ihm zu: »ach! schüttel mich! schüttel mich! wir Aepfel sind alle mit einander reif!« Da schüttelt' es den Baum, daß die Aepfel fielen, als regenten sie, solang bis keiner mehr oben war, darnach ging es wieder fort.

Endlich kam es zu einem kleinen Haus, daraus guckte eine alte Frau, weil sie aber so große Zähne hatte, ward ihm Angst und es wollte fortlaufen. Die alte Frau aber rief ihm nach: »fürcht dich nicht, liebes Kind, bleib bei mir, wenn du alle Arbeit im Haus ordentlich thun willst, so soll dirs gut gehen; nur mußt du recht darauf Acht geben, daß du mein Bett gut machst, und es fleißig aufschüttelst, daß die Federn fliegen, dann schneit es in der Welt; ich bin die Frau Holle.«

Weil die Alte so gut sprach, willigte das Mädchen ein und begab sich in ihren Dienst. Es besorgte auch alles nach ihrer Zufriedenheit und schüttelte ihr das Bett immer gewaltig auf, dafür hatte es auch ein gutes Leben bei ihr, kein böses Wort und alle Tage Gesottenes und Gebratenes.

Nun war es eine Zeitlang bei der Frau Holle, da ward es traurig in seinem Herzen und ob es hier gleich viel tausendmal besser war, als zu Haus, so hatte es doch ein Verlangen dahin; endlich sagte es zu ihr: »ich habe den Jammer nach Haus kriegt, und wenn es mir auch noch so gut hier geht, so kann ich doch nicht länger bleiben.« Die Frau Holle sagte: »du hast Recht und weil du mir so treu gedient hast, so will ich dich selbst wieder hinaufbringen.« Sie nahm es darauf bei der Hand und führte es vor ein großes Thor. Das ward aufgethan und wie das Mädchen darunter stand, fiel ein gewaltiger Goldregen, und alles Gold blieb an ihm hängen, so daß es über und über davon bedeckt war. »Das sollst du haben, weil du so fleißig gewesen bist,« sprach die Frau Holle. Darauf ward das Thor verschlossen und es war oben auf der Welt da ging es heim zu seiner Mutter und weil es so mit Gold bedeckt ankam, ward es gut aufgenommen.

Als die Mutter hörte, wie es zu dem Reichthum gekommen, wollte sie der andern schönen und faulen Tochter gern dasselbe Glück verschaffen, und sie mußte sich auch in den Brunnen stürzen. Sie erwachte, wie die andere auf der schönen Wiese und ging auf demselben Pfad weiter. Als sie zu dem Backofen gelangte, schrie das Brod wieder: »ach! zieh mich 'raus, zieh mich 'raus, sonst verbrenn ich, ich bin schon längst ausgebacken!« die Faule aber antwortete: »da hätt' ich Lust, mich schmutzig zu machen!« und ging fort. Bald kam sie zu dem Apfelbaum, der rief: »ach! schüttel mich! schüttel mich! wir Aepfel sind alle mit einander reif« sie antwortete aber: »du kommst mir recht, es könnt mir einer auf den Kopf fallen!« ging damit weiter.

Als sie vor der Frau Holle Haus kam, fürchtete sie sich nicht, weil sie von ihren großen Zähnen schon gehört hatte, und verdingte sich gleich zu ihr. Am ersten Tag that sie sich Gewalt an und war fleißig und folgte der Frau Holle, wenn sie ihr etwas sagte, denn sie gedachte an das viele Gold, daß sie ihr schenken würde; am zweiten Tag aber fing sie schon an zu faullenzen, am dritten noch mehr, da wollte sie Morgens gar nicht aufstehen, sie machte auch der Frau Holle das Bett schlecht und schüttelte es nicht recht, daß die Federn aufflogen. Das ward die Frau Holle bald müd und sagte der Faulen den Dienst auf. Die war es wohl zufrieden und meinte nun werde der Goldregen kommen, die Frau Holle führte sie auch hin zu dem Thor als sie aber darunter stand, ward statt des Golds ein großer Kessel voll Pech ausgeschüttet. »Das ist zur Belohnung deiner Dienste« sagte die Frau Holle und schloß das Thor zu. Da kam die Faule heim, ganz mit Pech bedeckt, und das hat ihr Lebtag nicht wieder abgehen wollen.

▶ 2.3 Frau Holle [KHM 24]
in der Textversion von 1857

Eine Witwe hatte zwei Töchter, davon war die eine schön und fleißig, die andere häßlich und faul. Sie hatte aber die häßliche und faule, weil sie ihre rechte Tochter war, viel lieber, und die andere mußte alle Arbeit tun und der Aschenputtel im Hause sein. Das arme Mädchen mußte sich täglich auf die große Straße bei einem Brunnen setzen, und mußte so viel spinnen, daß ihm das Blut aus den Fingern sprang.

Nun trug es sich zu, daß die Spule einmal ganz blutig war, da bückte es sich damit in den Brunnen und wollte sie abwaschen; sie sprang ihm aber aus der Hand und fiel hinab. Es weinte, lief zur Stiefmutter und erzählte ihr das Unglück. Sie schalt es aber so heftig und war so unbarmherzig, daß sie sprach: »Hast du die Spule hinunterfallen lassen, so hol sie auch wieder herauf.«

Da ging das Mädchen zu dem Brunnen zurück und wußte nicht, was es anfangen sollte; und in seiner Herzensangst sprang es in den Brunnen hinein, um die Spule zu holen. Es verlor die Besinnung, und als es erwachte und wieder zu sich selber kam, war es auf einer schönen Wiese, wo die Sonne schien und viel tausend Blumen standen.

Auf dieser Wiese ging es fort und kam zu einem Backofen, der war voller Brot; das Brot aber rief: »Ach, zieh mich raus, zieh mich raus, sonst verbrenn ich; ich bin schon längst ausgebacken.« Da trat es herzu, und holte mit dem Brotschieber alles nacheinander heraus. Danach ging es weiter und kam zu einem Baum, der hing voll Äpfel und rief ihm zu: »Ach schüttel mich, schüttel mich, wir Äpfel sind alle miteinander reif.« Da schüttelte es den Baum, daß die Äpfel fielen, als regneten sie, und schüttelte, bis keiner mehr oben war; und als es alle in einen Haufen zusammengelegt hatte, ging es wieder weiter.

Endlich kam es zu einem kleinen Haus, daraus guckte eine alte Frau, weil sie aber so große Zähne hatte, ward ihm angst, und es wollte fortlaufen. Die alte Frau aber rief ihm nach: »Was fürchtest du dich, liebes Kind? Bleib bei mir, wenn du alle Arbeit im Hause ordentlich tun willst, so soll dir's gut gehn. Du mußt nur acht geben, daß du mein Bett gut machst und es fleißig aufschüttelst, daß die Federn fliegen, dann schneit es in der Welt; ich bin die Frau Holle.«

Weil die Alte ihm so gut zusprach, so faßte sich das Mädchen ein Herz, willigte ein und begab sich in ihren Dienst. Es besorgte auch alles nach ihrer Zufriedenheit, und schüttelte ihr das Bett immer gewaltig auf, daß die Federn wie Schneeflocken umherflogen; dafür hatte es auch ein gut Leben bei ihr, kein böses Wort, und alle Tage Gesottenes und Gebratenes.

Nun war es eine Zeitlang bei der Frau Holle, da ward es traurig und wußte anfangs selbst nicht, was ihm fehlte, endlich merkte es, daß es Heimweh war; ob es ihm hier gleich viel tausendmal besser ging als zu Hause, so hatte es doch ein Verlangen dahin. Endlich sagte es zu ihr: »Ich habe den Jammer nach Haus kriegt, und wenn es mir auch noch so gut hier unten geht, so kann ich doch nicht länger bleiben, ich muß wieder hinauf zu den Meinigen.« Die Frau Holle sagte: »Es gefällt mir, daß du wieder nach Hause verlangst, und weil du mir so treu gedient hast, so will ich dich selbst wieder hinaufbringen.« Sie nahm es darauf bei der Hand und führte es vor ein großes Tor. Das Tor ward aufgetan, und wie das Mädchen gerade darunter stand, fiel ein gewaltiger Goldregen, und alles Gold blieb an ihm hängen, so daß es über und über davon bedeckt war. »Das sollst du haben, weil du so fleißig gewesen bist«, sprach die Frau Holle und gab ihm auch die Spule wieder, die ihm in den Brunnen gefallen war. Darauf ward das Tor verschlossen, und das Mädchen befand sich oben auf der Welt, nicht weit von seiner Mutter Haus; und als es in den Hof kam, saß der Hahn auf dem Brunnen und rief:

»Kikeriki,
unsere goldene Jungfrau ist wieder hie.«

Da ging es hinein zu seiner Mutter, und weil es so mit Gold bedeckt ankam, ward es von ihr und der Schwester gut aufgenommen. Das Mädchen erzählte alles, was ihm begegnet war, und als die Mutter hörte, wie es zu dem großen Reichtum gekommen war, wollte sie der andern häßlichen und faulen Tochter gerne dasselbe Glück verschaffen. Sie mußte sich an den Brunnen setzen und spinnen; und damit ihre Spule blutig ward, stach sie sich in die Finger und stieß sich die Hand in die Dornhecke. Dann warf sie die Spule in den Brunnen und sprang selber hinein. Sie kam, wie die andere, auf die schöne Wiese und ging auf demselben Pfade weiter. Als sie zu dem Backofen gelangte, schrie das Brot wieder: »Ach zieh mich raus, zieh mich raus, sonst verbrenn ich, ich bin schon längst ausgebacken.« Die Faule aber antwortete: »Da hätt ich Lust, mich schmutzig zu machen«, und ging fort. Bald kam sie zu dem Apfelbaum, der rief:

»Ach schüttel mich, schüttel mich, wir Äpfel sind alle miteinander reif.« Sie antwortete aber: »Du kommst mir recht, es könnte mir einer auf den Kopf fallen«, und ging damit weiter.

Als sie vor der Frau Holle Haus kam, fürchtete sie sich nicht, weil sie von ihren großen Zähnen schon gehört hatte, und verdingte sich gleich zu ihr. Am ersten Tag tat sie sich Gewalt an, war fleißig und folgte der Frau Holle, wenn sie ihr etwas sagte, denn sie dachte an das viele Gold, das sie ihr schenken würde; am zweiten Tag aber fing sie schon an zu faulenzen, am dritten noch mehr, da wollte sie morgens gar nicht aufstehen. Sie machte auch der Frau Holle das Bett nicht, wie sich's gebührte, und schüttelte es nicht, daß die Federn aufflogen. Das ward die Frau Holle bald müde und sagte ihr den Dienst auf. Die Faule war das wohl zufrieden und meinte, nun würde der Goldregen kommen; die Frau Holle führte sie auch zu dem Tor, als sie aber darunter stand, ward statt des Goldes ein großer Kessel voll Pech ausgeschüttet. »Das ist zur Belohnung deiner Dienste«, sagte die Frau Holle und schloß das Tor zu.

Da kam die Faule heim, aber sie war ganz mit Pech bedeckt, und der Hahn auf dem Brunnen, als er sie sah, rief:

»Kikeriki,
unsere schmutzige Jungfrau ist wieder hie.«

Das Pech aber blieb fest an ihr hängen und wollte, solange sie lebte, nicht abgehen.

▶ 2.4 Betrachtung

2.4.1 Einstieg

Dieses Märchen ist eine perfekte Weiterführung des vorangegangenen. Dort war das Böse, die Gefahr, das Dunkle, der Schatten noch im Außen: der böse Wolf. Hier hat der Schatten Gestalt angenommen, ist ein *Alter ego*, ein Zwilling oder der abgespaltene Teil. Der Schatten beinhaltet alle Eigenschaften, die wir als Person nicht leben. Es gibt Gründe dafür, Eigenschaften nicht auszuleben, Mordgelüste beispielsweise; doch es gibt auch Eigenschaften, wo das so eindeutig nicht ist. Deshalb ist das Leben gezeichnet von einem Für und Wider zwischen Person und Schatten. Beide zusammen sind das Selbst oder Seelenbild.

Es ist schwer, den eigenen Schatten wahrzunehmen, aber wir können ihm personifiziert begegnen, in der Anderswelt. Wenn wir uns dort mit ihm vertraut gemacht und ihn als unseren wahren Schutzengel erkannt haben, dann entwickeln wir den Mut, unserem Schatten auch im Alltag zu begegnen. Dort wird der Schatten zur Projektion. Der Projektor sieht das Bild, nicht aber, dass es Abbild seines eigenen Schattens auf das Außen (Nicht-Ich) ist. Kritik an Märchen, besonders auch dem vorliegenden, ist bisweilen auch Projektion.

2.4.2 Deutung

Weil die beiden Textfassungen so verschieden sind, kann nicht einfach ein Symbol-Exzerpt erstellt werden. Wir könnten für jeden Text eines erstellen und die beiden vergleichen; ich möchte das Verfahren aber dadurch abkürzen, dass ich das Märchen im Vergleich der Texte durchgehe und daraus den Symbol-Extrakt ableite.

Die Ouvertüre exponiert das Thema. In vielen Märchen ist diese Regel meisterhaft verwirklicht: Eine Witwe hat zwei Töchter. *Witwe* signalisiert Alter und nahen Tod, aber es bedeutet gerade für das Kind weit mehr; das männliche Element mangelt. Vielleicht weil der Vater gestorben ist, vielleicht, weil die Mutter alleinerziehend ist. Für das Kind macht das wenig Unterschied; das väterliche Element wirkt nicht in angemessener Weise auf seine Entwicklung. Die verbliebene Erziehungsperson muss beide Aspekte verwirklichen, dass führt aber gerade dem kleinen Kind gegenüber zu Widersprüchen. *Mutter* bedeutet unterschiedslos alles umfassend und ausgleichend, *Vater* jedes von jedem unterscheidend und einordnend.

Wer wird der Witwe nachfolgen? Sie hat zwei Töchter. Oder sind es die zwei Seiten der einen Tochter? Die eine ist gut; die andere ist böse. Weil das Männliche fehlt, ›entscheidet‹ die Witwe. Doch sie entscheidet sich für die Falsche, die Böse. Die alte Mutter und die schwarze Schwester stehen der Heldin gegenüber.

Die Witwe liebt die Böse. Es ist lächerlich, dafür eine Begründung anzugeben, zumal wenn sie so emotional befrachtet ist: »weil sie ihre rechte Tochter war«. Als ob das etwas an den Fakten ändern würde. Aber so geht es im Leben. Viele erkennen das Böse nicht oder wissen nicht, was Liebe bedeutet. Es ist nicht nötig, hierfür eine Erklärung abzugeben, im Gegenteil, das verfälscht die Moral. Als ob es irgendeine Begründung gäbe, das Böse dem Guten vorzuziehen, oder gibt es die, wenn es die *eigene* ›Tochter‹ ist?

Das Kind befindet sich gerade noch oder gerade nicht mehr in der Symbiose mit der Mutter, der sterbenden Witwe. Die drängt es in die Autonomie, denn das Mädchen »mußte alle Arbeit thun und war recht der Aschenputtel im Haus«. Wo bislang fraglose Einigkeit bestand, bringt die unvermeidbare Autonomie Widerstand. Da ist die Andere, »häßlich und faul«, das Ego, in diesem Sinne der Schatten von *Ich*.

Es steht außer Frage, dass sich jeder Zuhörer mit der Tochter identifiziert, die »schön und fleißig« ist und ›schikaniert‹ wird. Aschenputtel laufen allerorten (nicht nur) durch die Märchen. Es ist bitter, Verantwortung zu übernehmen; für die meisten wird es ein Leben lang so bleiben.

Als Symbole notieren wir *Witwe* und *zwei Töchter*. Der Schritt in die Autonomie beginnt hier also mit der ›Spaltung der Persönlichkeit‹ in die Gute und die Böse. Für die Gute gibt es in vielen Märchen den Namen goldene Jungfrau; für die Böse ist das nicht so einfach. Das Gold und seinen Gegensatz Pech finden wir bereits in der Erstausgabe, die Jungfrau aber erst später, dort begegnet uns der einmalige Ausdruck »schmutzige Jungfrau«, den ich unglücklich finde, weil er den Geruch des Beschmutzten hat. Pech ist schwarz, deshalb ist schwarze Jungfrau der rechte Begriff. Die taucht übrigens in anderen Märchen auch auf, aber insgesamt in unscharfer Rollenbeschreibung.

Vielleicht war früheren Zuhörern eindeutig, dass die kindliche Heldin am Ende dieses Märchens Jungfrau, also eingeweihte Frau ist, später musste es wohl deutlicher herausgestrichen werden, denn auch die Szene mit der Spindel ist hinzugekommen. *Spindel*[*] ist das Symbol der Jungfrau. Dass dieses Motiv später in die Handlung eingefügt wurde, zeigt sich auch, wenn Frau Holle beim Abschied die Spindel ›nachreicht‹.

Die Heldin macht ihren ersten Schritt in die Autonomie und der besteht darin, sich zwischen Gut und Böse zu entscheiden. Betrachten wir Persönlichkeitsentfaltung ganz dumm als Kabelbaum, dann ist dies die erste Verzweigung, der erste Schalter, der so oder so gelegt werden kann.

Erziehung kann und darf Entscheidung nicht abnehmen, Erziehung soll zur Entscheidung befähigen. Deshalb vermittelt sie Erfahrungen im geschützten Raum. Im mythischen Bereich wird das Einweihung genannt. Die Heldin durchläuft eine Einweihung in die Grundprinzipien des Lebens.

Die Einweihung beginnt mit einer Rückführung (Regress); in der klassischen

[*] zum Spindelstich siehe in: Dornröschen. Erweckung des Weiblichen. Heilung durch Märchen Band 3. Param 2002. S. 64 ff

Initiation ist es die Todeserfahrung, der Gang durch die Unterwelt, die Hölle. Die Heldin in diesem Märchen wird in den vorgeburtlichen Zustand zurückversetzt, an den Ort vor der Welt, die Anderswelt. Die Bedeutung des Brunnens als Geburtskanal ist bereits betrachtet worden. Die Heldin geht diesen Weg nun zurück, um noch einmal aus dieser Perspektive das Leben zu betrachten, wie sie es inzwischen kennen gelernt hat.

Der Übergang in die Anderswelt ist dramatisch und verlangt Vertrauen. Wenn das Vertrauen mangelt, bedarf es Gewalt. Wie kommt die Heldin in den Brunnen? In der Erstausgabe geht sie Wasser holen, »bückte .. sich zu tief und fiel[1] hinein«; ein ›Unfall‹. In der späteren Ausgabe ist die häusliche Not der Heldin so breit ausgemalt, dass es der Dramatik des Selbstmordes bedarf, um sie in den Brunnen zu bekommen: »In seiner Herzensangst sprang es in den Brunnen hinein, um die Spule zu holen. Es verlor die Besinnung.«

Natürlich taucht die Heldin in der Anderswelt wieder auf. Jetzt erst, wo die jenseitige Szenerie beschrieben wird, in der sie ›aufwacht‹, wird greifbar, dass vorher ein eher düsteres Bild in unserer Vorstellung war. Jetzt erscheint das Bild erhellt: »Und als es erwachte und wieder zu sich selber kam, war es auf einer schönen Wiese, da schien die Sonne und waren viel tausend Blumen.«

Das Paradoxon stört nicht: Die Heldin springt in einen Brunnen, also tief nach unten, kommt aber ›oben‹ auf einer grünen Sommerwiese an. Später werden wir erfahren, dass sie sogar im Himmel ist, denn wenn sie die Betten schüttelt, fällt Schnee nach unten, auf die Erde. Wo ist die Heldin wirklich angekommen? Was ist das für eine Welt hinter dem Brunnenschacht? Die Heldin zieht los, um das zu ergründen, und ihre erste Prüfung ist ein Backofen.

Das Samenkorn ist ein Symbol des Absoluten, denn in ihm ist alles Leben potenziell vorhanden. Das Brot ist Symbol des Leibes und des irdischen Lebens. Und der Backofen ist der Ort, wo das eine in das andere verwandelt wird. Das erklärt, warum der Backofen mit Gebärmutter und Geburt in Verbindung gebracht wird. »Der gewölbte Backofen ist Symbol des schwangeren Leibes, das Herausziehen des Brotes gleicht der Geburt, Neugeborene kommen ›frisch aus dem Backofen‹, wie man im Volksmund sagt.«[2]

[1]Ein schönes Beispiel für Wiederholung im Klang (tief/fiel) als Mittel der Vertiefung von Trance.
[2]Schliephacke, Bruno P.: Bildersprache der Seele, Berlin 1970.

Im Backofen finden wir das Symbol des beginnenden Lebens. Das Brot, das die Heldin aus dem Backofen zieht, ist das Kind, das sie gebiert. Hier ist sie die grüne Jungfrau, die zur jungen Mutter wird, der schöne Körper, die Gebärmutter. Die Heldin begegnet der Herausforderung und bringt ›das Brot‹ in die Welt.

In einem Apfelbaum begegnet sie ihrer zweiten Probe. Der Baum hängt voller Früchte und will geschüttelt werden.

Als Hervorbringer des Apfels kommen dem Apfelbaum alle Qualitäten zu, die der Apfel hat, er ist also Nahrung, auch geistige, Liebesbeweis, Metapher für die junge Frau, deren Brüste gern Äpfelchen genannt werden, und vor allem goldener Apfel und Reichsapfel. Der Apfelbaum steht für die Frau [s. a. KHM 31]. In Russland nennt man den Apfelbaum auch Mütterchen.

Als Apfelbaum steht die Heldin in vollem Saft. Sie hat ihre Blüte überschritten und viele reife Früchte hervorgebracht. Die möchte sie nun abschütteln, also der Welt geben, sich ihrer aber auch entledigen. Sie hat ihren Körper eingesetzt und verbraucht. Die fallenden Äpfel spielen auch hier mit dem Vergleich zur Brust. Hier ist die Heldin die Mutter, die zur alten Mutter wird. Sie nimmt auch diese Herausforderung an.

Für die dritte Probe kommt sie an ein Haus, daraus schaut eine alte Frau mit schrecklich großen Zähnen und stellt sich als Frau Holle vor. Der Name leitet sich von *hel* ab, was das Verbergende oder Verborgene meint, zum Beispiel die Höhle oder die Hölle (engl.: *hell*). Die personifizierte Hel, die Frau Holle oder Hulda, ist die Totengöttin, Kali, die schwarze Mutter. Bisweilen hütet sie auch Brunnen und Teiche, aus denen die kleinen Kinder kommen, hier ist sie als Mutter Natur für den Winter zuständig, die Zeit der Wandlung und Regeneration.

Die Heldin steht zwischen Tod und Geburt, ist also in der Toten- oder Unterwelt angekommen. Die alte Mutter wird zur großen Mutter und weisen Frau, die das Leben leiten kann, weil sie es hinter sich hat. Hier erfährt die Heldin die Einweihung in Werden und Vergehen, den Kreislauf des Lebens, der im Tod seine Nahtstelle hat. Ihre Aufgabe ist, die Betten zu machen, den Ort, wo das Leben gezeugt, geboren und beendet wird, genau die Etappen, die sie gerade symbolisch durchläuft. Wenn sie die Betten ausschüttelt, ist ein Lebenszyklus abgeschlossen, ein Tag oder ein Jahr, dann schneit es und es ist Winter auf der Welt, die Jahreszeit des Übergangs.

Die drei Stationen, die das Märchen vorführt, sind die drei Gesichter der großen Göttin, die in der Mythologie auch als drei Schicksalsgöttinnen erscheinen: Jugend, Reife, Tod; alle drei sind das ganze, also auch heile Leben.

Mit diesem Wissen ist die Heldin kein Kind mehr. Sie kennt das Mysterium des Lebens und ist nun eine junge Frau, eine Jungfrau – nur welcher Art wissen wir noch nicht. Das Junge ist triebig, es will hinaus, will sich zeigen und gesehen werden. Also sehnt sich die Heldin ins Leben zurück, nach Hause (zur ›stiefen‹ Mutter).

Frau Holle führt sie deshalb an ein Tor. Der Durchgang ist eine Metapher für die Prüfungen des Lebens. Viele Türen bleiben einem im Leben versperrt, manche hätte man nicht öffnen sollen. Im Märchen spielen Türen eine wichtige Rolle. Oft sitzt ein Torhüter vor dem Durchgang. Hier ist Frau Holle der Torhüter für das Tor ins Leben.

Sie führt die Heldin an das Tor und wir erwarten ganz natürlich, dass sie zum Abschied ihren Lohn bekommt. Was hat sie verdient? Das Wort kommt von Dienen. Wir dienen und bekommen dafür Lohn. Wir können einer Sache dienen, einem Menschen oder einem Geist, zum Beispiel dem nationalen oder spirituellen.

Betrachten wir dieses Märchen so, dass die Heldin der Frau Holle wie einem Menschen gedient hat, dann können wir uns leicht in einer Ablehnung finden, weil das die Moral ergäbe: Wer brav dient, wird belohnt; ergo wird Duckmäusertum gefördert.

Kein Kind kommt auf die Idee, in diesem Sinne einem Menschen zu dienen oder sich einen Menschen zum Diener zu machen. Dazu braucht man ein Ego, was das Kind hier gerade erst entwickelt. Die natürliche Bereitschaft zu dienen wird in unserem Alltag fortgesetzt so sehr missbraucht, dass eine tiefe Wunde entstanden ist. Das Berühren von Wunden löst Abwehrbewegungen aus. Projektion ist eine davon. Der Erwachsene, der diese Wunden bereits hat (und nicht nur auf Märchen projiziert), kann nicht anders, als durch den Schmerz der Wunde hindurchzugehen. Das Kind, das dieses Märchen hört, hat noch keine Ahnung von diesem Schmerz.

Die Heldin dient in unschuldiger Weise den Gesetzen der Natur, die wir verstehen können, die wir hier und dort sogar umgehen, die wir aber nie ändern können. Das fundamentalste Naturgesetz ist die Dualität, die besagt, jedes Dasein hat zwei Pole, die spirituell als Licht und Schatten, gut und böse, beschrieben werden. Diese Symbolik sagt, dass Schatten ist, wo Licht ist; dass Licht Schatten vertreibt, aber niemals beseitigt; dass Schatten Licht bedrängt, aber niemals erreicht.

Die Heldin hat bei der Frau Holle ihre Wahl zwischen Licht und Schatten getroffen. Sie hat sich dafür entschieden, den Gesetzen der großen Mutter Natur zu folgen und ihnen zu dienen, die Herausforderungen anzunehmen und den Wandel zuzulassen, der im Leben unverzichtbar ist. Sie hat erfahren, dass Autonomie Befreiung und Freiheit bedeutet, aber auch Verantwortung und Arbeit (Dienst).

Dienen ist die größte Herausforderung für das Ego, weil es sich dabei dem *Alter ego* unterstellen muss. In einer ›feindlichen‹ Umwelt ist das Ego für den Schritt in die Autonomie überlebenswichtig; aber der spirituellen Entwicklung steht es dann im Wege. Das Ego beharrt auf der Trennung von Ich und Nicht-Ich; Bewusstseinsentfaltung ist aber das fortgesetzte Ausdehnen des Ichs ins Nicht-Ich, um beide im Unendlichen zu vereinen. Weil das Nicht-Ich auch der Schatten ist, entspricht die Vereinigung von Ich und Nicht-Ich der Erleuchtung.

Wenn die Jungfrau zur Mutter wird, hilft ihr die Liebe zum Kind, ihr Ego zu zähmen. Wenn die alte Mutter ihr Ego gemeistert hat, entlässt sie ihre Kinder ins Leben und erfreut sich an ihrem Gedeihen. Für die Alte, die große Mutter, die Witwe, deren Lebensbahn sich neigt, ist aber die Zeit reif, das Ego vollends zu transzendieren und weise Frau zu werden – soll das letzte Loslassen nicht zum verzweifelten Todeskampf degenerieren.

Leben, Sterben und was beide zusammenhält, hat die Heldin erfahren. Jetzt geleitet sie ihre Meisterin, die Totengöttin Hulda, zum Tor, zum Durch- und Übergang ins Leben: »Wie das Mädchen darunter stand, fiel ein gewaltiger Goldregen, und alles Gold blieb an ihm hängen, so daß es über und über davon bedeckt war.«

Glanz und Helligkeit sind Symbol für das Ausstrahlen. Nur die Tasse, die voll ist, kann überlaufen. Der strahlende Held ist der, der mehr als genug hat, der freizügig all den Bedürftigen um sich herum geben kann, so viel sie bedürfen, Liebe hauptsächlich, also Hinwendung. Die Heldin hat sich für das Licht, das Leben entschieden; Gold steht für dieses Licht.

Der Hahn, der auf dem Brunnen sitzt und die Jungfrau in der Welt zurück begrüßt, ist ein schönes und stimmiges Bild. Auch einen Reim für diese Szene zu kreieren ist märchenkonform: »Kikeriki / unsere goldene Jungfrau ist wieder hie.«

Die Heldin geht zurück zu ihrer Mutter, sie will sich (und ihr) also noch etwas beweisen, sucht Anerkennung, ist von der symbiotischen Bindung noch nicht frei. Weil sie aber strahlend (golden) ist, wird sie »gut aufgenommen«.

Freimütig berichtet die Heldin, was sie erlebt hat, sie teilt mit ihren Nächsten. Das Lichte braucht des Schattens, um zu erstrahlen. Deshalb sieht die Dramaturgie vor, dass die schwarze Mutter nun die Schatten-Schwester losschickt, ihr Glück auf ihre Art zu versuchen.

Diese andere Seite der Heldin weist die Herausforderungen des Lebens zurück, sie bringt das *Brot* nicht zur Welt, sie gibt ihre Früchte nicht hin und bei Frau Holle versagt sie in Kürze. Am ersten Tag zwingt sie sich, die Aufgaben zu erfüllen, sie handelt also mit Gewalt gegen ihre Natur und motiviert sich mit Gedanken an materielle Belohnung: Gold. Am zweiten Tag wird sie schon müde und faulenzt. Am dritten Tag will »sie Morgens gar nicht aufstehen, sie machte auch der Frau Holle das Bett schlecht und schüttelte es nicht recht, daß die Federn aufflogen. Das ward die Frau Holle bald müd und sagte der Faulen den Dienst auf.«

Darauf hat die Schwarze natürlich nur gewartet, den Geld- beziehungsweise Goldregen fest im Auge. Das Tor hält jedoch das schwarze Gold Pech für sie bereit, weil sie sich für das Dunkle und Dumpfe, das Leben-Verachtende entschieden hat: »Kikeriki / unsere schmutzige Jungfrau ist wieder hie.«

Dem goldenen Dreiklang der Liebe: Geburt, Reife, Übergang; stellt sich der schwarze Dreiklang der Angst gegenüber: Gewalt, Ermatten, Versagen.

Und nun hat der Held, das Kind, das in die Autonomie schreiten will, die Wahl. Das Märchen macht ihm die Wahl leicht, nimmt sie ihm aber nicht ab, denn es endet hier einfach.

2.4.3 Symbol-Exzerpt

Das nachfolgende Symbol-Exzerpt ist als Protokoll beim Schreiben des vorhergehenden Abschnitts entstanden. Eine Schnittmenge aus den beiden vorgestellten Fassungen zu bilden, war nicht nötig, weil die Symbolfolge kaum berührt wurde.

Autonomie, so wird erzählt, ist begleitet von einer fundamentalen 1/0-Entscheidung; Gold/Pech. Mehr noch, mit dieser Entscheidung beginnt die Autonomie geradezu. Alles, was danach kommt, baut auf dieser einen allerersten Entscheidung auf. Läuft hier etwas falsch und soll später bearbeitet und gegebenenfalls geändert werden, so muss man bis an diesen Punkt zurückgehen.

Um diese grundlegende Entscheidung in aller Freiheit treffen zu können, wird der Held in das Geheimnis des Lebens eingeweiht, das geschieht in der Unterwelt, weil es mit der Sterblichkeit des Menschen zu tun hat.

Im Verlauf der Einweihung wird dem Helden vorgeführt, was er vom Leben erwarten kann, wenn er sich so und so verhält, und was er erwarten muss, wenn er sich anders verhält. Darüber wird nicht diskutiert, weil es erlebbare Tatsache ist für den, der es erkennen kann, der eingeweiht ist. »So wie du säest, so sollst du ernten« ist die Moral dieses Märchens.

[1: Autonomie]
Witwe
zwei Töchter
goldene/schwarze Jungfr.
Spindelstich

[2: Einweihung]
Brunnensprung
Erste Probe: Backofen
Zweite Probe: Apfelbaum
Dritte Probe: Unterwelt

[3: Unterwelt]
Angst
Vertrauen
Dienst
Die Welt
Das Tor

[4: Rückkehr]
Hahn auf Brunnen
Gute Aufnahme
Mitteilung

[5: Gegenbeispiel]
Brunnensprung
Erste Probe: Backofen
Zweite Probe: Apfelbaum
Dritte Probe: Unterwelt
Gewalt antun
Ermatten
Versagen
Das Tor

2.4.4 Plot

Aus dem Symbol-Exzerpt ergibt sich ein überraschend kurzer Plot mit nur fünf Meta-Zeichen:

[1: Autonomie]
[2: Einweihung]
[3: Unterwelt]
[4: Rückkehr]
[5: Gegenbeispiel]

Der Schritt in die Autonomie erfordert eine Einweihung in die schöpferische Kraft. Die Adeptin leistet ihren Dienst in der unteren Welt, dann kehrt sie geläutert (vergoldet) zurück und wird sogar von der schwarzen Mutter und der Schatten-Schwester freundlich aufgenommen. Danach geht das schwarze Ich auf die epigonale Reise und kommt pechschwarz zurück.

Der Zuhörer mag sich nun frei entscheiden, denn eine Moral gibt es insoweit nicht. Die Moral besteht darin, dass jeder Zuhörer vorab ›weiß‹, dass er die goldene Jungfrau ist und nicht die schwarze. Die Moral besteht darin, die Struktur und Gesetze der Schöpfung zu akzeptieren. Was geboren wird, muss sterben; jedes Licht wirft einen Schatten. Wie du säest, so sollst du ernten. *Actio* gleich *Reactio*.

2.4.5 Textänderungen

Meine Kritik setzt bei der unterschwelligen Bewertung an, die den Text letzter Hand besonders durchzieht. Jede Form von Bewertung ist gerade bei diesem Motiv redundant und provoziert nur Abwehr. Die Reihenfolge, in der die »beiden Seiten der Medaille« vorgeführt werden, ist Bewertung genug. Das Kind ist nicht dumm, im Gegenteil hat es feine Antennen, die so manches wahrnehmen, was so manchem Erwachsenen entgeht.

Das Kind, das in die Autonomie tritt, muss eine Wahl treffen und in diesem Märchen wird die grundlegende Alternative illustriert. Deshalb bin ich der Meinung, beide Seiten sollten auch sprachlich nicht bewertet werden, indem zum Beispiel die eine breit und die andere kurz beschrieben wird. Jede Einflussnahme ist subjektiv.

Weil es stimmig ist, dass die Heldin drei Tage in der Unterwelt verweilt und an jedem Tag eine andere Erfahrung macht, die zur Entscheidung führt, so wie es bei der »schmutzigen Jungfrau« erfolgt, habe ich das auf den Dienst der goldenen transponiert. Dabei stellte sich natürlich die Frage, was die Erfahrung dieser drei Tage sein soll.

Wie schon erläutert erfährt die Heldin den Kreislauf des Lebens von Geburt über Blüte und Reife zur Weisheit, die dem Tode nahe wohnt. Das Reich der Totengöttin ist der Winter, die Zeit, wo der Tod zurückgedreht wird.

Viele Menschen sehen im Winter das Sterben und freuen sich, wenn im Frühling die Blüten aufbrechen. Es wird wenig beachtet und kaum bewertet, dass die Knospen im Winter heranreifen und im Frühjahr ›nur‹ aufgehen. Um diese Verjüngung oder Umkehrung sichtbar zu machen, zeige ich das Bett als Ort von Sterben, Leben und Geburt. Ursprünglich hatte ich den Text so gestellt, dass die drei Stationen in der natürlichen Reihenfolge durchlaufen wurden; um die Erneuerung, das Zurückdrehen darzustellen, habe ich diese Bildfolge umgekehrt.

Nachdem das Rad im Winter eine Drehung weiter oder zurück gedreht ist, was auf dasselbe hinauskommt, kehrt die Heldin ins Leben zurück und die antipodische Epigonin durchläuft die gleiche Prozedur und macht mit ihrer Leben verachtenden Einstellung die entsprechenden Erfahrungen.

Das Märchen endet mit dem Hinweis, dass die hier getroffene Entscheidung prägend für das ganze Leben ist: »Das Pech aber blieb fest an ihr hängen und wollte, solange sie lebte, nicht abgehen.« Und vom Gold bei der Anderen stellen wir uns das ebenso vor.

Weil es für die Moral des Märchens wichtig ist, die Situation und Rolle der Frau und Mutter genau zu beschreiben, wollte ich auf den Begriff Witwe verzichten, der heutzutage immer weniger geläufig ist und den Kinder womöglich nicht hinreichend mit Bedeutung füllen können.

Wichtig finde ich auch, schon am Anfang die Ambivalenz des Kindes deutlich zu machen. Das Kind, das in die Autonomie tritt, Freiheit erwartet, aber Pflichten erfährt, sieht sich selbst gern als Aschenputtel. Autonomie macht auch Mühe. Der Faulen, als die sich das Kind natürlich auch erfährt, ist das lästig. Wie soll *es* sich entscheiden, wenn es zur *sie* wird? Mit welcher der beiden Seiten soll es sich, sein Selbst identifizieren? Eine sokratische Frage!

Der Begriff Aschenputtel ist durchaus nicht auf das eine Märchen beschränkt, wo es der Heldin den Namen gibt. Der Aschenputtel gehörte zum Personal jeder größeren Küche wie der Koch. Seine Aufgabe war, aus der Asche alles Verwertbare herauszuputteln, -pusseln (engl. *puzzle*), also verkohltes Holz, Kohlereste und auch Knochen, aus denen Knöpfe, Nadeln und Ähnliches gemacht wurden, und die Feuerstelle für das neue Feuer vorzubereiten. Keine schöne Arbeit, aber symbolisch der Ewigkeit (Asche) nahe. Der Geringste musste sie machen, auch Jungen übrigens, zum Beispiel im »Eisenhans« [KHM 136]. Der Aschenputtel* hat sich daraus zum Symbol für eine Person entwickelt, die schikaniert und herumgestoßen wird und dabei hilflos, ausgeliefert ist, was wir heute Mobbing nennen.

*s. dazu in: Aschenputtel. Ausgeliefert und missachtet. Heilung d. Märchen Bd. 2. Param 2003

Wenn das Kind hier als Aschenputtel gezeichnet wird, dann bringt das auch zum Ausdruck, dass mit dem Schritt in die Autonomie auch das Projizieren beginnt. Im richtigen Leben kann es Jahrzehnte dauern, bis ein ›Aschenputtel‹ erkennt, dass die Mutter gar keine schwarze Mutter, sondern es selbst eher eine verwöhnte Göre war; oder ein inzwischen ergrauter Herr sein Hänsel-und-Gretel-Trauma als Angst vor Verantwortung entdeckt.

Alle Kinder murren, wenn sie im Haushalt helfen sollen. Alle Eltern, die auf diese Hilfe verzichten, beispielsweise, weil es schneller geht, wenn sie es »gleich selber machen«, laden dem Kind schwere Hypotheken auf den Rücken. Das Kind soll sich ruhig als Aschenbrödel fühlen. Wenn es sich diesen Antrieb schaffen muss, sollten wir ihm das nicht nehmen. Wichtig ist allein, wie sich das Kind entscheidet. Will es das Aschenputtel überwinden und die goldene Jungfrau werden, oder will es Schuld zuweisen und sich damit der Lebenskraft berauben, verwelken, hässlich werden und viel Pech haben?

Wichtig ist gar nicht, ob sich das Kind als Aschenbrödel fühlt oder nicht fühlt. Wichtig ist ganz allein, ob es vielleicht tatsächlich wie das Letzte in der Familie behandelt wird, oder ob es das in seiner derzeitigen Entwicklungsphase nur so wahrnimmt. Vorbildliche Erziehungspersonen können sich da ganz sicher fühlen und vertrauensvoll zuwarten, bis das Kind die richtige Entscheidung trifft.

❸ Stärkung der Autonomie

▶ Das tapfere Schneiderlein [KHM 20]

▶ 3.1 Vorwort

Wer die Figur kennt, schmunzelt, wenn nur ihr Name genannt wird: das tapfere Schneiderlein. Was gefällt uns so an diesem Burschen, der doch eigentlich ein Hochstapler ist?

Die beiden Textversionen zu diesem Märchen gehen weit auseinander. In der Erstausgabe erschienen unter der Überschrift »Von einem tapfern Schneider« zwei Texte, von denen der zweite als Fragment ausgewiesen ist. Bei der heute geläufigen Fassung steht das Fragment vorweg und geht recht nahtlos in den anderen Text über.

Solches Zusammenfügen von Fragmenten oder Einarbeiten von Motiven ist im Verlauf der wiederholten Bearbeitungen mehrfach geschehen. Der Sammler möchte alle Fundstücke in seiner Sammlung präsentieren und sucht einen angemessenen Rahmen dafür. Literarisch gesehen ist die Operation sogar recht gut gelungen, und das oben behauptete Schmunzeln geht wohl auch auf die Episoden mit der Bauersfrau und dem einfältigen Riesen zurück.

Das Märchen ist an sich ernster oder reifer. Solche Späße tendieren zum Schwank; man spricht auch von Schwankmärchen. Uns hier stellt sich aber die Frage, ob diese Erweiterung des Textes sinnvoll ist, ob diese publikumswirksame Figur »tapferes Schneiderlein« wirklich ein solcher Spaßbolzen ist.

▶ 3.2 Von einem tapfern Schneider [KHM I-20]
in der Textversion von 1812

I. In einem Städtlein Romandia war ein Schneider gesessen, welcher auf eine Zeit, als er gearbeitet, einen Apfel bei sich liegen gehabt, darauf viel Fliegen, wie dann Sommerszeiten gewöhnlich, gesessen; das thät dem Schneider Zorn, nahm einen Fleck von Tuch und schlug auf den Apfel und erschlug der Fliegen sieben. Als solches der einfältige Schneider gesehen, gedacht er bei sich selbst, sein Sach sollte gut werden, ließ sich bald einen sehr schönen Harnisch machen und darauf mit goldenen Buchstaben schreiben: sieben auf einen Streich geschlagen! zog mit seinem Harnisch auf der Gasse, wer ihn besahe, der meinte, er hätte sieben Menschen auf einen Streich zu todt geschlagen; ward darnach von jedermann übel gefürchtet.

Nun war in derselben Gegend ein König, dessen Lob weit und überall erschallte, zu dem sich der faule Schneider fügte, in den Hof trat, sich daselbst in das Gras niederlegte und schlief. Die Hofdiener, die aus- und eingingen, den Schneider in dem reichen Harnisch sahen und die Ueberschrift lasen, sich sehr verwunderten, was dieser streitbare Mann, jetzt, zur Zeit des Friedens, in des Königs Hof thun wollt'; sie gedachten, ohn Zweifel sey es ein großer Herr. Die Herren Räthe, so ihn gleichfalls gesehen, königl. Majestät, solches zu wissen thäten mit Anzeigung, daß, wo sich Zwiespalt begebe, er ein sehr nützlicher Mann wäre.

Dem König die Reden wohl gefielen, bald nach dem geharnischten Schneider schickte, ihn, ob er Dienst begehret, fragte; dem der Schneider bald antwortete, er darum allher kommen wäre, und bäte königliche Majestät, wo sie ihn zu brauchen hätte, allergnädigst Dienst mitzutheilen. Der König ihm bald Dienst zusagte und ihm ein besonder Losament verordnete. Nun es stund nicht lange Zeit, die Reuter wurden dem guten Schneider gram, hätten gewollt, daß er beim Teufel wär, denn sie geforcht, wo sie mit ihm sollten uneins werden, mögten sie ihm keinen Widerstand thun, wann er allwegen sieben auf einen Streich zu todt schlagen würde; stets gedachten, wie sie doch von dem Kriegsmann kommen mögten, doch letztlich zu Rath wurden und mit einander überein kamen, all miteinander vor den König zu treten und um Urlaub zu bitten, welches auch geschahe. Der König, als er sahe alle seine Diener um eines Mannes willen Urlaub nehmen, ein traurigerer Mann er nie ward, hät gewollt, er hätt den Kriegsmann nie gesehen, durft ihm doch nicht Urlaub geben, dann er forchte, er sammt allem seinen Volk zu todt geschlagen und hernach sein Reich von dem Krieger besessen werde. Suchte Rath und nach langem Hin- und Hergedenken letztlich einen Sinn erfande, vermeinte dadurch des Kriegsmannes (den niemand für einen Schneider schätzte), abzukommen, nach ihm schickte, ihm vorhielt, wie er wohl vernommen, daß er ein gewaltiger starker Kriegsmann wäre, nun hätt er zwei Riesen im Wald, die ihm außermaßen groß Schaden thäten mit rauben, morden, brennen, einem und dem andern, und man könnte ihnen weder mit Waffen noch andern Dingen zukommen, denn sie erschlügen alles; und so er sich unterstehn wollt, die Riesen umzubringen und brächte sie um, so wollt' er ihm seine Tochter zu einem Weib und sein halb Königreich zu einer Ehsteuer geben, wollt ihm auch hundert Reuter zu Hilf wider die Riesen geben. Der Schneider war wohl zu Muth, daß er sollt eines Königs Tochtermann werden, sprach, er wollt gern die Riesen umbringen, und wohl ohne Hilf der Reuter sie zu tödten wisse.

Demnächst zu Wald sich verfügte; die Reuter vor dem Wald warten hieß, hineintrat, von weitem lugte, ob er die Riesen irgend sehen mögte, doch nach langem Suchen sie unter einem Baum schlafend fand und schnarchelten, daß die Aeste an den Bäumen sich bogen. Der Schneider sich nicht lange besann, was ihm zu thun wäre, schnell sein Busen voll Stein lase, auf den Baum, darunter sie lagen, stiege, anfing den einen mit dem Stein auf seine Brust zu werfen, davon er alsbald erwachte, über den andern zürnen ward, und sagte, warum er ihn schlüg? der andere aber entschuldigte sich so best' er mogte; indem sie wieder schlafen wollten, der Schneider wieder einen Stein faßte und den andern warf, darvon er über sein Mitgesellen zürnen ward und sagte, warum er ihn werfe? Als sie aber von solchem Zanken ließen und ihnen die Augen zugangen waren, der Schneider gar heftig auf den ersten warf, daß der Riese nicht mehr vertragen mogte, seinen Gesellen heftig schluge (dann er vermeinte, er wäre von ihm geschlagen), welches der andere auch nicht leiden wollt', aufstunden, Bäum ausrissen und einander selb zu todt schlugen, doch zu allem Glück den Baum, darauf der Schneider saß, stehen ließen. Als solches der Schneider sahe, daß zu Muth ward, dann er nie gewesen war, fröhlichen ab dem Baum stiege, jeglichem mit seinem Schwert ein Wunden oder etlich schlug und wieder aus dem Wald zu den Reutern ging. Die Reuter ihn fragten, ob er die Riesen nirgends gesehen hätte? »ja« sagte der Schneider, »ich hab sie zu todt geschlagen und unter dem Baum liegen lassen.« Sie wolltens aber nicht glauben, daß er also unverletzt sollt' von den Riesen kommen, sondern ritten in den Wald, dies Wunder zu besichtigen, und fandens also, wie ihnen der Schneider gesagt hatte. Darob sie sich sehr verwunderten, großen Schrecken empfingen und noch übler zu Muth waren, dann vor, dann sie mehr forchten, er würd sie, wo er ihnen Feind wär' all umbringen, ritten also heim und sagten dem König die That an.

Der Schneider begerte die Tochter mit sammt dem halben Königreich; der König, als er sahe die Riesen erwürgt, deswegen er seine Tochter dem unbekannten Krieger sollt zur Eh geben, war ihn seines Verheißens sehr gereuen, gedacht, wie er doch sein mit Fügen mögt abkommen, dann er ihm die Tochter zu geben keineswegs gesinnet. Dem Schneider noch einmal sagte, wie er ein Einhorn im Walde hätte, das ihm so sehr großen Schaden an Fisch und Leut thät, wenn er dasselbige fing, wollt er ihm die Tochter geben. Der Schneider war dessen wohl zufrieden, nahm ein Stricklein, ging zum Wald, befahl seinen Zugeordneten, heraußen zu warten, er wollt allein hinein, spazierte also im Walde umher. Indem ersah er das Einhorn gegen ihn daher springen, der Meinung ihn umzubringen; der Schneider aber war nicht unbehend, wartete bis das Einhorn gar nahe zu ihm kam, und als es nahe bei ihm war, stellte er sich hinter den Baum dabei er zu allernächst war; das Einhorn aber, so sich in vollem Lauf nicht wenden konnt, mit dem Horn in den Baum lief und also darin unverwendt stecken blieb. Als solches der Schneider sah, herzuginge, dem Einhorn den Strick, so er mit sich genommen hätt, um den Hals thät und an den Baum bande, hinaus zu seinen Gesellen ging, ihnen seinen Sieg über das Einhorn anzeigt, solches hernach dem König zu wissen thät, welcher außer der Maßen traurig war, nicht wußt, wie ihm zu thun wäre, dann der Schneider der Tochter begert.

Doch begert der König noch einmal an den Kriegsmann, er sollt ihm das wilde Schwein, so im Wald liefe, fahen, hernach wollt er ihm die Tochter ohne allen Verzug geben, wollt' ihm auch seine Jäger zuordnen, die ihm helfen sollten das Wildschwein fahen. Der Schneider zog mit seinen Gesellen zum Wald, wie sie dazu kamen, befahl er ihnen heraußer zu bleiben, daß sie gar wohl zufrieden waren, denn das Schwein sie dermaßen oft empfangen, daß sie ihm nicht mehr begerten nachzustellen, dankten ihm fleißig. Der Schneider der trat hinein, und als ihn das Schwein ersahe, lief es gleich auf ihn mit schaumendem Mund und wetzenden Zähnen und wollt' ihn zur Erde werfen. Zu allem Glück aber stunde eine Capelle in dem Wald, darin man vor Zeiten Ablaß geholt, darbei eben der Schneider war, und als der Schneider solches ersahe, zunächst in die Capelle lief, oben zum Fenster wieder hinaussprang, dem die Sau alsbald nachfolgte und in dem Capellein stand; der Schneider aber lief gleich zu der Thüre, schlug die zu und versperrte das Gewild im Kirchlein. Demnächst er hinging und seinen Gesellen solches anzeigt, die mit einander heim ritten und es dem König anzeigten.

Ob der König solcher Mähr froh oder traurig gewesen, mag ein jeglichs gering verständig leichtlich abnehmen, dann er sein Tochter dem Schneider hat geben müssen; zweifelt mir aber gar nicht, hätt' er gewußt, daß er ein Schneider wäre, er hätt' ihm eh' einen Strick gegeben, als seine Tochter. Nun der König mußt seine Tochter einem Unbekannten geben, nicht mit kleiner Bekümmerniß; darnach aber der gut Schneider wenig fragt, er allein gedacht, wie er des Königs Tochtermann werden möge. Also war die Hochzeit mit kleinen Freuden vollbracht und aus einem Schneider ein König gemacht.

Nun als er etliche Nächte bei seiner Braut gelegen, hat er im Schlaf geredet und gesagt: »Knecht, mach mir das Wamms, flick mir die Hosen, oder ich will dir das Ehlmaß über die Ohren schlagen.« Welches die gut Jungfrau wahr genommen hat, solches ihrem Herrn Vater, dem König, anzeigte, ihn darbei auch bat, er sollt' sie des Mannes abhelfen, dann sie wohl merke, daß er ein Schneider wäre. Solche Red dem König sein Herz durchschnitten, daß er seine einzige Tochter einem Schneider gegeben hätte; doch tröstete er sie aufs beste und sagte sie sollt die zukünftig Nacht die Kammer öffnen, so wollt' er etliche Diener vor die Kammer stellen, und wann er mehr also sagt, müßten sie hineingehen; solches der Frauen Gefallen war. Nun hätt der König am Hof einen Waffenträger, der dem Schneider hold war und des Königs Red zu der Frauen gehört hatte, sich schnell zum jungen König fügte, und ihm das schwere Urtheil, so über ihn gegangen, eröffnete mit Bitten, er wolle sich so best er mögt, verwahren. Der Schneider sagt ihm seines Warnens großen Dank; er wüßte dieser Sachen wohl zu thun. Wie nun die Nacht kommen war, der Schneider sich mit der jungen Königin legte nicht anders thäte, als ob er schlief, die Frau aber stund heimlich auf, öffnete die Kammer und legte sich wieder zu Bett. Der Schneider, der solches alles gehört, fing an zu reden, gleich als im Schlaf mit heller Stimm, daß die vor der Kammer wohl hören mögten: »Knecht, mach mir die Hosen, bletz mir das Wammes, oder ich will dir das Ehlmaß über die Ohren schlagen, ich hab sieben auf einen Streich zu todt geschlagen, ich hab ein Einhorn sammt einer wilden Sau gefangen, sollt' ich dann die vor der Kammer fürchten?« Die vor der Kammer, als sie solche Wort vernommen, nicht anderst flohen, oder als jagten sie tausend Teufel, und keiner wollt' seyn, der sich an den Schneider richten wollt', also blieb der Schneider sein Lebtag ein König.

II. An einem Sommermorgen saß ein Schneiderlein auf seinem Tisch vor dem Fenster, da kam eine Bauersfrau der Straße daher und rief: »gut Mus feil! gut Mus feil!« – da streckte das Schneiderlein seinen Kopf zum Fenster hinaus und rief: »Hier herauf, liebe Frau, ihr macht einen guten Kauf.« Als die Frau hinauf kam, besah es alle Töpfe, zuletzt kauft es sich ein Viertelpfund. Darnach schnitt es ein Stück Brot über den ganzen Laib, schmierte das Mus darauf, legte es neben sich auf den Tisch und gedacht, du wirst gut schmecken, aber erst will ich das eine Camisol fertig machen, eh ich dich esse; fing an zu nähen und machte große Stiche vor Freuden.

Indeß ging der Geruch von dem Mus auf und zu den Fliegen, da kamen sie in Menge und setzten sich auf sein Musbrot »Wer hat euch zu Gast gebeten,« sagte es und jagte sie fort; es dauerte aber nicht lange, so kamen sie von neuem und ließen sich noch zahlreicher auf das Musbrot nieder. Mein Schneiderlein ward bös, ergriff einen großen Tuchlappen und: »euch will ichs geben« schlug es drauf. Darnach zog es ab und zählte, wie viel es getroffen, da lagen neun und zwanzig todt vor ihm. »Bist du so ein Kerl!« sprach es und verwundert sich über sich selbst und in der Freude seines Herzens nähte es sich einen Gürtel und stickte darauf: 29 aufeinen Streich! »Du mußt in die Welt hinein!« dacht das Schneiderlein, band sich den Gürtel um den Leib und sucht' im Haus, ob nichts da wär zum mitnehmen, da fand es einen alten Käs, den steckt' es in die Tasche, unterwegs fing es einen Vogel, der mußte auch hinein. Das Schneiderlein stieg auf einen hohen Berg, wie es oben hin kam, saß da auf der Spitze ein großer Riese, zu dem sprach es: »Cammerad, wie gehts, ihr seht euch wohl hier oben in der Welt um, ich will mich auch hinein begeben.« Der Riese aber blickte ihn verächtlich an und sprach: »du bist ein miserabeler Kerl.« Das Schneiderlein knöpfte seinen Rock auf, zeigte dem Riesen den Gürtel: »da kannst du sehen, was du für einen Mann vor dir hast.« Der Riese las die Worte: 29 auf einen Streich! und weil er meinte 29 Menschen auf einen Streich erschlagen, fing er an Respect vor dem Schneiderlein zu kriegen, doch wollt er es erst prüfen. Da nahm er einen Stein und drückte ihn so stark, daß das Wasser herauslief: »so stark bist du doch nicht.« – »Wenns weiter nichts ist, sagte das Schneiderlein, das kann ich auch.« Darauf griff es in die Tasche, holte den faulen Käs und drückte ihn, daß der Saft heraus lief: »gelt! das war noch besser.« Der Riese verwunderte sich, nahm einen Stein und warf ihn so hoch, daß man ihn kaum mehr sehen konnte: »das mach mir nach.« – »Der Wurf war gut, sagte das Schneiderlein, doch hat dein Stein wieder zur Erde fallen müssen, ich aber will dir einen werfen, der soll gar nicht wiederkommen.« Da nahm es den Vogel aus der Tasche und warf ihn in die Luft und der Vogel flog ganz fort: »wie gefällt dir das!« der Riese erstaunte, schlug sich zu ihm und sie gingen zusammen weiter. Da kamen sie an einen Kirschbaum, der Riese nahm die Krone und bog sie herunter und gab sie dem Schneiderlein, daß es auch davon essen könnte. Das Schneiderlein aber war zu schwach und konnte der Stärke des Baums nicht widerstehen und ward mit in die Höhe geschnellt. »Was ist das, sagte der Riese, hast du die schwache Gerte nicht halten können!« – »Das ist ja nichts, antwortete das Schneiderlein dazu, für einen der 29 auf einen Streich getroffen hat: weißt du, warum ich es gethan habe? da unten da schießen die Jäger in das Gebüsch, da bin ich flugs über den Baum hinüber gesprungen, das thust du mir nicht nach.« Der Riese glaubte nun es überträf niemand auf der Welt das Schneiderlein an Stärke und Klugheit. (Das weitere fehlt.)

▶ 3.3 Das tapfere Schneiderlein [KHM 20]

in der Textversion von 1857

An einem Sommermorgen saß ein Schneiderlein auf seinem Tisch am Fenster, war guter Dinge und nähte aus Leibeskräften. Da kam eine Bauersfrau die Straße herab und rief: »Gut Mus feil! Gut Mus feil!« Das klang dem Schneiderlein lieblich in die Ohren, er steckte sein zartes Haupt zum Fenster hinaus und rief: »Hier herauf, liebe Frau, hier wird sie ihre Ware los.« Die Frau stieg die drei Treppen mit ihrem schweren Korbe zu dem Schneider herauf und mußte die Töpfe sämtlich vor ihm auspacken. Er besah sie alle, hob sie in die Höhe, hielt die Nase dran und sagte endlich, »das Mus scheint mir gut, wieg sie mir doch vier Lot ab, liebe Frau, wenn's auch ein Viertelpfund ist, kommt es mir nicht darauf an.« Die Frau, welche gehofft hatte, einen guten Absatz zu finden, gab ihm, was er verlangte, ging aber ganz ärgerlich und brummig fort. »Nun, das Mus soll mir Gott gesegnen«, rief das Schneiderlein, »und soll mir Kraft und Stärke geben«, holte das Brot aus dem Schrank, schnitt sich ein Stück über den ganzen Laib und strich das Mus darüber. »Das wird nicht bitter schmecken«, sprach er, »aber erst will ich den Wams fertig machen, eh ich anbeiße.« Er legte das Brot neben sich, nähte weiter und machte vor Freude immer größere Stiche.

Indes stieg der Geruch von dem süßen Mus hinauf an die Wand, wo die Fliegen in großer Menge saßen, so daß sie herangelockt wurden und sich scharenweis darauf niederließen. »Ei wer hat euch eingeladen?« sprach das Schneiderlein und jagte die ungebetenen Gäste fort. Die Fliegen aber, die kein Deutsch verstanden, ließen sich nicht abweisen, sondern kamen in immer größerer Gesellschaft wieder. Da lief dem Schneiderlein endlich, wie man sagt, die Laus über die Leber, es langte aus seiner Hölle nach einem Tuchlappen, und »wart, ich will es euch geben!« schlug es unbarmherzig drauf. Als es abzog und zählte, so lagen nicht weniger als sieben vor ihm tot und streckten die Beine. »Bist du so ein Kerl?« sprach es und mußte selbst seine Tapferkeit bewundern, »das soll die ganze Stadt erfahren.« Und in der Hast schnitt sich das Schneiderlein einen Gürtel, nähte ihn und stickte mit großen Buchstaben darauf: »Siebene auf einen Streich!« – »Ei was Stadt!« sprach er weiter, »die ganze Welt soll's erfahren!« und sein Herz wackelte ihm vor Freude wie ein Lämmerschwänzchen. Der Schneider band sich den Gürtel um den Leib und wollte in die Welt hinaus, weil er meinte, die Werkstätte sei zu klein für seine Tapferkeit. Eh er abzog, suchte er im Haus herum, ob nichts da wäre, was er mitnehmen könnte, er fand aber nichts als einen alten Käs, den steckte er ein.

Vor dem Tore bemerkte er einen Vogel, der sich im Gesträuch gefangen hatte, der mußte zu dem Käse in die Tasche. Nun nahm er den Weg tapfer zwischen die Beine, und weil er leicht und behend war, fühlte er keine Müdigkeit. Der Weg führte ihn auf einen Berg, und als er den höchsten Gipfel erreicht hatte, so saß da ein gewaltiger Riese und schaute sich ganz gemächlich um. Das Schneiderlein ging beherzt auf ihn zu, redete ihn an und sprach: »Guten Tag, Kamerad, gelt, du sitzest da und besiehst dir die weitläufige Welt? Ich bin eben auf dem Wege dahin und will mich versuchen. Hast du Lust mitzugehen?« Der Riese sah den Schneider verächtlich an und sprach: »Du Lump! Du miserabler Kerl!« – »Das wäre!« antwortete das Schneiderlein, knöpfte den Rock auf und zeigte dem Riesen den Gürtel: »Da kannst du lesen, was ich für ein Mann bin.« Der Riese las: »Siebene auf einen Streich«, meinte, das wären Menschen gewesen, die der Schneider erschlagen hätte, und kriegte ein wenig Respekt vor dem kleinen Kerl. Doch wollte er ihn erst prüfen, nahm einen Stein in die Hand, und drückte ihn zusammen, daß das Wasser heraustropfte. »Das mach mir nach«, sprach der Riese, »wenn du Stärke hast.« – »Ist's weiter nichts?« sagte das Schneiderlein, »das ist bei unsereinem Spielwerk«, griff in die Tasche, holte den weichen Käs und drückte ihn, daß der Saft herauslief. »Gelt«, sprach er, »das war ein wenig besser?«

Der Riese wußte nicht, was er sagen sollte, und konnte es von dem Männlein nicht glauben. Da hob der Riese einen Stein auf und warf ihn so hoch, daß man ihn mit Augen kaum noch sehen konnte: »Nun, du Erpelmännchen, das tu mir nach.« – »Gut geworfen«, sagte der Schneider, »aber der Stein hat doch wieder zur Erde herabfallen müssen, ich will dir einen werfen, der soll gar nicht wiederkommen«; griff in die Tasche, nahm den Vogel und warf ihn in die Luft. Der Vogel, froh über seine Freiheit, stieg auf, flog fort und kam nicht wieder.

»Wie gefällt dir das Stückchen, Kamerad?« fragte der Schneider. »Werfen kannst du wohl«, sagte der Riese, »aber nun wollen wir sehen, ob du imstande bist, etwas Ordentliches zu tragen.« Er führte das Schneiderlein zu einem mächtigen Eichbaum, der da gefällt auf dem Boden lag, und sagte: »Wenn du stark genug bist, so hilf mir den Baum aus dem Walde heraustragen.« – »Gerne«, antwortete der kleine Mann, »nimm du nur den Stamm auf deine Schulter, ich will die Äste mit dem Gezweig aufheben und tragen, das ist doch das Schwerste.« Der Riese nahm den Stamm auf die Schulter, der Schneider aber setzte sich auf einen Ast, und der Riese, der sich nicht umsehen konnte, mußte den ganzen Baum und das Schneiderlein noch obendrein forttragen. Es war da hinten ganz lustig und guter Dinge, pfiff das Liedchen: »Es ritten drei Schneider zum Tore hinaus«, als wär das Baumtragen ein Kinderspiel. Der Riese, nachdem er ein Stück Wegs die schwere Last fortgeschleppt hatte, konnte nicht weiter und rief: »Hör, ich muß den Baum fallen lassen.« Der Schneider sprang behendiglich herab, faßte den Baum mit beiden Armen, als wenn er ihn getragen hätte, und sprach zum Riesen: »Du bist ein so großer Kerl und kannst den Baum nicht einmal tragen.« Sie gingen zusammen weiter, und als sie an einem Kirschbaum vorbeigingen, faßte der Riese die Krone des Baums, wo die zeitigsten Früchte hingen, bog sie herab, gab sie dem Schneider in die Hand und hieß ihn essen. Das Schneiderlein aber war viel zu schwach, um den Baum zu halten, und als der Riese losließ, fuhr der Baum in die Höhe, und der Schneider ward mit in die Luft geschnellt.

Als er wieder ohne Schaden herabgefallen war, sprach der Riese: »Was ist das, hast du nicht Kraft, die schwache Gerte zu halten?« – »An der Kraft fehlt es nicht«, antwortete das Schneiderlein, »meinst du, das wäre etwas für einen, der siebene mit einem Streich getroffen hat? Ich bin über den Baum gesprungen, weil die Jäger da unten in das Gebüsch schießen. Spring nach, wenn du's vermagst.« Der Riese machte den Versuch, konnte aber nicht über den Baum kommen, sondern blieb in den Ästen hängen, also daß das Schneiderlein auch hier die Oberhand behielt. Der Riese sprach: »Wenn du ein so tapferer Kerl bist, so komm mit in unsere Höhle und übernachte bei uns.« Das Schneiderlein war bereit und folgte ihm.

Als sie in der Höhle anlangten, saßen da noch andere Riesen beim Feuer, und jeder hatte ein gebratenes Schaf in der Hand und aß davon. Das Schneiderlein sah sich um und dachte: »Es ist doch hier viel weitläuftiger als in meiner Werkstatt.« Der Riese wies ihm ein Bett an und sagte, er sollte sich hineinlegen und ausschlafen. Dem Schneiderlein war aber das Bett zu groß, er legte sich nicht hinein, sondern kroch in eine Ecke. Als es Mitternacht war und der Riese meinte, das Schneiderlein läge in tiefem Schlafe, so stand er auf, nahm eine große Eisenstange und schlug das Bett mit einem Schlag durch, und meinte, er hätte dem Grashüpfer den Garaus gemacht. Mit dem frühsten Morgen gingen die Riesen in den Wald und hatten das Schneiderlein ganz vergessen, da kam es auf einmal ganz lustig und verwegen dahergeschritten. Die Riesen erschraken, fürchteten, es schlüge sie alle tot, und liefen in einer Hast fort.

Das Schneiderlein zog weiter, immer seiner spitzen Nase nach. Nachdem es lange gewandert war, kam es in den Hof eines königlichen Palastes, und da es Müdigkeit empfand, so legte es sich ins Gras und schlief ein. Während es da lag, kamen die Leute, betrachteten es von allen Seiten und lasen auf dem Gürtel: »Siebene auf einen Streich.« – »Ach«, sprachen sie, »was will der große Kriegsheld hier mitten im Frieden? Das muß ein mächtiger Herr sein.« Sie gingen und meldeten es dem König, und meinten, wenn Krieg ausbrechen sollte, wäre das ein wichtiger und nützlicher Mann, den man um keinen Preis fortlassen dürfte. Dem König gefiel der Rat, und er schickte einen von seinen Hofleuten an das Schneiderlein ab, der sollte ihm, wenn es aufgewacht wäre, Kriegsdienste anbieten. Der Abgesandte blieb bei dem Schläfer stehen, wartete, bis er seine Glieder streckte und die Augen aufschlug, und brachte dann seinen Antrag vor. »Eben deshalb bin ich hierher gekommen«, antwortete er, »ich bin bereit, in des Königs Dienste zu treten.« Also ward er ehrenvoll empfangen und ihm eine besondere Wohnung angewiesen.

Die Kriegsleute aber waren dem Schneiderlein aufgesessen und wünschten, es wäre tausend Meilen weit weg. »Was soll daraus werden?« sprachen sie untereinander, »wenn wir Zank mit ihm kriegen und er haut zu, so fallen auf jeden Streich siebene. Da kann unsereiner nicht bestehen.« Also faßten sie einen Entschluß, begaben sich allesamt zum König und baten um ihren Abschied. »Wir sind nicht gemacht«, sprachen sie, »neben einem Mann auszuhalten, der siebene auf einen Streich schlägt.« Der König war traurig, daß er um des einen willen alle seine treuen Diener verlieren sollte, wünschte, daß seine Augen ihn nie gesehen hätten, und wäre ihn gerne wieder los gewesen. Aber er getrauete sich nicht, ihm den Abschied zu geben, weil er fürchtete, er möchte ihn samt seinem Volke totschlagen und sich auf den königlichen Thron setzen. Er sann lange hin und her, endlich fand er einen Rat.

Er schickte zu dem Schneiderlein und ließ ihm sagen, weil er ein so großer Kriegsheld wäre, so wollte er ihm ein Anerbieten machen. In einem Walde seines Landes hausten zwei Riesen, die mit Rauben, Morden, Sengen und Brennen großen Schaden stifteten, niemand dürfte sich ihnen nahen, ohne sich in Lebensgefahr zu setzen. Wenn er diese beiden Riesen überwände und tötete, so wollte er ihm seine einzige Tochter zur Gemahlin geben und das halbe Königreich zur Ehesteuer; auch sollten hundert Reiter mitziehen und ihm Beistand leisten. »Das wäre so etwas für einen Mann, wie du bist«, dachte das Schneiderlein, »eine schöne Königstochter und ein halbes Königreich wird einem nicht alle Tage angeboten.« – »O ja«, gab er zur Antwort, »die Riesen will ich schon bändigen, und habe die hundert Reiter dabei nicht nötig; wer siebene auf einen Streich trifft, braucht sich vor zweien nicht zu fürchten.« Das Schneiderlein zog aus, und die hundert Reiter folgten ihm. Als er zu dem Rand des Waldes kam, sprach er zu seinen Begleitern: »Bleibt hier nur halten, ich will schon allein mit den Riesen fertig werden.« Dann sprang er in den Wald hinein und schaute sich rechts und links um. Über ein Weilchen erblickte er beide Riesen; sie lagen unter einem Baume und schliefen und schnarchten dabei, daß sich die Äste auf- und niederbogen. Das Schneiderlein, nicht faul, las beide Taschen voll Steine und stieg damit auf den Baum. Als es in der Mitte war, rutschte es auf einen Ast, bis es gerade über die Schläfer zu sitzen kam, und ließ dem einen Riesen einen Stein nach dem andern auf die Brust fallen. Der Riese spürte lange nichts, doch endlich wachte er auf, stieß seinen Gesellen an und sprach: »Was schlägst du mich?« – »Du träumst«, sagte der andere, »ich schlage dich nicht.« Sie legten sich wieder zum Schlaf, da warf der Schneider auf den zweiten einen Stein herab. »Was soll das?« rief der andere, »warum wirfst du mich?« – »Ich werfe dich nicht«, antwortete der erste und brummte. Sie zankten sich eine Weile herum, doch weil sie müde waren, ließen sie's gut sein, und die Augen fielen ihnen wieder zu. Das Schneiderlein fing sein Spiel von neuem an, suchte den dicksten Stein aus und warf ihn dem ersten Riesen mit aller Gewalt auf die Brust. »Das ist zu arg!« schrie er, sprang wie ein Unsinniger auf und stieß seinen Gesellen wider den Baum, daß dieser zitterte. Der andere zahlte mit gleicher Münze, und sie gerieten in solche Wut, daß sie Bäume ausrissen, aufeinander losschlugen, so lang, bis sie endlich beide zugleich tot auf die Erde fielen. Nun sprang das Schneiderlein herab. »Ein Glück nur«, sprach es, »daß sie den Baum, auf dem ich saß, nicht ausgerissen haben, sonst hätte ich wie ein Eichhörnchen auf einen andern springen müssen; doch unsereiner ist flüchtig!« Es zog sein Schwert und versetzte jedem ein paar tüchtige Hiebe in die Brust, dann ging es hinaus zu den Reitern und sprach: »Die Arbeit ist getan, ich habe beiden den Garaus gemacht; aber hart ist es hergegangen, sie haben in der Not Bäume ausgerissen und sich gewehrt, doch das hilft alles nichts, wenn einer kommt wie ich, der siebene auf einen Streich schlägt.« – »Seid Ihr denn nicht verwundet?« fragten die Reiter. »Das hat gute Wege«, antwortete der Schneider, »kein Haar haben sie mir gekrümmt.« Die Reiter wollten ihm keinen Glauben beimessen und ritten in den Wald hinein; da fanden sie die Riesen in ihrem Blute schwimmend, und ringsherum lagen die ausgerissenen Bäume.

Das Schneiderlein verlangte von dem König die versprochene Belohnung, den aber reute sein Versprechen und er sann aufs neue, wie er sich den Helden vom Halse schaffen könnte. »Ehe du meine Tochter und das halbe Reich erhältst«, sprach er zu ihm, »mußt du noch eine Heldentat vollbringen. In dem Walde läuft ein Einhorn, das großen Schaden anrichtet, das mußt du erst einfangen.« – »Vor einem Einhorne fürchte ich mich noch weniger als vor zwei Riesen; siebene auf einen Streich, das ist meine Sache.« Er nahm sich einen Strick und eine Axt mit, ging hinaus in den Wald, und hieß abermals die, welche ihm zugeordnet waren, außen warten. Er brauchte nicht lange zu suchen, das Einhorn kam bald daher und sprang geradezu auf den Schneider los, als wollte es ihn ohne Umstände aufspießen. »Sachte, sachte«, sprach er, »so geschwind geht das nicht«, blieb stehen und wartete, bis das Tier ganz nahe war, dann sprang er behendiglich hinter den Baum. Das Einhorn rannte mit aller Kraft gegen den Baum und spießte sein Horn so fest in den Stamm, daß es nicht Kraft genug hatte, es wieder herauszuziehen, und so war es gefangen. »Jetzt hab ich das Vöglein«, sagte der Schneider, kam hinter dem Baum hervor, legte dem Einhorn den Strick erst um den Hals, dann hieb er mit der Axt das

Horn aus dem Baum, und als alles in Ordnung war, führte er das Tier ab und brachte es dem König.

Der König wollte ihm den verheißenen Lohn noch nicht gewähren, und machte eine dritte Forderung. Der Schneider sollte ihm vor der Hochzeit erst ein Wildschwein fangen, das in dem Wald großen Schaden tat; die Jäger sollten ihm Beistand leisten. »Gerne«, sprach der Schneider, »das ist ein Kinderspiel.« Die Jäger nahm er nicht mit in den Wald, und sie waren's wohl zufrieden, denn das Wildschwein hatte sie schon mehrmals so empfangen, daß sie keine Lust hatten, ihm nachzustellen. Als das Schwein den Schneider erblickte, lief es mit schäumendem Munde und wetzenden Zähnen auf ihn zu und wollte ihn zur Erde werfen; der flüchtige Held aber sprang in eine Kapelle, die in der Nähe war, und gleich oben zum Fenster in einem Satze wieder hinaus. Das Schwein war hinter ihm hergelaufen, er aber hüpfte außen herum und schlug die Türe hinter ihm zu; da war das wütende Tier gefangen, das viel zu schwer und unbehilflich war, um zu dem Fenster hinauszuspringen. Das Schneiderlein rief die Jäger herbei, die mußten den Gefangenen mit eigenen Augen sehen; der Held aber begab sich zum Könige, der nun, er mochte wollen oder nicht, sein Versprechen halten mußte und ihm seine Tochter und das halbe Königreich übergab. Hätte er gewußt, daß kein Kriegsheld, sondern ein Schneiderlein vor ihm stand, es wäre ihm noch mehr zu Herzen gegangen.

Die Hochzeit ward also mit großer Pracht und kleiner Freude gehalten, und aus einem Schneider ein König gemacht. Nach einiger Zeit hörte die junge Königin in der Nacht, wie ihr Gemahl im Traume sprach: »Junge, mach mir den Wams und flick mir die Hosen, oder ich will dir die Elle über die Ohren schlagen.« Da merkte sie, in welcher Gasse der junge Herr geboren war, klagte am andern Morgen ihrem Vater ihr Leid und bat, er möchte ihr von dem Manne helfen, der nichts anders als ein Schneider wäre. Der König sprach ihr Trost zu und sagte: »Laß in der nächsten Nacht deine Schlafkammer offen, meine Diener sollen außen stehen und, wenn er eingeschlafen ist, hineingehen, ihn binden und auf ein Schiff tragen, das ihn in die weite Welt führt.«

Die Frau war damit zufrieden, des Königs Waffenträger aber, der alles mit angehört hatte, war dem jungen Herrn gewogen und hinterbrachte ihm den ganzen Anschlag. »Dem Ding will ich einen Riegel vorschieben«, sagte das Schneiderlein. Abends legte es sich zu gewöhnlicher Zeit mit seiner Frau zu Bett; als sie glaubte, er sei eingeschlafen, stand sie auf, öffnete die Türe und legte sich wieder. Das Schneiderlein, das sich nur stellte, als wenn es schlief, fing an mit heller Stimme zu rufen: »Junge, mach den Wams und flick mir die Hosen, oder ich will dir die Elle über die Ohren schlagen! Ich habe siebene mit einem Streiche getroffen, zwei Riesen getötet, ein Einhorn fortgeführt und ein Wildschwein gefangen, und sollte mich vor denen fürchten, die draußen vor der Kammer stehen!« Als diese den Schneider so sprechen hörten, überkam sie eine große Furcht, sie liefen, als wenn das wilde Heer hinter ihnen wäre, und keiner wollte sich mehr an ihn wagen. Also war und blieb das Schneiderlein sein Lebtag König.

▶ 3.4 Betrachtung

3.4.1 Einstieg

Haben Sie den Text der alten Fassung ganz gelesen? Dann: Hut ab! Selbst den Grimms muss er schon vor 150 Jahren schwer lesbar erschienen sein, denn in der heute verbreiteten Form des Märchens ist die Sprache angepasst. Für uns heute ist der alte Text ein perfektes Beispiel dafür, wie mit Sprache Trance verhindert werden kann. Schon nach wenigen Sätzen schwindet die Leselust. Wir entdecken ein paar amüsante Wörter und Redewendungen, das motiviert ein wenig zum Weiterlesen, doch die Neigung abzubrechen wächst und wächst.

Ein Text wird gern gehört oder gelesen, wenn er »spannend« ist; das ist er, wenn er uns in Trance führt und dort hält. Das tut er durch erzählte Bilder, also Inhalte; das tut er aber viel ursprünglicher durch den Fluss der Sprache und ihren Klang.

Bei der sprachlichen Überarbeitung wurden auch die beiden Einteltexte zusammengefügt. Das erscheint zunächst überzeugend, weil in beiden Texten die gleiche Figur vorkommt, doch Schneiderlein gibt es auch anderswo.

Das Motiv vom Schneiderlein, das einen Riesen trifft und mit schlauen Tricks verblüfft, wird auch in »Der Riese und der Schneider« [KHM 183] erzählt. Dieses Märchen scheint auch fragmentarisch zu enden. Das Motiv vom Schneiderlein, das eine Prinzessin freit, erzählt das Märchen »Vom klugen Schneiderlein« [KHM 114]. Schneiderlein wird aber auch der nur daumengroße Sohn des Schneiders in »Daumerlings Wanderschaft« [KHM 45] genannt. Der Vater dort »nahm eine lange Stopfnadel und machte am Licht einen Knoten von Siegellack daran« [KHM 45], damit der Däumeling einen Degen hat. Einen Degen hat auch das tapfere Schneiderlein, das offensichtlich eine Variante des Däumelchens ist. Das Dreieck Schneiderlein–Riese–Däumelchen wird durch das Märchen »Der junge Riese« [KHM 90] abgerundet, wo der Däumeling von einem Riesen fortgeholt wird.

Wenn das tapfere Schneiderlein ein Däumelchen ist, dann ist die Verschmelzung der beiden Texte fragwürdig. Inhaltlich wird dadurch nichts gewonnen, aber die rhetorische Struktur wird verwässert. Die vielen klugen, anfangs aber unnützen Streiche machen das tapfere Schneiderlein zu einer komischen Figur. Das verstellt aber die Sicht auf die wahre Situation dieses Däumelchens und den besonderen Grund, warum es in die Welt zieht.

Der »Däumling« [KHM 90] will vom Vater mit aufs Feld genommen werden, wo er vom Riesen entführt wird. Auch der »Daumerling« [KHM 45] will in die Welt ziehen, weil er »Courage im Leibe« hat. Das entspricht durchaus der Gemütslage des Kindes, das in die Autonomie strebt. »Daumesdick« [KHM 37] treibt es ebenso hinaus, er beweist aber zunächst seinem Vater, wie tüchtig er ist, und entwickelt dann sogar kriminelle Energie.

Das tapfere Schneiderlein hebt sich dadurch ab, dass sein Schritt ins Leben anders verläuft, und womöglich macht ihn uns das so sympathisch. Der Unerfahrene geht frohgemut Risiken ein, die der Erfahrere unglaublich nennt. Der Unerfahrene tut es, weil er das Risiko gar nicht erkennt. Wie oft sagen wir: »Hätte ich vorher gewusst...« Ja, dann wäre manche Entdeckung nicht gemacht worden. Wenn das Kind wüsste, was es nach dem Schritt in die Autonomie noch alles vor sich hat, würde es den Schritt vielleicht nie tun wollen. Der Unerfahrene braucht also eine gewisse Selbstüberschätzung, um sich zu behaupten. Das zeigt uns das tapfere Schneiderlein und mehr.

Das eigentliche Märchen, mit dem wir es hier zu tun haben, ist also der erste Text in der Erstausgabe. Dort sitzen die Fliegen mehr zufällig auf einem Apfel, der Schneider schlägt zu und lässt sich einen Harnisch anfertigen und »darauf mit goldenen Buchstaben schreiben: sieben auf einen Streich geschlagen!«

Der Apfel ist ein starkes Symbol, doch hier liegt er eher zufällig herum. Das tragende Symbol ist der Fliegenschlag und seine Deutung. Die spätere Fassung zeichnet sehr schön die Enge, in der das Schneiderlein lebt, der Muskauf ist ein solches Symbol dafür, dass man sich diese Szene von Spitzweg gemalt trefflich vorstellen kann. Der Fliegenschlag wird in dieser Enge zu einem Befreiungsschlag, der glaubhaft eine Vision freisetzt.

Auch der Harnisch symbolisiert diese Enge um die Brust, doch welches Kind weiß heute noch, was ein Harnisch ist. Der Gürtel ist heute das, was der Prunkharnisch einmal war, deshalb ist diese Ersetzung sinnvoll.

Wenn wir der Dreiteilung des Märchenaufbaus folgen, dann wird zu Beginn die Notsituation exponiert. Wo ist hier Not? Für andere Däumelein-Märchen gilt es ähnlich. Warum gehen sie? Die Not besteht darin, dass es eng geworden ist. Es wahr behaglich im Uterus, doch er wurde körperlich zu eng; es war behaglich in der Symbiose, doch sie wurde seelisch zu eng: »Der Schneider band sich den Gürtel um den Leib und wollte in die Welt hinaus, weil er meinte, die Werkstätte sei zu klein für seine Tapferkeit.« Diese Enge wird in der Eingangsszene der späteren Fassung sehr schön eingefangen. Deswegen übernehme ich sie. Die nachfolgenden schwankhaften Episoden mit dem dummen Riesen sind ein anderes Märchen und verzerren hier das Bild des tapferen Schneiderleins. Was das Schneiderlein mit dem Riesen anstellt, ist nicht tapfer., sondern keck.

3.4.2 Symbol-Exzerpt

Es ist natürlich Ermessenssache, welche Symbole in das Exzerpt aufgenommen werden. Die Zusammenfassung zu Meta-Symbolen (Szenen) ist durch die Handlung meist eindeutig vorgegeben, die Benennung dieser Symbol-Gruppen ist aber nicht einfach ein Index, sondern zitiert seinerseits ein Bildsymbol. In diesem Sinne sind auch die Meta-Symbole Ermessenssache.

Im vorliegenden Fall war ich im Schlussbereich unschlüssig, habe mich dann aber für die nachfolgende Struktur entschieden, weil sie aus sieben Meta-Symbolen besteht, die zu den »Siebene auf einen Streich!« korrespondieren, und die Einzelsymbole und ihre Gruppierungen eine gewisse Symmetrie bilden, also eine gute Gestalt. Nach meiner Auffassung ist es gut, ein Symbol-Exzerpt so knapp anzulegen, wie eben zu vertreten, weil die Rhetorik des Märchens dadurch klarer hervortritt. Wenn das theoretische Skelett erst freigelegt ist, lassen sich später wechselnde Elemente leicht einbringen.

[1: Vision]
Muskauf
Fliegenschlag
Triumphgürtel

[2: Aufstieg]
Schlaf *[Ebenenwechsel]*
Illusion
Gefallen

[3: Fall]
Konkurrenzangst
Widerstand
Missfallen

[4: Erste Probe]
Riesenkampf
Zwietracht

[5: Zweite Probe]
Einhornfang
Axt und Seil

[6: Dritte Probe]
Wildschweinjagd
Kapelle

[7: Ehe]
Schlaf
Illusion
Triumph

3.4.3 Deutung

Wenn das Kind in die Autonomie tritt, betritt es das gesellschaftliche Leben und wird mit seinen Regeln konfrontiert. Das tapfere Schneiderlein lebt in einer engen Welt, was die Begegnung mit der Musverkäuferin illustriert. Deshalb sitzt es auch der Illusion auf, es sei tapfer, weil es sieben Fliegen erschlagen hat. Es ist sich seiner Sache sogar so sicher, dass es alle Welt erfahren soll. Deshalb macht es sich einen Gürtel mit dieser Inschrift: »Siebene auf einen Streich!«* Die Erfahrung des Vermögens basiert auf einer Täuschung, aber das Schneiderlein entwickelt eine Vision.

[1: Vision]

Muskauf / Fliegenschlag / Triumphgürtel

Aus der Enge des Muskaufs führt der Fliegenschlag zur Vision, die sich im Triumphgürtel manifestiert. Deshalb ist es richtig, dass die Zahl der Fliegen sieben ist, denn der Schlag ist symbolisch zu verstehen, ein Befreiungsschlag, bei dem nicht wichtig ist, wie, sondern dass er geschieht. Ein Schlag so heftig und so schmerzhaft, wie das Durchtrennen der Nabelschnur.

Die Vision weist ins Leben, in die Gesellschaft, und deshalb ist es richtig, sich den Erfolg auf den Gürtel zu schreiben. Dieser Gürtel erinnert mich an die pompösen Schnallen, die Boxern umgelegt werden, wenn sie einen Titel gewonnen haben. Siebene auf einen Streich! Das tapfere Schneiderlein aber erinnert der Gürtel an seinen Befreiungsschlag, an die Gewissheit, ich kann es schaffen. Was? Das tapfere Schneiderlein weiß es noch gar nicht, es will nur aus der Enge in die weite Welt.

[2: Aufstieg]

Schlaf / Illusion / Gefallen

Das tapfere Schneiderlein zieht also los und kommt in das Zentrum des gesellschaftlichen Lebens, das Schloss, wo die *Bedienten* ein und aus laufen. Es mischt sich aber nicht unter das Volk und auch nicht ein, sondern wechselt den Bewusstseinszustand. Der Schlaf hat einen Bezug zur Anderswelt, aber das ist hier nicht

*Es lohnt, diesen Satz als Beschreibung des Vorgangs genau zu betrachten, wie er zur Projektion einlädt und wie er dem entspricht, was wir Public Relation nennen: »Tue etwas und erzähl es allen«; und welche Trance von diesem Satz ausgeht. Aber das würde hier zu weit führen.

bedeutend. Der Held ist passiv. Die Öffentlichkeit projiziert auf seinen Slogan, das ist in gewissem Sinne seine *persona*. Das tapfere Schneiderlein handelt nicht, trägt nicht bei und verhindert nicht. Es schläft und schaut an.

Die Projektion der Leute verstärkt sich selbst. Hintergrund für Projektion ist immer erlebte Angst. Deshalb sehen sie im Schneiderlein einen mächtigen Beschützer. Und weil der König für Schutz zuständig ist, erreicht die Projektion schließlich auch ihn. Das tapfere Schneiderlein wird emporgehoben »und ihm eine besondere Wohnung angewiesen.«

[3: Fall]

Konkurrenzangst / Widerstand / Missfallen

Das tapfere Schneiderlein lässt das alles geschehen, greift selbst nicht ein. Es ist das passive Agens, nicht das Reagens. Es beobachtet weiter, was geschieht.

Nachdem der fremde Held emporgehoben ist, entsteht Angst bei denen, die er von ihrem angestammten Platz verdrängt. Das tapfere Schneiderlein macht ihnen keine Angst, es ist ja passiv, sie projizieren ihre Ängste auf ihn. Im normalen Leben würden die Betroffenen nun versuchen, die Position des Schneiderleins zu hintertreiben. Hier geht es direkter zu, sie streiken, sie versagen sich, sie entziehen direkt dem König ihre Liebe. »Der König war traurig, daß er um des einen willen alle seine treuen Diener verlieren sollte.«

Erst wurde das Schneiderlein hochgelobt und der König hat es schließlich erhoben, jetzt ist derselbe König enttäuscht und will sich seiner entledigen. Er hat gehandelt, ist nun mit der Auswirkung seines Handelns unzufrieden und weist die Schuld einem anderen zu. Das ist Projektion. Das Schneiderlein, das als Beschützer empfangen wurde, wird jetzt als Bedrohung verstoßen. Die Projektion wirkt aber so stark, dass der König nicht wagt, das Schneiderlein einfach zu beseitigen.

Das tapfere Schneiderlein erfährt, wie die Gesellschaft funktioniert, dass Projektionen Vorstellungen hochspielen und tief fallen lassen. Projektionen halten das gesellschaftliche Leben in Bewegung. Man muss nichts tun, um bei diesem Spiel zu gewinnen; man kann bei diesem Spiel nur gewinnen, wenn man »nichts tut«, also »frei von Sünde bleibt«, denn sonst wird man von der einen oder der anderen Projektion zu Fall gebracht.

Das tapfere Schneiderlein erfährt auch, dass man im gesellschaftliche Leben nicht untätig bleiben kann, weil man angegriffen wird. Die Angriffe erfolgen, um den, der »frei von Sünde« ist, doch noch zu verwickeln. Wer sich verteidigt, wer kämpft, wird verlieren.

Das tapfere Schneiderlein muss nun beweisen, dass es sich verteidigen kann, ohne zu kämpfen, dass es die Lehre, die es zuvor empfangen hat, in der Lebenspraxis umsetzen kann.

[4: Erste Probe]

Riesenkampf / Zwietracht

Wenn das tapfere Schneiderlein die Prinzessin heiraten und Nachfolger des Königs werden will, muss es gegen den König antreten. Der König fordert den Helden heraus. Er soll beweisen, was er kann. Zwei Riesen gibt es, sie hausen im Unbewusstein des Zauberwaldes und treiben da ihr Unwesen. Die muss das Schneiderlein nun überwinden.

Riesen sind im Märchen ein Symbol für grobe Eltern. Sie sind Menschenfresser mit besonderer Vorliebe für Helden. Riesen streiten miteinander, raufen, fressen und saufen und tun mancherlei mehr, was ein Kind nicht versteht und grob findet, obwohl die Riesen ihren Spaß daran zu haben scheinen. In Riesen drückt sich das kindliche Unverständnis für das Verhalten von Erwachsenen aus.

Das Kind schlägt nun die ›Eltern‹ mit ihren eigenen Waffen. Es bringt sie gegeneinander auf, doch das kann ja nur gelingen, weil sie gewohnt sind, sich zu streiten. Das tapfere Schneiderlein durchschaut das Riesen-Spiel und befreit sich allein dadurch davon. Die Stiche, die er ihnen beibringt, als sie sich längst gegenseitig erschlagen haben, sind nur die Signale an die Umwelt, die sie für ihre Erwartungen (Projektion) braucht.

Es wundert uns nicht, dass der König die Tochter noch nicht herausgeben will, denn aller guten Dinge sind ja drei.

[5: Zweite Probe]

Einhornfang / Axt und Schlinge

Der König erzählt nun, dass er »ein Einhorn im Walde hätte, das ihm so sehr großen Schaden an Fisch und Leut thät.« Als zweite Probe soll das tapfere Schneiderlein dieses Einhorn nicht etwa töten, sondern fangen. In der späteren

Fassung ist von »Fisch und Leut« nicht mehr die Rede, jetzt heißt es dafür: »Er nahm sich einen Strick und eine Axt mit«; wo es zuvor hieß: »nahm ein Stricklein«.

Das Einhorn kommt bei den Grimms nur in diesem einen Märchen vor. Nur in der früheren Ausgabe gibt es den Text »Herr Fix und Fertig« [KHM I-16], in dem auch ein Einhorn zu überwinden ist, dort geschieht es aber anders.

Das Einhorn »symbolisiert die ungebändigte männliche Kraft. Es steht für jene Entwicklungsstufe, in welcher junge, postpubertäre Männer ihre Kraft ungehemmt ausleben. Das gezähmte Einhorn steht dann für jene Lebensstufe, in welcher die Kraft ein Ziel erhält und schöpferisch wirkt. ... Abbildungen, welche zeigen, wie ein Einhorn seinen Kopf in den Schoß einer jungen Frau legt. Die Frau ›zähmt‹ die Kraft des Mannes und gibt ihr Ziel und Sinn.«*

Nachdem sich der Held also von den Eltern gelöst hat, möchte er der Prinzessin gern wie ein Hengst begegnen, doch er muss das Einhorn zähmen, unter Kontrolle bringen. Ich halte die beiden Symbole Schlinge und Axt für passend, weil es ein weibliches und ein männliches Symbol ist, die beide beim Zähmen des Einhorns helfen, das ist aber letztlich unbedeutendes Beiwerk. Wesentlich ist, dass der Held wiederum durch Nichtstun obsiegt. Er erkennt das Wesen des Einhorns, nämlich mit dem Horn zu stoßen. Diesen Drang lässt er »ins Holz laufen«, und so fängt sich das Einhorn selbst.

[6: Dritte Probe]

Wildschweinjagd / Kapelle

Es folgt die dritte und sonst immer entscheidende Wiederholung, doch ein Wildschwein in einer »Capelle in dem Wald, darin man vor Zeiten Ablaß geholt« zu deuten, sträubt sich mir die Feder. Diesen dritten Symbolkomplex halte ich für noch austauschbarer als den vorhergehenden. Wesentlich ist nur, dass der Held auch hier durch Nichtstun obsiegt. Er lockt das Schwein in die Kirche und sperrt es ein. Die inhaltliche Beliebigkeit beziehungsweise Austauschbarkeit der Proben zeigt sich auch daran, dass die dritte keine Wende bringt, der König ist einfach nur schachmatt gesetzt: »Die Hochzeit ward also mit großer Pracht und kleiner Freude gehalten, und aus einem Schneider ein König gemacht.«

*Müller, Paul Emanuel: Märchen zeigen Wege. München (Heyne) 1998. S. 159

[7: Ehe]

Schlaf / Illusion / Triumph

Doch das Happyend ist das noch nicht, denn der König wartet nur auf eine Gelegenheit, den unliebsamen Schwiegersohn wieder loszuwerden. Das tapfere Schneiderlein hat es bis ins Bett der Prinzessin geschafft, ist dort aber ganz und gar nicht willkommen. Warum nicht? Weil es kein Prinz ist, sondern ein Schneider. Wenn das laut würde, dann wären die Männer des Königs plötzlich stark genug, ihn zu... Ja, was soll mit ihm geschehen?

In der Erstausgabe lesen wir, der König sage seiner Tochter: »sie sollt die zukünftig Nacht die Kammer öffnen, so wollt' er etliche Diener vor die Kammer stellen, und wann er [der Schneider] mehr also sagt, müßten sie hineingehen; solches der Frauen Gefallen war.« Wir dürfen besonders über den abschließenden Nebensatz grübeln. In der späteren Fassung sagt der König: »Laß in der nächsten Nacht deine Schlafkammer offen, meine Diener sollen außen stehen und, wenn er eingeschlafen ist, hineingehen, ihn binden und auf ein Schiff tragen, das ihn in die weite Welt führt.« Überzeugt uns das mit dem Schiff und der weiten Welt?

Jetzt muss sich der Schneider wirklich bewähren, jetzt wo er das Bett mit der Prinzessin teilt, denn kein großer Palast und auch nicht der Titel machen den jungen König. Das Unbewusste meldet sich, die Schemen der Vergangenheit; im Schlaf. Dieses Mal begegnet uns der Schlaf nicht von seiner erhellenden, einweihenden Seite, sondern von seiner dunklen, dämonischen. Der Schneider spricht im Schlaf. Also träumt er schwer, denn nur, wer sich sehr bedrängt fühlt, spricht im Schlaf. Wer leicht träumt lächelt, spricht aber nicht. Oder irre ich?

Das Königshaus hat eine Handhabe gefunden, weil der »Tochtermann« ein Schneider, also nicht standesgemäß ist. Jetzt kann man sich seiner entledigen. Auf welche Weise auch immer. Der Schneider hat keine Chance zu entkommen, denn er weiß ja gar nicht, dass er bedroht ist. Eine unlösbare Aufgabe besonderer Art. Dieser Held bekommt auch nicht Beistand durch dankbare Tiere oder andere, die ihm die unlösbare Aufgabe lösen, er bekommt einen Tipp von einem »Waffenträger, der dem Schneider hold war« und der »hinterbrachte ihm den ganzen Anschlag«; ein Verräter also oder ein Sympathisant, je nachdem, auf welcher Seite man steht. Besonders rühmlich für den Schneider ist beides nicht, aber so geht es im Leben.

Seine Verteidigung erfolgt nun auch wie gehabt, das Schneiderlein zitiert die Projektion, indem es seine Heldentaten aufzählt (die ja an sich keine waren) und es erschreckt die Lauernden, indem es sie anspricht. Als Resultat »also blieb der Schneider sein Lebtag ein König«.

So recht glücklich klingt uns dieser Schluss nicht. Wo bleibt die Prinzessin, die der Schneider doch geheiratet hat? Wo ist das Happyend und all das, was wir erwarten?

Ein Kind, das sich in die Autonomie entwickelt, stellt diese Fragen nicht. Es sieht sich unvermittelt vor unlösbare Aufgaben gestellt, fühlt sich als Schneiderlein, das König werden soll. Da ist es für das Kind ein Happyend, wenn das Schneiderlein (Symbiose) ewigen Königsstatus (Autonomie) erlangt.

3.4.4 Änderungen

Eingangs war unterstellt worden, die Notsituation sei die Enge, die ursächlich mit Wachstum verbunden ist. Autonomie wurde dann mit der Überwindung seelischer Enge, nämlich der Symbiose mit der Mutter, in Verbindung gebracht. Diese seelische Enge hat der Held noch nicht überwunden. Er ist nach wie vor Schneider, auch wenn er nun »sein Leben lang« formell König ist, denn ihm fehlt die Anerkennung. Ich halte es für notwendig, dass der junge König am Ende von der Prinzessin und den anderen (nicht aber dem König) anerkannt wird. Dann nämlich ist er wirklich König.

Was ist anzuerkennen, worin besteht die Leistung dieses Helden, die Leistung, die ihn adelt? Sein Witz? Nun ja. Seine Kraft zu beobachten und das menschliche Drama zu durchschauen? Schon eher. Selbstvertrauen? Ja! Das Schneiderlein erfährt von der Bedrohung und stellt sich der Gefahr, läuft nicht weg. Der Held vertraut seinen Kräften – oder überschätzt sie; wer fragt schon danach. Was zählt ist, dass er bleibt und obsiegt. Das, nicht das Zitieren der Projektion und Erschrecken mit geheimem Wissen, sollte die Widersacher beeindrucken und ihn als wahren Helden zeigen. Dann hätte der Schneider die Enge wirklich überwunden, würde die Achtung der Prinzessin verdienen und wäre wahrhaft ein König.

Entsprechend vorbereitet muss die Schlussszene nur geringfügig erweitert werden, um diese Vorgabe zu erfüllen. Ich halte es für wichtig, die Widersacher deutlicher zu zeichnen. Sie sollen als sieben Palastwachen personifiziert werden und zu den sieben Fliegen korrespondieren.

Es ist nicht mehr zeitgemäß, dass der Held ein Kriegsheld ist, der für kommende Kampfhandlungen angeworben wird, zumal es rhetorisch nichts ändert, wenn er defensive Palastwache wird. Der Held als Super-Palastwache verdrängt die sieben alten Palastwächter »auf einen Streich«. Nachdem der Held aber zum Jungkönig avanciert ist, ist die Position der Palastwache wieder vakant. Also können die Palastwächter den Helden als König anerkennen und ihre (alte) Position wieder einnehmen.

Der alte König ist unwichtig, er wird durch den Helden abgelöst. Er hat seine Position durch die drei Aufgaben verteidigt und verloren. So ist das Spiel. Es wird nicht weiter erwähnt, aber es ist selbstverständlich, dass der Held ihn gut versorgt, denn der Held ist nie nachtragend. Sogar seine Feinde lässt er an seinem Erfolg Teil haben.

Wichtig aber ist, dass der Held die Anerkennung der Prinzessin bekommt, damit die beiden wirklich ein Paar werden (Hochzeit). Und diese Anerkennung durch die Braut muss natürlich vor der Anerkennung durch die Palastwache geschehen. Ein solcher Schluss macht das Märchen therapeutisch erst rund, schließt die Gestalt. Dass die Prinzessin und der Schneider ein Paar werden, ist für das Kind derzeit nicht von Bedeutung, doch es speichert ja die Gesamtgestalt ab, und dieses Detail wird in seiner späteren Entwicklung einmal wichtig.

Wir haben es hier mit einem Märchen zu tun, dass Kinder stärken kann und sich, wie ich meine, auch gut zur Therapie anbietet, aber ihm fehlt die abschließende Rundheit, das Gefühl der Vollendung, das soll hier angefügt werden.

3.4.5 Umdeutungen

Dieses Märchen eignet sich, wie ich meine, besonders gut zur Therapie, weil es wie eine Kapsel ist, die mit wechselnden ›Stärkungsmitteln‹ gefüllt werden kann.

Wir haben eine Eingangsszene, die man individualisieren kann, aber nicht muss. Es folgt die Beschreibung von Aufstieg und Fall als Projektion, die ebenfalls so bleiben kann, und die drei Proben. Hier empfehle ich, die erste zu belassen, weil sie fundamental befreiend ist. Die beiden anderen ›Prüfungen‹ können mit einer Symbolik gefüllt werden, die das Kind direkt anspricht, also wo es gestärkt werden soll. Es ist dann für die Bedrohung, die das Kind empfindet, eine Symbolik zu finden und ein Handlungsablauf, die symbolisierte Bedrohung ›nicht-tätig‹ zu überwinden.

Wenn ein Kind zum Beispiel phobische Angst vor Feuer hat oder von Feuer magisch gebannt ist, könnte eine Probe darin bestehen, den feuerspeienden Drachen zu zähmen (nicht töten). Das wäre parallel durch Locken in einen Teich darstellbar, wodurch das Feuer des Drachens erlischt und der Drache selbst zahm wird.

Wenn ein Kind von anderen Kindern, auch Geschwistern, schikaniert wird, könnte eine Aufgabe lauten, einen wilden Bienenschwarm einzufangen. Das tapfere Schneiderlein gibt den Bienen, was sie wollen: Zuckerwasser. So fliegen sie in seinen Korb und sammeln künftig süßen Honig für ihn etc.

❹ Auf dem Weg zur Einweihung

▶Die zwei Brüder [KHM 60]

▶ 4.1 Vorwort

Dieses Märchen ist kaum bekannt. Es ist pompös; es ist lang, so lang, fast ein halbes Büchlein, und irgendwie wird man das Gefühl nicht los, es sei ein Konglomerat, akkumuliert aus Fundstücken.

Bei dem vorhergehenden Textbeispiel habe ich bereits darauf hingewiesen, dass die Grimms im Verlauf der vielen Auflagen und Ausgaben immer wieder Fundstücke zu Märchen zusammengedichtet oder in Märchen eingearbeitet haben. Liest man in der Erstausgabe »Das Goldei« [KHM I-60], erkennt man darin sogleich den Anfang des späteren Textes Nummer 60.

Dass der Vater aus Angst vor dem Bösen die Zwillinge verstößt, ist die Brücke in ein anderes Motiv, aber auch in ein ganz anderes Fundstück. Der Restaurator hat die Spuren seines Schaffens nicht vollständig beseitigt. Dort und weiter unten noch einmal liest es sich nämlich: »Der jüngste aber kam mit seinen Tieren in eine Stadt.« Der jüngste der beiden Zwillinge?

Auch spielt die Goldmünze unter dem Kopfkissen* weiter keine Rolle mehr. Das ist in einem anderen Märchen [KHM 122] anders. Dort versucht eine Hexe mit Hilfe ihrer Tochter dem Helden das Goldherz abzuringen.

Ein Motiv wie das Goldherz ist an sich schon ein rudimentäres Märchen, wenn Entstehung der Situation und die direkte Folge auch dargestellt werden. Indem die Folge durch ein neues Motiv ersetzt wird, kann Motiv um Motiv ein Märchen aneinandergeknüpft werden. Dieses Prinzip haben die Grimms in diesem Fall angewendet. Allerdings haben sie nicht mit Motiven sondern Fundstücken, also Märchenteilen gearbeitet. Deshalb ist es relativ leicht, die Nahtstellen zu finden. Ob das unbedingt die Nahtstellen der Fundstücke sind, ist eine literaturwissenschaftliche Frage, die hier nicht interessiert.

Die Nahtstellen bieten die Möglichkeit, diesen Text in Portionen aufzuteilen. Als Ganzes ist er viel zu lang und überfordert die Aufmerksamkeitsspanne von Kindern und den meisten Erwachsenen. Wegen seiner unbrauchbaren Länge wurde der Text ausgewählt, um die Teilung zu demonstrieren.

▶ 4.2 Das Goldei [KHM I-60]

Textversion von 1812

Es waren einmal ein paar arme Besenbindersjungen, die hatten noch ein Schwesterchen zu ernähren, da ging es ihnen allen knapp und kümmerlich. Sie mußten alle Tage in den Wald und sich Reisig holen, und wenn die Besen gebunden waren, verkaufte sie das Schwesterchen.

Einsmals gingen sie in den Wald, und der jüngste stieg auf einen Birkenbaum, und wollte die Aeste herabhauen, da fand er ein Nest, und darin saß ein dunkelfarbiges Vögelchen, dem schimmerte etwas durch die Flügel, und weil das Vögelchen gar nicht wegflog, und auch nicht scheu that, hob er den Flügel auf und fand ein goldenes Ei, das nahm er und stieg da mit herab.

Sie freuten sich über ihren Fund, und gingen damit zum Goldschmid, der sagte, es sey feines Gold und gab ihnen viel Geld dafür. Am andern Morgen gingen sie wieder in den Wald, und fanden auch wieder ein Goldei, und das Vöglein ließ es sich geduldig nehmen, wie das vorigemal. Das währte eine Zeitlang, alle Morgen holten sie das Goldei und waren bald reich;

*Solche *Motiv* genannten Szenen oder Zusammenhänge sind Elemente, die in wechselnden Märchen vorkommen können. Es gibt verbindlich systematisierte Typenverzeichnisse für Märchenmotive; eine Art Stenographie für den Handlungsverlauf, die es ermöglicht, Märchenvarianten und Motivwanderungen weltweit zu katalogisieren. Symbole sind grundsätzlich elementarer und beinhaltet vor allem und wesentlich den Aspekt der Bedeutung, können aber hierarchisiert werden. Meta-Symbol und Motiv sind mehr oder weniger synonym.

eines Morgens aber sagte der Vogel: »nun werde ich keine Eier mehr legen, aber bringt mich zu dem Goldschmidt, das wird euer Glück seyn.«

Die Besenbindersjungen thaten, wie es sprach und brachten es dem Goldschmidt getragen, und als es allein mit diesem war, sang es:

»Wer ißt mein Herzlein,
wird bald König seyn;
wer ißt mein Leberlein,
findet alle Morgen unterm Kissen
ein Goldbeutlein!«

Wie der Goldschmidt das hörte, rief er die beiden Jungen und sagte: »laßt mir den Vogel, und ich will euer Schwesterlein heirathen.«

Die zwei sagten ja, und da ward nun Hochzeit gehalten. Der Goldschmidt aber sprach: »ich will zu meiner Hochzeit den Vogel essen, ihr zwei, bratet ihn am Spieße, und habt Acht, daß er nicht verdirbt, und bringt ihn herauf, wenn er gaar ist;« er dachte aber, dann wolle er Herz und Leber herausnehmen und essen.

Die beiden Brüder standen am Spieß und drehten ihn herum, wie sie ihn so herumdrehen, und der Vogel bald gebraten ist, fällt ein Stückchen heraus. »Ei, sagt der eine, das muß ich probiren!« und aß das auf. Bald darnach fiel noch ein Stückchen heraus: »das ist für mich,« sagte der andere, und läßt sich das schmecken. Das war aber das Herzlein und Leberlein, was sie gegessen hatten, und sie wußten nicht, was für Glück ihnen damit beschert war.

Darnach war der Vogel gebraten, und sie trugen ihn zu der Hochzeitstafel; der Goldschmidt schnitt ihn auf, und wollte geschwind Herz und Leber essen, aber da war beides fort. Da ward er giftig bös und schrie: »wer hat Herz und Leber von dem Vogel gegessen?« »Das werden wir gethan haben, sagten sie, es sind ein paar Stückchen herausgefallen beim Umwenden, die haben wir genommen.« – »Habt ihr Herz und Leber gegessen, so mögt ihr auch eure Schwester behalten!« und jagte sie in seinem Zorn alle fort. (Fragment)

▸ 4.3 Die zwei Brüder [KHM 60]

Textversion von 1857

Es waren einmal zwei Brüder, ein reicher und ein armer. Der reiche war ein Goldschmied und bös von Herzen; der arme nährte sich davon, daß er Besen band, und war gut und redlich. Der arme hatte zwei Kinder, das waren Zwillingsbrüder und sich so ähnlich wie ein Tropfen Wasser dem andern. Die zwei Knaben gingen in des Reichen Haus ab und zu, und erhielten von dem Abfall manchmal etwas zu essen.

Es trug sich zu, daß der arme Mann, als er in den Wald ging, Reisig zu holen, einen Vogel sah, der ganz golden war und so schön, wie ihm noch niemals einer vor Augen gekommen war.

Da hob er ein Steinchen auf, warf nach ihm und traf ihn auch glücklich; es fiel aber nur eine goldene Feder herab, und der Vogel flog fort. Der Mann nahm die Feder und brachte sie seinem Bruder, der sah sie an und sprach: »Es ist eitel Gold«, und gab ihm viel Geld dafür. Am andern Tag stieg der Mann auf einen Birkenbaum und wollte ein paar Äste abhauen; da flog derselbe Vogel heraus, und als der Mann nachsuchte, fand er ein Nest, und ein Ei lag darin, das war von Gold. Er nahm das Ei mit heim und brachte es seinem Bruder, der sprach wiederum: »Es ist eitel Gold«, und gab ihm, was es wert war. Zuletzt sagte der Goldschmied: »Den Vogel selber möcht ich wohl haben.« Der Arme ging zum drittenmal in den Wald und sah den Goldvogel wieder auf dem Baum sitzen; da nahm er einen Stein und warf ihn herunter und brachte ihn seinem Bruder, der gab ihm einen großen Haufen Gold dafür. »Nun kann ich mir forthelfen«, dachte er und ging zufrieden nach Haus.

Der Goldschmied war klug und listig und wußte wohl, was das für ein Vogel war. Er rief seine Frau und sprach: »Brat mir den Goldvogel und sorge, daß nichts davon wegkommt; ich habe Lust, ihn ganz allein zu essen.« Der Vogel war aber kein gewöhnlicher, sondern so wunderbarer Art, daß, wer Herz und Leber von ihm aß, jeden Morgen ein Goldstück unter seinem Kopfkissen fand. Die Frau machte den Vogel zurecht, steckte ihn an einen Spieß und ließ ihn braten. Nun geschah es, daß während er am Feuer stand und die Frau anderer Arbeiten wegen notwendig aus der Küche gehen mußte, die zwei Kinder des armen Besenbinders hereinliefen, sich vor den Spieß stellten und ihn ein paarmal herumdrehten. Und als da gerade zwei Stücklein aus dem Vogel in die Pfanne herabfielen, sprach der eine: »Die paar Bißchen wollen wir essen, ich bin so hungrig, es wird's ja niemand daran merken.« Da aßen sie beide die Stückchen auf; die Frau kam aber dazu, sah, daß sie etwas aßen, und sprach: »Was habt ihr gegessen?« – »Ein paar Stückchen, die aus dem Vogel herausgefallen sind«, antworteten sie. »Das ist Herz und Leber gewesen«, sprach die Frau ganz erschrocken, und damit ihr Mann nichts vermißte und nicht böse ward, schlachtete sie geschwind ein Hähnchen, nahm Herz und Leber heraus und legte es zu dem Goldvogel. Als er gar war, trug sie ihn dem Goldschmied auf, der ihn ganz allein verzehrte und nichts übrig ließ. Am andern Morgen aber, als er unter sein Kopfkissen griff und dachte, das Goldstück hervorzuholen, war so wenig wie sonst eins zu finden.

Die beiden Kinder aber wußten nicht, was ihnen für ein Glück zuteil geworden war. Am andern Morgen, wie sie aufstanden, fiel etwas auf die Erde und klingelte, und als sie es aufhoben, da waren's zwei Goldstücke. Sie brachten sie ihrem Vater, der wunderte sich und sprach: »Wie sollte das zugegangen sein?« Als sie aber am andern Morgen wieder zwei fanden, und so jeden Tag, da ging er zu seinem Bruder und erzählte ihm die seltsame Geschichte.

Der Goldschmied merkte gleich, wie es gekommen war, und daß die Kinder Herz und Leber von dem Goldvogel gegessen hatten, und um sich zu rächen, und weil er neidisch und hartherzig war, sprach er zu dem Vater: »Deine Kinder sind mit dem Bösen im Spiel, nimm das Gold nicht, und dulde sie nicht länger in deinem Haus, denn er hat Macht über sie und kann dich selbst noch ins Verderben bringen.«

Der Vater fürchtete den Bösen, und so schwer es ihm ankam, führte er doch die Zwillinge hinaus in den Wald und verließ sie da mit traurigem Herzen. Nun liefen die zwei Kinder im Wald umher und suchten den Weg nach Haus, konnten ihn aber nicht finden, sondern verirrten sich immer weiter. Endlich begegneten sie einem Jäger, der fragte: »Wem gehört ihr, Kinder?« – »Wir sind des armen Besenbinders Jungen«, antworteten sie und erzählten ihm, daß ihr Vater sie nicht länger im Hause hätte behalten wollen, weil alle Morgen ein Goldstück unter ihrem Kopfkissen läge. »Nun«, sagte der Jäger, »das ist gerade nichts Schlimmes, wenn ihr nur rechtschaffen dabei bleibt und euch nicht auf die faule Haut legt.«

Der gute Mann, weil ihm die Kinder gefielen und er selbst keine hatte, so nahm er sie mit nach Haus und sprach: »Ich will euer Vater sein und euch großziehen.« Sie lernten da bei ihm die Jägerei, und das Goldstück, das ein jeder beim Aufstehen fand, das hob er ihnen auf, wenn sie's in Zukunft nötig hätten. Als sie herangewachsen waren, nahm sie ihr Pflegevater eines Tages mit in den Wald und sprach: »Heute sollt ihr euern Probeschuß tun, damit ich euch freisprechen und zu Jägern machen kann.«

Sie gingen mit ihm auf den Anstand und warteten lange, aber es kam kein Wild. Der Jäger sah über sich und sah eine Kette von Schneegänsen in der Gestalt eines Dreiecks fliegen, da sagte er zu dem einen: »Nun schieß von jeder Ecke eine herab.« Der tat's und vollbrachte damit seinen Probeschuß. Bald darauf kam noch eine Kette angeflogen und hatte die Gestalt der Ziffer Zwei; da hieß der Jäger den andern gleichfalls von jeder Ecke eine herunterholen, und dem gelang sein Probeschuß auch. Nun sagte der Pflegevater: »Ich spreche euch frei, ihr seid ausgelernte Jäger.«

Darauf gingen die zwei Brüder zusammen in den Wald, ratschlagten miteinander und verabredeten etwas. Und als sie abends sich zum Essen niedergesetzt hatten, sagten sie zu ihrem Pflegevater: »Wir rühren die Speise nicht an und nehmen keinen Bissen, bevor Ihr uns eine Bitte gewährt habt.« Sprach er: »Was ist denn eure Bitte?« Sie antworteten: »Wir haben nun ausgelernt, wir müssen uns auch in der Welt versuchen, so erlaubt, daß wir fortziehen und wandern.« Da sprach der Alte mit Freuden: »Ihr redet wie brave Jäger, was ihr begehrt, ist mein eigener Wunsch gewesen; zieht aus, es wird euch wohl ergehen.« Darauf aßen und tranken sie fröhlich zusammen.

Als der bestimmte Tag kam, schenkte der Pflegevater jedem eine gute Büchse und einen Hund und ließ jeden von seinen gesparten Goldstücken nehmen, so viel er wollte. Darauf begleitete er sie ein Stück Wegs, und beim Abschied gab er ihnen noch ein blankes Messer und sprach: »Wann ihr euch einmal trennt, so stoßt dies Messer am Scheideweg in einen Baum, daran kann einer, wenn er zurückkommt, sehen, wie es seinem abwesenden Bruder ergangen ist, denn die Seite, nach welcher dieser ausgezogen ist, rostet, wann er stirbt; solange er aber lebt, bleibt sie blank.« Die zwei Brüder gingen immer weiter fort und kamen in einen Wald, so groß, daß sie unmöglich in einem Tag heraus konnten. Also blieben sie die Nacht darin und aßen, was sie in die Jägertasche gesteckt hatten; sie gingen aber auch noch den zweiten Tag und kamen nicht heraus. Da sie nichts zu essen hatten, so sprach der eine: »Wir müssen uns etwas schießen, sonst leiden wir Hunger«, lud seine Büchse und sah sich um. Und als ein alter Hase dahergelaufen kam, legte er an, aber der Hase rief:

»Lieber Jäger, laß mich leben,
ich will dir auch zwei Junge geben.«

Sprang auch gleich ins Gebüsch und brachte zwei Junge; die Tierlein spielten aber so munter und waren so artig, daß die Jäger es nicht übers Herz bringen konnten, sie zu töten. Sie behielten sie also bei sich, und die kleinen Hasen folgten ihnen auf dem Fuße nach. Bald darauf schlich ein Fuchs vorbei, den wollten sie niederschießen, aber der Fuchs rief:

»Lieber Jäger, laß mich leben,
ich will dir auch zwei Junge geben.«

Er brachte auch zwei Füchslein, und die Jäger mochten sie auch nicht töten, gaben sie den Hasen zur Gesellschaft, und sie folgten ihnen nach. Nicht lange, so schritt ein Wolf aus dem Dickicht, die Jäger legten auf ihn an, aber der Wolf rief:

»Lieber Jäger, laß mich leben,
ich will dir auch zwei Junge geben.«

Die zwei jungen Wölfe taten die Jäger zu den anderen Tieren, und sie folgten ihnen nach. Darauf kam ein Bär, der wollte gern noch länger herumtraben und rief:

»Lieber Jäger, laß mich leben,
ich will dir auch zwei Junge geben.«

Die zwei jungen Bären wurden zu den andern gesellt und waren ihrer schon acht. Endlich, wer kam? Ein Löwe kam und schüttelte seine Mähnen. Aber die Jäger ließen sich nicht schrekken und zielten auf ihn; aber der Löwe sprach gleichfalls:

»Lieber Jäger, laß mich leben,
ich will dir auch zwei Junge geben.«

Er holte auch seine Jungen herbei, und nun hatten die Jäger zwei Löwen, zwei Bären, zwei Wölfe, zwei Füchse und zwei Hasen, die ihnen nachzogen und dienten. Indessen war ihr Hunger damit nicht gestillt worden, da sprachen sie zu den Füchsen: »Hört, ihr Schleicher, schafft uns etwas zu essen, ihr seid ja listig und verschlagen.« Sie antworteten: »Nicht weit von hier liegt ein Dorf, wo wir schon manches Huhn geholt haben; den Weg dahin wollen wir euch zeigen.«

Da gingen sie ins Dorf, kauften sich etwas zu essen und ließen auch ihren Tieren Futter geben, und zogen dann weiter. Die Füchse aber wußten guten Bescheid in der Gegend, wo die

Hühnerhöfe waren, und konnten die Jäger überall zurechtweisen. Nun zogen sie eine Weile herum, konnten aber keinen Dienst finden, wo sie zusammengeblieben wären, da sprachen sie: »Es geht nicht anders, wir müssen uns trennen.« Sie teilten die Tiere, so daß jeder einen Löwen, einen Bären, einen Wolf, einen Fuchs und einen Hasen bekam; dann nahmen sie Abschied, versprachen sich brüderliche Liebe bis in den Tod und stießen das Messer, das ihnen ihr Pflegevater mitgegeben, in einen Baum; worauf der eine nach Osten, der andere nach Westen zog.

Der jüngste aber kam mit seinen Tieren in eine Stadt, die war ganz mit schwarzem Flor überzogen. Er ging in ein Wirtshaus und fragte den Wirt, ob er nicht seine Tiere beherbergen könnte. Der Wirt gab ihnen einen Stall, wo in der Wand ein Loch war; da kroch der Hase hinaus und holte sich ein Kohlhaupt, und der Fuchs holte sich ein Huhn, und als er das gefressen hatte, auch den Hahn dazu; der Wolf aber, der Bär und der Löwe, weil sie zu groß waren, konnten nicht hinaus. Da ließ sie der Wirt hinbringen, wo eben eine Kuh auf dem Rasen lag, daß sie sich satt fraßen. Und als der Jäger für seine Tiere gesorgt hatte, fragte er erst den Wirt, warum die Stadt so mit Trauerflor ausgehängt wäre.

Sprach der Wirt: »Weil morgen unseres Königs einzige Tochter sterben wird.« Fragte der Jäger: »Ist sie sterbenskrank?« – »Nein«, antwortete der Wirt, »sie ist frisch und gesund, aber sie muß doch sterben.« – »Wie geht das zu?« fragte der Jäger. »Draußen vor der Stadt ist ein hoher Berg, darauf wohnt ein Drache, der muß alle Jahr eine reine Jungfrau haben, sonst verwüstet er das ganze Land. Nun sind schon alle Jungfrauen hingegeben, und ist niemand mehr übrig als die Königstochter, dennoch ist keine Gnade, sie muß ihm überliefert werden; und das soll morgen geschehen.« Sprach der Jäger: »Warum wird der Drache nicht getötet?« – »Ach«, antwortete der Wirt, »so viele Ritter haben's versucht, aber allesamt ihr Leben eingebüßt; der König hat dem, der den Drachen besiegt, seine Tochter zur Frau versprochen, und er soll auch nach seinem Tode das Reich erben.«

Der Jäger sagte dazu weiter nichts, aber am andern Morgen nahm er seine Tiere und stieg mit ihnen auf den Drachenberg. Da stand oben eine kleine Kirche, und auf dem Altar standen drei gefüllte Becher, und dabei war die Schrift: »Wer die Becher austrinkt, wird der stärkste Mann auf Erden, und wird das Schwert führen, das vor der Türschwelle vergraben liegt.« Der Jäger trank da nicht, ging hinaus und suchte das Schwert in der Erde, vermochte aber nicht, es von der Stelle zu bewegen. Da ging er hin und trank die Becher aus und war nun stark genug, das Schwert aufzunehmen, und seine Hand konnte es ganz leicht führen.

Als die Stunde kam, wo die Jungfrau dem Drachen sollte ausgeliefert werden, begleitete sie der König, der Marschall und die Hofleute hinaus. Sie sah von weitem den Jäger oben auf dem Drachenberg und meinte, der Drache stände da und erwartete sie, und wollte nicht hinaufgehen, endlich aber, weil die ganze Stadt sonst wäre verloren gewesen, mußte sie den schweren Gang tun. Der König und die Hofleute kehrten voll großer Trauer heim, des Königs Marschall aber sollte stehen bleiben und aus der Ferne alles mit ansehen.

Als die Königstochter oben auf den Berg kam, stand da nicht der Drache, sondern der junge Jäger, der sprach ihr Trost ein und sagte, er wollte sie retten, führte sie in die Kirche und verschloß sie darin. Gar nicht lange, so kam mit großem Gebraus der siebenköpfige Drache dahergefahren. Als er den Jäger erblickte, verwunderte er sich und sprach: »Was hast du hier auf dem Berge zu schaffen?« Der Jäger antwortete: »Ich will mit dir kämpfen.« Sprach der Drache: »So mancher Rittersmann hat hier sein Leben gelassen, mit dir will ich auch fertig werden«, und atmete Feuer aus sieben Rachen. Das Feuer sollte das trockene Gras anzünden, und der Jäger sollte in der Glut und dem Dampf ersticken, aber die Tiere kamen herbeigelaufen und traten das Feuer aus. Da fuhr der Drache gegen den Jäger, aber er schwang sein Schwert, daß es in der Luft sang, und schlug ihm drei Köpfe ab. Da ward der Drache erst recht wütend, erhob sich in die Luft, spie die Feuerflammen über den Jäger aus und wollte sich auf ihn stürzen, aber der Jäger zückte nochmals sein Schwert und hieb ihm wieder drei Köpfe ab. Das Untier ward matt und sank nieder, und wollte doch wieder auf den Jäger los, aber er schlug ihm mit der letzten Kraft den Schweif ab, und weil er nicht mehr kämpfen konnte, rief er seine Tiere herbei, die zerrissen es in Stücke.

Als der Kampf zu Ende war, schloß der Jäger die Kirche auf, und fand die Königstochter auf der Erde liegen, weil ihr die Sinne vor Angst und Schrecken während des Streites vergangen waren. Er trug sie heraus, und als sie wieder zu sich selbst kam und die Augen aufschlug, zeigte er ihr den zerrissenen Drachen und sagte ihr, daß sie nun erlöst wäre. Sie freute sich und sprach: »Nun wirst du mein liebster Gemahl werden, denn mein Vater hat mich demjenigen versprochen, der den Drachen tötet.«

Darauf hing sie ihr Halsband von Korallen ab und verteilte es unter die Tiere, um sie zu belohnen, und der Löwe erhielt das goldene Schlößchen davon. Ihr Taschentuch aber, in dem ihr Name stand, schenkte sie dem Jäger, der ging hin und schnitt aus den sieben Drachenköpfen die Zungen aus, wickelte sie in das Tuch und verwahrte sie wohl. Als das geschehen war, weil er von dem Feuer und dem Kampf so matt und müde war, sprach er zur Jungfrau: »Wir sind beide so matt und müde, wir wollen ein wenig schlafen.« Da sagte sie ja, und sie ließen sich auf die Erde nieder, und der Jäger sprach zu dem Löwen: »Du sollst wachen, damit uns niemand im Schlaf überfällt«, und beide schliefen ein. Der Löwe legte sich neben sie, um zu wachen, aber er war vom Kampf auch müde, daß er den Bären rief und sprach: »Lege dich neben mich, ich muß ein wenig schlafen, und wenn was kommt, so wecke mich auf.« Da legte sich der Bär neben ihn, aber er war auch müde und rief den Fuchs und sprach: »Lege dich neben mich, ich muß ein wenig schlafen, und wenn was kommt, so wecke mich auf.« Da legte sich der Wolf neben ihn, aber er war auch müde und rief den Fuchs und sprach: »Lege dich neben mich, ich muß ein wenig schlafen, und wenn was kommt, so wecke mich auf.« Da legte sich der Fuchs neben ihn, aber er war auch müde, rief den Hasen und sprach: »Lege dich neben mich, ich muß ein wenig schlafen, und wenn was kommt, so wecke mich auf.« Da setzte sich der Hase neben ihn, aber der arme Has war auch müde, und hatte niemand, den er zur

Wache herbeirufen konnte, und schlief ein. Da schlief nun die Königstochter, der Jäger, der Löwe, der Bär, der Wolf, der Fuchs und der Has, und schliefen alle einen festen Schlaf.

Der Marschall aber, der von weitem hatte zuschauen sollen, als er den Drachen nicht mit der Jungfrau fortfliegen sah und alles auf dem Berg ruhig ward, nahm sich ein Herz und stieg hinauf. Da lag der Drache zerstückt und zerrissen auf der Erde, und nicht weit davon die Königstochter und ein Jäger mit seinen Tieren, die waren alle in tiefen Schlaf versunken. Und weil er bös und gottlos war, so nahm er sein Schwert und hieb dem Jäger das Haupt ab, und faßte die Jungfrau auf den Arm und trug sie den Berg hinab.

Da erwachte sie und erschrak, aber der Marschall sprach: »Du bist in meinen Händen, du sollst sagen, daß ich es gewesen bin, der den Drachen getötet hat.« – »Das kann ich nicht«, antwortete sie, »denn ein Jäger mit seinen Tieren hat's getan.« Da zog er sein Schwert und drohte sie zu töten, wo sie ihm nicht gehorchte, und zwang sie damit, daß sie es versprach. Darauf brachte er sie vor den König, der sich vor Freude nicht zu lassen wußte, als er sein liebes Kind wieder lebend erblickte, das er von dem Untier zerrissen glaubte.

Der Marschall sprach zu ihm: »Ich habe den Drachen getötet, und die Jungfrau und das ganze Reich befreit, darum fordere ich sie zur Gemahlin, so wie es zugesagt ist.« Der König fragte die Jungfrau: »Ist das wahr, was er spricht?« – »Ach ja«, antwortete sie, »es muß wohl wahr sein; aber ich halte mir aus, daß erst über Jahr und Tag die Hochzeit gefeiert wird«, denn sie dachte in der Zeit etwas von ihrem lieben Jäger zu hören.

Auf dem Drachenberg aber lagen noch die Tiere neben ihrem toten Herrn und schliefen, da kam eine große Hummel und setzte sich dem Hasen auf die Nase, aber der Hase wischte sie mit der Pfote ab und schlief weiter. Die Hummel kam zum zweitenmal, aber der Hase wischte sie wieder ab und schlief fort. Da kam sie zum drittenmal und stach ihm in die Nase, daß der aufwachte. Sobald der Hase wach war, weckte er den Fuchs, und der Fuchs den Wolf, und der Wolf den Bär, und der Bär den Löwen. Und als der Löwe aufwachte und sah, daß die Jungfrau fort war und sein Herr tot, fing er an fürchterlich zu brüllen und rief: »Wer hat das vollbracht? Bär, warum hast du mich nicht geweckt?« der Bär fragte den Wolf: »Warum hast du mich nicht geweckt?« und der Wolf den Fuchs: »Warum hast du mich nicht geweckt?« und der Fuchs den Hasen: »Warum hast du mich nicht geweckt?« Der arme Has wußte allein nichts zu antworten, und die Schuld blieb auf ihm hangen.

Da wollten sie über ihn herfallen, aber er bat und sprach: »Bringt mich nicht um, ich will unsern Herrn wieder lebendig machen. Ich weiß einen Berg, da wächst eine Wurzel, wer die im Mund hat, der wird von aller Krankheit und allen Wunden geheilt. Aber der Berg liegt zweihundert Stunden von hier.« Sprach der Löwe: »In vierundzwanzig Stunden mußt du hin- und hergelaufen sein und die Wurzel mitbringen.« Da sprang der Hase fort, und in vierundzwanzig Stunden war er zurück und brachte die Wurzel mit. Der Löwe setzte dem Jäger den Kopf wieder an, und der Hase steckte ihm die Wurzel in den Mund, alsbald fügte sich alles wieder zusammen, und das Herz schlug, und das Leben kehrte zurück. Da erwachte der Jäger und erschrak, als er die Jungfrau nicht mehr sah, und dachte: »Sie ist wohl fortgegangen, während ich schlief, um mich los zu werden.«

Der Löwe hatte in der großen Eile seinem Herrn den Kopf verkehrt aufgesetzt, der aber merkte es nicht bei seinen traurigen Gedanken an die Königstochter; erst zu Mittag, als er etwas essen wollte, da sah er, daß ihm der Kopf nach dem Rücken zu stand, konnte es nicht begreifen und fragte die Tiere, was ihm im Schlaf widerfahren wäre. Da erzählte ihm der Löwe, daß sie auch alle aus Müdigkeit eingeschlafen wären, und beim Erwachen hätten sie ihn tot gefunden mit abgeschlagenem Haupte, der Hase hätte die Lebenswurzel geholt, er aber in der Eil den Kopf verkehrt gehalten; doch wollte er seinen Fehler wieder gutmachen. Dann riß er dem Jäger den Kopf wieder ab, drehte ihn herum, und der Hase heilte ihn mit der Wurzel fest.

Der Jäger aber war traurig, zog in der Welt herum und ließ seine Tiere vor den Leuten tanzen. Es trug sich zu, daß er gerade nach Verlauf eines Jahres wieder in dieselbe Stadt kam, wo er die Königstochter vom Drachen erlöst hatte, und die Stadt war diesmal ganz mit rotem Scharlach ausgehängt. Da sprach er zum Wirt: »Was will das sagen? Vorm Jahr war die Stadt mit schwarzem Flor überzogen, was soll heute der rote Scharlach?« Der Wirt antwortete: »Vorm Jahr sollte unsers Königs Tochter dem Drachen ausgeliefert werden, aber der Marschall hat mit ihm gekämpft und ihn getötet, und da soll morgen ihre Vermählung gefeiert werden; darum war die Stadt damals mit schwarzem Flor zur Trauer, und ist heute mit rotem Scharlach zur Freude ausgehängt.«

Am andern Tag, wo die Hochzeit sein sollte, sprach der Jäger um Mittagszeit zum Wirt: »Glaubt er wohl, Herr Wirt, daß ich heut Brot von des Königs Tisch hier bei ihm essen will?« – »Ja«, sprach der Wirt, »da wollt ich doch noch hundert Goldstücke dran setzen, daß das nicht wahr ist.« Der Jäger nahm die Wette an und setzte einen Beutel mit ebenso viel Goldstücken dagegen. Dann rief er den Hasen und sprach: »Geh hin, lieber Springer, und hol mir von dem Brot, das der König ißt.«

Nun war das Häslein das geringste und konnte es keinem andern wieder auftragen, sondern mußte sich selbst auf die Beine machen. »Ei«, dachte es, »wann ich so allein durch die Straßen springe, da werden die Metzgerhunde hinter mir drein sein.« Wie es dachte, so geschah es auch, und die Hunde kamen hinter ihm drein und wollten ihm sein gutes Fell flicken. Es sprang aber, hast du nicht gesehen! und flüchtete sich in ein Schilderhaus, ohne daß es der Soldat gewahr wurde. Da kamen die Hunde und wollten es heraushaben, aber der Soldat verstand keinen Spaß und schlug mit dem Kolben drein, daß sie schreiend und heulend fortliefen.

Als der Hase merkte, daß die Luft rein war, sprang er zum Schloß hinein und gerade zur Königstochter, setzte sich unter ihren Stuhl, und kratzte sie am Fuß. Da sagte sie: »Willst du fort!« und meinte, es wäre ihr Hund. Der Hase kratzte zum zweitenmal am Fuß, da sagte sie wieder: »Willst du fort!« und meinte, es wäre ihr Hund. Aber der Hase ließ sich nicht irre machen und kratzte zum drittenmal, da guckte sie herab, und erkannte den Hasen an seinem Halsband.

Nun nahm sie ihn auf ihren Schoß, trug ihn in ihre Kammer und sprach: »Lieber Hase, was willst du?« Antwortete er: »Mein Herr, der den Drachen getötet hat, ist hier und schickt mich, ich soll um ein Brot bitten, wie es der König ißt.« Da war sie voll Freude, und ließ den Bäcker kommen und befahl ihm, ein Brot zu bringen, wie es der König aß. Sprach das Häslein: »Aber der Bäcker muß mir's auch hintragen, damit mir die Metzgerhunde nichts tun.« Der Bäcker trug es ihm bis an die Türe der Wirtsstube, da stellte sich der Hase auf die Hinterbeine, nahm alsbald das Brot in die Vorderpfoten und brachte es seinem Herrn. Da sprach der Jäger: »Sieht er, Herr Wirt, die hundert Goldstücke sind mein.«

Der Wirt wunderte sich, aber der Jäger sagte weiter: »Ja, Herr Wirt, das Brot hätt ich, nun will ich aber auch von des Königs Braten essen!« Der Wirt sagte: »Das möcht ich sehen«, aber wetten wollte er nicht mehr. Rief der Jäger den Fuchs und sprach: »Mein Füchslein, geh hin und hol mir Braten, wie ihn der König ißt.« Der Rotfuchs wußte die Schliche besser, ging an den Ecken und durch die Winkel, ohne daß ihn ein Hund sah, setzte sich unter der Königstochter Stuhl, und kratzte an ihrem Fuß. Da sah sie herab und erkannte den Fuchs am Halsband, nahm ihn mit in ihre Kammer und sprach: »Lieber Fuchs, was willst du?« Antwortete er: »Mein Herr, der den Drachen getötet hat, ist hier, und schickt mich, ich soll bitten um einen Braten, wie ihn der König ißt.« Da ließ sie den Koch kommen, der mußte einen Braten, wie ihn der König aß, anrichten und dem Fuchs bis an die Türe tragen; da nahm ihm der Fuchs die Schüssel ab, wedelte mit seinem Schwanz erst die Fliegen weg, die sich auf den Braten gesetzt hatten, und brachte ihn dann seinem Herrn.

»Sieht er, Herr Wirt«, sprach der Jäger, »Brot und Fleisch ist da, nun will ich auch Zugemüs essen, wie es der König ißt.« Da rief er den Wolf und sprach: »Lieber Wolf, geh hin und hol mir Zugemüs, wies der König ißt.« Da ging der Wolf geradezu ins Schloß, weil er sich vor niemand fürchtete, und als er in der Königstochter Zimmer kam, da zupfte er sie hinten am Kleid, daß sie sich umschauen mußte. Sie erkannte ihn am Halsband, und nahm ihn mit in ihre Kammer und sprach: »Lieber Wolf, was willst du?« Antwortete er: »Mein Herr, der den Drachen getötet hat, ist hier, ich soll bitten um ein Zugemüs, wie es der König ißt.« Da ließ sie den Koch kommen, der mußte ein Zugemüs bereiten, wie es der König aß, und mußte es dem Wolf bis vor die Türe tragen, da nahm ihm der Wolf die Schüssel ab und brachte sie seinem Herrn.

»Sieht er, Herr Wirt«, sprach der Jäger, »nun hab ich Brot, Fleisch und Zugemüs, aber ich will auch Zuckerwerk essen, wie es der König ißt.« Rief er den Bären und sprach »lieber Bär, du leckst doch gern etwas Süßes, geh hin und hol mir Zuckerwerk, wies der König ißt.« Da trabte der Bär nach dem Schlosse, und ging ihm jedermann aus dem Wege; als er aber zu der Wache kam, hielt sie die Flinten vor und wollte ihn nicht ins königliche Schloß lassen. Aber er hob sich in die Höhe und gab mit seinen Tatzen links und rechts ein paar Ohrfeigen, daß die ganze Wache zusammenfiel, und darauf ging er geradesweges zu der Königstochter, stellte sich hinter sie und brummte ein wenig. Da schaute sie rückwärts und erkannte den Bären, und hieß ihn mitgehen in ihre Kammer und sprach: »Lieber Bär, was willst du?« Antwortete er »mein

Herr, der den Drachen getötet hat, ist hier, ich soll bitten um Zuckerwerk, wies der König ißt.« Da ließ sie den Zuckerbäcker kommen, der mußte Zuckerwerk backen, wies der König aß, und dem Bären vor die Türe tragen; da leckte der Bär erst die Zuckererbsen auf, die heruntergerollt waren, dann stellte er sich aufrecht, nahm die Schüssel und brachte sie seinem Herrn.

»Sieht er, Herr Wirt«, sprach der Jäger, »nun habe ich Brot, Fleisch, Zugemüs und Zuckerwerk, aber ich will auch Wein trinken, wie ihn der König trinkt.« Er rief seinen Löwen herbei und sprach: »Lieber Löwe, du trinkst dir doch gerne einen Rausch, geh und hol mir Wein, wie ihn der König trinkt.« Da schritt der Löwe über die Straße, und die Leute liefen vor ihm, und als er an die Wache kam, wollte sie den Weg sperren, aber er brüllte nur einmal, so sprang alles fort. Nun ging der Löwe vor das königliche Zimmer und klopfte mit seinem Schweif an die Türe. Da kam die Königstochter heraus, und wäre fast über den Löwen erschrocken, aber sie erkannte ihn an dem goldenen Schloß von ihrem Halsbande, und hieß ihn mit in ihre Kammer gehen und sprach: »Lieber Löwe, was willst du?« Antwortete er: »Mein Herr, der den Drachen getötet hat, ist hier, ich soll bitten um Wein, wie ihn der König trinkt.«

Da ließ sie den Mundschenk kommen, der sollte dem Löwen Wein geben, wie ihn der König tränke. Sprach der Löwe: »Ich will mitgehen und sehen, daß ich den rechten kriege.« Da ging er mit dem Mundschenk hinab, und als sie unten hinkamen, wollte ihm dieser von dem gewöhnlichen Wein zapfen, wie ihn des Königs Diener tranken, aber der Löwe sprach: »Halt! ich will den Wein erst versuchen«, zapfte sich ein halbes Maß und schluckte es auf einmal hinab. »Nein«, sagte er, »das ist nicht der rechte.«

Der Mundschenk sah ihn schief an, ging aber und wollte ihm aus einem andern Faß geben, das für des Königs Marschall war. Sprach der Löwe: »Halt! erst will ich den Wein versuchen«, zapfte sich ein halbes Maß und trank es: »Der ist besser, aber noch nicht der rechte.«

Da ward der Mundschenk bös und sprach: »Was so ein dummes Vieh vom Wein verstehen will!« Aber der Löwe gab ihm einen Schlag hinter die Ohren, daß er unsanft zur Erde fiel, und als er sich wieder aufgemacht hatte, führte er den Löwen ganz stillschweigens in einen kleinen besonderen Keller, wo des Königs Wein lag, von dem sonst kein Mensch zu trinken bekam. Der Löwe zapfte sich erst ein halbes Maß und versuchte den Wein, dann sprach er: »Das kann von dem rechten sein«, und hieß den Mundschenk sechs Flaschen füllen. Nun stiegen sie herauf, wie der Löwe aber aus dem Keller ins Freie kam, schwankte er hin und her und war ein wenig trunken, und der Mundschenk mußte ihm den Wein bis vor die Türe tragen, da nahm der Löwe den Henkelkorb in das Maul und brachte ihn seinem Herrn.

Sprach der Jäger: »Sieht er, Herr Wirt, da hab ich Brot, Fleisch, Zugemüs, Zuckerwerk und Wein, wie es der König hat, nun will ich mit meinen Tieren Mahlzeit halten«, und setzte sich hin, aß und trank, und gab dem Hasen, dem Fuchs, dem Wolf, dem Bär und dem Löwen auch davon zu essen und zu trinken, und war guter Dinge, denn er sah, daß ihn die Königstochter noch lieb hatte. Und als er Mahlzeit gehalten hatte, sprach er: »Herr Wirt, nun hab ich gegessen und getrunken, wie der König ißt und trinkt, jetzt will ich an des Königs Hof gehen und die Königstochter, heiraten.« Fragte der Wirt »wie soll das zugehen, da sie schon einen Bräutigam hat und heute die Vermählung gefeiert wird?«

Da zog der Jäger das Taschentuch heraus, das ihm die Königstochter auf dem Drachenberg gegeben hatte, und worin die sieben Zungen des Untiers eingewickelt waren, und sprach: »Dazu soll mir helfen, was ich da in der Hand halte.« Da sah der Wirt das Tuch an und sprach: »Wenn ich alles glaube, so glaube ich das nicht, und will wohl Haus und Hof dran setzen.« Der Jäger aber nahm einen Beutel mit tausend Goldstücken, stellte ihn auf den Tisch und sagte: »Das setze ich dagegen.«

Nun sprach der König an der königlichen Tafel zu seiner Tochter: »Was haben die wilden Tiere alle gewollt, die zu dir gekommen und in mein Schloß ein- und ausgegangen sind?« Da antwortete sie: »Ich darf's nicht sagen, aber schickt hin und laßt den Herrn dieser Tiere holen, so werdet Ihr wohl tun.«

Der König schickte einen Diener ins Wirtshaus und ließ den fremden Mann einladen, und der Diener kam gerade, wie der Jäger mit dem Wirt gewettet hatte. Da sprach er: »Sieht er, Herr Wirt, da schickt der König einen Diener und läßt mich einladen, aber ich gehe so noch nicht.« Und zu dem Diener sagte er: »Ich lasse den Herrn König bitten, daß er mir königliche Kleider schickt, einen Wagen mit sechs Pferden und Diener, die mir aufwarten.« Als der König die Antwort hörte, sprach er zu seiner Tochter: »Was soll ich tun?« Sagte sie: »Laßt ihn holen, wie er's verlangt, so werdet Ihr wohl tun.«

Da schickte der König königliche Kleider, einen Wagen mit sechs Pferden und Diener, die ihm aufwarten sollten. Als der Jäger sie kommen sah, sprach er: »Sieht er, Herr Wirt, nun werde ich abgeholt, wie ich es verlangt habe«, und zog die königlichen Kleider an, nahm das Tuch mit den Drachenzungen und fuhr zum König. Als ihn der König kommen sah, sprach er zu seiner Tochter: »Wie soll ich ihn empfangen?« Antwortete sie: »Geht ihm entgegen, so werdet Ihr wohl tun.«

Da ging ihm der König entgegen und führte ihn herauf, und seine Tiere folgten ihm nach. Der König wies ihm einen Platz an neben sich und seiner Tochter, der Marschall saß auf der andern Seite, als Bräutigam, aber der kannte ihn nicht mehr. Nun wurden gerade die sieben Häupter des Drachen zur Schau aufgetragen, und der König sprach: »Die sieben Häupter hat der Marschall dem Drachen abgeschlagen, darum geb ich ihm heute meine Tochter zur Gemahlin.«

Da stand der Jäger auf, öffnete die sieben Rachen und sprach: »Wo sind die sieben Zungen des Drachen?« Da erschrak der Marschall, ward bleich und wußte nicht, was er antworten sollte, endlich sagte er in der Angst: »Drachen haben keine Zungen.« Sprach der Jäger: »Die Lügner sollten keine haben, aber die Drachenzungen sind das Wahrzeichen des Siegers«, und wickelte das Tuch auf, da lagen sie alle siebene darin, und dann steckte er jede Zunge in den Rachen, in den sie gehörte, und sie paßte genau. Darauf nahm er das Tuch, in welches der Name der Königstochter gestickt war, und zeigte es der Jungfrau und fragte sie, wem sie es gegeben hätte, da antwortete sie: »Dem, der den Drachen getötet hat.« Und dann rief er sein

Getier, nahm jedem das Halsband und dem Löwen das goldene Schloß ab, und zeigte es der Jungfrau und fragte, wem es angehörte. Antwortete sie: »Das Halsband und das goldene Schloß waren mein, ich habe es unter die Tiere verteilt, die den Drachen besiegen halfen.«

Da sprach der Jäger: »Als ich müde von dem Kampf geruht und geschlafen habe, da ist der Marschall gekommen und hat mir den Kopf abgehauen Dann hat er die Königstochter fortgetragen und vorgegeben, er sei es gewesen, der den Drachen getötet habe; und daß er gelogen hat, beweise ich mit den Zungen, dem Tuch und dem Halsband.« Und dann erzählte er, wie ihn seine Tiere durch eine wunderbare Wurzel geheilt hätten, und daß er ein Jahr lang mit ihnen herumgezogen und endlich wieder hierher gekommen wäre, wo er den Betrug des Marschalls durch die Erzählung des Wirtes erfahren hätte. Da fragte der König seine Tochter: »Ist es wahr, daß dieser den Drachen getötet hat?« Da antwortete sie: »Ja, es ist wahr; jetzt darf ich die Schandtat des Marschalls offenbaren, weil sie ohne mein Zutun an den Tag gekommen ist, denn er hat mir das Versprechen zu schweigen abgezwungen. Darum aber habe ich mir ausgehalten, daß erst in Jahr und Tag die Hochzeit sollte gefeiert werden.«

Da ließ der König zwölf Ratsherren rufen, die sollten über den Marschall Urteil sprechen, und die urteilten, daß er müßte von vier Ochsen zerrissen werden. Also ward der Marschall gerichtet, der König aber übergab seine Tochter dem Jäger und ernannte ihn zu seinem Statthalter im ganzen Reich. Die Hochzeit ward mit großen Freuden gefeiert, und der junge König ließ seinen Vater und Pflegevater holen und überhäufte sie mit Schätzen. Den Wirt vergaß er auch nicht, und ließ ihn kommen und sprach zu ihm: »Sieht er, Herr Wirt, die Königstochter habe ich geheiratet, und sein Haus und Hof sind mein.« Sprach der Wirt: »Ja, das wäre nach dem Rechten.« Der junge König aber sagte: »Es soll nach Gnaden gehen; Haus und Hof soll er behalten, und die tausend Goldstücke schenke ich ihm noch dazu.«

Nun waren der junge König und die junge Königin guter Dinge und lebten vergnügt zusammen. Er zog oft hinaus auf die Jagd, weil das seine Freude war, und die treuen Tiere mußten ihn begleiten. Es lag aber in der Nähe ein Wald, von dem es hieß, er wäre nicht geheuer, und wäre einer erst darin, so käme er nicht leicht wieder heraus. Der junge König hatte aber große Lust, darin zu jagen, und ließ dem alten König keine Ruhe, bis er es ihm erlaubte.

Nun ritt er mit einer großen Begleitung aus, und als er zu dem Wald kam, sah er eine schneeweiße Hirschkuh darin und sprach zu seinen Leuten: »Haltet hier, bis ich zurückkomme, ich will das schöne Wild jagen«, und ritt ihm nach in den Wald hinein, und nur seine Tiere folgten ihm. Die Leute hielten und warteten bis Abend, aber er kam nicht wieder; da ritten sie heim und erzählten der jungen Königin: »Der junge König ist im Zauberwald einer weißen Hirschkuh nachgejagt, und ist nicht wiedergekommen.« Da war sie in großer Besorgnis um ihn.

Er war aber dem schönen Wild immer nachgeritten, und konnte es niemals einholen; wenn er meinte, es wäre schußrecht, so sah er es gleich wieder in weiter Ferne dahinspringen, und endlich verschwand es ganz. Nun merkte er, daß er tief in den Wald hineingeraten war, nahm sein Horn und blies, aber er bekam keine Antwort, denn seine Leute konnten's nicht hören.

Und da auch die Nacht einbrach, sah er, daß er diesen Tag nicht heim kommen könnte, stieg ab, machte sich bei einem Baum ein Feuer an und wollte dabei übernachten.

Als er bei dem Feuer saß, und seine Tiere sich auch neben ihn gelegt hatten, deuchte ihn, als hörte er eine menschliche Stimme; er schaute umher, konnte aber nichts bemerken. Bald darauf hörte er wieder ein Ächzen wie von oben her, da blickte er in die Höhe und sah ein altes Weib auf dem Baum sitzen, das jammerte in einem fort: »Hu, hu, hu, was mich friert!« Sprach er: »Steig herab und wärme dich, wenn dich friert.« Sie aber sagte: »Nein, deine Tiere beißen mich.« Antwortete er: »Sie tun dir nichts, altes Mütterchen, komm nur herunter.«

Sie war aber eine Hexe und sprach: »Ich will dir eine Rute von dem Baum herabwerfen, wenn du sie damit auf den Rücken schlägst, tun sie mir nichts.« Da warf sie ihm ein Rütlein herab, und er schlug sie damit, alsbald lagen sie still und waren in Stein verwandelt. Und als die Hexe vor den Tieren sicher war, sprang sie herunter und rührte auch ihn mit einer Rute an und verwandelte ihn in Stein. Darauf lachte sie und schleppte ihn und die Tiere in einen Graben, wo schon mehr solcher Steine lagen.

Als aber der junge König gar nicht wiederkam, ward die Angst und Sorge der Königin immer größer. Nun trug sich zu, daß gerade in dieser Zeit der andere Bruder, der bei der Trennung gen Osten gewandelt war, in das Königreich kam. Er hatte einen Dienst gesucht und keinen gefunden, war dann herumgezogen hin und her, und hatte seine Tiere tanzen lassen. Da fiel ihm ein, er wollte einmal nach dem Messer sehen, das sie bei ihrer Trennung in einen Baumstamm gestoßen hatten, um zu erfahren, wie es seinem Bruder ginge. Wie er dahin kam, war seines Bruders Seite halb verrostet und halb war sie noch blank. Da erschrak er und dachte: »Meinem Bruder muß ein großes Unglück zugestoßen sein, doch kann ich ihn vielleicht noch retten, denn die Hälfte des Messers ist noch blank.«

Er zog mit seinen Tieren gen Westen, und als er in das Stadttor kam, trat ihm die Wache entgegen und fragte, ob sie ihn bei seiner Gemahlin melden sollte; die junge Königin wäre schon seit ein paar Tagen in großer Angst über sein Ausbleiben und fürchtete, er wäre im Zauberwald umgekommen. Die Wache nämlich glaubte nicht anders, als er wäre der junge König selbst, so ähnlich sah er ihm, und hatte auch die wilden Tiere hinter sich laufen.

Da merkte er, daß von seinem Bruder die Rede war, und dachte: »Es ist das beste, ich gebe mich für ihn aus, so kann ich ihn wohl leichter erretten.« Also ließ er sich von der Wache ins Schloß begleiten, und ward mit großen Freuden empfangen. Die junge Königin meinte nicht anders, als es wäre ihr Gemahl, und fragte ihn, warum er so lange ausgeblieben wäre. Er antwortete: »Ich hatte mich in einem Walde verirrt und konnte mich nicht eher wieder herausfinden.«

Abends ward er in das königliche Bette gebracht, aber er legte ein zweischneidiges Schwert zwischen sich und die junge Königin; sie wußte nicht, was das heißen sollte, getraute aber nicht zu fragen. Da blieb er ein paar Tage und erforschte derweil alles, wie es mit dem Zauberwald beschaffen war, endlich sprach er: »Ich muß noch einmal dort jagen.«

Der König und die junge Königin wollten es ihm ausreden, aber er bestand darauf und zog mit großer Begleitung hinaus. Als er in den Wald gekommen war, erging es ihm wie seinem Bruder, er sah eine weiße Hirschkuh und sprach zu seinen Leuten: »Bleibt hier und wartet, bis ich wiederkomme, ich will das schöne Wild jagen«, ritt in den Wald hinein, und seine Tiere liefen ihm nach.

Aber er konnte die Hirschkuh nicht einholen, und geriet so tief in den Wald, daß er darin übernachten mußte. Und als er ein Feuer angemacht hatte, hörte er über sich ächzen: »Hu, hu, hu, wie mich friert!« Da schaute er hinauf und er saß dieselbe Hexe oben im Baum. Sprach er: »Wenn dich friert, so komm herab, altes Mütterchen, und wärme dich.« Antwortete sie: »Nein, deine Tiere beißen mich.« Er aber sprach: »Sie tun dir nichts.« Da rief sie: »Ich will dir eine Rute hinabwerfen, wenn du sie damit schlägst, so tun sie mir nichts.«

Wie der Jäger das hörte, traute er der Alten nicht und sprach: »Meine Tiere schlag ich nicht, komm du herunter, oder ich hol dich.« Da rief sie: »Was willst du wohl? Du tust mir noch nichts.« Er aber antwortete: »Kommst du nicht, so schieß ich dich herunter.« Sprach sie: »Schieß nur zu, vor deinen Kugeln fürchte ich mich nicht.« Da legte er an und schoß nach ihr, aber die Hexe war fest gegen alle Bleikugeln, lachte, daß es gellte, und rief: »Du sollst mich noch nicht treffen.«

Der Jäger wußte Bescheid, riß sich drei silberne Knöpfe vom Rock und lud sie in die Büchse, denn dagegen war ihre Kunst umsonst, und als er losdrückte, stürzte sie gleich mit Geschrei herab. Da stellte er den Fuß auf sie und sprach: »Alte Hexe, wenn du nicht gleich gestehst, wo mein Bruder ist, so pack ich dich auf mit beiden Händen und werfe dich ins Feuer.«

Sie war in großer Angst, bat um Gnade und sagte: »Er liegt mit seinen Tieren versteinert in einem Graben.« Da zwang er sie, mit hinzugehen, drohte ihr und sprach: »Alte Meerkatze, jetzt machst du meinen Bruder und alle Geschöpfe, die hier liegen, lebendig, oder du kommst ins Feuer.« Sie nahm eine Rute und rührte die Steine an, da wurde sein Bruder mit den Tieren wieder lebendig, und viele andere, Kaufleute, Handwerker, Hirten, standen auf, dankten für ihre Befreiung und zogen heim.

Die Zwillingsbrüder aber, als sie sich wiedersahen, küßten sich und freuten sich von Herzen. Dann griffen sie die Hexe, banden sie und legten sie ins Feuer, und als sie verbrannt war, da tat sich der Wald von selbst auf, und war licht und hell, und man konnte das königliche Schloß auf drei Stunden Wegs sehen.

Nun gingen die zwei Brüder zusammen nach Haus und erzählten einander auf dem Weg ihre Schicksale. Und als der jüngste sagte, er wäre an des Königs Statt Herr im ganzen Lande, sprach der andere: »Das hab ich wohl gemerkt, denn als ich in die Stadt kam und für dich angesehen ward, da geschah mir alle königliche Ehre; die junge Königin hielt mich für ihren Gemahl, und ich mußte an ihrer Seite essen und in deinem Bett schlafen.«

Wie das der andere hörte, ward er so eifersüchtig und zornig, daß er sein Schwert zog und seinem Bruder den Kopf abschlug. Als dieser aber tot dalag, und er sein rotes Blut fließen sah, reute es ihn gewaltig: »Mein Bruder hat mich erlöst«, rief er aus, »und ich habe ihn dafür getötet!« und jammerte laut. Da kam sein Hase und erbot sich, von der Lebenswurzel zu holen, sprang fort und brachte sie noch zu rechter Zeit; und der Tote ward wieder ins Leben gebracht und merkte gar nichts von der Wunde.

Darauf zogen sie weiter, und der jüngste sprach: »Du siehst aus wie ich, hast königliche Kleider an wie ich, und die Tiere folgen dir nach wie mir; wir wollen zu den entgegengesetzten Toren eingehen und von zwei Seiten zugleich beim alten König anlangen.« Also trennten sie sich, und bei dem alten König kam zu gleicher Zeit die Wache von dem einen und dem andern Tore und meldete, der junge König mit den Tieren wäre von der Jagd angelangt. Sprach der König: »Es ist nicht möglich, die Tore liegen eine Stunde weit auseinander.«

Indem aber kamen von zwei Seiten die beiden Brüder in den Schloßhof hinein und stiegen beide herauf. Da sprach der König zu seiner Tochter: »Sag an, welcher ist dein Gemahl? Es sieht einer aus wie der andere, ich kann's nicht wissen.« Sie war da in großer Angst und konnte es nicht sagen, endlich fiel ihr das Halsband ein, das sie den Tieren gegeben hatte, suchte und fand an dem einen Löwen ihr goldenes Schlösschen; da rief sie vergnügt: »Der, dem dieser Löwe nachfolgt, der ist mein rechter Gemahl.«

Da lachte der junge König und sagte: »Ja, das ist der rechte«, und sie setzten sich zusammen zu Tisch, aßen und tranken, und waren fröhlich. Abends, als der junge König zu Bett ging, sprach seine Frau: »Warum hast du die vorigen Nächte immer ein zweischneidiges Schwert in unser Bett gelegt, ich habe geglaubt, du wolltest mich totschlagen.« Da erkannte er, wie treu sein Bruder gewesen war.

▶ 4.4 Symbol-Exzerpt

Dieser Text ist länger als alle vorhergehenden zusammen. Deshalb ist dieses Symbol-Exzerpt entsprechend knapp gehalten, nur die wirklich tragenden Symbole sind erfasst. Bei der Gruppierung wurde auch nicht auf szenische Klammern geachtet, sondern auf Gruppen, die für sich zu einem vollständigen Märchen taugen, auch wenn hier und da gewisse Ergänzungen nötig werden.

[1: Goldvogel]
böser Reicher/guter Armer
Besenbinder = Vater
Zwillingsbrüder
goldener Vogel
Kinder essen Herz u. Leber
Goldstück unter Kopfkissen
Rache/verirren
(Ende Fragment)

[2: Drachenkampf]
Jäger = Vater
freisprechen
fünf Tiere
getrennte Wege
versprochene Prinzessin
magisches Schwer
Marschall
siebenköpfiger Drache
Prinzessin gerettet

[3: falscher Bräutigam]
Wahrzeichen

Schlaftrance
Marschall
Enthauptung des Jägers
Todesdrohung
Auferstehung
Trauer
Feier
Tribunal/Beweise
Urteil
Gnade

[4: Verirrung]
Jagd
weiße Hirschkuh
Hexe
Versteinerung
Bruder
zweischneidiges Schwert
Jagd
weiße Hirschkuh
Hexe

Erlösung

[5: treuer Bruder]
Wiedersehen
Eifersucht/Enthauptung
Reue
Wiederbelebung
zwei Stadttore
Treuebeweis

▶ 4.5 Aufteilung

Das Gesamtmärchen soll in Folgen aufgeteilt werden. Aus den fünf Symbolgruppen könnten drei Folgen gemacht werden, die auch jeweils etwa ein Drittel des Textvolumens ausmachten, nämlich [1–2], [3], [4–5]. Zur Demonstration soll hier aber jede der fünf Gruppen zu einer in sich geschlossenen Folge entwickelt werden. Die Mindestanforderung dabei ist, dass jeder Textteil eine Ausgangssituation, einen Erfahrungsweg und die Erlösung beschreibt, wie es bei einem gewöhnlichen Märchen ist. Um dies zu erfüllen, muss bei einzelnen Teilen etwas ergänzt oder ausgebaut werden

4.5.1 Der Goldvogel

Der Text beginnt mit dem Gegensatz von Arm und Reich, ein altes Motiv. Den armen Kindern fällt das Glück zu, das der Reiche an sich reißen will. Diese Moral findet nur keinen überzeugenden Schluss, wie schon beim Fragment [KHM I-60]. Die Konstruktion mit dem Bösen ist fadenscheinig und funktioniert im Gesamttext nur, weil die Handlung sogleich weitergeht und es überspielt wird.

Ausgangssituation ist die Spannung zwischen Arm und Reich. Der Vater der Zwillingsbrüder ist Besenbinder, er kann seinen beiden Söhnen keine sichere Zukunft bieten. Weil es aber Glücks- oder Goldkinder sind, hält sie das nicht auf.

Statt den Vater den goldenen Vogel finden zu lassen, finde ich es stimmiger, die beiden Zwillinge finden erst die goldene Feder, dann das goldene Ei. Darauf zieht der Vater los und schießt den Goldvogel, um ihn dem Reichen zu verkaufen. Solches Verhalten passt zu einem Armen.

Die Farbe Gold weist immer auf das Besondere hin, das Lichtvolle. Gold *(Aurum)* ist das Symbol für astrales Licht *(Aura)*. Die Feder steht *pars pro toto* für den Vogel und die (geistige) Freiheit, die er bedeutet. Das Ei steht für die Urkraft, die Kugel des Seins, aus der das Werdende hinausdrängt. Deshalb ist das Ei auch Symbol des fünften Elements Äther (Akasha) oder Raum.

Der arme Vater weiß diese Werte nicht zu schätzen und verhökert sie an den gierigen Reichen, der auch an den spirituellen Werten nicht interessiert ist, sondern nur an der blanken Münze. Beide, der Arme wie der Reiche, zerstören nur die Schönheit; aber den Reichtum können sie nicht gewinnen. Der wirkliche Reichtum im Leben fällt nur dem zu, der reinen Herzens ist, wie die Zwillinge, die unverhofft dazu kommen, die Innereien zu essen und das tägliche Goldstück zu gewinnen.

Der Reiche ist bestraft genug, dass er sein gutes Geschäft nicht machen kann. Der Arme wird ›bestraft‹, weil seine beiden Söhne in die weite Welt ziehen.

4.5.2 Drachenkampf

Dieser Abschnitt erfüllt die Forderung der Abgeschlossenheit bereits. Die Ausgangssituation ist, dass die Zwillinge einen neuen ›guten‹ Vater gefunden haben, bei dem sie ein Handwerk lernen. Sie werden Jäger und er spricht sie frei.

Die Bewährung besteht in der Begegnung mit den fünf Tieren Hase, Fuchs, Wolf, Bär und Löwe. Dieses dramaturgische Element führt in der Folge zur fünffachen Wiederholung der wichtigen Szenen. Fünf ist die Zahl der Sinne des Wahrnehmens wie des Handelns, mit denen der Mensch die Welt beherrscht.

Nach der Bewährung gehen die Brüder getrennte Wege, sie lassen aber das blanke Messer als Zeichen zurück. Der eine Bruder kommt in die schwarze Stadt. Das magische Schwert sollte er durch Hilfe der Tiere finden. Der Marschall muss hier noch nicht eingeführt werden.

Der Held kämpft mit dem siebenköpfigen Drachen und rettet die Prinzessin. Dies ist ein altes mythisches Motiv, das vielfache Deutung gefunden hat. Spirituell sieht man im Drachen (Lindwurm) die geflügelte Schlange (Kundalini, Quetzalcoatl, Äskulap) der Lebenskraft oder die sexuelle Energie, die der Ritter besiegen muss, um der Prinzessin wert zu sein.

4.5.3 Der falsche Bräutigam

Dass ein Anderer oder eine Andere die oder den Liebsten heiraten soll, ist ein häufiges Motiv, allerdings sind die falschen Bräute deutlich in der Überzahl. Es gibt verschiedene Ursachen für die Dreieckssituation: Untreue, Verrat und so fort.

Dieser Teil knüpft bei der Erlösung der Prinzessin an. Sie verteilt ihre Halskette an die Tiere und schenkt ihrem Ritter ein Taschentuch mit ihrem Namen, in das er die abgeschnittenen Zungen des Drachens wickelt. Dann kommt große Müdigkeit über alle. Das gibt dem Marschall, der alles beobachtet hat, Gelegenheit, den Jäger zu enthaupten und die Prinzessin zu entführen. Der Held ist ›kopflos‹, weil er mit dem Schlechten in der Welt konfrontiert wird.

Wieder sind es die Tiere, die ihn retten, indem sie eine heilkräftige Wurzel herbeiholen. Es bleibt aber eine feine rote Linie rings um den Hals, dort wo das Haupt abgeschlagen war (s. u.).

Nun leistet der Held Trauerarbeit, indem er in der Welt herumzieht. Die Prinzessin hat ihre Treue bewiesen, indem sie in ihrer ausweglosen Situation wenigstens ein Jahr erbeten hat. Als das Jahr herum ist, kommt der Held (zufällig) wieder in die Stadt. Er erfährt von der anstehenden Hochzeit.

Er feiert mit seinen Tieren mit Brot, Fleisch, Gemüse, Nachspeise und Wein, bis er zur Hochzeit fährt, die zum Tribunal über den Marschall wird, weil der Held die Wahrzeichen präsentieren kann.

Der Marschall wird verurteilt, und der Held heiratet die Prinzessin. Es ist ein schönes Randmotiv, dass er dem Wirt die Spielschuld erlässt.

4.5.4 Die weiße Hirschkuh

Wenn der Held die Prinzessin heiratet, endet das Märchen gewöhnlich. Hier geht es weiter; auch das ein Hinweis auf die Collage-Vermutung. Der Held ist nun König und tut das, was viele andere Könige auch tun, sie sind auf der Jagd (nach was?), während die Königin zuhause im Schloss Ungemach erleidet, niederkommt oder beides.

Jagen ist seine Natur, doch dieses Mal entdeckt er eine weiße Hirschkuh. Wir können darüber spekulieren, was sie bedeuten soll, das Kind registriert nur das Bild. Der Held läuft der Hirschkuh hinterher und – verirrt sich.

Könige verirren sich regelmäßig, das heißt, sie kommen vom Weg ab, von welchem? Sie greifen eine Jungfrau auf, die schweigen muss, und nehmen sie mit; sie müssen Hilfe von Verwunschenen annehmen oder sie geraten in die Fänge des Bösen. So auch hier. Der Held verliert den Kontakt zu seinen Begleitern und muss im fremden Wald nächtigen.

Ohne viel Umschweife zeigt sich das Böse als Weiblein auf einem Baum, doch der Held ist so gutgläubig, dass er seine magischen Tiere mit eigener Hand versteinert und dann selbst der Hexe leichtes Opfer wird. Es ist selten anzusehen, wie der Held verwunschen wird, hier sehen wir zu, wie er zu Stein wird. Kennen Sie nicht auch Menschen, die irgendwann zu Stein geworden sind?

Nun kommt der Zwillingsbruder ins Spiel. Am nicht mehr blanken Messer erkennt er, dass sein Bruder Hilfe braucht. Er geht in die selbige Stadt und wird dort empfangen, als sei er sein Zwillingsbruder. Er klärt das nicht auf, legt aber im Ehebett ein zweischneidiges Schwert zwischen sich und die Königin, wie es sich eines Ritters geziemt.

Erlösung bringt der Bruder, indem er die Verfolgung der magischen Hirschkuh erneut durchlebt, doch wachsam ist und das Böse deshalb erkennt und überwältigt. Die Hexe zu verbrennen, finde ich nicht nur unnötig und historisch bedenklich konnotiert; jede Hexe ist eine verwunschene Prinzessin, die auf Erlösung hofft. Und dramaturgisch gesehen braucht der Zwillingsbruder am Ende ja auch eine Braut.

4.5.5 Treueprobe

Dieser letzte Teil ist besonders rudimentär, enthält aber doch alle nötigen Elemente. Ausgangssituation ist die Freude des Wiedersehens. Treuherzig berichtet der Zwilling, dass er wie der König im Schloss empfangen wurde und sogar im Bett der Königin schlafen musste. Da überkommt den König die Eifersucht und er enthauptet nun seinerseits seinen Bruder. Ein interessantes Motiv, das hier aber nicht weiter vertieft werden soll.

Sogleich empfindet er Reue; die erlöste Hexe kann an dieser Stelle dramaturgisch helfen. Die Analogie zur ersten Enthauptung soll so weit möglich hergestellt werden. Im Ergebnis haben nun beide die feine rote Linie um den Hals, dort, wo das Haupt abgetrennt war.

Nun sind sie wieder völlig gleich und es entsteht die Idee mit den beiden Stadttoren. Der Treue- oder Liebesbeweis der Königin soll darin liegen, dass sie zwischen den äußerlich Identischen den innerlich Richtigen herausfindet. Ein Motiv, das in anderen Märchen auch vorkommt. Es gelingt ihr, weil die Krafttiere ihres Ritters die Teile ihres Halsbands (Wahrzeichen) tragen.

Nun folgt der Treuebeweis für den jungen König genauso beiläufig und zufällig, wie der Verdacht der Untreue entstand.

4.5.6 Zusammenfassung

Die Bildsymbolik der Märchen ist nach meiner Auffassung eine eingeständige ›Sprache‹. Um diese Sprache zu verstehen und zu erlernen, habe ich zunächst wichtige ›Vokabeln‹* zusammengetragen. Daraus lassen sich aber noch keine Märchen entwickeln.

Als nächstes sind die Handlungsmuster zu erkennen. Handlungsmuster oder Motive beschreiben grundlegende Konstellationen und Konflikte im gesellschaftlichen Zusammenleben, insbesondere in der Familie, auf der Bühne der Seele, der reinen Symbolik. Und diese Symbolik bedeutet auch eine Vollkommenheit in dem Sinne, dass die Gegensätze vereint sind. Darin liegt die heilende Kraft des Symbols.

Um solche Handlungsmuster zu verdeutlichen, wurde die Aufteilung dieses viel zu langen Märchentextes demonstriert. Motive, wie sie in Märchen zu finden sind, finden sich auch in den Epen und Mythen, aber ebenso in Romanen und Filmen bis in unsere Tage. Das menschliche Drama spielt nach den immer gleichen Regeln.

Die Motive der Typenverzeichnisse sind zum Teil mikroskopischer als das, was ich als Handlungsmuster bezeichnet habe. Um nicht mit dem längst geprägten Begriff *Motiv* zu interferieren, werde ich von *Stück* sprechen und Handlungsmuster meinen, die an sich für ein ganzes Märchen hinreicht, also mit Eingangssituation, Bewährung und Erlösung ausgestattet sind.

Und umgekehrt stelle ich mir eine zunächst noch fiktive Menge solcher ›reinen‹, also auf ihren Kern reduzierten Stücke vor, einen Spielplan sozusagen. Die Stücke werden von wechselnden Darbietern interpretiert und weiterentwickelt.

*Bonin, Felix von: Kleines Handlexikon zur Märchen-Symbolik. Stuttgart 2001

Wie wir sehen, können auch mehrere Stücke zu einem längeren Werk zusammenkomponiert werden.

Die ›Wörter‹ der Märchensprache zu kennen, reicht nicht aus. Auch die von Lüthi formulierte ›Grammatik‹ verhilft uns noch nicht zum Sprechen. Es fehlt das Stück. Das besondere an der Märchensprache ist nämlich, dass sie ausschließlich dazu taugt, die seit Urvätern bekannten Stücke in immer neuen Inszenierungen darzubieten.* Es gibt eigentlich keine neuen Stücke, obwohl ich es nicht ausschließen mag. Wo allerdings versucht wird, ›neue‹ Themen in neuen ›Märchen‹ zu bearbeiten, entsteht Unstimmigkeit, die rational kaum zu beschreiben ist. Ähnlich ist es, wenn Märchen kenntnislos bearbeitet oder inszeniert trotzdem als Märchen verstanden werden wollen.

Die Stücke zu isolieren wäre ein wesentlicher Schritt zur Märchensprache, weil dann zielgenau aus diesem Spielplan entsprechend dem jeweiligen Bedürfnis ein Handlungsmuster als Grundkonzept ausgewählt werden könnte. Darauf kann dann mit dem bekannten Personal und gegebenenfalls weiteren Motiven oder Stücken in Märchen-Vokabeln erzählt werden.

Für das vorliegende Werk ist noch interessant, dass es ein Märchen gibt, das als »Von Johannes-Wassersprung und Caspar-Wassersprung« [KHM I-74] in der Erstausgabe erschien und offensichtlich eine wesentliche Grundlage für diese Bearbeitung geliefert hat.

Dieses Märchen, das in der späten Ausgabe nicht mehr erscheint, hat einen sehr schönen symbolischen Anfang und die Zwillinge haben keinen Vater. Auch die Abschiedszene beeindruckt, bei der jeder von beiden einen silbernen Stern mit auf den Weg bekommt, jeder von ihnen ist ein ›Star‹. Dieses Motiv ist durch das Stück »Goldvogel« ersetzt worden.

Der Schluss erscheint beim älteren Text fragmentarisch, wie eine knappe Erinnerung. Es sind aber auch einige interessante Elemente hinzugekommen, andere fortgefallen. Das alles kann hier nicht verfolgt werden.

Das Motiv »Goldvogel« kommt in einem anderen Märchen vor, »Goldkinder« [KHM I-63], das auch in der späteren Ausgabe fehlt. Dort gibt es auch das Motiv

*Dass diese Tradition vor zwei Jahrhunderten abgebrochen ist, wurde bereits erörtert; auch dass wir sie mit unseren Mitteln heute auf anderer Ebene (Therapie) wiederbeleben können und dass das vorteilhaft sein könnte.

der Verirrung nach der Eheschließung. Aus all diesen Komponenten wurde das vorliegende Werk zusammengesetzt und ob man das nun für zulässig oder nicht erachtet, eine gewisse Kunstfertigkeit ist den Grimms dabei nicht abzusprechen; die Gesamtkomposition überzeugt durchaus:

[Goldvogel] / [Drachenkampf] / [falscher Bräutigam]
[Verirrung] / [Treueprobe]

❺ Einweihung

▶ Rapunzel

▶ 5.1 Vorwort

Rapunzel gehört zweifellos zu den ›großen‹ Märchen im Kanon. Wenn man nach bekannten Märchen fragt, werden in aller Regel nur ganz bestimmte genannt und die Nennungen konzentrieren sich auf ein, zwei Dutzend Titel. Oft ist es eine bestimmte Figur oder ein einzelnes Bild, das die Popularität eines Märchens begründet. Trotzdem halte ich die Annahme für berechtigt, dass diese Märchen über den Einzelaspekt hinaus Viele ansprechen, weil sie Themen anrühren oder eine Projektionsfläche für Themen bieten, die allgemein betreffen.

Das populäre Bild dieses Märchens ist das lange Haar, das Rapunzel von ihrem Turmfenster hinablässt. Was für ein Bild! Eine Jungfrau, also ein Mädchen um die Geschlechtsreife, sitzt in einem Turm ohne Tür und Treppe und ›kommuniziert‹ mit der Außenwelt nur über ihr langes Haar.

Die beiden Textversionen sind sehr ähnlich. Trotzdem lohnt es, beide zu lesen, weil sie an wesentlichen Stellen bemerkenswert abweichen.

▶ 5.2 Rapunzel [KHM I-12]
in der Textversion von 1812

Es war einmal ein Mann und eine Frau, die hatten sich schon lange ein Kind gewünscht und nie eins bekommen, endlich aber ward die Frau guter Hoffnung. Diese Leute hatten in ihrem Hinterhaus ein kleines Fenster, daraus konnten sie in den Garten einer Fee sehen, der voll von

Blumen und Kräutern stand, allerlei Art, keiner aber durfte es wagen, in den Garten hineinzugehen. Eines Tages stand die Frau an diesem Fenster und sah hinab, da erblickte sie wunderschöne Rapunzeln auf einem Beet und wurde so lüstern darnach, und wußte doch, daß sie keine davon bekommen konnte, daß sie ganz abfiel und elend wurde. Ihr Mann erschrack endlich und fragte nach der Ursache; »ach wenn ich keine von den Rapunzeln aus dem Garten hinter unserm Haus zu essen kriege, so muß ich sterben.« Der Mann, welcher sie gar lieb hatte, dachte, es mag kosten was es will, so willst du ihr doch welche schaffen, stieg eines Abends über die hohe Mauer und stach in aller Eile eine Hand voll Rapunzeln aus, die er seiner Frau brachte.

Die Frau machte sich sogleich Salat daraus, und aß sie in vollem Heißhunger auf. Sie hatten ihr aber so gut, so gut geschmeckt, daß sie den andern Tag noch dreimal soviel Lust bekam. Der Mann sah wohl, daß keine Ruh wäre, also stieg er noch einmal in den Garten, allein er erschrack gewaltig, als die Fee darin stand und ihn heftig schalt, daß er es wage in ihren Garten zu kommen und daraus zu stehlen. Er entschuldigte sich, so gut er konnte, mit der Schwangerschaft seiner Frau, und wie gefährlich es sey, ihr dann etwas abzuschlagen, endlich sprach die Fee: »ich will mich zufrieden geben und dir selbst gestatten Rapunzeln mitzunehmen, so viel du willst, wofern du mir das Kind geben wirst, womit deine Frau jetzo geht.« In der Angst sagte der Mann alles zu, und als die Frau in Wochen kam, erschien die Fee sogleich, nannte das kleine Mädchen Rapunzel und nahm es mit sich fort.

Dieses Rapunzel wurde das schönste Kind unter der Sonne, wie es aber zwölf Jahr alt war, so schloß es die Fee in einen hohen hohen Thurm, der hatte weder Thür noch Treppe, nur bloß ganz oben war ein kleines Fensterchen. Wenn nun die Fee hinein wollte, so stand sie unten und rief:

»Rapunzel, Rapunzel!
laß mir dein Haar herunter.«

Rapunzel hatte aber prächtige Haare, fein wie gesponnen Gold, und wenn die Fee so rief, so band sie sie los, wickelte sie oben um einen Fensterhaken und dann fielen die Haare zwanzig Ellen tief hinunter und die Fee stieg daran hinauf. Eines Tages kam nun ein junger Königssohn durch den Wald, wo der Thurm stand, sah das schöne Rapunzel oben am Fenster stehen und hörte sie mit so süßer Stimme singen, daß er sich ganz in sie verliebte. Da aber keine Thüre im Thurm war und keine Leiter so hoch reichen konnte, so gerieth er in Verzweiflung, doch ging er alle Tage in den Wald hin, bis er einstmals die Fee kommen sah, die sprach:

»Rapunzel, Rapunzel!
laß dein Haar herunter.«

Darauf sah er wohl, auf welcher Leiter man in den Thurm kommen konnte. Er hatte sich aber die Worte wohl gemerkt, die man sprechen mußte, und des andern Tages, als es dunkel war, ging er an den Thurm und sprach hinauf:

»Rapunzel, Rapunzel!
laß dein Haar herunter.«

Da ließ sie die Haare los, und wie sie unten waren, machte er sich daran fest und wurde hinaufgezogen. Rapunzel erschrack nun anfangs, bald aber gefiel ihr der junge König so gut, daß sie mit ihm verabredete, er solle alle Tage kommen und hinaufgezogen werden.

So lebten sie lustig und in Freuden eine geraume Zeit, und die Fee kam nicht dahinter, bis eines Tages das Rapunzel anfing und zu ihr sagte: »sag' sie mir doch Frau Gothel, meine Kleiderchen werden mir so eng und wollen nicht mehr passen.« Ach du gottloses Kind, sprach die Fee, was muß ich von dir hören, und sie merkte gleich, wie sie betrogen wäre, und war ganz aufgebracht. Da nahm sie die schönen Haare Rapunzels, schlug sie ein paar Mal um ihre linke Hand, griff eine Scheere mit der rechten und ritsch, ritsch, waren sie abgeschnitten. Darauf verwieß sie Rapunzel in eine Wüstenei, wo es ihr sehr kümmerlich erging und sie nach Verlauf einiger Zeit Zwillinge, einen Knaben und ein Mädchen gebar.

Denselben Tag aber, wo sie Rapunzel verstoßen hatte, machte die Fee Abends die abgeschnittenen Haare oben am Haken fest, und als der Königssohn kam: Rapunzel, Rapunzel, laß dein Haar herunter! so ließ sie zwar die Haare nieder, allein wie erstaunte der Prinz, als er statt seines geliebten Rapunzels die Fee oben fand. »Weißt du was, sprach die erzürnte Fee, Rapunzel ist für dich Bösewicht auf immer verloren!« Da wurde der Königssohn ganz verzweifelnd, und stürzte sich gleich den Thurm hinab, das Leben brachte er davon, aber die beiden Augen hatte er sich ausgefallen, traurig irrte er im Wald herum, aß nichts als Gras und Wurzeln, und that nichts als weinen.

Einige Jahre nachher geräth er in jene Wüstenei, wo Rapunzel kümmerlich mit ihren Kindern lebte, ihre Stimme däuchte ihm so bekannt, in demselben Augenblick erkannte sie ihn auch und fällt ihm um den Hals. Zwei von ihren Thränen fallen in seine Augen, da werden sie wieder klar, und er kann damit sehen, wie sonst.

▶ 5.3 Rapunzel [KHM 12]
in der Textversion von 1857

Es war einmal ein Mann und eine Frau, die wünschten sich schon lange vergeblich ein Kind, endlich machte sich die Frau Hoffnung, der liebe Gott werde ihren Wunsch erfüllen. Die Leute hatten in ihrem Hinterhaus ein kleines Fenster, daraus konnte man in einen prächtigen Garten sehen, der voll der schönsten Blumen und Kräuter stand; er war aber von einer hohen Mauer umgeben, und niemand wagte hineinzugehen, weil er einer Zauberin gehörte, die große Macht hatte und von aller Welt gefürchtet ward.

Eines Tages stand die Frau an diesem Fenster und sah in den Garten hinab, da erblickte sie ein Beet, das mit den schönsten Rapunzeln bepflanzt war; und sie sahen so frisch und grün aus, daß sie lüstern ward und das größte Verlangen empfand, von den Rapunzeln zu essen. Das

Verlangen nahm jeden Tag zu, und da sie wußte, daß sie keine davon bekommen konnte, so fiel sie ganz ab, sah blaß und elend aus. Da erschrak der Mann und fragte: »Was fehlt dir, liebe Frau?« – »Ach«, antwortete sie, »wenn ich keine Rapunzeln aus dem Garten hinter unserm Hause zu essen kriege, so sterbe ich.« Der Mann, der sie lieb hatte, dachte: »Eh du deine Frau sterben lässest, holst du ihr von den Rapunzeln, es mag kosten, was es will.«

In der Abenddämmerung stieg er also über die Mauer in den Garten der Zauberin, stach in aller Eile eine Handvoll Rapunzeln und brachte sie seiner Frau. Sie machte sich sogleich Salat daraus und aß sie in voller Begierde auf. Sie hatten ihr aber so gut, so gut geschmeckt, daß sie den andern Tag noch dreimal soviel Lust bekam. Sollte sie Ruhe haben, so mußte der Mann noch einmal in den Garten steigen. Er machte sich also in der Abenddämmerung wieder hinab, als er aber die Mauer herabgeklettert war, erschrak er gewaltig, denn er sah die Zauberin vor sich stehen. »Wie kannst du es wagen«, sprach sie mit zornigem Blick »in meinen Garten zu steigen und wie ein Dieb mir meine Rapunzeln zu stehlen? Das soll dir schlecht bekommen.« – »Ach«, antwortete er, »laßt Gnade für Recht ergehen, ich habe mich nur aus Not dazu entschlossen; meine Frau hat Eure Rapunzeln aus dem Fenster erblickt und empfindet ein so großes Gelüsten, daß sie sterben würde, wenn sie nicht davon zu essen bekäme.«

Da ließ die Zauberin in ihrem Zorne nach und sprach zu ihm: »Verhält es sich so, wie du sagst, so will ich dir gestatten, Rapunzeln mitzunehmen, soviel du willst, allein ich mache eine Bedingung; du mußt mir das Kind geben, das deine Frau zur Welt bringen wird. Es soll ihm gut gehen, und ich will für es sorgen wie eine Mutter.« Der Mann sagte in der Angst alles zu, und als die Frau in Wochen kam, so erschien sogleich die Zauberin, gab dem Kinde den Namen Rapunzel und nahm es mit sich fort.

Rapunzel ward das schönste Kind unter der Sonne. Als es zwölf Jahre alt war, schloß es die Zauberin in einen Turm, der in einem Walde lag, und weder Treppe noch Türe hatte, nur ganz oben war ein kleines Fensterchen. Wenn die Zauberin hinein wollte, so stellte sie sich unten hin und rief:

»Rapunzel, Rapunzel,
laß mir dein Haar herunter.«

Rapunzel hatte lange prächtige Haare, fein wie gesponnen Gold. Wenn sie nun die Stimme der Zauberin vernahm, so band sie ihre Zöpfe los, wickelte sie oben um einen Fensterhaken, und dann fielen die Haare zwanzig Ellen tief herunter, und die Zauberin stieg daran hinauf.

Nach ein paar Jahren trug es sich zu, daß der Sohn des Königs durch den Wald ritt und an dem Turm vorüberkam. Da hörte er einen Gesang, der war so lieblich, daß er still hielt und horchte. Das war Rapunzel, die in ihrer Einsamkeit sich die Zeit damit vertrieb, ihre süße Stimme erschallen zu lassen. Der Königssohn wollte zu ihr hinaufsteigen und suchte nach einer Türe des Turms, aber es war keine zu finden. Er ritt heim, doch der Gesang hatte ihm so sehr das Herz gerührt, daß er jeden Tag hinaus in den Wald ging und zuhörte.

Als er einmal so hinter einem Baum stand, sah er, daß eine Zauberin herankam, und hörte, wie sie hinaufrief:

»Rapunzel, Rapunzel,
laß dein Haar herunter.«

Da ließ Rapunzel die Haarflechten herab, und die Zauberin stieg zu ihr hinauf. »Ist das die Leiter, auf welcher man hinaufkommt, so will ich auch einmal mein Glück versuchen.« Und den folgenden Tag, als es anfing dunkel zu werden, ging er zu dem Turme und rief:

»Rapunzel, Rapunzel,
laß dein Haar herunter.«

Alsbald fielen die Haare herab, und der Königssohn stieg hinauf. Anfangs erschrak Rapunzel gewaltig, als ein Mann zu ihr hereinkam, wie ihre Augen noch nie einen erblickt hatten, doch der Königssohn fing an, ganz freundlich mit ihr zu reden, und erzählte ihr, daß von ihrem Gesang sein Herz so sehr sei bewegt worden, daß es ihm keine Ruhe gelassen und er sie selbst habe sehen müssen. Da verlor Rapunzel ihre Angst, und als er sie fragte, ob sie ihn zum Mann nehmen wollte, und sie sah, daß er jung und schön war, so dachte sie: »Der wird mich lieber haben als die alte Frau Gotel«, und sagte ja, und legte ihre Hand in seine Hand. Sie sprach: »Ich will gerne mit dir gehen, aber ich weiß nicht, wie ich herabkommen kann. Wenn du kommst, so bringe jedesmal einen Strang Seide mit, daraus will ich eine Leiter flechten, und wenn die fertig ist, so steige ich herunter und du nimmst mich auf dein Pferd.« Sie verabredeten, daß er bis dahin alle Abend zu ihr kommen sollte, denn bei Tag kam die Alte.

Die Zauberin merkte auch nichts davon, bis einmal Rapunzel anfing und zu ihr sagte: »Sag sie mir doch, Frau Gotel, wie kommt es nur, sie wird mir viel schwerer heraufzuziehen als der junge Königssohn, der ist in einem Augenblick bei mir.« – »Ach du gottloses Kind«, rief die Zauberin, »was muß ich von dir hören, ich dachte, ich hätte dich von aller Welt geschieden, und du hast mich doch betrogen!« In ihrem Zorne packte sie die schönen Haare der Rapunzel, schlug sie ein paarmal um ihre linke Hand, griff eine Schere mit der rechten, und ritsch, ratsch waren sie abgeschnitten, und die schönen Flechten lagen auf der Erde. Und sie war so unbarmherzig, daß sie die arme Rapunzel in eine Wüstenei brachte, wo sie in großem Jammer und Elend leben mußte.

Denselben Tag aber, wo sie Rapunzel verstoßen hatte, machte abends die Zauberin die abgeschnittenen Flechten oben am Fensterhaken fest, und als der Königssohn kam und rief:

»Rapunzel, Rapunzel,
laß dein Haar herunter«,

so ließ sie die Haare hinab. Der Königssohn stieg hinauf, aber er fand oben nicht seine liebste Rapunzel, sondern die Zauberin, die ihn mit bösen und giftigen Blicken ansah. »Aha«, rief sie höhnisch, »du willst die Frau Liebste holen, aber der schöne Vogel sitzt nicht mehr im Nest und singt nicht mehr, die Katze hat ihn geholt und wird dir auch noch die Augen auskratzen. Für dich ist Rapunzel verloren, du wirst sie nie wieder erblicken.«

Der Königssohn geriet außer sich vor Schmerzen, und in der Verzweiflung sprang er den Turm herab; das Leben brachte er davon, aber die Dornen, in die er fiel, zerstachen ihm die Augen. Da irrte er blind im Walde umher, aß nichts als Wurzeln und Beeren, und tat nichts als jammern und weinen über den Verlust seiner liebsten Frau. So wanderte er einige Jahre im Elend umher und geriet endlich in die Wüstenei, wo Rapunzel mit den Zwillingen, die sie geboren hatte, einem Knaben und Mädchen, kümmerlich lebte. Er vernahm eine Stimme, und sie deuchte ihn so bekannt; da ging er darauf zu, und wie er herankam, erkannte ihn Rapunzel und fiel ihm um den Hals und weinte. Zwei von ihren Tränen aber benetzten seine Augen, da wurden sie wieder klar, und er konnte damit sehen wie sonst. Er führte sie in sein Reich, wo er mit Freude empfangen ward, und sie lebten noch lange glücklich und vergnügt.

▶ 5.4 Betrachtung

Der Text hat ein klar strukturiertes Konzept, er erzählt ein einziges – wie im vorhergehenden Abschnitt entwickelt – Stück; dieser Text könnte unmöglich in mehrere Texte oder Stücke aufgeteilt werden. Die Szenenfolge ist

[1: Gelüst der Schwangeren]
[2: Ehemann in fremdem Garten]
[3: Spruch der Zauberin]
[4: Jungfrau im Turm]
[5: ungewollte Schwangerschaft]
[6: Blindheit des Jünglings]
[7: Wunderheilung]

Dem ist als Deutung an dieser Stelle nichts hinzuzufügen. Nehmen wir die klassische Dreiteilung der Handlung vor, so ist die unfreie und unaufrichtige Beziehung der Eltern die Notsituation, von der dieses Märchen ausgeht.

Die Eltern ›verlieren‹ ihr Kind an die Zauberin; in der Erstfassung wird sie als Fee bezeichnet. Was ist das für eine Frau? Wofür steht sie? Sie besitzt einen prächtigen Garten. Der Wortstamm *gart* bezeichnet einen umfriedeten Bezirk (engl. *yard*), einen geschützten Raum. Und das, was den Schutz gewehrt, ist die Hecke, die sich vom Wortstamm *hag* (Gehege) herleitet. Deshalb heißt die pflanzenkundige und naturweise Frau, die den Garten bewirtschaftet, Hagefrau oder Hexe. Mit Recht stellt Hedwig von Beit deshalb fest, der Garten sei »eines der ältesten und unbezweifeltsten Symbole für den weiblichen Leib«.*

*Beit, Hedwig von: Symbolik des Märchens. Bern (Francke) 1986,7. S. 439

In archaischen Kulturen war es üblich, Mädchen (z. T. auch Jungen) während der eintretenden Geschlechtsreife in erdferne Räume abzusondern. Daher ist der Turm ein Symbol der Jungfräulichkeit; er kommt in mehreren Märchen vor, nur nicht so exponiert wie hier. Gebäude wie Hütte, Haus oder Turm sind Symbole für den Körper als Wohnung der Seele.

Junge Leute in dieser Entwicklungsetappe »erdfern« abzusondern, also oben in einen Turm zu führen, bedeutet, ihrer geistigen und seelischen Reifung Vortrieb zu geben, damit die körperliche positiv verarbeit werden kann. Das steht in krassem Gegensatz zu unserer Zeit, wo schon ältere Kinder in der »offenen Gesellschaft« durch die Medien mit der Körperlichkeit der Sexualität vertraut gemacht und in sie hinein geführt werden, ohne dass sie geistig und seelisch dafür auch nur annähernd reif wären.[1]

Das Haar ist besonders bei der Frau ein erotisches Attribut und verleiht ihr im Märchen »die Gabe, wann immer sie wollte, die Männer mit ihren Haaren zu behexen, zu binden, zu fesseln, zu knoten, zu ketten und zu umgarnen«.[2]

Rapunzel wirft ihre Haare vom Turmfenster aus wie eine Angel und ›angelt‹ sich einen Prinzen. Das pubertäre Treiben geht eine Weile hinter dem Rücken der »Frau Gotel«[3], bis die sicherlich ungewollte und unerwünschte Schwangerschaft offenbar wird.

Es ist eine Besonderheit dieses Märchens, dass dieser zweite Abschnitt nicht den Erlösungsweg des Helden beschreibt, sondern eine Amplifikation der eingangs beschriebenen Notsituation ist, beziehungsweise ihre Transponierung auf die nachfolgende Generation. Die Suchwanderung fällt dagegen rudimentär kurz aus.

Zunächst treffen wir aber wieder auf eine der unsäglichen kleinen Änderungen, wenn es in der späteren Fassung heißt: »Und sie [Frau Gotel] war so unbarmherzig, daß sie die arme Rapunzel in eine Wüstenei brachte, wo sie in großem Jammer und Elend leben mußte.« Ursprünglich hieß es ganz schlicht: »Darauf verwieß sie Rapunzel in eine Wüstenei, wo es ihr sehr kümmerlich erging.«

[1] s. auch: Bonin, Felix von: Dornröschen. Erweckung des Weiblichen. Heilung durch Märchen Bd. 3. Ahlerstedt (Param) 2002.

[2] Heindrichs, Ursula u. Heinz-Albert (Hrsg.): Zauber-Märchen. München (Diederichs) 1998. S. 16

[3] Godel, Godl, Gotel: süddeutsch und österreichisch für Patin

[4] ein Dalmatiner

Die weise Frau, die sich offensichtlich um Rapunzels Bildung und Entfaltung bemüht hat, ist beileibe nicht »unbarmherzig« und Rapunzel das »arme« Opfer dieser Unbarmherzigkeit. Das ist eine Verdrehung, die für Schuldprojektionen typisch ist und in kein Märchen gehört. Und diese Projektion tobt sich noch gehörig weiter aus, wenn von »bösen und giftigen Blicken« die Rede ist, wenn sie »höhnisch« ruft und dem Prinzen »auch noch die Augen auskratzen« will. Hier hat sich, wie an vielen anderen Stellen nachweisbar, die Emotionalität des Herausgebers und seiner Zeit manifestiert, denn von all dem ist in der ursprünglichen Fassung nicht die Rede. Die Fee dort ist neutral, sie reflektiert nur das Verhalten des jungen Paars. Der, der reflektiert, bietet sich aber bevorzugt als Zielscheibe für Projektionen an.

Ein junges Mädchen, das schwanger wird, sieht, Gotel hin, Gotel her, sehr wahrscheinlich einem »kümmerlichen« Leben entgegen, heute wie vor zweihundert oder mehr Jahren, und selbst wenn ihre Familie wohlhabend ist, wird doch ihr seelisches Leben vermutlich kümmerlich geraten.

Der junge Mann, der an den »Früchten in Nachbars Garten« genascht hat, ist angesichts der Folgen seines Handelns verzweifelt. Daran hat er natürlich nicht gedacht, als ihn das überkam, was er aus Mangel an Erfahrung Liebe nannte. Liebe macht blind, heißt es, doch es sind mehr die begleitenden hormonellen Wallungen, die das Wahrnehmungsvermögen stark beeinträchtigen. Nur wer Erotik und Sexualität nicht auseinander halten kann, mag hier von Liebe sprechen.

Ein junger Mann, der solcherart seinen Trieben handelt, ist in der Tat blind; blind für sein Tun und blind für seine unerfahrene Gespielin. Durch die ungewollte Schwangerschaft wird sein Leben genauso aus der Bahn gebracht, wie das des Rapunzels.

Eine Erlösung gibt es in diesem Fall nicht, denn die Zwillinge sind ja in der Welt. Die Erlösung besteht darin, dass der ›blinde‹ Prinz doch wenigstens zu seinem Rapunzel zurückfindet und ihre Tränen ihm die Augen öffnen. Das ist kein fröhlicher Schluss, aber im Rahmen der Thematik ein positiver. Was aber die Herausgeber in der späteren Fassung zu viel Gift über die Zauberin gegossen haben, das übergießen sie den ernsten Schluss nun mit zu viel Zuckerguss.

❻ Therapie

▶ Allerleirauh

▶ 6.1 Vorwort

Märchen behandeln nicht nur die mit der kindlichen Entwicklung verbundenen Konflikte und Herausforderungen, Märchen thematisieren in den Gruppen ❹ und ❺ darüber hinaus auch die Verstrickungen und Abgründe des menschlichen Zusammenlebens. Dabei werden grundsätzliche und allgemein verbreitete Konflikte beschrieben, doch in manchen Texten weist das Geschehen auf noch tiefere seelische Verletzungen von pathologischer Dimension.

Es wurde schon darauf hingewiesen, dass ein Kind die Symbolik nur erfasst, wenn es betroffen ist, denn es wird ja nichts offen ausgesprochen. Deshalb ist die Gruppe ❻ an sich eine Untermenge der Gruppe ❺. Umgekehrt soll nicht behauptet werden, nur die hier in Gruppe ❻ zusammengefassten Märchen würden therapeutisch nutzbar sein.

Allerleirauh behandelt, für den Erwachsenen ganz offenbar, den sexuellen Missbrauch und sein Umfeld. Doch zum Vollzug kommt es nicht, und alles kann genauso gut inzestuöse Phantasie einer Pubertierenden sein. Das Märchen ist bekannt (also beliebt), denn die ödipale Konstellation von Vater und Tochter bereitet mehr psychosozialen Stress, als öffentlich wird. Das Thema ist nicht neu. Vermutlich wird dieses Märchen bevorzugt, weil es zum tatsächlichen Missbrauch nicht kommt, alles im »Reich der Phantasie« verbleibt, ganz anders als beim »Mädchen ohne Hände« [KHM 31], das wohl als zu drastisch empfunden wird. Als ob es bei diesem Sachverhalt etwas zu beschönigen gäbe.

Auch bei diesem Märchen lohnt es wieder, die beiden sehr ähnlichen Fassungen zu lesen, weil wiederum ganz entscheidende Elemente in der späteren Fassung geändert wurden.

▶ 6.2 Allerlei-Rauh [KHM I-65]

in der Textversion von 1812

Es war einmal ein König, der hatte eine Frau, die war die schönste auf der Welt, und hatte Haare von purem Gold; sie hatten auch eine Tochter mit einander, die war so schön wie ihre

Mutter, und ihre Haare waren eben so golden. Einmal ward die Königin krank, und als sie fühlte, daß sie sterben müsse, rief sie den König und bat ihn, er möge nach ihrem Tod doch niemand heirathen, der nicht eben so schön wäre wie sie, und eben so goldne Haare hätte; und nachdem ihr der König das versprochen hatte, starb sie.

Der König war lange Zeit so betrübt, daß er gar an keine zweite Frau dachte, endlich aber ermahnten ihn seine Räthe, sich wieder zu vermählen; da wurden Botschafter abgeschickt an alle Prinzessinnen, aber keine war so schön wie die verstorbene Königin, so goldenes Haar war auch gar nicht mehr zu finden auf der Welt. Da warf der König einmal die Augen auf seine Tochter, und wie er so sah, daß sie ganz ihrer Mutter glich und auch ein so goldenes Haar hatte, so dachte er, du kannst doch auf der Welt niemand so schön finden, du mußt deine Tochter heirathen, und fühlte in dem Augenblick eine so große Liebe zu ihr, daß er gleich den Räthen und der Prinzessin seinen Willen kund that. Die Räthe wollten es ihm ausreden, aber das war umsonst. Die Prinzessin erschrack von Herzen über dies gottlose Vorhaben, weil sie aber klug war, sagte sie dem König, er solle ihr erst drei Kleider schaffen, eins so golden wie die Sonne, eins so weiß wie der Mond, und eins so glänzend wie die Sterne, dann aber einen Mantel von tausenderlei Pelz zusammengesetzt, und alle Thiere im Reich müßten ein Stück von ihrer Haut dazu geben.

Der König war so heftig in seiner Begierde, daß er im ganzen Reich daran arbeiten ließ, seine Jäger alle Thiere auffangen, und ihnen die Haut abziehen mußten, daraus ward der Mantel gemacht, und es dauerte nicht lang, so brachte er der Prinzessin, was sie verlangt hatte. Die Prinzessin sagte nun, sie wolle sich morgen mit ihm trauen lassen, in der Nacht aber suchte sie die Geschenke, die sie von ihrem Bräutigam hatte, zusammen, das war ein goldener Ring, ein golden Spinnrädchen und ein goldenes Häspelchen, die drei Kleider aber that sie in eine Nuß, dann machte sie sich Gesicht und Hände mit Ruß schwarz, zog den Mantel von allerlei Pelz an, und ging fort. Sie ging die ganze Nacht, bis sie in einen großen Wald kam, da war sie sicher, und weil sie so müd war, setzte sie sich in einen holen Baum, und schlief ein.

Sie schlief noch am hohen Tag, da jagte gerade der König, ihr Bräutigam, in dem Wald, seine Hunde aber liefen um den Baum, und schnupperten daran. Der König schickte seine Jäger hin, die sollten sehen, was für ein Thier in dem Baum steckte, die kamen wieder und sagten, es liege ein so wunderliches Thier darin, wie sie ihr Lebtag noch keins gesehen, Rauhwerk allerlei Art sey an seiner Haut, es liege aber und schlafe. Da befahl der König sie sollten es fangen und hinten auf den Wagen binden. Das thaten die Jäger, und wie sie es hervorzogen, sahen sie, daß es ein Mädchen war, da banden sie es hinten auf und fuhren mit ihm heim. »Allerlei-Rauh, sagten sie, du bist gut für die Küche, du kannst Holz und Wasser tragen, und die Asche zusammen kehren;« dann gaben sie ihm ein kleines Ställchen unter der Treppe, wohin kein Tagslicht kam: »da kannst du wohnen und schlafen.«

Nun mußte es in die Küche, da half es dem Koch, rupfte die Hüner, schürte das Feuer, belas das Gemüs, und that alle schlechte Arbeit. Weil es alles so ordentlich machte, war ihm der Koch gut und rief manchmal Allerlei-Rauh Abends und gab ihm etwas von den Ueberbleibseln zu essen. Ehe der König aber zu Bett ging mußte es hinauf und ihm die Stiefel ausziehen, und wenn es einen ausgezogen hatte, warf er ihn allemal ihm an den Kopf. So lebte Allerlei-Rauh lange Zeit recht armselig; ach, du schöne Jungfrau, wie solls mit dir noch werden?

Da war ein Ball in dem Schloß, Allerlei-Rauh dachte, nun könnt' ich einmal wieder meinen lieben Bräutigam recht sehen, ging zum Koch und bat ihn, er möge ihr doch erlauben, nur ein wenig hinaufzugehen, um vor der Thüre die Pracht mit anzusehen.« »Geh hin, sagte der Koch, aber länger als eine halbe Stunde darfst du nicht ausbleiben, du mußt noch die Asche heut Abend zusammenkehren.« Da nahm Allerlei-Rauh sein Oehllämpchen und ging in sein Ställchen, und wusch sich den Ruß ab, da kam seine Schönheit hervor, recht wie die Blumen, im Frühjahr, dann thät es den Pelzmantel ab, machte die Nuß auf und holte das Kleid heraus, das wie die Sonne glänzte. Und wie es damit geputzt war, ging es hinauf, und jedermann macht ihm Platz, und meinte nicht anders, als eine vornehme Prinzessin käme in den Saal gegangen.

Der König reichte ihr gleich seine Hand zum Tanz, und wie er mit ihr tanzte, dachte er, wie gleicht diese unbekannte schöne Prinzessin meiner lieben Braut, und je länger er sie ansah, desto mehr glich sie ihr, daß er es fast gewiß glaubte, und wenn der Tanz zu Ende wär, wollte er sie fragen. Wie sie aber ausgetanzt hatte, verneigte sie sich und war verschwunden, ehe sich der König besinnen konnte. Da ließ er die Wächter fragen, aber keiner hatte die Prinzessin aus dem Hause gehen sehen. Sie war geschwind in ihr Ställchen gelaufen, hatte ihr Kleid ausgezogen, Gesicht und Hände schwarz gemacht, und wieder den Pelzmantel umgethan. Dann ging sie in die Küche und wollte die Asche zusammenkehren, der Koch aber sagte: »laß das seyn bis morgen, ich will auch ein wenig hinaufgehen und den Tanz mit ansehen, koch derweil dem König seine Suppe, aber laß keine Haare hineinfallen, sonst kriegst du nichts mehr zu essen.«

Allerlei-Rauh kochte dem König da eine Brodsuppe, und zuletzt legte es den goldenen Ring hinein, den der König ihr geschenkt hatte. Wie nun der Ball zu Ende war, ließ sich der König seine Brodsuppe bringen, die schmeckte ihm so gut, daß er meinte, er hätte noch nie eine so gute gegessen, wie er aber fertig war, fand er den Ring auf dem Grund liegen, und wie er ihn genau ansah, da war es sein Treuring. Da verwunderte er sich, konnte nicht begreifen, wie der Ring dahin kam, und ließ den Koch rufen; der Koch ward bös über Allerlei-Rauh: »du hast gewiß ein Haar hineinfallen lassen, wenn das wahr ist, so kriegst du Schläge.« Wie aber der Koch hinauf kam, fragte der König, wer die Suppe gekocht habe, die wär besser als sonst gewesen, da mußte er gestehen, daß es Allerlei-Rauh gethan, und da hieß ihn der König Allerlei-Rauh heraufschicken. Wie es kam, sagte der König: »wer bist du und was machst du in meinem Schloß, woher hast du den Ring, der in der Suppe lag?« Es antwortete aber: »ich bin nichts als ein armes Kind, dem Vater und Mutter gestorben sind, habe nichts und bin zu gar nichts gut, als daß die Stiefel mir um den Kopf geworfen werden, und von dem Ring weiß ich auch nichts,« damit lief es fort.

Darnach war wieder ein Ball; da bat Allerlei-Rauh den Koch wieder, er solle es hinaufgehen lassen. Der Koch erlaubte es auch nur auf eine halbe Stunde, dann solle es da seyn und dem

König die Brodsuppe kochen. Allerlei-Rauh ging in sein Ställchen, wusch sich rein und nahm das Mondkleid heraus, noch reiner und glänzender als der gefallene Schnee, und wie es hinauf kam ging eben der Tanz an, da reichte ihm der König die Hand, und tanzte mit ihm, und zweifelte nicht mehr, daß das seine Braut sey, denn niemand auf der Welt hatte außer ihr noch so goldene Haare; wie aber der Tanz zu Ende war, war auch die Prinzessin schon wieder draußen, und alle Mühe umsonst, der König konnte sie nicht finden, und hatte auch kein einzig Wort mit ihr sprechen können. Sie war aber wieder Allerlei-Rauh, schwarz im Gesicht und an den Händen, stand in der Küche, und kochte dem König die Brodsuppe, und der Koch war hinaufgegangen und guckte zu. Und als die Suppe fertig war, that sie das goldne Spinnrad hinein. Der König aß die Suppe, und sie däuchte ihm noch besser, und als er zuletzt das goldene Spinnrad fand, erstaunte er noch mehr, denn das hatte er einmal seiner Braut geschenkt. Der Koch ward gerufen, und dann Allerlei-Rauh, aber sie gab wieder zur Antwort, sie wisse nichts davon, und sey nur dazu da, daß ihr die Stiefel um den Kopf geworfen würden.

Der König stellte zum drittenmal einen Ball an, und hoffte seine Braut sollte wieder kommen, und da wollte er sie gewiß festhalten. Allerlei-Rauh bat auch wieder den Koch, ob sie nicht dürfe hinaufgehen, der schalt aber und sagte: »du bist eine Hexe, du thust immer etwas in die Suppe, und kannst sie besser kochen als ich;« doch weil es so bat und versprach, ordentlich zu seyn, so ließ er es wieder auf eine halbe Stunde hingehen. Da zog es sein Sternenkleid an, das funkelte wie die Sterne in der Nacht, ging hinauf und tanzte mit dem König; der meinte, so schön hätte er es noch niemals gesehen. Bei dem Tanz aber steckte er ihm einen Ring an den Finger, und hatte befohlen, daß der Tanz recht lang währen sollte. Doch aber konnte er es nicht festhalten, auch kein Wort mit ihm sprechen, denn als der Tanz aus war, sprang es so geschwind unter die Leute, daß es verschwunden war, eh er sich umdrehte.

Es lief in sein Ställchen, und weils länger als eine halbe Stunde weggewesen war, zog es sich geschwind aus und machte sich in der Eile nicht ganz schwarz, sondern ein Finger blieb weiß, und wie es in die Küche kam, war der Koch schon fort, da kochte es geschwind die Brodsuppe und legte den goldenen Haspel hinein. Der König fand ihn, wie den Ring und das goldne Spinnrad, und nun wußt' er gewiß, daß seine Braut in der Nähe war, denn niemand anders konnte die Geschenke sonst haben. Allerlei-Rauh ward gerufen, wollte sich wieder durchhelfen und fortspringen, aber indem es fortsprang, erblickte der König einen weißen Finger an seiner Hand, und hielt es fest daran; da fand er den Ring, den er ihm angesteckt, und riß den Rauchmantel ab, da kamen die goldenen Haare heraus geflossen, und es war seine allerliebste Braut, und der Koch ward reichlich belohnt, und dann hielt er Hochzeit, und sie lebten vergnügt bis an ihren Tod.

▶ 6.3 Allerleirauh [KHM 65]

in der Textversion von 1857

Es war einmal ein König, der hatte eine Frau mit goldenen Haaren, und sie war so schön, daß sich ihresgleichen nicht mehr auf Erden fand. Es geschah, daß sie krank lag, und als sie fühlte, daß sie bald sterben würde, rief sie den König und sprach: »Wenn du nach meinem Tode dich wieder vermählen willst, so nimm keine, die nicht ebenso schön ist, als ich bin, und die nicht solche goldene Haare hat, wie ich habe; das mußt du mir versprechen.« Nachdem es ihr der König versprochen hatte, tat sie die Augen zu und starb.

Der König war lange Zeit nicht zu trösten und dachte nicht daran, eine zweite Frau zu nehmen. Endlich sprachen seine Räte: »Es geht nicht anders, der König muß sich wieder vermählen, damit wir eine Königin haben.« Nun wurden Boten weit und breit umhergeschickt, eine Braut zu suchen, die an Schönheit der verstorbenen Königin ganz gleichkäme. Es war aber keine in der ganzen Welt zu finden, und wenn man sie auch gefunden hätte, so war doch keine da, die solche goldene Haare gehabt hätte. Also kamen die Boten unverrichteter Sache wieder heim.

Nun hatte der König eine Tochter, die war gerade so schön wie ihre verstorbene Mutter, und hatte auch solche goldenen Haare. Als sie herangewachsen war, sah sie der König einmal an und sah, daß sie in allem seiner verstorbenen Gemahlin ähnlich war, und fühlte plötzlich eine heftige Liebe zu ihr. Da sprach er zu seinen Räten: »Ich will meine Tochter heiraten, denn sie ist das Ebenbild meiner verstorbenen Frau, und sonst kann ich doch keine Braut finden, die ihr gleicht.« Als die Räte das hörten, erschraken sie und sprachen: »Gott hat verboten, daß der Vater seine Tochter heirate, aus der Sünde kann nichts Gutes entspringen, und das Reich wird mit ins Verderben gezogen.« Die Tochter erschrak noch mehr, als sie den Entschluß ihres Vaters vernahm, hoffte aber, ihn von seinem Vorhaben noch abzubringen. Da sagte sie zu ihm: »Eh ich Euren Wunsch erfülle, muß ich erst drei Kleider haben, eins so golden wie die Sonne, eins so silbern wie der Mond, und eins so glänzend wie die Sterne; ferner verlange ich einen Mantel von tausenderlei Pelz und Rauhwerk zusammengesetzt, und ein jedes Tier in Eurem Reich muß ein Stück von seiner Haut dazu geben.« Sie dachte aber: »Das anzuschaffen ist ganz unmöglich, und ich bringe damit meinen Vater von seinen bösen Gedanken ab.« Der König ließ aber nicht ab, und die geschicktesten Jungfrauen in seinem Reiche mußten die drei Kleider weben, eins so golden wie die Sonne, eins so silbern wie der Mond, und eins so glänzend wie die Sterne; und seine Jäger mußten alle Tiere im ganzen Reiche auffangen und ihnen ein Stück von ihrer Haut abziehen; daraus ward ein Mantel von tausenderlei Rauhwerk gemacht. Endlich, als alles fertig war, ließ der König den Mantel herbeiholen, breitete ihn vor ihr aus und sprach: »Morgen soll die Hochzeit sein.«

Als nun die Königstochter sah, daß keine Hoffnung mehr war, ihres Vaters Herz umzuwenden, so faßte sie den Entschluß zu entfliehen. In der Nacht, während alles schlief, stand sie auf und nahm von ihren Kostbarkeiten dreierlei, einen goldenen Ring, ein goldenes Spinnrädchen und ein goldenes Haspelchen; die drei Kleider von Sonne, Mond und Sternen tat sie in eine Nußschale, zog den Mantel von allerlei Rauhwerk an und machte sich Gesicht und Hände mit Ruß schwarz. Dann befahl sie sich Gott und ging fort, und ging die ganze Nacht, bis sie in einen großen Wald kam. Und weil sie müde war, setzte sie sich in einen hohlen Baum und schlief ein. Die Sonne ging auf, und sie schlief fort und schlief noch immer, als es schon hoher Tag war.

Da trug es sich zu, daß der König, dem dieser Wald gehörte, darin jagte. Als seine Hunde zu dem Baum kamen, schnupperten sie, liefen rings herum und bellten. Sprach der König zu den Jägern: »Seht doch, was dort für ein Wild sich versteckt hat.« Die Jäger folgten dem Befehl, und als sie wiederkamen, sprachen sie: »In dem hohlen Baum liegt ein wunderliches Tier, wie wir noch niemals eins gesehen haben; an seiner Haut ist tausenderlei Pelz; es liegt aber und schläft.« Sprach der König: »Seht zu, ob ihr's lebendig fangen könnt, dann bindet's auf den Wagen und nehmt's mit.« Als die Jäger das Mädchen anfaßten, erwachte es voll Schrecken und rief ihnen zu: »Ich bin ein armes Kind, von Vater und Mutter verlassen, erbarmt euch mein und nehmt mich mit.« Da sprachen sie: »Allerleirauh, du bist gut für die Küche, komm nur mit, da kannst du die Asche zusammenkehren.« Also setzten sie es auf den Wagen und fuhren heim in das königliche Schloß. Dort wiesen sie ihm ein Ställchen an unter der Treppe, wo kein Tageslicht hinkam, und sagten: »Rauhtierchen, da kannst du wohnen und schlafen.« Dann ward es in die Küche geschickt, da trug es Holz und Wasser, schürte das Feuer, rupfte das Federvieh, belas das Gemüs, kehrte die Asche und tat alle schlechte Arbeit. Da lebte Allerleirauh lange Zeit recht armselig. Ach, du schöne Königstochter, wie soll's mit dir noch werden!

Es geschah aber einmal, daß ein Fest im Schloß gefeiert ward, da sprach sie zum Koch: »Darf ich ein wenig hinaufgehen und zusehen? Ich will mich außen vor die Türe stellen.« Antwortete der Koch: »Ja, geh nur hin, aber in einer halben Stunde mußt du wieder hier sein und die Asche zusammentragen.« Da nahm sie ihr Öllämpchen, ging in ihr Ställchen, zog den Pelzrock aus und wusch sich den Ruß von dem Gesicht und den Händen ab, so daß ihre volle Schönheit wieder an den Tag kam. Dann machte sie die Nuß auf und holte ihr Kleid hervor, das wie die Sonne glänzte. Und wie das geschehen war, ging sie hinauf zum Fest, und alle traten ihr aus dem Weg, denn niemand kannte sie, und meinten nicht anders, als daß es eine Königstochter wäre. Der König aber kam ihr entgegen, reichte ihr die Hand und tanzte mit ihr, und dachte in seinem Herzen: »So schön haben meine Augen noch keine gesehen.«

Als der Tanz zu Ende war, verneigte sie sich, und wie sich der König umsah, war sie verschwunden, und niemand wußte, wohin. Die Wächter, die vor dem Schlosse standen, wurden gerufen und ausgefragt, aber niemand hatte sie erblickt. Sie war aber in ihr Ställchen gelaufen, hatte geschwind ihr Kleid ausgezogen, Gesicht und Hände schwarz gemacht und den Pelzmantel umgetan, und war wieder Allerleirauh. Als sie nun in die Küche kam und an ihre Arbeit gehen und die Asche zusammenkehren wollte, sprach der Koch: »Laß das gut sein bis morgen und koche mir da die Suppe für den König, ich will auch einmal ein bißchen oben zugucken;

aber laß mir kein Haar hineinfallen, sonst kriegst du in Zukunft nichts mehr zu essen.« Da ging der Koch fort, und Allerleirauh kochte die Suppe für den König, und kochte eine Brotsuppe, so gut es konnte, und wie sie fertig war, holte es in dem Ställchen seinen goldenen Ring und legte ihn in die Schüssel, in welche die Suppe angerichtet ward.

Als der Tanz zu Ende war, ließ sich der König die Suppe bringen und aß sie, und sie schmeckte ihm so gut, daß er meinte, niemals eine bessere Suppe gegessen zu haben. Wie er aber auf den Grund kam, sah er da einen goldenen Ring liegen und konnte nicht begreifen, wie er dahin geraten war. Da befahl er, der Koch sollte vor ihn kommen. Der Koch erschrak, wie er den Befehl hörte, und sprach zu Allerleirauh: »Gewiß hast du ein Haar in die Suppe fallen lassen; wenn's wahr ist, so kriegst du Schläge.« Als er vor den König kam, fragte dieser, wer die Suppe gekocht hätte. Antwortete der Koch: »Ich habe sie gekocht.« Der König aber sprach: »Das ist nicht wahr, denn sie war auf andere Art und viel besser gekocht als sonst.« Antwortete er: »Ich muß es gestehen, daß ich sie nicht gekocht habe, sondern das Rauhtierchen.« Sprach der König: »Geh und laß es heraufkommen.« Als Allerleirauh kam, fragte der König: »Wer bist du?« – »Ich bin ein armes Kind, das keinen Vater und Mutter mehr hat.« Fragte er weiter: »Wozu bist du in meinem Schloß?« Antwortete es: »Ich bin zu nichts gut, als daß mir die Stiefeln um den Kopf geworfen werden.« Fragte er weiter: »Wo hast du den Ring her, der in der Suppe war?« Antwortete es: »Von dem Ring weiß ich nichts.« Also konnte der König nichts erfahren und mußte es wieder fortschicken.

Über eine Zeit war wieder ein Fest, da bat Allerleirauh den Koch wie vorigesmal um Erlaubnis, zusehen zu dürfen. Antwortete er: »Ja, aber komm in einer halben Stunde wieder und koch dem König die Brotsuppe, die er so gerne ißt.« Da lief es in sein Ställchen, wusch sich geschwind und nahm aus der Nuß das Kleid, das so silbern war wie der Mond, und tat es an. Dann ging es hinauf, und glich einer Königstochter; und der König trat ihr entgegen und freute sich, daß er sie wiedersah, und weil eben der Tanz anhub, so tanzten sie zusammen. Als aber der Tanz zu Ende war, verschwand sie wieder so schnell, daß der König nicht bemerken konnte, wo sie hinging. Sie sprang aber in ihr Ställchen, und machte sich wieder zum Rauhtierchen, und ging in die Küche, die Brotsuppe zu kochen. Als der Koch oben war, holte es das goldene Spinnrad und tat es in die Schüssel, so daß die Suppe darüber angerichtet wurde. Danach ward sie dem König gebracht, der aß sie, und sie schmeckte ihm so gut wie das vorigemal, und ließ den Koch kommen, der mußte auch diesmal gestehen, daß Allerleirauh die Suppe gekocht hätte. Allerleirauh kam da wieder vor den König, aber sie antwortete, daß sie nur dazu da wäre, daß ihr die Stiefeln an den Kopf geworfen würden und daß sie von dem goldenen Spinnrädchen gar nichts wüßte.

Als der König zum drittenmal ein Fest anstellte, da ging es nicht anders als die vorigemale. Der Koch sprach zwar: »Du bist eine Hexe, Rauhtierchen, und tust immer etwas in die Suppe, davon sie so gut wird, und dem König besser schmeckt, als was ich koche«; doch weil es so bat, so ließ er es auf die bestimmte Zeit hingehen. Nun zog es ein Kleid an, das wie die Sterne glänzte, und trat damit in den Saal. Der König tanzte wieder mit der schönen Jungfrau und meinte, daß sie noch niemals so schön gewesen wäre. Und während er tanzte, steckte er ihr, ohne daß sie es merkte, einen goldenen Ring an den Finger, und hatte befohlen, daß der Tanz recht lang währen sollte. Wie er zu Ende war, wollte er sie an den Händen festhalten, aber sie riß sich los und sprang so geschwind unter die Leute, daß sie vor seinen Augen verschwand. Sie lief, was sie konnte, in ihr Ställchen unter der Treppe, weil sie aber zu lange und über eine halbe Stunde geblieben war, so konnte sie das schöne Kleid nicht ausziehen, sondern warf nur den Mantel von Pelz darüber, und in der Eile machte sie sich auch nicht ganz rußig, sondern ein Finger blieb weiß. Allerleirauh lief nun in die Küche, kochte dem König die Brotsuppe und legte, wie der Koch fort war, den goldenen Haspel hinein.

Der König, als er den Haspel auf dem Grunde fand, ließ Allerleirauh rufen; da erblickte er den weißen Finger und sah den Ring, den er im Tanze ihr angesteckt hatte. Da ergriff er sie an der Hand und hielt sie fest, und als sie sich losmachen und fortspringen wollte, tat sich der Pelzmantel ein wenig auf, und das Sternenkleid schimmerte hervor. Der König faßte den Mantel und riß ihn ab. Da kamen die goldenen Haare hervor und sie stand da in voller Pracht und konnte sich nicht länger verbergen. Und als sie Ruß und Asche aus ihrem Gesicht gewischt hatte, da war sie schöner, als man noch jemand auf Erden gesehen hatte. Der König aber sprach: »Du bist meine liebe Braut, und wir scheiden nimmermehr voneinander.« Darauf ward die Hochzeit gefeiert, und sie lebten vergnügt bis an ihren Tod.

▶ 6.4 Betrachtung

Väter werfen ein Auge auf die Tochter. Dieser hier wird als Opfer gezeichnet. Die ›Anderen‹, symbolisiert durch die Räte, bedrängen ihn mit ihren Erwartungen, dort muss er starker Herrscher sein; doch seine Frau hat ihn emotional im Griff, sie instrumentalisiert ihr Leiden, um ihm ein Versprechen abzunehmen, hier soll er einfühlsamer Liebhaber sein. Er will allen gerecht werden, doch er schafft es nicht. Da fällt sein Auge auf die Tochter. Kinder symbolisieren Zukunftshoffnung.

Die begehrte Tochter taktiert; »weil sie aber klug war«, heißt es in der Urfassung dazu. Richtig, sie ist klug, denn das Mädchen ohne Hände sagt: »Lieber Vater, macht mit mir, was Ihr wollt, ich bin Euer Kind.« Leider ist die Klugheit der Tochter in der späteren Ausgabe verschwunden, dort heißt es nun, sie »hoffte aber, ihn von seinem Vorhaben noch abzubringen.«

Das Mädchen ohne Hände befindet sich noch in der magischen Phase (ca. bis sieben Jahre); Allerleirauh ist dagegen mindestens pubertär. In der frühen Fassung ist sie ja auch bereits Braut, also einem Bräutigam fest versprochen (verlobt). Das heiratsfähige Alter war für Mädchen früher zwölf Jahre.

Auch dieses Motiv haben die Grimms bis zur späteren Ausgabe unterschlagen, und wir müssen nun fragen, welche Auswirkungen das hat. Zunächst einmal geht es nicht um den Missbrauch und seine Folgen auf den Lebensweg wie beim Mädchen ohne Hände; es geht um die Geschichte einer Ehe, die unter dem Einfluss väterlicher Begierde steht.

Es ist ganz wesentlich, dass Allerleirauh bereits einen Verlobten hat. Das muss der begierige Vaterkönig schließlich wissen. Er will aber die Tochter für sich, er gibt seine Tochter nicht frei. Vielleicht lässt er sich in seiner blinden Erregtheit und in seiner hilflosen Suche nach Anerkennung dazu hinreißen, seine geschlechtsreife Tochter unsittlich zu berühren oder sexuell zu bedrängen, doch sie ist alt und klug genug, sich ihm zu entziehen. Zum Inzest kommt es nicht. Doch was tut das schon!

Dieses junge Mädchen hat die Mutter verloren. Dazu muss die gar nicht sterben; es genügt, wenn sie wegschaut. Und dieses junge Mädchen hat auch den Vater verloren, vielmehr wird ihr schlagartig klar, dass sie nie wirklich einen gehabt hat. Das beraubt sie sämtlicher Wurzeln. Sie flieht von Zuhause bei Nacht und Nebel, und was bei ihrem Verlobten ankommt, ist ein verängstigtes graues Tierchen, ein Häufchen Elend, gerade gut genug, um in einem Ställchen zu hausen und die schlechteste Arbeit zu machen. Und dieser König, bei dem sie da ankommt, ist wohl ein feiner Herr, aber ihr schmeißt er die Stiefel um die Ohren. Ich lese darin Szenen einer Ehe. All das ist beim späten Grimm verschwunden.

Der Ehemann-König wird hier allerdings sehr undifferenziert betrachtet. Beim Mädchen ohne Hände wird vorgeführt, welchen gemeinsamen Leidensweg ein Paar vor sich hat, wenn die Frau solche Erfahrungen in die Ehe einbringt, und wie sich das sogar bis auf die Kinder auswirkt. Schmerzensreich heißt das Kind dort bezeichnenderweise.

Allerleirauh erzählt nur von der jungen Frau. Sie hat sich Zuhause bei ihren Eltern ein ›dickes Fell‹ zugelegt; sie war auch geschickt genug, ihrem Vater ein paar kostbare Kleider abzuluchsen; und sie besitzt Liebesbeweise ihres Verlobten. Diese Dinge nimmt sie mit.

Das Fell ist ihr Schutzmantel. Sie macht sich absichtlich schmutzig, um sich zu schützen. Und die ›schlechte‹ Arbeit bei einfachen Leuten gibt ihr weitere Sicherheit. Sie muss erst einmal wieder Boden unter die Füße bekommen, von

›unten‹ neu anfangen. Sie braucht Zeit. Hilfe von ihrem Bräutigam kann sie nicht erwarten. Der erkennt in diesem schmutzigen, zotteligen Tierchen seine Braut gar nicht. Deshalb behandelt er sie schlechter als eine Magd und wirft ihr die Stiefel um die Ohren. Das ist ein Zeichen äußerster Missachtung und wirft scharfes Licht auf manche Ehe. Da bekommt man vielleicht eine Ahnung, warum die Grimms hier so tief eingreifend redigiert haben.

Bemerkenswert ist eine der raren Stellen, wo die Trance der Erzählung aufgelöst wird, um sogleich wieder aufgenommen zu werden. Hier geschieht das ziemlich genau in der Mitte. Die spätere Fassung ist sprachlich eleganter: »Ach, du schöne Königstochter, wie soll's mit dir noch werden! / Es geschah aber einmal...«

Allerleirauh ist stark. Sie erträgt die Jahre im Schmutz, und als sich die Gelegenheit ergibt, zeigt sie sich in ihrer ganzen Schönheit. Die drei Kleider von Sonne, Mond und Sterne zeigen sie als ›Herrscherin‹ in der physischen, männlichen Welt (Sonne); als Königin der Nacht (Seele) und als Stern (Star), als strahlendes kosmisches Wesen. Sie ist zu einer Persönlichkeit gereift und der König erkennt, anerkennt sie als seine Gemahlin.

▶ Märchen-Kanon

▶ Der Kanon

Auswahl und Zuordnung erfolgten bedacht, sind aber unvermeidbar subjektiv. Viele Märchen lassen sich recht eindeutig zuordnen, andere sind so vielschichtig, dass man sie mal hier, mal dort sieht. Auch sind die Übergänge zwischen den Gruppen fließend. Einige wenige Märchen wurden nicht aufgenommen, weil sie wohl den Zaubermärchen zuzuordnen, dennoch aber schwer zur Trance-Arbeit brauchbar schienen. Auch dieses Urteil ist subjektiv.

Die Zahlenangaben beziehen sich wie gehabt auf die beiden Ausgaben. Sofern ein Märchen in beiden Ausgaben vorkommt, lohnt sich immer der Vergleich. Abweichende Titel sind in Klammern angegeben. In aller Regel sind die Erstfassungen ›reiner‹; oft sind aber bei der späteren Fassung auch schöne Bilder oder Formulierungen hinzugekommen. Manche Texte finden sich in der heute allgemein verbreiteten Ausgabe letzter Hand nicht; in guten Ausgaben sind aber Texte früherer Ausgaben in einem Anhang angefügt.

Einige Texte sind in Mundart verfasst und deshalb heute nur bedingt brauchbar. Die entsprechenden Titel sind kursiv gestellt.

Gruppe ⓿: Unterhaltung

	I-33	Der gestiefelte Kater
	II-18	Die treuen Tiere
27		Die Bremer Stadtmusikanten
30	I-30	Läuschen und Flöhchen
32	I-32	Der gescheite Hans
34	I-34	**Die kluge Else** (Hansens Triene)
39	I-39	Die Wichtelmänner
48	I-48	Der alte Sultan
64	I-64,4	Die goldene Gans
71		Sechse kommen durch die ganze Welt
82		*De Spielhansl*
84		Hans heiratet
87	II-1	Der Arme und der Reiche
94	II-8	Die kluge Bauerntochter
98	II-12	Doktor Allwissend
112	II-26	Der Dreschflegel vom Himmel
124	II-38	Die drei Brüder
132	II-46	Der Fuchs und das Pferd
146	II-60	Die Rübe*
149	II-63	Der Hahnenbalken
153	I-83	Die Sterntaler (Das arme Mädchen)

Gruppe ❶: Stärkung der Symbiose

5	I-5	**Der Wolf und die sieben jungen Geißlein**
13	II-17	Der süße Brei
37		Daumesdick
45	I-45	Daumerlings Wanderschaft
62	I-64,2	Die Bienenkönigin
63	I-64,3	Die drei Federn

*Nur der erste Teil, bis der Reiche die Rübe bekommt, sollte verwendet werden.

Gruppe ❷: Übergang von der Symbiose in die Autonomie

	I-16	Herr Fix und Fertig[1]
	I-63	Goldkinder
16	II-20	Der arme Müllerbursch und das Kätzchen
24	I-24	**Frau Holle**
28	I-28	Der singende Knochen
36	I-36	Tischchendeckdich, Goldesel und Knüppel aus dem Sack
83		Hans im Glück
90	II-4	Der junge Riese

Gruppe ❸: Stärkung der Autonomie

	I-71	Prinzessin Mäusehaut
	I-74	Von Johannes-Wassersprung und Caspar- Wassersprung
15	I-15	Hänsel und Gretel
17	I-17	Die weiße Schlange
20	I-20	**Das tapfere Schneiderlein**
29	I-29	Der Teufel mit den drei goldenen Haaren
33		Die drei Sprachen
85		Die Goldkinder
97	II-11	Das Wasser des Lebens
110	II-24	Der Jude im Dorn[2]
111	II-25	Der gelernte Jäger

Gruppe ❹: Auf dem Weg zur Einweihung

	I-64,1	Die weiße Taube
	II-13	Der Froschprinz
1	I-1	Der Froschkönig oder der eiserne Heinrich
6		Der treue Johannes
11	I-11	Brüderchen und Schwesterchen
13	I-13	Die drei Männlein im Walde
17	II-21	Die beiden Wanderer (Die Krähen)
21	I-21	Aschenputtel
22		Das Rätsel

[1] Die anfängliche Belehrung, der Diener sei gut, weil er unaufgefordert die Tabakpfeife bringt, sollte gestrichen werden.

[2] Jude z. B. durch Geizmann ersetzen

25	I-25	Die sieben Raben (Die drei Raben)
49	I-49	Die sechs Schwäne
57	I-57	Der goldene Vogel
60	I-60	**Die zwei Brüder** (Das Goldei)
96	II-10	*De drei Vügelkens*
99	II-9	Der Geist im Glas
114	II-28	Vom klugen Schneiderlein
121		Der Königssohn, der sich vor nichts fürchtet
122	II-36	Der Krautesel (Die lange Nase)
129		Die vier kunstreichen Brüder
137	II-51	*De drei schwatten Prinzessinnen*
169		Das Waldhaus

Gruppe ❺: Einweihung

	I-59	Prinz Schwan
	I-66	Hurleburlebutz
	I-68	Von dem Sommer- und Wintergarten
	I-82	Die drei Schwestern
	II-43	Der Löwe und der Frosch
9	I-9	Die zwölf Brüder
12	I-12	**Rapunzel**
16		Die drei Schlangenblätter
46	I-46	Fitchers Vogel
50	I-50	Dornröschen
53	I-53	Sneewittchen
55	I-55	Rumpelstilzchen
56	I-56	Der Liebste Roland
67	I-67	Die zwölf Jäger (Der König mit dem Löwen)
76	I-76	Die Nelke
88	II-2	Das singende springende Löweneckerchen
89	II-3	Die Gänsemagd
91	II-5	*Dat Erdmänneken*
92	II-6	Der König vom goldenen Berge
93	II-7	Die Rabe
113	II-27	*De beiden Künigeskinner*
123	II-37	Die Alte im Wald
125	II-39	Der Teufel und seine Großmutter

126	II-40	*Ferenand getrü und Ferenand ungetrü*
127	II-41	Der Eisenofen
130		Einäuglein, Zweiäuglein und Dreiäuglein
133	II-47	Die zertanzten Schuhe
134	II-48	Die sechs Diener
135	II-49	Die weiße und die schwarze Braut
136	II-50	Der Eisenhans *(De wilde Mann)*
142	II-56	Simeliberg
161		Schneeweißchen und Rosenrot
163		Der gläserne Sarg
165		*Der Vogel Greif*
186		Die wahre Braut
191		Das Meerhäschen
193		Der Trommler
196		*Oll Rinkrank*
197		Die Kristallkugel
198		Jungfrau Maleen

Gruppe ❻: Therapie

18	II-22	Hans mein Igel
31	I-31	Das Mädchen ohne Hände
40	I-40	Der Räuberbräutigam
51	I-51	Fundevogel
65	I-65	**Allerleirauh**
69	I-69	Jorinde und Joringel
141	II-55	Das Lämmchen und Fischchen
144	II-58	Das Eselein
166		Der starke Hans
181		Die Nixe im Teich

Vorleseteil

▶ **Gruppe ⓿**

Die kluge, kluge Else. Erstes Märchen.

Es waren ein Mann und eine Frau, die hatten eine Tochter, die nannten sie die kluge Else. Und als die kluge Else erwachsen war, sprach der Vater der klugen Else: »Unsere kluge Else soll heiraten.«

»Ja«, sagte die Mutter, »wenn nur ein junger Bursche käme, der unsere kluge Else heiraten wollte.«

Gerade hatte sie es gesagt, da klopft es an der Türe und der starke Hans tritt herein.

»Unsere kluge Else will heiraten«, sprach die Mutter. Da sagte der starke Hans, er wolle sie wohl heiraten, doch er mache zur Bedingung, dass die kluge Else auch recht gescheit sein müsse.

»O«, sprach der Vater, »die hat Zwirn im Kopf.«

Und die Mutter meinte: »Ach, die sieht den Wind über die Straße laufen und hört die Fliegen husten.«

»Ja«, sprach der starke Hans, »wenn die kluge Else recht gescheit ist, so will ich sie wohl heiraten.«

Also setzten sie sich alle an den Tisch und aßen zusammen. Als sie aber fertig waren, sprach die Mutter: »Else, geh doch in den Keller und hol uns von dem süßen Apfelmost.«

Da nahm die kluge Else den großen Krug und ging in den Keller hinab und unterwegs klappte sie fleißig mit dem Deckel, damit ihr die Zeit auch ja nicht lang würde. Als sie endlich unten angekommen war, holte sie sich ein Stühlchen herbei und stellte es vor das Fass mit dem Apfelmost. Behutsam ließ sich die kluge Else auf das Stühlchen nieder, damit sie nicht Schaden nähme oder das Stühlchen zerbräche. Dann stellte sie die Kanne vor sich und drehte an dem Fass den Hahn auf, und während der Apfelmost nun in die Kanne rann, wollte sie doch ihre Augen nicht faul sein lassen und sah hierhin und sah dahin und schließlich hinauf an die Kellerdecke, und da erblickte sie ganz oben in der Wand eine Kreuzhacke, die der Maurer dort musste haben stecken lassen.

Da fing die kluge Else an jämmerlich zu weinen und klagte zu sich: »Wenn ich den starken Hans heirate und wir bekommen ein Kind und das ist groß, und wir schicken das Kind in den Keller, dass es mit dem Krug Apfelmost hole, und es steht vor dem Fass und die Kreuzhacke dort oben unter der Decke löst sich gerade in dem Augenblick und stürzt hinab auf das Kind, so schlägt sie's tot.« Und da saß sie und weinte und weinte über ihr Unglück.

Die oben am Tisch warteten auf den süßen Apfelmost, aber die kluge Else kam und kam nicht. Da sprach die Frau schließlich zur Magd: »Geh doch du einmal hinunter in den Keller und sieh, wo die Else bleibt.«

Also ging die Magd in den Keller hinab und als sie endlich unten angekommen war, fand sie die kluge Else mit dem großen Krug vor dem Fass mit dem Apfelmost auf einem Stühlchen sitzen und weinen.

»Else, was weinst du?« fragte die Magd.

»Ach«, antwortete sie, »soll ich denn nicht weinen! Wenn ich den Hans heirate und wir bekommen ein Kind und das ist groß und wir schicken das Kind in den Keller, dass es mit dem Krug Apfelmost hole, und es steht vor dem Fass und die Kreuzhacke oben unter der Decke löst sich gerade in dem Augenblick und stürzt hinab auf das Kind, so schlägt sie's tot.«

Da sprach die Magd: »Was haben wir für eine kluge Else!« Sie holte sich ein Stühlchen herbei und stellte es auch vor das Fass mit dem Apfelmost zu der klugen Else und fing an, über das kommende Unglück zu weinen.

Die oben am Tisch warteten immer noch auf den süßen Apfelmost, aber die kluge Else kam nicht und die Magd ebenfalls. Schließlich sprach die Frau zum Knecht: »Geh du hinunter in den Keller und sieh, wo die Else und die Magd bleiben.«

Nun ging der Knecht in den Keller hinab und als er endlich unten angekommen war, fand er die kluge Else und die Magd vor dem Fass mit dem Apfelmost auf ihren Stühlchen sitzen und weinen.

»Was weint ihr beiden?« fragte der Knecht.

»Ach«, antwortete die kluge Else, »soll ich denn nicht weinen! Wenn ich den Hans heirate und wir bekommen ein Kind und das ist groß und wir schicken es in den Keller, dass es mit dem Krug Apfelmost hole, und es steht vor dem Fass und die Kreuzhacke da oben unter der Decke löst sich gerade in dem Augenblick und stürzt hinab auf das Kind, so schlägt sie's tot.«

Da sprach der Knecht: »Was haben wir nur für eine kluge Else!« Er holte sich auch ein Stühlchen, stellte es vor das Fass mit dem Apfelmost zu den beiden und fing an, über das Schicksal zu klagen.

Oben warteten die Eltern mit dem starken Hans am Tisch noch immer auf den süßen Apfelmost, aber die kluge Else kam nicht und die Magd und der Knecht ebenfalls. Da wurde der Mann unruhig und sagte: »Wo bleibt denn der Knecht! Nun geh ich selbst und mache ihm Beine.«

Nun ging also der Mann in den Keller hinab und unterwegs brummte er, wo nur die kluge Else und die Magd und der Knecht blieben. Als er unten angekommen war, fand er alle drei vor dem Fass mit dem Apfelmost auf ihren Stühlchen sitzen und weinen.

»Was weint ihr drei denn so!« schimpfte der Mann.

»Ach«, antwortete die kluge Else, »soll ich denn nicht weinen, Vater! Wenn ich den Hans heirate und wir bekommen ein Kind und das ist groß und wir schicken das Kind in den Keller, dass es mit dem Krug Apfelmost hole, und es steht vor dem Fass und die Kreuzhacke dort oben unter der Decke löst sich gerade in dem Augenblick und stürzt hinab auf das Kind, so schlägt sie's tot.«

Da sprach der Mann: »Sieh nur einer, was wir für eine kluge Else haben!« Er holte sich auch ein Stühlchen herbei und stellte es vor das Fass mit dem Apfelmost zu den dreien und fing an, mit ihnen über das kommende Unglück zu klagen.

Oben saß die Frau nun mit dem starken Hans allein, und sie warteten noch immer auf den süßen Apfelmost, aber die kluge Else kam nicht und die Magd und der Knecht und der Mann ebenfalls. Schließlich sprach die Frau: »Wo die nur bleiben, ich will selber sehen.«

Nun ging die Frau in den Keller hinab und unterwegs klagte sie, wo wohl nur die kluge Else und die Magd und der Knecht und der Mann blieben. Als sie aber unten angekommen war, fand sie alle vier vor dem Fass mit süßem Apfelmost auf ihren Stühlchen sitzen, weinen und trinken.

»Was weint ihr vier?« klagte die Frau.

»Ach«, antwortete die kluge Else, »soll ich denn nicht weinen, Mutter! Heirate ich den Hans und wir bekommen ein Kind und das ist groß und wir schicken das Kind in den Keller, dass es mit dem Krug Apfelmost hole, und es steht vor dem Fass und die Kreuzhacke oben unter der Decke löst sich gerade in dem Augenblick und stürzt hinab auf das Kind, so schlägt sie's tot.«

Da sprach die Frau: »Ei, was haben wir für eine kluge Else!« Auch sie holte sich ein Stühlchen herbei, stellte es vor das Fass mit dem Apfelmost zu den vieren, nahm sich auch ein Glas von dem süßen Apfelmost und fing an, mit ihnen über das unvermeidbare Unglück zu klagen.

Der starke Hans saß nun oben allein. Und er wartete und wartete und wartete. Schließlich wurde es ihm aber zu lang und er dachte: »Sie werden unten auf dich warten, du musst auch hingehen und dich zu ihnen gesellen.«

Nun ging der starke Hans in den Keller hinab und unterwegs frage er sich, was nur die kluge Else und die Magd und der Knecht und der Mann und die Frau da unten machten. Und als er unten ankommt, sitzen da alle fünfe auf ihren Stühlchen vor dem Fass, trinken süßen Apfelmost und weinen lauthals.

»Was für ein Unglück ist geschehen?« fragte der starke Hans.

»Ach, lieber Hans«, sprach die kluge Else, »soll ich denn nicht weinen! Heiraten wir und bekommen ein Kind und das ist groß und wir schicken das Kind in den Keller, dass es mit dem Krug Apfelmost hole, und es steht vor dem Fass und die Kreuzhacke da oben unter der Decke löst sich gerade in dem Augenblick und stürzt hinab auf das Kind, so schlägt sie's tot.«

Da sprach der starke Hans: »O du kluge Else!« Dann griff er die Kreuzhacke und zog sie aus der Wand, holte sich auch ein Stühlchen herbei stellte es vor das Fass mit dem Apfelmost zu den fünfen, ließ sich auch ein Glas von dem süßen Apfelmost einschenken und sprach: »Nun können wir heiraten, denn bekommen wir ein Kind und das ist groß und wir schicken es in den Keller, dass es mit dem Krug Apfelmost hole, und es steht vor dem Fass, dann ist die Kreuzhacke oben unter der Decke nicht mehr da und kann sich nicht löst und nicht hinstürzt und's Kind nicht totschlagen.«

Da freuten sich alle, dass Hochzeit sollte sein und wollten feiern, da sprach der starke Hans: »Den Tisch dafür habe ich schon mitgebracht.« Den hatte er nämlich die ganze Zeit unter dem Arm getragen und hatte es gar nicht gemerkt und die fünfe in ihrem Kummer auch nicht. Da holte der Knecht frisches Brot aus dem Schrank und die Magd feine Butter aus dem Topf, und die Frau einen Kuchen aus dem Ofen und der Mann ein Fässchen Honig aus dem Regal. Der starke Hans aber nahm die Hand von der klugen Else und nahm sie mit sich hinauf und hielt Hochzeit mit ihr.

Und wie es dem starken Hans und der klugen Else ergangen ist, das erfährst du ein andermal.

Zweites Märchen. Der starke, starke Hans.

Dereinst hat ein starker Hans eine kluge Else gefreit. Ei, wie ist es den beiden wohl miteinander ergangen?

Als der starke Hans und die kluge Else geheiratet hatten, zogen die beiden in ein kleines Häuschen mit einer Scheune und einem Stall dabei. Der starke Hans ging über die Dörfer und verkaufte seine Arbeitskraft. Deshalb sprach er: »Kluge Else, ich will ausgehen und arbeiten, um uns Geld zu verdienen, deshalb geh du ins Feld und schneid' das Korn, dass wir Brot haben.«

»Ja, mein lieber Hans, das will ich wohl tun«, sprach die kluge Else. Also ging der starke Hans arbeiten, um Geld zu verdienen, und die kluge Else kochte sich einen süßen Brei und ging damit ins Feld.

Als sie vor den Acker kam, sprach sie zu sich selbst: »Was tu' ich nur? Schneid ich ehr? Oder ess' ich ehr? Hei, ich will wohl erst essen.«

Sie ging also zwischen die hohen Halme, wo sie vor der Sonne geschützt war, machte sich dort ein weiches Plätzchen aus Stroh auf dem Boden, breitete ihre Kleider darauf, setzte sich, nahm den Topf zwischen die Beine und schleckte den vielen süßen Brei ganz aus.

Und als sie dick satt war, sprach sie wieder zu sich selbst: »Was tu' ich nur? Schneid' ich ehr, oder schlaf' ich ehr? Ei, ich will wohl erst schlafen.«

Da legte sie sich in ihr Strohbettchen im Korn, schlief ein und schlief so fest. Ein Räuber aber hatte die kluge Else die ganze Zeit über beobachtet und als sie nun vom schweren Essen einschlief, schlich er hinzu und schnitt ihr den Beutel vom Gürtel, in dem sie ihr Gold und den Schlüssel zum Haus verwahrte. Bevor der Räuber davon schlich, strich er ihr aber von einem frischen Kuhfladen dick in die langen Haare und auf ihr weites Kleid.

Der starke Hans nun, der den ganzen Tag gearbeitet hatte und mit seinem Lohn nach Hause gekommen war, fand die Haustüre offen, also ging er hinein und weil er auf dem Herd den Rest von dem süßen Brei fand, dachte er, das hätte ihm die kluge Else hingestellt. Also setzte er sich und aß zu Abend.

Als die kluge Else auf dem Acker endlich aus ihrem Schlummer erwachte, hatte sich die Sonne längst in ihr nächtliches Lager geneigt. Die kluge Else richtete sich unsicher auf und fühlte sich auch recht wunderlich, sie dachte aber, es sei vom Schlaf. Dann aber stieg ihr der Geruch in die Nase, sie griff sich in die Haare und erschrak. Ungläubig roch sie an ihrer Hand. »Nein«, dachte sie, »das kann die kluge Else nicht sein. Ich muss schauen gehen, ob ich es bin.«

Sie ging also zum nahen Bach, um sich auf dem Wasserspiegel zu betrachten, weil es aber schon so dunkel war, konnte sie nur einen Umriss erkennen. Zu dem sprach sie: »Ei, bin ich's oder bin ich's nicht?«

Als sie keine Antwort bekam, besann sie sich: »Ich werde nach Hause gehen und fragen. Der Hans wird schon wissen, ob ich's bin oder ob ich's nicht bin.«

Sie lief also vor ihre Haustüre und klopfte an. Da schaute Hans zum Fenster hinaus, wer so spät noch klopfe, konnte aber nur einen Schemen erkennen.

»Ist die kluge Else daheim?« fragte Else.

»O ja«, sagte Hans. »Meine fleißige Else hat den ganzen Tag hart das Korn geschnitten. Sie hat mir nur ein kleines Abendbrot hingestellt und ist gleich ins Bett gegangen.« So dachte er jedenfalls, weil er die Tür aufgeschlossen und die kluge Else nicht vorgefunden hatte.

Als die kluge Else das hörte, da ward sie ganz verwirrt. »Ach Gott«, sprach sie, »dann bin ich's nicht.« So lief sie, wie sie war, in die Dämmerung hinein und ward von niemandem je wieder gesehen.

Am anderen Morgen aber bemerkte der starke Hans, dass seine Geldkatze und der Hausschlüssel fehlten. »Die kluge Else hatt's genommen und ist damit davon«, dachte er bei sich, denn er fand ihr Bett unberührt und leer. Da setzte Hans ein starkes neues Schloss in die Türe mit einem blanken Schlüssel, den bindet er sich mit einem roten Band an seinen Bund und trägt ihn immerfort bei sich. Da ward die Scheune bei seinem Häuschen immer voll, mit Kartoffeln und Getreide und mit Heu und Stroh für die Tiere, die aufgereiht im Stall standen von den Pferden über die Kühe, die Esel, Schafe und Ziegen, zu den Schweinen und Gänsen, bis zu Enten und Hühnern.

Von jedem Tier eins stecke ich in eine Tüte, die falte ich ganz klein zusammen und lege sie unter dein Kopfkissen heute Nacht.

▸ **Gruppe ❶**

Der Wolf und die sieben Geißlein

Es war da einst eine Ziege, die hatte sieben Junge, die sie lieb hatte, wie eine Mutter ihre Kinder lieb hat, und die sie sorgfältig vor dem Wolf hütete.

Einmal musste sie fortgehen, um Futter zu holen. Sie rief alle sieben Geißlein zusammen und sagte: »Liebe Kinder, ich will in den Wald fortgehen und uns Futter holen. Habt ihr gut auf unser Haus Acht und lasst den Wolf nicht herein, denn wenn er hereinkommt, so frisst er euch alle mit Haut und Haar.

Der Bösewicht verstellt sich oft, aber an seiner rauen Stimme und an seinen schwarzen Füßen werdet ihr ihn gleich erkennen.«

Die Geißlein sagten: »Liebe Mutter, wir wollen uns schon in Acht nehmen, Ihr könnt ohne Sorge fortgehen.«

Da meckerte die Alte und machte sich getrost auf den Weg. Bald darauf kam jemand an die Haustür, klopfte dreimal und rief: »Macht auf, liebe Kinder, macht auf. Eure Mutter ist da und sie hat jedem von euch etwas Schönes mitgebracht.«

Doch die sieben Geißlein hörten an der rauen Stimme, dass es der Wolf war.

»Wir machen nicht auf«, riefen sie, »du bist unsere Mutter nicht, die hat eine feine und liebliche Stimme, aber deine Stimme ist rau. Du bist der Wolf.«

Da ging der Wolf fort und ging zu einem Krämer und kaufte sich ein großes Stück Kreide. Die Kreide aß er und machte damit seine Stimme fein und weich. Dann ging er zurück, klopfte dreimal an die Haustür und rief: »Macht auf, liebe Kinder, macht auf. Eure Mutter ist da und sie hat jedem von euch etwas Schönes mitgebracht.«

Aber der Wolf hatte seine schwarze Pfote in das Fenster gelegt und die sieben Geißen sahen daran, dass es nicht ihre Mutter war. »Wir machen nicht auf«, riefen sie, »du bist unsere Mutter nicht, die hat feine weiße Füße, aber deine Füße sind schwarz. Du bist der Wolf.«

Da ging der Wolf fort und ging zu einem Bäcker und sprach: »Ich habe mir den Fuß gestoßen, streich Teig darüber.«

Und als ihm der Bäcker die Pfote bestrichen hatte, lief er zum Müller und sprach: »Der Bäcker hat mir Teig auf die Pfote gestreut, streu du mir weißes Mehl darauf.«

So ging er zum dritten Mal zu der Haustür, klopfte an und sprach: »Macht auf, liebe Kinder, macht auf. Eure Mutter ist da und sie hat jedem von euch etwas Schönes mitgebracht.«

Die sieben Geißlein hörten die weiche Stimme, da riefen sie: »Du musst uns erst deine Pfote zeigen.«

Da legte der Wolf seine Pfote ins Fenster und die sieben Geißlein sahen, dass sie ganz weiß war. Da glaubten sie, es wäre ihre liebe Mutter und sperrten die Türe auf.

Wer da aber hereinkam in die gute Stube, das war kein anderer als der Wolf. Die sieben Geißlein erschraken und wollten sich geschwind verstecken. Da huschte das größte Geißlein ins Bad; und das eine sprang in den Schrank; das andere schlüpfte in die Kommode; das mittlere duckte sich unter den Tisch; das nächste verkroch sich ins Bett; das letzte legte sich in die große Truhe; das Jüngste aber fand nur noch einen Koffer, da kroch es ganz klein hinein.

Der Wolf stürmte ins Bad und machte nicht langes Federlesen; dann riss er die Schranktüren auf, riss die Schiebladen aus der Kommode, warf den Tisch um, riss das Bett auf und schlug die Truhe auf. Eine Geiß nach der anderen griff er sich und schluckte sie in seinen riesigen Rachen. Nur das Jüngste im Koffer, das fand er nicht.

Als der Wolf müde wurde, trollte er sich fort in den Wald. Dort legte er sich auf eine fette Wiese unter einen Apfelbaum und verfiel in einen tiefen tiefen Schlaf.

Gar nicht lange, da kam die Ziege mit dem Futter aus dem Wald nach Hause zurück. Ach, was musste sie da erblicken! Die Haustür stand sperrangelweit offen. Und wie sah es erst im Hause aus! Das Bad war verwüstet, der Schrank durchwühlt, die Schiebladen aus der Kommode gerissen, der Tisch mit allen Stühlen umgeworfen, die Truhe stand offen und sogar das Bett war durchwühlt, Decke und Kissen zerrissen.

Sie suchte nach ihren Kindern, konnte aber keines finden. Sie rief nacheinander alle sieben Namen, aber erst als sie beim Jüngste angekommen war, antwortete eine ganz feine Stimme:

»Mutter, liebe Mutter, ich stecke hier im Koffer. Lass mich bitte wieder heraus.«

Da nahm die Mutter den Koffer, hob ihn auf und legte ihn auf das Bett. Dann öffnete sie ihn behutsam, als aber das Jüngste gesund und munter heraussprang, was war das für eine Freude! Die Mutter umarmte ihr Kind und herzte und küsste es.

Doch dann musste das Jüngste erzählen, was sich zugetragen hatte, wie der Wolf sich Einlass verschafft, Bad, Schrank, Kommode, Tisch, Bett und Truhe verwüstet und eine Geiß nach der anderen verschlungen hatte.

Da könnt ihr euch vorstellen, was die alte Geißenmutter geweint hat über ihre geliebten Geißlein. Endlich aber ging sie in ihrem Jammer vor das Haus, und die jüngste Geiß lief mit ihr. Und sie ging an den Wald und in den Wald hinein und kam zu der Wiese, so lag da der Wolf an dem Baum und schnarchte, dass die Äste zitterten.

Das Jüngste sah den Wolf, wie er da lag und dass in seinem angefüllten Bauch sich etwas regte und zappelte. Da trat die Mutter hinzu und wie sie sich dem Wolf näherte, da tat sich der Wanst auf und schon streckte ein Geißlein den Kopf heraus, und als die Mutter anfasste, da sprangen nacheinander alle sechse heraus und waren glücklich am Leben. Das war eine Freude! Da herzten die Geißlein ihre liebe Mutter und hüpften und tanzten um sie herum.

Die alte Geiß aber scharte ihre sieben Geißlein um sich und führte sie beiseite hinter eine Hecke. Dort versteckten sie sich und schauten, wie es dem Wolf ginge.

Als der Wolf aus seinem tiefen Schlaf erwachte, litt er einen schrecklichen Durst. Er schleppte sich fort zu dem nahen Brunnen, aber seine Knochen waren wie Blei und mit jedem Schritt wurde er steifer und steifer. Als er endlich am Brunnen angekommen war, war er schon versteinert bis an den Kopf. Und als er sich zum Trinken beugte, da stürzte er sich in den Schacht und versank ins tiefe Wasser.

Wie das die sieben Geißen sahen, sprangen sie aus ihrem Versteck hervor. Sie sangen fröhlich: »Der Wolf ist tot! Der Wolf ist tot!« und tanzten mit ihrer Mutter in heller Freude immer um den Brunnen herum und herum.

Als Sie ihre Freude ausgekostet hatten, nahm die alte Geiß ihre sieben Geißlein und sie gingen miteinander Heim in ihr schönes Haus, da setzten sie sich alle beieinander um den Tisch und freuten sich an dem schönen Futter, dass die Mutter ihnen im Wald gesammelt hatte.

▶ **Gruppe ❷**

Frau Holle

Eine Frau hatte schon lange ihren Mann verloren und lebte allein mit ihren zwei Töchtern. Die eine Tochter war schön und lebensfroh, die andere hässlich und faul. Die Frau hatte aber die hässliche und faule lieb und die andere nicht.

Deshalb musste das schöne Mädchen alle schlechte Arbeit tun und war der Aschenputtel im Haus. Einmal saß es am Brunnen beim Spinnen, was ihm Freude machte. Es stach sich aber in den Finger und drei Tropfen Blut fielen auf die Spule. Das Mädchen beugte sich in den Brunnen, um sein Blut von der Spule abzuwaschen, da fiel sie ihm in das Wasser und das Mädchen fiel vornüber durch den Brunnenschacht hinterher.

Als die Schöne erwachte und wieder zu sich selber kam, war sie auf einer saftigen Wiese, wo die Sonne schillerte und viele Tausend Blumen standen.

Auf dieser Wiese ging sie fort und kam zu einem Backofen, darin war ein Brotlaib; der Laib aber rief: »Ach, zieh mich raus, zieh mich raus, sonst verbrenn' ich; ich bin schon längst ausgebacken.«

Da trat sie hinzu, und holte mit dem Brotschieber den dampfenden Brotlaib heraus. Danach ging sie weiter und kam zu einem Baum, der hing voller Äpfel und rief: »Ach rüttel' mich, und schüttel' mich, die Äpfel sind alle miteinander reif.«

Da rüttelte und schüttelte sie den Baum, dass die Äpfel fielen, als würde es regnen. Und sie schüttelte, bis keiner mehr oben war. Dann trug sie alle Äpfel auf einen Haufen zusammen und ging weiter.

Endlich kam sie an ein kleines Haus, daraus schaute eine alte Frau heraus. Sie hatte große, große Zähne, das machte ihr Angst, und sie wollte fortlaufen. Die alte Frau aber sprach: »Wovor fürchtest du dich, liebes Kind? Bleib bei mir und tue die nötige Arbeit, so soll es dir gut ergehen. Du muss nur jeden Tag das Bett glatt streichen und aufschütteln. Und gib Acht, dass du es kräftig aufschüttelst, dass die Federn fliegen, dann schneit es in der Welt. Ich bin die Frau Holle.«

Weil die Alte so freundlich sprach, willigte das Mädchen ein. Als es am ersten Tag das Bett machte, fand es einen greisen Körper darin, dem der Lebenswind nur noch ganz schwach aus dem offenen Mund wehte; es schüttelte das Bett kräftig auf, und es schneite in der Welt.

Als es am zweiten Tag das Bett machte, fand es eine schöne Frau darin; es schüttelte wieder das Bett kräftig auf, und es schneite in der Welt. Am dritten Tag aber, als es das Bett machte, fand es ein Kind darin, so klein; es schüttelte das Bett noch kräftiger auf, dass die Federn nur so tanzten, und es schneite in der Welt in großer Pracht.

Darauf ging sie zur Frau Holle und sagte, dass sie Heimweh habe nach Zuhause. Die Frau Holle sagte: »Es gefällt mir, dass du wieder nach Hause verlangst.«

Sie nahm das Mädchen bei der Hand und führte es vor ein großes Tor. Das Tor ward aufgetan, und das Mädchen schritt hindurch. Als es gerade darunter stand, fiel ein gewaltiger

Goldregen, und alles Gold blieb an ihr hängen, so dass sie über und über davon bedeckt war. Und mit dem nächsten Schritt war die Schöne oben auf der Welt, am Brunnen, mit der sauberen Spule in der Hand. So ging sie zurück zu ihrer Mutter Haus; und als sie in den Hof kam, krähte der Hahn:

»Kikeriki, Kikeriki,
unsere goldene Jungfrau ist wieder hie.«

Sie ging hinein zu ihrer Mutter, und weil sie so mit Gold bedeckt war, wurde sie freundlich aufgenommen. Sie erzählte freudig alles, was ihr begegnet war, und als die Mutter hörte, wie sie zu dem großen Reichtum gekommen war, wollte sie der andern Tochter dieses Glück auch verschaffen.

Also schickte sie das faule Mädchen mit einer Spule zum Brunnen. Es warf die Spule ins Gras, sprang in den Brunnenschacht und versank im Wasser.

Als es erwachte, war es auch auf der Wiese, doch das Licht der Sonne stach ihm in die Augen und die vielen Blumen langweilten es nur.

Es ging auf der Wiese fort bis zum Backofen, darin der Laib, der rief: »Ach, zieh mich raus, zieh mich raus, sonst verbrenn' ich; ich bin schon längst ausgebacken.«

Es antwortete aber: »Da hätte ich viel zu tun und verbrenn' mir obendrein noch die Finger.« Danach ging es weiter und kam zu dem Baum, der wieder voller Äpfel hing und rief: »Ach rüttel' mich und schüttel' mich, die Äpfel sind alle miteinander reif.«

Das Mädchen antwortete: »Lass dich vom Wind schütteln, altes Holz«; und ging weiter.

Endlich kam es an das Haus der Frau Holle. Es fürchtete sich nicht, weil es von den großen Zähnen schon gehört hatte, und verdingte sich auch gleich bei der Alten.

Am ersten Tag tat es sich Gewalt an und tat seine Arbeit, es dachte dabei an das viele Gold, das es verdienen würde. Da schneite es etwas in der Welt. Am zweiten Tag schlief es lange und schüttelte das Bett so hastig und lustlos auf, dass die wenigen Flocken die Erde gar nicht erreichten.

Am dritten Tag dann lag es Mittags noch im Schlaf, da ward es die Frau Holle müde und kündigte ihm den Dienst auf. Das Mädchen war's wohl zufrieden und ging eilig mit der Frau Holle zu dem Tor.

Das Tor ward auch aufgetan, und das Mädchen schritt hindurch. Als es gerade darunter stand, wurde ein großer Kessel voll Pech ausgeschüttet, und alles Pech blieb an ihr kleben, so dass sie über und über davon bedeckt war. So ging sie zurück zu ihrer Mutter Haus; und als sie in den Hof kam, krähte der Hahn:

»Kikeriki, Kikeriki,
unsere schwarze Jungfrau ist wieder hie.«

So ging sie hinein zu ihrer Mutter, aber das Pech blieb fest an ihr hängen und wollte, solange sie lebte, nicht abgehen.

▶ Gruppe ❸

Das tapfere Schneiderlein

Ein Schneiderlein saß auf seinem Tisch am Fenster, war guter Dinge und nähte aus Leibeskräften. Da kam eine Bauersfrau die Straße herab und rief: »Gut Mus feil! Gut Mus feil!«

Das klang dem Schneiderlein lieblich in die Ohren, es steckte sein zartes Haupt zum Fenster hinaus und rief: »Hier herauf, liebe Frau, hier wird sie ihre Ware los.«

Die Frau stieg die vier Treppen hinauf mit ihrem schweren Korb und dachte bei jeder Stufe an das gute Geschäft, das sie machen würde. Oben in der Schneiderstube angekommen, musste sie alle ihre Töpfe auspacken. Das Schneiderlein besah jeden einzelnen, hob ihn in die Höhe, hielt die Nase dran und sagte endlich: »Dieses Mus hier scheint mir gut. Wieg sie mir davon doch hundert Gramm ab, liebe Frau, und wenn es auch ein Viertelpfund wird, kommt es mir auch nicht darauf an.«

Die Frau hatte gehofft, viel von ihrer Ware abzusetzen, also gab sie ihm, was es verlangte, ging aber ganz ärgerlich und brummig fort. »Nun«, frohlockte das Schneiderlein, »das Mus soll mir Kraft und Stärke geben.«

Es holte frisches Brot aus dem Schrank und schnitt sich eine gute Scheibe davon ab, dann strich es das Mus satt darüber. »Das wird nicht bitter schmecken«, sprach es, »aber erst will ich das Hemd fertig nähen.«

Das Schneiderlein legte das Musbrot neben sich, nähte weiter am Hemd und machte vor Freude immer größere Stiche. Der Geruch von dem süßen Mus aber stieg auf und breitete sich langsam über den ganzen Raum aus, bis er die Wand erreichte, wo die Fliegen in großer Zahl saßen, so dass sie angelockt wurden und das Musbrot und das Schneiderlein immer dichter umschwirrten. Schon konnte das Schneiderlein keinen ruhigen Stich mehr tun, da begannen die Fliegen auch noch, sich auf dem Musbrot niederzulassen.

»Ei, wer hat euch eingeladen?«, sagte das Schneiderlein und jagte die ungebetenen Gäste fort. Doch die Fliegen ließen sich nicht abweisen, sondern kamen in immer größerer Zahl wieder. Da lief dem Schneiderlein endlich die Geduld über. Es langte nach einem Lappen und schlug unbarmherzig zu. Als es abzog und zählte, so lagen nicht weniger als sieben Fliegen tot vor ihm und streckten die Beine.

»Bist du so ein Kerl?«, sprach das Schneiderlein und musste selbst seine Tapferkeit bewundern. »Das muss die ganze Stadt erfahren.« In aller Eile schnitt es einen Gürtel zu, nähte ihn und stickte mit großen Buchstaben darauf: »Siebene auf einen Streich!«

»Ei was die Stadt«, sprach es weiter, »nein, die ganze Welt soll's erfahren!« Und sein Herz wackelte ihm vor Freude wie ein Lämmerschwänzchen. Da band sich der Schneider den Gürtel um den Leib und wollte in die Welt hinaus, weil er meinte, die Werkstätte sei nun zu klein für seine Tapferkeit.

Das Schneiderlein zog also immer seiner spitzigen Nase nach und kam endlich in den weiten Hof des königlichen Palastes. Dort überkam es eine solche Müdigkeit, dass es sich ins grüne Gras niederlegte und einschlummerte. Während es nun so da lag, kamen all die Hofleute und Bediensteten herbei, betrachteten es und lasen auf dem Gürtel: »Siebene auf einen Streich!«

»Ach«, sprachen sie zu einander, »was für ein großer Held.« Sie gingen und meldeten es dem König, und meinten, das wäre ein wichtiger und nützlicher Mann, den man um keinen Preis wieder fortlassen dürfte. Dem König gefiel der Rat, und er schickte die sieben Männer seiner Palastwache zu dem Schneiderlein, ihm, wenn es aufgewacht wäre, den Dienst anzubieten. Die Palastwächter blieben bei dem Schläfer stehen, warteten, bis er seine Glieder streckte und die Augen aufschlug, und brachten dann den Antrag vor.

»Eben deshalb bin ich hierher gekommen«, antwortete das Schneiderlein. »Dass ist die rechte Aufgabe für einen, der siebene auf einen Streich schlägt.« Da ward ihm eine besondere Wohnung angewiesen.

Nun aber, da der fremde Held das Schloss bewachte, sagen die sieben Männer der Palastwache sich untereinander: »Der Fremde macht uns überflüssig.«

»Wir könnten aber nichts gegen ihn unternehmen«, meinte ihr Anführer, »weil er uns sonst alle zusammen auf einen Streich totschlägt.«

Dann sollten sie ihren Abschied nehmen, sagten da die anderen. Sie begaben sich also allesamt zum König und sprachen: »Wir sind nicht gemacht, neben einem Mann auszuhalten, der siebene auf einen Streich schlägt.«

Nur war der König traurig, dass er um des einen willen seine sieben treuen Diener verlieren sollte. Da wünschte er, seine Augen hätten den fremden Helden nie gesehen, und wäre ihn gern wieder los gewesen. Er getraute sich aber nicht, ihm den Abschied zu geben, weil er seine Stärke fürchtete. Lange sann er hin und her und besprach sich mit seinen Räten.

Endlich fand er einen Rat. Er schickte nach dem fremden Helden und ließ ihm sagen, weil er ein so großer Kriegsheld sei, wollte er ihm einen Vorschlag machen. In einem Wald seines Reiches hausten zwei Riesen, die mit Rauben und Morden, Sengen und Brennen großen, großen Schaden stifteten. Niemand käme in ihre Nähe, ohne sich in Lebensgefahr zu bringen. Wenn er diese beiden Riesen überwinden und töten würde, so wollte er ihm seine einzige Tochter zur Gemahlin geben und das halbe Königreich dazu. Er wollte ihm auch hundert Reiter mitgeben, die sollten ihm Beistand leisten.

»Das wäre etwas«, sagte das Schneiderlein und dachte dabei an die schöne Königstochter und ein halbes Königreich, »die hundert Reiter in Gefahr zu bringen! Die beiden Riesen will ich schon allein bändigen. Das ist genau das Richtige für einen wie mich, der siebene auf einen Streich schlägt.«

Der König schickte die hundert Reiter trotzdem mit. Als der Tross an den Rand des Waldes kam, sprach das Schneiderlein zu seinen Begleitern: »Schlagt hier nur euer Lager auf, ich will die Riesen schon allein angehen.«

Das ließen sich die Reiter gerne sagen und das Schneiderlein sprang in den Wald hinein und verschwand zwischen den Büschen. Es musste auch gar nicht lange suchen, da fand es die beiden Riesen schlafend unter einem Baum. Sie schnarchten dabei und pfiffen, dass sich die Äste auf und nieder bogen.

Das Schneiderlein las sich beide Taschen voll Steine und kletterte behände in den Baum. Als es etwa in der Mitte war, rutschte es auf einem dicken Ast bis gerade über die Schläfer. Von dort ließ es dem einen Riesen beharrlich einen Stein nach dem andern auf die Brust fallen. Der spürte lange nichts, doch endlich wachte er auf, stieß seine Gefährtin an und sprach: »Was schlägst du mich, Weib?«

»Ich schlage dich nicht, du träumst«, knurrte sie und die beiden legten sich wieder zum Schlaf. Nun warf das Schneiderlein auf die Riesin Stein um Stein hinab, bis sie schrie: »Was soll das, Mann? Warum bewirfst du mich?«

»Ich bewerfe dich nicht«, brummte der Riese und zankte eine Weile mit seiner Frau herum. Doch weil die beiden müde waren, ließen sie's bald gut sein, und die Augen fielen ihnen wieder zu.

Nun begann das Schneiderlein sein Spiel von neuem, suchte den dicksten Stein aus und warf ihn dem Riesen mit aller Kraft auf die Brust.

»Das ist zu arg!«, brüllte der, sprang wie ein Unsinniger auf und stieß die Riesin gegen den Baum, dass er zitterte und das Schneiderlein fast zu Fallobst geworden wäre. Die Riesin aber zahlte mit gleicher Münze heim und beide gerieten in solche Wut, dass sie blindlings Bäume ausrissen und so lange unermüdlich aufeinander einschlugen, bis sie endlich beide zugleich auf die Erde fielen und tot liegen blieben.

Nun sprang das Schneiderlein behände von seinem Baum herab. »Ein Glück nur«, sprach es, »dass sie den Baum, auf dem ich saß, nicht ausgerissen haben, sonst hätte ich wie ein Eichhörnchen auf einen andern springen müssen!«

Es zog seinen Degen und versetzte jedem der beiden toten Riesen noch ein paar tüchtige Hiebe und Stiche. Dann ging es hinaus zu den Reitern und sprach: »Die Arbeit ist getan. Ich habe beiden den Garaus gemacht. Aber es ist hart hergegangen. Sie haben in ihrer Not Bäume ausgerissen und sich gewehrt. Doch das hilft alles nichts, wenn einer kommt wie ich, der siebene auf einen Streich schlägt.«

»Seid Ihr denn nicht verwundet?« fragten die Reiter. »Das hat gute Wege«, antwortete der Schneider, »kein Haar haben sie mir gekrümmt.« Die Reiter wollten ihm keinen Glauben beimessen und ritten in den Wald hinein; da fanden sie die Riesen in ihrem Blut schwimmend, und ringsherum lagen die ausgerissenen Bäume.

Nun verlangte das Schneiderlein vom König die versprochene Belohnung, den aber reute sein Versprechen und er sann aufs Neue, wie er sich den Helden vom Halse schaffen könnte. »Ehe du meine Tochter und das halbe Reich erhältst«, sprach er zu ihm, »musst du noch eine Heldentat vollbringen. In einem Wald meines Reiches...

[hier individuell angepasste zweite Probe einfügen]

Der König wollte ihm den versprochenen Lohn noch immer nicht gewähren. »Ehe du meine Tochter und das halbe Reich erhältst«, sprach er zu ihm, »musst du noch eine dritte Heldentat vollbringen. In einem Wald meines Reiches...

[hier individuell angepasste dritte Probe einfügen]

Der Held aber begab sich zum König, der musste nun, ob er denn mochte oder nicht, sein Versprechen halten und ihm seine Tochter und das halbe Königreich übergeben. Hätte er gewusst, dass kein Kriegsheld, sondern ein Schneiderlein vor ihm stand, es wäre ihm noch viel mehr zu Herzen gegangen. Die Hochzeit ward also mit großer Pracht und kleiner Freude gehalten, und aus einem Schneider ein König gemacht.

Nach einiger Zeit hörte die junge Königin in der Nacht, wie ihr Gemahl im Traume sprach: »Junge, flick mir das Hemd und mach mir die Hosen fertig, oder ich will dir die Ohren mit der Elle messen.«

Da erkannte die Prinzessin, aus welcher Stube der junge Herr König kam. Am andern Morgen klagte sie ihrem Vater, dass ihr Mann ein Schneider wäre. Da frohlockte der König und sagte: »Lass in der nächsten Nacht deine Schlafkammer offen, meine Diener sollen außen stehen. Wenn er eingeschlafen ist und wieder spricht, sollen sie hineingehen und ihn entlarven.«

Die Prinzessin war damit zufrieden und der König bat seine alten sieben Palastwächter dieses Kommando zu übernehmen. Das taten die gern, wünschten sie dem fremden Helden doch jede erdenkliche Schmach. Als aber das Schneiderlein am Abend mit seiner jungen Braut zu Bett ging, da bemerkte es die Männer hinter einem schweren Vorhang vor der Tür verborgen, ließ sich aber nichts anmerken.

Als die Prinzessin glaubte, ihr Gemahl sei eingeschlafen, schlich sie sich aus dem Ehebett, öffnete die Tür und legte sich wieder hin. Das Schneiderlein stellte sich aber nur schlafend Nach einer kleinen Weile fing es wie erwartet wieder an zu reden: »Junge, flick mir das Hemd und mach mir die Hosen fertig, denkst du denn, ich würde nicht mit dir fertig!«

Indem sprang es aber in die Höhe, dass es aufrecht im Bett stand und die Prinzessin sich in ihrer Angst unter die Bettdecke verkroch. Mit schriller Stimme rief das Schneiderlein weiter: »Ich habe siebene auf einen Streich getroffen, zwei Riesen getötet, *[Resultat von Probe zwei]* und *[Resultat von Probe drei]*. Soll ich mich wohl vor denen fürchten, die draußen vor der Kammer lauern? Kommt herein und stellt euch!«

Da steckte die Prinzessin ihren Kopf unter der Bettdecke hervor und sagte: »So spricht kein Schneider.«

Und die sieben Palastwächter traten mit gesenkten Köpfen aus ihrem Versteck hervor. Der junge König aber trat vor sie hin und sprach: »Ihr seid wahrhaft treue Diener, also nehmt euren Dienst bitte wieder auf und seid künftig auch meine treuen Diener.«

So lebte der junge König glücklich mit der jungen Königin, und als der alte König starb, führte er das Reich weise und gerecht und blieb königlich sein langes Leben lang.

▶ Gruppe ❹

Die zwei Brüder

Erste Folge: Der Goldvogel

Es waren einmal zwei Brüder, ein reicher und ein armer. Der reiche war Goldschmied und gierig; der arme war Besenbinder und dumm. Der Arme hatte zwei Kinder, das waren Zwillingsbrüder und sich so ähnlich wie ein Tropfen Wasser dem andern. Die gingen in des Reichen Haus ab und zu und erhielten in der Küche meist ein paar Bröckchen zu essen.

Als sie einmal im Wald Reisig suchten, flog ein Vogel vor ihnen auf und fiel ihm eine Feder ab. Die hoben sie auf und sie war ganz von Gold. Die Zwillingen brachten sie ihrem Vater und der trug sie zu seinem reichen Bruder. »Das ist eitel Gold«, sagte er, und gab ihm viel Geld dafür.

Am andern Tag gingen die Zwillinge wieder in den Wald, da sahen sie, wie sich der Goldvogel in sein Nest setzte. Sie warteten bis er fortgeflogen war, dann stiegen sie den Baum zum Nest hinauf. Da lag ein goldenes Ei im Nest. Das nahmen sie heraus und brachten es ihrem Vater. Der trug das Goldei zu seinem Bruder, der sah es an und sprach: »Es ist eitel Gold«, und gab ihm noch mehr Geld.

Als der Besenbinder mit dem vielen Geld fortgehen wollte, fasste ihn der Goldschmied am Ärmel und sprach: »Den Vogel selber möchte ich wohl haben.«

Der arme Besenbinder dachte, für immer sein Einkommen zu haben, also lies er sich von seinen beiden Knaben den Weg weisen und ging selbst in den Wald. Er musste auch nicht lange suchen, da sah er schon einen Vogel mit weiten Schwingen und prächtigem Schweif, der war ganz golden und so schön, wie ihm noch niemals einer vor Augen gekommen war. Da hob er seinen Bogen und schoss den Goldvogel mit einem Pfeil vom Himmel und brachte ihn seinem Bruder, der gab ihm einen ganzen Sack voll Geld dafür.

Der reiche Goldschmied war aber listig und wusste wohl, was das für ein Vogel war. Er rief seine Köchin und sprach: »Brate mir diesen Vogel und sorge dafür, dass nichts davon wegkommt. Ich habe Lust, ihn ganz allein zu essen.«

Der Goldvogel war kein gewöhnlicher Vogel, sondern von wunderbarer Art. Wer nämlich Herz und Leber von ihm aß, jeden Morgen ein Goldstück unter seinem Kopfkissen fand.

Die Frau machte den Vogel zurecht, steckte ihn auf einen Spieß und ließ ihn braten. Nun geschah es, dass die Zwillinge in die Küche kamen und weil die Köchin etwas zu besorgen hatte, trug sie den Kinder auf, so lange den Spieß zu drehen, damit der Vogel nicht anbrennen würde.

Wie die zwei Kinder den Spieß ein paarmal herumdrehten, fielen zwei Stücklein aus dem Vogel in die Pfanne hinab und weil sie meist ein paar Brocken bekamen und hungrig waren, nahmen sie jeder ein Stücklein und aßen es.

Als die Köchin zurückkam, sah sie, dass sie etwas aßen, und sprach: »Was habt ihr gegessen?«

»Nur zwei kleine Stücklein, die aus dem Vogel herausgefallen sind«, antworteten sie.

»Das sind Herz und Leber gewesen«, sprach die Köchin ganz erschrocken und schlachtete geschwind ein Hähnchen, nahm Herz und Leber heraus und legte sie in den Goldvogel. Als er gar war, trug sie ihn dem Goldschmied auf. Der verschloss sich in seine Kammer und verzehrte den Goldvogel ganz allein und ließ kein Stücklein übrig. Als er aber am anderen Morgen unter sein Kopfkissen griff, um das Goldstück hervorzuholen, war so wenig eins zu finden wie sonst auch. Die beiden Kinder wussten nicht, was ihnen für ein Glück zuteil geworden war. Am andern Morgen, wie sie aufstanden, fiel etwas auf die Erde und klingelte, und als sie es aufhoben, da waren es zwei Goldstücke. Die brachten sie ihrem Vater, der wunderte sich und sprach: »Wie sollte das zugegangen sein?«

Als sie aber am andern Morgen wieder zwei fanden und so jeden weiteren Tag, da ging der Besenbinder zu seinem Bruder und erzählte ihm die seltsame Geschichte. Der Goldschmied merkte gleich, wie es gekommen war, und dass die Kinder Herz und Leber von dem Goldvogel gegessen hatten. Da wurde er ganz wütend und wollte sich rächen und eröffnete dem anderen die Geschichte von dem Goldvogel. Dann klagte er ihn an, seine Kinder hätten ihn bestohlen, deshalb verlange er alles Geld zurück. Da war der Besenbinder wieder arm wie zuvor.

Die beiden Zwillinge aber wussten nun ihr Glück und weil der Besenbinder sie nicht bei sich behalten wollte, zogen sie in die Welt hinaus, frei jeder Sorge und Not.

Das ist die Geschichte, die von den Zwillingen erzählt wird, die den Goldvogel fanden und reich wurden, obwohl es dem geizigen Goldschmied nicht gefiel. Das nächste Mal erzähle ich, wie es den Goldkindern weiter auf ihrem Weg ergangen ist.

Zweite Folge: Drachenkampf

Einst war ein armer Besenbinder unverhofft zu großem Wohlstand gekommen, hatte aber alles wieder verloren. Deshalb wollte er seine beiden Söhne, die Zwillinge waren, nicht mehr in seinem Haus haben und schickte sie fort. Sie gingen hinaus in den Wald und gingen immer weiter. Endlich begegneten sie einem Jäger, der fragte: »Zu wem gehört ihr?«

»Unser Vater wollte uns nicht länger im Hause behalten«, antworteten sie, »deshalb ziehen wir in die Welt.«

»Nun«, sagte der Jäger, »dann will ich euer Vater sein und euch die Jägerei lehren.«

Das gefiel den Zwillingen und sie blieben bei dem Jäger und als sie herangewachsen waren, nahm er sie einen Tag mit in den Wald und sprach: »Heute sollt ihr euren Probeschuss tun, damit ich euch freisprechen und zu Jägern machen kann.«

Er führte sie auf einen Anstand und sie warteten lange, aber es kam kein Wild. Dann sah der Jäger über sich eine Kette von Schneegänsen in der Gestalt eines »V« fliegen. Da sagte er zu dem einen: »Schieß von jedem Ende eine herab.« Das tat er und vollbrachte damit seinen Probeschuss. Bald darauf kam eine zweite Kette angeflogen und hatte die Gestalt eines »N«; da hieß der Jäger den andern gleichfalls von jedem Ende eine herunterholen, und dem gelang sein Probeschuss auch. Da sagte der Jäger: »Ich spreche euch frei. Ihr seid nun ausgelernte Jäger.«

Darauf sagten die zwei Brüder: »Wir haben nun ausgelernt, da müssen wir uns auch in der Welt versuchen.«

Sprach der Alte mit Freuden: »Ihr redet wie brave Jäger«; und gab ihnen ein blankes Messer. »Wenn ihr euch einmal trennt, so stoßt dieses Messer am Scheideweg in einen Baum. Wenn einer zurückkommt, kann er daran sehen, wie es dem anderen ergeht, denn die Seite, nach welcher dieser ausgezogen ist, rostet, wenn er stirbt, solange er aber lebt, bleibt sie blank.«

Die zwei Brüder zogen fort und kamen in einen fremden Wald, der so groß war, dass sie an drei Tagen nicht wieder hinauskamen. Da sie nichts zu essen hatten, sprach der eine: »Wir müssen uns etwas schießen, sonst leiden wir Hunger.«

Er lud seine Büchse und sah sich um. Und als ein Hase dahergelaufen kam, legte er an. Der Hase aber rief:

»Liebe Jäger, lasst mich leben,
ich will euch auch zwei Junge geben.«

Sprang auch gleich ins Gebüsch und brachte zwei Junge; die Tierlein spielten aber so munter und waren so artig, dass die Jäger es nicht übers Herz bringen konnten, sie zu töten. Sie behielten sie also bei sich, und die kleinen Hasen folgten ihnen auf dem Fuße.

Bald darauf schlich ein Fuchs vorbei, den wollten sie nun schießen, aber der Fuchs rief:

»Liebe Jäger, lasst mich leben,
ich will euch auch zwei Junge geben.«

Er brachte auch zwei Füchslein herbei, und die Jäger mochten sie auch nicht töten, gaben sie den Hasen zur Gesellschaft, und sie folgten ihnen nach.

Nicht lange, so schritt ein Wolf aus dem Dickicht, die Jäger legten auf ihn an, aber der Wolf rief:

»Liebe Jäger, lasst mich leben,
ich will euch auch zwei Junge geben.«

Die zwei jungen Wölfe taten die Jäger zu den anderen Tieren, und sie folgten ihnen nach. Darauf kam ein Bär, der wollte auch gern noch länger herumtraben und rief:

»Liebe Jäger, lasst mich leben,
ich will euch auch zwei Junge geben.«

Die zwei jungen Bären wurden zu den andern gesellt und waren ihrer schon acht. Endlich, wer kam? Ein Löwe kam und schüttelte seine Mähnen. Aber die Jäger ließen sich nicht schrecken und zielten auf ihn. Da sprach der Löwe gleichfalls:

»Liebe Jäger, lasst mich leben,
ich will euch auch zwei Junge geben.«

Auch er holte seine Jungen herbei und nun hatten die Jäger zwei Löwen, zwei Bären, zwei Wölfe, zwei Füchse und zwei Hasen, die ihnen nachzogen und dienten.

Ihr Hunger war indess damit nicht gestillt, da sprachen sie zu den Füchsen: »Hört, ihr Schleicher, schafft uns etwas zu essen, ihr seid ja listig und verschlagen.«

Sie antworteten: »Nicht weit von hier liegt ein Dorf, wo wir schon manches Huhn geholt haben; den Weg dahin wollen wir euch zeigen.«

Da gingen sie in das Dorf, kauften sich etwas zu essen und ließen auch ihren Tieren Futter geben.

Nun zogen sie eine Weile herum, konnten aber keinen Dienst finden, wo sie zusammengeblieben wären, da sprachen sie: »Es geht nicht anders, wir müssen uns trennen.« Sie teilten die Tiere, so dass jeder einen Löwen, einen Bären, einen Wolf, einen Fuchs und einen Hasen bekam. Dann nahmen sie Abschied, versprachen sich brüderliche Liebe bis in den Tod und stießen das Messer, das ihnen der alte Jäger mitgegeben, in einen Baum; worauf der eine nach Osten, der andere aber nach Westen auszog.

Der nach Osten gezogen war kam mit seinen Tieren aber bald in eine Stadt, die war ganz mit schwarzem Flor behängt. Er ging in ein Wirtshaus, in dem er auch seine Tiere beherbergen konnte. Dort fragte er den Wirt, warum die Stadt mit Trauerflor behängt sei.

Sprach der Wirt: »Weil morgen unseres Königs einzige Tochter sterben wird.«

Fragte der Jäger: »Ist sie krank?«

»Nein«, antwortete der Wirt, »sie ist frisch und gesund, aber sie muss doch sterben.«

»Wie geht das zu?«, fragte der Jäger.

»Draußen vor der Stadt ist ein hoher Berg, darauf wohnt ein Drache, dem muss alle Jahre eine Jungfrau geopfert werden, sonst verwüstet er das ganze Land. Nun sind schon alle Jungfrauen hingegeben und ist keine mehr übrig als die Königstochter, sie muss ihm überliefert werden, und das soll morgen geschehen.«

Sprach der Jäger: »Warum wird der Drache nicht getötet?«

»Ach«, antwortete der Wirt, »so viele Ritter haben es schon versucht, aber allesamt ihr Leben eingebüßt. Der König hat dem, der den Drachen besiegt, seine Tochter zur Frau versprochen, und nach seinem Tode soll er auch das Reich erben.«

Der Jäger sagte nichts dazu, aber am anderen Morgen stieg er mit seinen Tieren zusammen auf den Drachenberg. Der Bär führte sie zu einer kleinen Kapelle, da standen auf dem Altar drei gefüllte Becher.

»Die musst du austrinken«, sprach der Wolf, »dann wirst du der stärkste Mann auf Erden und kannst das Schwert führen, das vor der Türschwelle vergraben liegt.«

Da trank der Jäger die Becher aus und war stark genug, das Schwert aufzunehmen und konnte es ganz leicht führen.

Als die Königstochter oben auf den Berg kam, stand da nicht der Drache, sondern der junge Jäger, der sprach ihr Trost zu und sagte, er wollte sie retten, führte sie in die Kapelle und verbarg sie darin. Gar nicht lange, so kam mit großem Gebraus der siebenköpfige Drache herabgefahren. Als er den Jäger erblickte, sprach er: »So mancher Ritter hat hier bereits sein Leben gelassen, ich will wohl auch mit dir fertig werden.«

Der Drache atmete Feuer aus seinen sieben Rachen, das sollte das trockene Gras entzünden, damit der Jäger in der Glut und dem Rauch ersticken sollte, doch die treuen Tiere kamen herbei und traten das Feuer aus. Da fuhr der Drache mit aufgestellten Flügeln gegen den Jäger, der aber schwang sein Schwert, dass es in der Luft sang, und schlug ihm drei Köpfe ab. Da ward der Drache erst recht wütend, erhob sich in die Luft, spie Feuerflammen über den Jäger aus und wollte sich auf ihn stürzen, aber der Jäger zückte noch einmal sein Schwert und hieb ihm wieder drei Köpfe ab.

Das Untier ward matt und sank nieder, wollte dann doch wieder auf den Jäger los, aber der schlug ihm mit letzter Kraft noch den Schweif ab, und weil er nicht mehr weiter kämpfen konnte, kamen seine Tiere herbei und zerrissen den Drachen in Tausend Stücke.

Als er sich wieder gesammelt hatte, schloss der Jäger die Kapelle auf und fand die Königstochter besinnungslos vor Angst auf dem Boden liegen. Er trug sie hinaus, und als sie wieder zu sich kam und die Augen aufschlug, zeigte er ihr den zerrissenen Drachen und sagte, dass sie erlöst sei. Sie freute sich und sprach: »Nun wirst du mein liebster Gemahl, denn mein Vater hat mich demjenigen versprochen, der den Drachen tötet.«

Das ist die Geschichte, wie das Goldkind mit Hilfe seiner Tiere den Drachen überwand und die Prinzessin zur Braut gewann. Die Tiere werden den tapferen Ritter auch auf seinem weiteren Weg begleiten und beschützen. Und wie es mit der Prinzessin und dem Ritter weiter geht, dass erzähle ich das nächste Mal.

Dritte Folge: Der falsche Bräutigam

Einst gab es einen Drachen, dem sollte die Königstochter geopfert werden, damit er nicht das ganze Land verwüste. Ein Goldkind, das die Jägerei erlernt hatte, erfuhr davon und trat dem Drachen entgegen wie ein Ritter. Mit Hilfe seiner fünf Tiere konnte es den Drachen überwinden und die Königstochter errettet.

Die Prinzessin war solchens überglücklich. Der Jäger in Begleitung eines Löwen, eines Bären, eines Wolfs, eines Fuchses und eines Hasen sollte wohl ihr Gemahl werden. Deshalb nahm sie ihr Halsband von roten Korallen ab und legte jedem der Tiere ein Viertel davon um und dem Löwen gab sie das goldene Schlösschen. Ihr Taschentuch aber, in das ihr Name in schönen Buchstaben gestickt stand, schenkte sie dem Jäger, der ging hin und schnitt aus den sieben Drachenköpfen die sieben Zungen heraus, wickelte sie in das Tuch und verwahrte sie wohl.

Als das geschehen war und weil er von dem Feuer und dem Kampf so matt und müde war, sprach er zur Jungfrau: »Wir sind beide so matt und müde, wir wollen ein wenig schlafen.«

Da sagte sie ja, und sie ließen sich unter einem Baum in das weiche Moos nieder, und der Jäger sprach zu dem Löwen: »Du sollst wachen, damit uns niemand im Schlaf überfällt.«

Dann schliefen beide ein. Der Löwe legte sich neben sie, um zu wachen, aber er war vom Kampf auch müde, dass er den Bären rief und sprach: »Lege dich neben mich, ich muss ein wenig schlafen, und wenn was kommt, so wecke mich auf.«

Da legte sich der Bär neben ihn, aber er war auch müde und rief den Fuchs und sprach: »Lege dich neben mich, ich muss ein wenig schlafen, und wenn was kommt, so wecke mich auf.«

Da legte sich der Wolf neben ihn, aber er war auch müde und rief den Fuchs und sprach: »Lege dich neben mich, ich muss ein wenig schlafen, und wenn was kommt, so wecke mich auf.«

Da legte sich der Fuchs neben ihn, aber auch er war müde, rief den Hasen und sprach: »Lege dich neben mich, ich muss ein wenig schlafen, und wenn was kommt, so wecke mich auf.«

Da setzte sich der Hase neben ihn, aber er war auch müde, und nun war niemand mehr, den er zur Wache herbeirufen konnte, und schlief ein.

Da schliefen nun die Königstochter, der Jäger, der Löwe, der Bär, der Wolf, der Fuchs und der Hase, und schliefen alle einen tiefen Schlaf.

Des Königs Marschall aber hatte alles mit angesehen, denn der König hatte ihn geschickt. Er war der Prinzessin nachgeschlichen und hatte von weitem geschaut. Als er den Drachen nicht mit der Jungfrau fortfliegen sah und alles auf dem Berg ruhig ward, nahm er sich ein Herz und stieg ganz hinauf. Da fand er den Drachen zerstückelt und zerrissen auf der Erde, und nicht weit davon die Königstochter und einen Jäger mit seinen Tieren, die waren alle in tiefen Schlaf versunken.

Weil der Marschall ein böses Herz hatte, nahm er sein Schwert, schlich sich an und hieb dem Jäger das Haupt ab. Dann nahm er die Jungfrau auf den Arm und trug sie den Berg hinab. Er vergaß auch nicht, die sieben Drachenköpfe als Wahrzeichen mitzunehmen.

Die Prinzessin kam nur langsam aus ihren Träumen zurück und erschrak. Aber der Marschall tat, was das Böse immer tut, er machte ihr Angst und sprach: »Du bist in meinen Händen, du sollst sagen, dass ich den Drachen getötet habe oder du büßt dein Leben.«

Die Prinzessin antwortete: »Das kann ich nicht sagen, denn ein Jäger mit seinen Tieren hat es getan.«

Da zog der Marschall sein Schwert und drohte, sie zu töten, wenn sie ihm nicht gehorche. So zwang er sie, dass sie es versprach. Darauf brachte er sie vor den König, der sich vor Freude nicht zu lassen wusste, als er sein liebes Kind wieder lebend erblickte.

Der Marschall sprach zu ihm: »Ich habe den Drachen getötet und die Jungfrau und das ganze Reich befreit, darum fordere ich sie zur Gemahlin, so wie es zugesagt ist.«

Der König fragte die Jungfrau: »Ist das wahr, was er spricht?«

Die Prinzessin presste die Lippen aufeinander, nickte aber ein wenig mit dem Kopf.

»Du musst es sagen«, mahnte der König.

Da sagte sie es: »Ach ja, es muss wohl wahr sein.«

»So sollst du dem Marschall angetraut werden«, sprach der König.

Da antwortete die Prinzessin: »So ist es versprochen; doch ich bitte mir aus, dass erst über

Jahr und Tag Hochzeit soll gehalten werden.« Sie dachte nämlich, in der Zwischenzeit etwas von ihrem lieben Jäger zu hören.

Oben auf dem Drachenberg lagen die Tiere noch immer neben ihrem enthaupteten Herrn und schliefen ihren tiefen Schlaf. Da kam endlich eine Hummel und setzte sich dem Hasen auf die Nase. Der Hase wischte sie mit der Pfote ab und schlief weiter, aber die Hummel kam zum zweiten Mal. Der Hase wischte sie wieder ab und schlief fort, doch sie kam zum dritten Mal und da wachte der Hase endlich auf.

Als der Hase wach war, weckte er den Fuchs, und der Fuchs weckte den Wolf, und der Wolf weckte den Bären, und der Bär weckte den Löwen. Und als der Löwe aufwachte und sah, dass die Jungfrau fort war und sein Herr enthauptet, fing er fürchterlich zu brüllen an und rief: »Wer hat das getan? Bär, warum hast du mich nicht geweckt?«

Der Bär fragte den Wolf, der Wolf den Fuchs und der Fuchs den Hasen: »Warum hast du mich nicht geweckt?«

Nur der arme Hase hatte niemanden, den er fragen konnte. Da blickte ihn die anderen vorwurfsvoll an. Der Hase aber wusste Rat: »Ich weiß eine Wurzel, wer die im Mund hat, der wird von allen Wunden geheilt.«

Da sprach der Löwe: »Ich weiß einen Berg, auf dem die Wurzel wächst, doch ich weiß nicht, wo er liegt.«

Da sprach der Bär: »Der Berg liegt auf einer Insel zweihundert Stunden von hier.«

Da sprach der Fuchs: »Ich kenne einen Vogel, der holt uns die Wurzel in einer Stunde.«

Da riefen die fünf Tiere den Vogel, der brachte ihnen nach nur einer Stunde die Wurzel. Der Löwe setzte dem Jäger den Kopf wieder auf und steckte ihm die Wurzel in den Mund. Alsbald fügte sich alles wieder zusammen, das Herz begann wieder zu schlagen, und das Leben kehrte in den Jäger zurück. Ein feiner roter Strich nur um den Hals blieb.

Der Jäger erwachte und erschrak, weil er die Jungfrau nicht mehr sah. Die Tiere wussten auch nicht, wo sie hin war, weil sie auch alle aus Müdigkeit eingeschlafen waren. Und der Löwe erzählte dem Jäger, dass sie die Jungfrau entschwunden und ihn enthauptet gefunden hätten. Da dachte der Jäger, sie sei wohl fortgegangen, um ihn loszuwerden. Da war er traurig und zog mit seinen Tieren in der Welt herum.

Es begab sich aber, dass er gerade nach Jahr und Tag wieder in dieselbe Stadt kam. Die war diesmal ganz mit rotem Scharlach ausgehängt. Da ging er mit seinen Tieren in dasselbe Wirtshaus und sprach zum Wirt: »Was will das sagen? Warum ist die Stadt mit rotem Scharlach geschmückt?«

Der Wirt antwortete: »Der Marschall, der den Drachen getötet und die Königstochter, die er gerettet hat, sollen morgen ihre Vermählung feiern.«

Am anderen Tag, wo die Hochzeit sein sollte, sprach der Jäger um die Mittagszeit zum Wirt: »Glaubt er wohl, Herr Wirt, dass ich heute Brot von des Königs Tisch essen werde?«

»Ja«, sprach der Wirt, »da wollte ich wohl noch hundert Goldstücke dazugeben.«

Der Jäger nahm die Wette an und setzte einen Beutel mit ebenso vielen Goldstücken dagegen. Dann rief er den Hasen und sprach: »Geh hin, lieber Springer, und hol mir von dem Brot, das der König isst.«

Nun war das Häslein das kleinste und konnte die Arbeit keinem andern auftragen. »Ei«, dachte es, »wenn ich durch die Straßen der Stadt springe, werden alle die Hunde hinter mir her sein.«

Wie es dachte, so geschah es auch, und die Hunde jagten hinter dem Häschen her und wollten ihm sein gutes Fell flicken. Es sprang aber, hast du nicht gesehen, unbemerkt zu einem Wachtsoldaten ins Häuschen. Der Soldat verstand wenig Spaß und verscheuchte die Hunde mit seinem Gewehr. Der Hase aber sprang flink zum Schloss hinein und gerade zur Königstochter, setzte sich unter ihren Stuhl, und kratzte sie am Fuß.

Die Prinzessin schubste ihn mit dem Fuß und sagte: »Willst du wohl fort!« Sie meinte, es wäre ihr Hund. Der Hase kratzte zum zweitenmal am Fuß, da sagte sie wieder: »Willst du fort.« Aber der Hase ließ sich nicht irre machen und kratzte zum drittenmal, da guckte sie hinab, und erkannte den Hasen an seinem Halsband.

Nun nahm sie ihn auf ihren Schoß, trug ihn in ihre Kammer und sprach: »Lieber Hase, was willst du?«

Antwortete er: »Mein Herr, der den Drachen getötet hat, ist hier und schickt mich, ich soll um ein Brot bitten, wie es der König isst.«

Da war sie voll Freude und ließ den Bäcker kommen und befahl ihm, ein Brot zu bringen wie es der König isst. Sprach das Häslein: »Aber der Bäcker muss mir's auch hintragen, damit mir die Hunde nichts tun.«

Der Bäcker trug es ihm bis an die Tür des Wirtshauses, da stellte sich der Hase auf die Hinterbeine, nahm das Brot in die Vorderpfoten und brachte es seinem Herrn. Da sprach der Jäger: »Sieht er, Herr Wirt, die hundert Goldstücke sind mein.«

Der Wirt wunderte sich, aber der Jäger sagte weiter: »Ja, Herr Wirt, das Brot hätte ich. Nun will ich aber auch von des Königs Braten essen!«

Der Wirt sagte: »Das möchte ich sehen!«. Aber wetten wollte er nicht mehr.

Der Jäger rief den Fuchs und sprach: »Mein Füchslein, geh hin und hol mir Braten, wie ihn der König isst.«

Der Rotfuchs wusste die Schliche besser, ging an den Ecken und durch die Winkel, ohne dass ihn ein Hund sah, setzte sich unter der Königstochter Stuhl, und kratzte an ihrem Fuß. Da sah sie herab und erkannte den Fuchs am Halsband, nahm ihn mit in ihre Kammer und sprach: »Lieber Fuchs, was willst du?«

Antwortete er: »Mein Herr, der den Drachen getötet hat, ist hier, und schickt mich, ich soll bitten um einen Braten, wie ihn der König isst.«

Da ließ sie den Koch kommen, der musste einen Braten anrichten, wie ihn der König aß, und dem Fuchs bis an die Türe tragen; da nahm ihm der Fuchs die Schüssel ab, wedelte mit seinem Schwanz erst die Fliegen weg, die sich auf den Braten gesetzt hatten, und brachte ihn dann seinem Herrn.

»Sieht er, Herr Wirt«, sprach der Jäger, »Brot und Fleisch ist da, nun will ich auch Gemüse essen, wie es der König isst.«

Da rief er den Wolf und sprach: »Lieber Graukopf, geh hin und hol mir Gemüse, wie es der König isst.«

Da ging der Wolf geradezu ins Schloss, weil er sich vor niemandem fürchtete, und als er in der Königstochter Zimmer kam, da zupfte er sie hinten am Kleid, dass sie sich umschauen musste. Sie erkannte ihn am Halsband, und nahm ihn mit in ihre Kammer und sprach: »Lieber Wolf, was willst du?«

Antwortete er: »Mein Herr, der den Drachen getötet hat, ist hier, ich soll bitten um Gemüse, wie es der König isst.«

Da ließ sie den Koch kommen, der musste Gemüse bereiten, wie es der König aß, und musste es dem Wolf bis vor die Türe tragen; dort nahm ihm der Wolf die Schüssel ab und brachte sie seinem Herrn.

»Sieht er, Herr Wirt«, sprach der Jäger, »nun hab ich Brot, Fleisch und Gemüse, aber ich will auch Nachspeise essen, wie sie der König isst.«

Da rief er den Bären und sprach: »Lieber Brummbär, du leckst doch gern Süßes, geh hin und hol mir Nachspeise, wie sie der König isst.«

Da trabte der Bär nach dem Schloss hin, und jedermann ging ihm aus dem Weg; als er ans Tor kam, wollte ihn die Wache nicht ins königliche Schloss einlassen. Aber der Bär gab dem Wachhäuschen einen Hieb mit der Pranke, dass es zusammenfiel, und ging geradewegs zu der Königstochter, stellte sich hinter sie und brummte ein wenig. Da schaute sie sich um und erkannte den Bären an seinem Halsband. Sie hieß ihn mitgehen in ihre Kammer und sprach: »Lieber Bär, was willst du?«

Antwortete er: »Mein Herr, der den Drachen getötet hat, ist hier, ich soll bitten um Nachspeise, wie sie der König isst.«

Da ließ sie den Zuckerbäcker kommen, der musste Nachspeise kochen, wie sie der König aß, und dem Bären vor die Türe tragen; da leckte der Bär erst die Zuckererbsen auf, die heruntergerollt waren, dann stellte er sich aufrecht, nahm die Schüssel und brachte sie seinem Herrn.

»Sieht er, Herr Wirt«, sprach der Jäger, »nun habe ich Brot, Fleisch, Gemüse und Nachspeise, aber ich will auch Wein trinken, wie ihn der König trinkt.«

Er rief seinen Löwen herbei und sprach: »Lieber Löwe, geh und hol mir Wein, wie ihn der König trinkt.«

Da schritt der Löwe durch die Straßen, und die Leute liefen vor ihm davon, und als er an die Wache kam, wollte sie den Weg sperren, aber er brüllte nur einmal, so sprang alles fort. Nun ging der Löwe vor das königliche Zimmer und klopfte mit seinem Schweif an die Türe. Da kam die Königstochter heraus, und wäre fast über den Löwen erschrocken, aber sie erkannte ihn an dem goldenen Schlösschen von ihrem Halsband, und hieß ihn mit in ihre Kammer gehen und sprach: »Lieber Löwe, was willst du?«

Antwortete er: »Mein Herr, der den Drachen getötet hat, ist hier, ich soll bitten um Wein, wie ihn der König trinkt.«

Da ließ sie den Mundschenk kommen, der sollte dem Löwen Wein geben, wie ihn der König tränke. Sprach der Löwe: »Ich will mitgehen und sehen, dass ich den rechten Wein bekomme.«

Da ging er mit dem Mundschenk hinab, und als sie unten hinkamen, wollte ihm dieser von dem gewöhnlichen Wein zapfen, wie ihn des Königs Diener tranken, aber der Löwe sprach: »Nein, das ist nicht der rechte.«

Der Mundschenk sah ihn schief an, ging aber und wollte ihm aus einem andern Fass geben, das für des Königs Marschall war. Sprach der Löwe: »Halt! Erst will ich den Wein versuchen«, zapfte sich ein halbes Maß und trank es: »Nein, das ist nicht der rechte.«

Da musste ihn der Mundschenk in einen kleinen besonderen Keller führen, wo des Königs Wein lag, von dem sonst kein Mensch zu trinken bekam und der Löwe sprach: »Ja, das ist der rechte.«

Der Löwe hieß den Mundschenk fünf Flaschen füllen, und er musste ihm den Wein bis vor die Türe tragen, da nahm der Löwe den Henkelkorb in das Maul und brachte ihn seinem Herrn.

Sprach der Jäger: »Sieht er, Herr Wirt, da hab ich Brot, Fleisch, Gemüse, Nachspeise und Wein, wie sie der König hat, nun will ich mit meinen Tieren Mahlzeit halten«. Da setzte er sich, aß und trank und gab dem Hasen, dem Fuchs, dem Wolf, dem Bären und dem Löwen auch davon zu essen und zu trinken und war guter Dinge, denn er sah, dass ihn die Königstochter noch lieb hatte.

Und als er Mahlzeit gehalten hatte, sprach er: »Herr Wirt, nun hab ich gegessen und getrunken, wie der König isst und trinkt, jetzt will ich an des Königs Hof gehen und die Königstochter heiraten.«

Fragte der Wirt: »Wie soll das zugehen, da sie schon einen Bräutigam hat und heute die Vermählung gefeiert wird?«

Da zog der Jäger das Taschentuch heraus, das ihm die Königstochter gegeben hatte und worin die sieben Zungen des Drachens verwahrt waren, und sprach: »Dazu soll mir helfen, was ich da in der Hand halte.«

Da sah der Wirt das Tuch an und sprach: »Wenn ich alles glaube, so glaube ich das nicht, und will wohl Haus und Hof dransetzen.«

Der Jäger aber nahm einen Beutel mit Tausend Goldstücken, stellte ihn auf den Tisch und sagte: »Das setze ich dagegen.«

Derweil begab es sich an der königlichen Tafel, dass der König zu seiner Tochter sprach: »Was haben all die wilden Tiere gewollt, die in meinem Schloss ein- und ausgegangen sind?«

Da antwortete sie: »Ich darf es nicht sagen, aber schickt hin, lieber Vater, und lasst den Herrn dieser Tiere holen, so werdet Ihr wohl tun.«

Da schickte der König einen Diener ins Wirtshaus und ließ den fremden Herrn einladen, und der Diener kam gerade, wie der Jäger mit dem Wirt gewettet hatte. Da sprach er: »Sieht er, Herr Wirt, da schickt der König einen Diener und lässt mich einladen, aber ich gehe so noch nicht.« Und dem Diener sagte er: »Ich lasse den Herrn König bitten, mir königliche Kleider zu schicken, einen Wagen mit sechs Pferden und Dienern, die mir aufwarten.«

Als der König die Antwort hörte, sprach er zu seiner Tochter: »Was soll ich tun?«

Sagte sie: »Lasst ihn holen, wie er es verlangt, lieber Vater, so werdet Ihr wohl tun.«

Da schickte der König königliche Kleider, einen Wagen mit sechs Pferden und Diener, die ihm aufwarten sollten. Als der Jäger sie kommen sah, sprach er: »Sieht er, Herr Wirt, nun werde ich abgeholt.« Dann zog er die königlichen Kleider an, nahm das Tuch mit den Drachenzungen und fuhr auf das Schloss. Wie ihn der König kommen sah, sprach er zu seiner Tochter: »Wie soll ich ihn empfangen?«

Antwortete sie: »Geht ihm entgegen, lieber Vater, so werdet Ihr wohl tun.«

Da ging der König dem fremden Jäger entgegen und führte ihn selbst die Stufen hinauf, und die Tiere folgten ihnen nach. Der König wies ihm einen Platz an neben sich und seiner Tochter, der Marschall als Bräutigam saß gegenüber, doch er kannte den Jäger nicht wieder. Nun wurden gerade die sieben Häupter des Drachens zur Schau aufgetragen und der König sprach: »Der Drache hat unser Reich bedroht, doch der Marschall hat ihm seine sieben Köpfe abgehauen, darum gebe ich ihm heute meine Tochter zur Gemahlin.«

Da erhob sich der Jäger. Er ging hin zu den Köpfen der Drachen, öffnete jeden einzelnen der sieben Rachen und sprach: »Wo sind die sieben Zungen des Drachen?«

Da erschrak der Marschall, ward bleich und wusste nicht, was er antworten sollte. Endlich sagte er in seiner Not: »Drachen haben keine Zungen.«

Sprach der Jäger: »Besser die Lügner hätten keine, die Drachenzungen aber sind das Wahrzeichen des Siegers.« Er wickelte das Tuch auf und steckte jede Zunge in den Rachen, in den sie gehörte, und alle passten genau. Dann nahm er das Tuch, in das der Name gestickt war, und zeigte es der Königstochter. Wem sie es gegeben hätte, fragte er und sie antwortete: »Dem, der den Drachen getötet hat.«

Dann rief der Jäger seine Tiere, nahm einem jedem das Halsband ab und dem Löwen das goldene Schlösschen, fügte alles zusammen und legte es der Jungfrau um dem Hals. Da erkannte es der König als das Halsband von roten Korallen wieder, dass er seiner Tochter geschenkt hatte.

Sprach der Jäger: »Als ich müde war von dem Kampf mit dem Drachen, als ich geruht und geschlafen, da ist einer gekommen und hat mir den Kopf abgehauen, aber meine treuen Tiere haben mich wieder belebt. Als ich erwachte, war die Prinzessin verschwunden, da bin durch die Welt gezogen und endlich wieder hierher gekommen.

Da fragte der König seine Tochter: »Ist es wahr, dass dieser den Drachen getötet hat?«

Und sie antwortete: »Ja, es ist wahr. Jetzt darf ich die Schandtat des Marschalls offenbaren, weil sie ohne mein Zutun an den Tag gekommen ist, denn er hat mir das Versprechen zu schweigen unter Todesdrohung abgezwungen.«

Also gab der König seine Tochter dem Jäger und ernannte ihn zu seinem Statthalter im ganzen Reich. Der Marschall aber wurde gerichtet.

So war aus dem Goldkind erst ein Jäger und nun ein König geworden. Der junge König vergaß auch den Wirt nicht, der seine Tiere so gut versorgt hatte. Er ließ ihn kommen und sprach zu ihm: »Sieht er, Herr Wirt, die Königstochter habe ich geheiratet und sein Haus und Hof sind mein.«

Sprach der Wirt: »Ja, das wäre nach dem Rechten.«

Der junge König aber sagte: »Ja, es soll aber nach Gnaden gehen. Haus und Hof soll er behalten, und die Tausend Goldstücke schenke ich ihm dazu.«

Da war der Wirt ein glücklicher Mann, aber der junge König war es noch viel mehr. Und er führte seine liebe Braut zur Trauung und wurde ihr lieber Mann. Und so lebten sie hinfort in Glück und Frieden. Wie es aber weitergeht, dass erzähle ich das nächste Mal.

Vierte Folge: Die weiße Hirschkuh

Es war einmal der Sohn eines armen Besenbinders, der fand einen Goldvogel und wurde ein tüchtiger Jäger. So zog er in die Welt hinaus und als eine Prinzessin von einem Drachen bedroht wurde, kämpfte er wie ein Ritter, und befreite sie. Danach versank er in tiefen Schlaf und als er von den Toten wieder erwachte, war das junge Glück dahin. Dann aber wendete sich das Blatt, wie es so geht im Leben, und mit Hilfe der treuen Tiere wurde der rechte Drachentöter König.

Der junge König und die junge Königin waren guter Dinge und lebten vergnügt zusammen. Er zog aber oft hinaus auf die Jagd, weil das seine Freude war. In der Nähe ihres Schlosses lag ein Zauberwald, von dem es hieß, wäre einer erst darin, so käme er nicht leicht wieder heraus. Der junge König aber hatte große Lust, einmal darin zu jagen, und ließ dem alten König einfach keine Ruhe, bis er es ihm endlich erlaubte. Da mochte die Prinzessin reden und warnen, was sie nur wollte. O du junger König, wohin soll dich das führen.

Der Jungkönig ritt also aus in großer Begleitung, und als sie an den Rand des Waldes kamen, zeigte sich schon eine schneeweiße Hirschkuh. »Haltet hier, bis ich zurückkomme, ich will das schöne Wild jagen«, sprach er zu seinen Leuten und ritt in den Wald hinein.

Die Leute lagerten vor dem Wald und warteten bis zum Abend, doch der junge König kam nicht wieder. Da ritten sie heim und erzählten der Königin: »Der junge König ist im Zauberwald einer weißen Hirschkuh nachgejagt und nicht wiedergekommen.« Da war sie in großer Besorgnis um ihn.

Er war aber dem schönen Wild immer und immer nachgeritten und konnte es doch nie einholen. Wenn er meinte, es gleich zu haben, so sah er es schon wieder in weiter Ferne dahinspringen. Endlich war er so ermattet, dass die Hirschkuh seinen Augen entschwand. Nun erst merkte er, wie tief er in den Wald hineingeraten war. Er nahm sein Horn und blies, bekam aber von seinen Leuten keine Antwort, denn sie konnten es nicht hören. Und weil die Nacht einbrach, sah er, dass er diesen Tag nicht mehr aus dem Wald herauskommen könnte. So machte er sich bei einem Baum ein Feuer und wollte dort übernachten.

Als er bei dem Feuer saß und seine Tiere sich auch neben ihn gelegt hatten, deuchte ihn, als hörte er eine menschliche Stimme. Er schaute umher, konnte aber nichts bemerken. Bald darauf hörte er wieder ein Ächzen wie von knarrenden Ästen. Da blickte er in die Höhe und sah oben im Baum ein altes Weib sitzen, das jammerte immerzu: »Hu, hu, hu, was mich friert!«

Sprach er: »Steig herab und wärme dich, wenn dich friert.«

Sie aber sagte: »Nein, deine Tiere beißen mich.«

Antwortete er: »Sie tun dir nichts, Mütterchen, komm nur herunter.«

Sie aber sprach: »Ich will dir eine Rute hinabwerfen. Schlag sie damit auf den Rücken, dann tun sie mir nichts.«

Da warf sie ihm eine kleine Rute hinab, und er schlug seine Tiere damit. Im gleichen Augenblick lagen sie still und waren in Steine verwandelt. Und wie die alte Hexe nun vor den Tieren sicher war, sprang sie flink wie eine Katze herunter und berührte auch den jungen König mit einer Rute, dass er sich in Stein verwandelte. Da lachte sie und schleppte ihn und die Tiere an einen nahen Bach, wo schon mehr solcher Steine beieinander lagen.

Als aber der junge König gar nicht wiederkam, ward die Angst und Sorge der Königin von Tag zu Tag größer. Nun trug sich zu, dass gerade in dieser Zeit der Zwillingsbruder in das Königreich kam. Er hatte einen Dienst gesucht und keinen gefunden, war dann mit seinen Tieren herumgezogen, als ihm einfiel, er wollte einmal nach dem Messer sehen, das sie bei ihrer Trennung in den Baumstamm gestoßen hatten. Wie er dahin kam, war seines Bruders Seite angerostet. Da erschrak er und dachte: »Meinem Bruder muss ein großes Unglück zugestoßen sein, doch kann ich ihn vielleicht noch retten, denn seine Seite ist noch nicht ganz verrostet.«

Er zog mit seinen Tieren bis er an ein Stadttor kam. Da trat ihm die Wache entgegen und fragte, ob sie ihn bei seiner Gemahlin melden sollte; die junge Königin wäre schon seit ein paar Tagen in großer Sorge über sein Ausbleiben und fürchtete, er wäre im Zauberwald umgekommen. Die Wache nämlich glaubte, er wäre der junge König selbst, so ähnlich sah er ihm, und hatte ja auch die wilden Tiere bei sich.

Da merkte er, dass von seinem Bruder die Rede war, und dachte: »Es ist das beste, ich gebe mich für ihn aus, so kann ich ihn wohl leichter erretten.« Also ließ er sich von der Wache ins Schloss begleiten, und ward mit großen Freuden empfangen. Die junge Königin meinte nicht anders, als es wäre ihr Gemahl, und fragte ihn, warum er so lange ausgeblieben wäre. Er antwortete: »Ich hatte mich in einem Walde verirrt und konnte mich nicht eher wieder herausfinden.«

Abends ward er in das königliche Bett gebracht, aber er legte ein zweischneidiges Schwert zwischen sich und die junge Königin. Sie wusste nicht, was das heißen sollte, getraute sich aber nicht zu fragen. Da blieb er ein paar Tage und erforschte derweil, wie es mit dem Zauberwald beschaffen war. Endlich sprach er: »Ich muss noch einmal dort jagen.«

Der König und die junge Königin wollten es ihm ausreden, aber er bestand darauf und zog mit großer Begleitung hinaus. Als er an den Wald gekommen war, erging es ihm wie seinem Bruder, er sah eine weiße Hirschkuh und sprach zu seinen Leuten: »Bleibt hier und wartet bis ich wiederkomme, ich will das schöne Wild jagen.« Dann ritt er in den Wald hinein, und seine Tiere liefen ihm nach.

Auch er konnte die Hirschkuh nicht einholen und geriet so tief in den Wald, dass er darin übernachten musste. Und als er ein Feuer angemacht hatte, hörte er über sich ächzen: »Hu, hu, hu, wie mich friert!«

Da schaute er hinauf und sah dieselbe Hexe oben im Baum. Sprach er: »Wenn dich friert, so komm herab, altes Mütterchen, und wärme dich.«

Antwortete sie: »Nein, deine Tiere beißen mich.«

Er aber sprach: »Sie tun dir nichts.«

Da rief sie: »Ich will dir eine Rute hinabwerfen, wenn du sie damit schlägst, so tun sie mir nichts.«

Wie der Jäger das hörte, traute er der Alten nicht und sprach: »Meine Tiere schlag ich nicht. Komm du herunter, oder ich hol dich.«

Da rief sie: »Was willst du wohl? Du tust mir noch nichts.«

Er aber antwortete: »Kommst du nicht, so schieß ich dich herunter.«

Sprach sie: »Schieß nur zu, vor deinen Kugeln fürchte ich mich nicht.«

Da legte er an und schoss nach ihr, aber die Hexe war fest gegen alle Bleikugeln, lachte, dass es gellte, und rief: »Du sollst mich doch nicht treffen.«

Der Jäger wusste Bescheid. Er riss sich drei silberne Knöpfe von der Jacke und lud sie in die Büchse, denn dagegen war ihre Kunst umsonst, und als er losdrückte, stürzte sie gleich mit Geschrei aus dem Baum. Als sie aber auf der Erde landete, da war es keine Hexe, sondern eine schöne Jungfrau mit goldenen Haaren, die war zu einer alten Hexe verwünscht gewesen und der Jäger hatte sie durch seine Klugheit erlöst.

Vom Bach aber kam Gemurmel auf, da waren alle Steine befreit und waren wieder Kaufleute und Handwerker, Hirten und vieles andere; ja, der junge König und die Tiere waren auch dabei, und als die Zwillingsbrüder sich wiedersahen, da küssten und herzten sie sich und waren voller Freude.

Als der junge König die schöne Jungfrau unter dem Baum entdeckte, da war er verwundert und sprach: »Was tust du hier in der Wildnis, meine Liebste?«

Da erst bemerkte der Bruder, dass sie der jungen Königin bis aufs goldene Haar glich und erzählte, wie es zugegangen war. Da sprach die Jungfrau: »Die Königin ist meine Schwester. Als wir Kinder waren, hat mich meine Amme in diesen Zauberwald verwünscht, dass ich dort sitzen sollte, bis einer käme, der klug genug für mich wäre.

Da nahmen die zwei Brüder die Jungfrau in die Mitte und machten sich zusammen auf den Rückweg ins Schloss, wo die junge Königin und der alte König schon voller Furcht warteten.

Wenn die nur wüßten, wer da alles glücklich aus dem Zauberwald auf dem Heimweg zu ihnen war! Wie es nun aber weitergeht, das erzähle ich das nächste Mal.

Fünfte Folge: Die Treueprobe

Es waren einmal zwei Goldkinder, das waren Zwillingsbrüder, die zogen in die Welt, und der eine wurde ein König, verirrte sich aber. Eine Hexe hatte ihn mitsamt seinen Tieren in einen Stein verwandelt. Der Bruder befreite ihn aus der Macht der Hexe, da ward auch die Hexe erlöst und war die Schwester der jungen Frau Königin.

Die Zwillingsbrüder mit der Jungfrau erzählten sich unterwegs, wie es ihnen ergangen war. Als der eine sagte, er wäre König im ganzen Lande, sprach der andere: »Das habe ich wohl gemerkt, denn als ich in die Stadt kam und für dich angesehen ward, da geschah mir alle königliche Ehre. Die junge Königin hielt mich für ihren Gemahl, und ich musste an ihrer Seite essen und in deinem Bett schlafen.«

Wie das der andere hörte, geriet er außer sich. Die Eifersucht überkam ihn, dass er im Zorn sein Schwert zog und seinem Bruder den Kopf abschlug.

Als der junge König seinen Bruder so daliegen sah und das rote Blut floss, da sank er auf die Knie und jammerte laut, denn es reute ihn gewaltig. »Mein Bruder hat mich erlöst«, rief er aus, »und ich habe ihn dafür getötet!«

Die Jungfrau war über den Streit in Ohnmacht gefallen. Als sie wieder zu sich kam, sah sie ihren liebsten Jäger kopflos am Boden liegen und den König an seiner Seite knien. »Was hast du getan«, rief sie.

Der König schaute sie ratlos an, aber der Hase wusste Rat. »Ich weiß eine Wurzel«, sprach er mit heller Stimme, »wer die im Mund hat, der wird von allen Wunden geheilt.«

Da sprach Der Löwe: »Ich weiß einen Berg, auf dem die Wurzel wächst, doch ich weiß nicht, wo er liegt.«

Da sprach der Bär: »Der Berg liegt auf einer Insel zweihundert Stunden von hier.«

Da sprach der Fuchs: »Ich kenne einen Vogel, der holt uns die Wurzel in einer Stunde.«

Da riefen die fünf Tiere den Vogel, der brachte ihnen nach nur einer Stunde die Wurzel. Der Löwe setzte dem Jäger den Kopf wieder auf und steckte ihm die Wurzel in den Mund. Alsbald fügte sich alles zusammen, das Herz begann wieder zu schlagen, und das Leben kehrte in den Jäger zurück. Ein feiner roter Strich nur um den Hals blieb.

Als der Jäger wieder ganz bei sich war, sprach der König: »Geliebter Bruder, ich will fortan das Reich mit dir teilen und diese goldene Jungfrau, die Ebenbild meiner geliebten Gemahlin ist, sollst du zur Frau haben.

Darauf zogen sie weiter, und der Jäger sprach: »Nun sind wir wieder vollkommen gleich.« Dabei wies er auf die feine rote Linie, die von der Enthauptung zurückgeblieben war. Die Stadt hat zwei Tore, eines im Osten, das andere im Westen. Lass uns die Jungfrau verbergen und dann zieht jeder von uns durch ein anderes Tor.

Das gefiel dem jungen König, also taten sie so und zogen zu gleicher Zeit durch die entgegengesetzten Tore in die Stadt ein. So lief die Wache von dem einen und die Wache von dem anderen Tor zu dem alten König und meldeten gleichzeitig, der junge König sei mit seinen Tieren von der Jagd zurück. Sprach der König: »Das ist nicht möglich, die Tore liegen eine Stunde weit auseinander.«

Indem aber kamen von zwei Seiten die beiden Brüder in den Schlosshof hinein und stiegen beide herauf. Da sprach der König zu seiner Tochter: »Sag an, welcher ist dein Gemahl? Es sieht einer aus wie der andere, ich kann es nicht wissen.«

Sie bekam große Angst und konnte es nicht sagen, endlich fiel ihr das Halsband von roten Korallen ein, das sie den Tieren gegeben hatte, suchte und fand an dem einen Löwen das goldene Schlösschen; da rief sie vergnügt: »Der, dem dieser Löwe nachfolgt, der ist mein rechter Gemahl.«

Da lachte der junge König und sagte: »Ja, ich bin der rechte.«

Sprach der alte König: »Und wer ist dann der da?«

Da sprang die goldene Jungfrau aus ihrem Versteck und rief vergnügt: »Das ist mein Bräutigam.«

Da konnte der alte König sich kaum fassen vor Staunen und Glück, und die junge Königin sprang zu ihrer Schwester und herzte und küsste sie.

Dann wurde die Hochzeit gefeiert und der Jäger mit der goldenen Jungfrau vermählt; und er wurde König an der Seite seines Bruders. Und als es Abend war und der junge König zu Bett ging, sprach seine Frau: »Warum hast du die vorigen Nächte immer ein zweischneidiges Schwert im Bett zwischen uns gelegt?«

Da erkannte er, wie treu sein Bruder gewesen war. Und sie lebten vergnügt miteinander...

▶ **Gruppe ❺**

Rapunzel

Es waren einmal ein Mann und eine Frau, die wünschten sich schon so lange vergeblich ein Kind. Endlich ward die Frau aber doch schwanger, und sie freute sich gar so sehr, dass ihr Wunsch auf ein Kind sollte bald erfüllt werden.

Nun hatten diese Leute in ihrem Hinterhaus ein kleines Fensterlein, daraus konnten sie in einen prächtigen Garten schauen, der voller Blumen und Kräuter allerlei Art stand. Er war aber von einer hohen, hohen Mauer umgeben, und niemand durfte wagen hineinzugehen, weil er einer weisen Frau zugehörte, die von großer Macht war und die von aller Welt gefürchtet ward.

Einen Tag stand die Frau also an diesem Fenster und schaute in den Garten der Anderen, da erblickte sie dort ein Beet der schönsten Rapunzeln; und sie sahen so frisch und so grün aus, dass sie lüstern ward und allergrößtes Verlangen nach gerade diesen Rapunzeln empfand und doch genau wusste, dass sie keine davon würde bekommen können. Da wurde sie ja so blass und so elend, dass ihr Mann erschrak und fragen musste: »Was fehlt dir nur, liebe Frau?«

»Ach«, antwortete sie, »wenn ich keine Rapunzeln aus diesem Garten hinter unserem Haus zu essen bekomme, so muss ich sterben.«

Der Mann, der um die Frau und das Kind besorgt war, dachte, es mag kosten was es will, so werde ich ihr doch welche beschaffen. In der Abenddämmerung stieg er also über die hohe, hohe Mauer in den fremden Garten und rupfte und riss in höchster Eile eine kleine Handvoll Rapunzeln. Die brachte er eilig seiner Frau und die machte sich auch sogleich einen Salat daraus und aß ihn in völligem Heißhunger auf. Er schmeckten ihr aber so schrecklich gut, dass sie den anderen Tag gleich noch dreimal soviel Lust überfiel.

Der Mann sah wohl, dass keine Ruh wäre, also stieg er in der Abenddämmerung abermals über die Mauer. Als er jedoch hinunter geklettert war, erschrak er gar gewaltig, denn da stand die weise Frau vor ihm und sprach: »Wie kannst du wagen, in meinen heiligen Garten einzusteigen einem Dieb gleich und meine liebsten Rapunzeln stehlen? Die sollen dir schlecht bekommen.«

Der Mann entschuldigte sich, so gut er konnte, verwies auf die Schwangerschaft seiner Frau und wie gefährlich es sei, ihr dann etwas abzuschlagen. Da sprach die weise Frau: »Verhält es sich so, dann will ich dir gestatten, reichlich Rapunzeln mitzunehmen; allein, ich mache eine Bedingung, du musst mir das Kind geben, das deine Frau dann zur Welt bringt.

Um nur davonzukommen versprach ihr der Mann alles und eilig. Als aber die Frau das Kindlein gebar, erschien sogleich die Kräuterfrau, gab ihm den Namen Rapunzel und nahm es mit sich fort.

Rapunzel wurde das allerschönste Kind unter der Sonne. Wie es aber zwölf Jahr alt war, nahm es die weise Frau und schloss es in einen abgelegenen Turm im Zauberwald, der weder Treppe noch Türe hatte. Ganz oben nur war ein kleines Fensterchen, und wenn die Alte hinein wollte, so stellte sie sich unten auf und rief hinauf:

»Rapunzel, Rapunzel,
lass mir dein Haar herab.«

Nun musst du wissen, das Rapunzel, das hatte lange, lange und gar so prächtige Haare, fein wie gesponnen Gold. Wenn es nun die Stimme der Frau hörte, so wickelte es seine Zöpfe oben um den Fensterhaken und ließ dann das Haar die zwölf Meter tief hinunter fallen, dass die Alte daran aufsteige.

Nach ein paar Jahren nun ritt, wie es kommt, ein Königssohn durch den Wald und kam auch an dem Turm vorüber. Er sah die schöne Rapunzel oben am Fenster und hörte sie mit so süßer Stimme singen, dass er sich auf der Stelle in sie verliebte. Er wollte auch sogleich zu ihr und suchte nach einer Türe im Turm, aber es war keine zu finden. Da ritt er verzweifelt heim, doch ging er jeden Tag wieder hinaus in den Zauberwald, bis er endlich einmal die weise Frau kommen sah und sie rufen hörte:

»Rapunzel, Rapunzel,
lass mir dein Haar herab.«

Da ließ Rapunzel ihre Zöpfe hinab und die Alte stieg zu ihr auf. Da sah der Prinz wohl, auf welcher Leiter dieser Turm zu bezwingen war, und den folgenden Tag, als es dämmerte, ging er hin und hatte sich die Worte wohl gemerkt:

»Rapunzel, Rapunzel,
lass mir dein Haar herab.«

Alsbald fielen die Haare herab, und der Königssohn stieg hinauf. Rapunzel erschrak erst, doch bald gefiel er ihr so gut, dieser junge König, dass sie mit ihm verabredete, er solle zu ihr kommen alle Tage. Und so lebten die jungen Leute gar lustig und unbeschwert in aller Heimlichkeit eine lange Zeit lang und die weise Frau merkte auch gar nichts davon, bis Rapunzel anfing und zu ihr sagte: »Sag sie nur, Frau Gotel, meine Kleider werden mir so eng und wollen gar nicht mehr recht passen.«

Da merkte die Alte gleich, wie sie hintergangen war und welche Heimlichkeiten hinter ihrem Rücken geschehen war. Also nahm sie Rapunzels schönen Haare, schlug sie ein paar Mal um ihre linke Hand, griff eine große Schere mit ihrer rechten und ritsch, ratsch, waren sie alle abgeschnitten. Darauf nahm sie Rapunzel mit sich und führte sie hinaus in eine Wüstenei, wo es ihr sehr kümmerlich erging und sie nach der gehörigen Zeit ihre Zwillinge gebar, einen Knaben und ein Mädchen.

Denselben Tag aber, wo sie Rapunzel verstoßen hatte, machte die weise Frau abends die abgeschnittenen Haare oben am Fensterhaken fest, und als der Königssohn kam und rief:

»Rapunzel, Rapunzel,
lass mir dein Haar herab«,

so ließ sie die Haare hinab und der Königssohn stieg hinauf. Allein wie erstaunte er, als er statt Rapunzel die weise Frau oben fand. Sie sah ihn mit finsteren Blicken an und sprach: »Rapunzel ist für dich Wüstling auf immer verloren! Du wirst sie nie wieder erblicken.«

Der Königssohn geriet außer sich vor Verzweiflung und in seinem Schmerz sprang er vom Turm hinab. Das Leben brachte er davon, aber die Dornen, in die er fiel, zerstachen ihm die Augen. Da irrte er blind im Walde umher, aß nichts als Wurzeln und Beeren und war immer verzweifelt.

So wanderte er einige Jahre im Elend umher und geriet endlich in die Wüstenei, wo Rapunzel gar kümmerlich mit ihren Kindern lebte. Sie erkannte ihn nicht, bot ihm aber eine Unterkunft, weil sie Mitleid mit dem Blinden hatte. Am Abend aber, als sie ihren Kindern zur guten Nacht ein Lied sang, da erkannte er ihre Stimme, und erklärte sich ihr.

Da fiel ihm Rapunzel um den Hals und sie herzten und küssten sich und weinten viele Stunden lang. Die Zwillinge aber, das Mädchen und der Junge, kamen aus ihren Bettchen und drückten sich an sie und der blinde Prinz erkannte sie als seine Kinder. Da fielen zwei von Rapunzels Tränen in seine Augen, da wurden sie wieder klar, und er konnte damit sehen wie sonst.

▶ **Gruppe ❻**

Allerleirauh

Es war einmal ein König, der hatte eine Frau, die war die schönste auf der ganzen Welt und hatte Haare von purem Gold. Sie hatten auch eine Tochter miteinander, die war schön wie ihre Mutter, und ihre Haare waren ebenso golden wie ihre.

Einmal lag die Königin krank und als fühlte, dass sie sterben würde, rief sie den König und bat ihn um den letzten Willen, er möge sie treu halten und nach ihrem Tod keine Andere nehmen; und wenn er doch wieder heiraten wollte, dann keine, die nicht eben so schön wäre wie sie, und eben so goldene Haare hätte. Als der König ihr das versprochen hatte, tat sie die Augen zu und verstarb.

Der König war lange Zeit so betrübt, dass er gar nicht daran dachte, eine zweite Frau zu nehmen. Aber seine Räte gemahnten ihn, sich wieder zu vermählen. Da wurden Botschafter an alle Prinzessinnen auf der ganzen Welt gesandt, aber nicht eine war so schön wie die verstorbene Königin, und nicht eine hatte Haare von purem Gold.

Da warf der König einmal die Augen auf seine Tochter, und er sah, dass sie ganz ihrer Mutter glich und auch ihr goldenes Haar hatte. Da sprach er zu seinen Räten: »Ich will meine Tochter heiraten, denn sie ist das Ebenbild meiner verstorbenen Frau, und sonst kann ich doch keine finden, die ihr gleicht.«

Als die Räte das hörten, erschraken sie und sprachen: »Unser Gesetz verbietet von alters her, dass der Vater seine Tochter heirate. Aus der Untat kann nichts Gutes entspringen.«

Doch weit mehr noch erschrak die Prinzessin über das Ansinnen ihres Vaters. Sie suchte ihn hinzuhalten und bat sich zuvor drei Kleider aus, eines so golden wie die Sonne, das zweite so silbern wie der Mond, und das dritte so glänzend wie die Sterne am Himmel. Sie dachte nämlich, die Kleider könnte ihr Vater nicht beschaffen, und er würde von seinem Vorhaben lassen, und sie müsste nicht seine Frau werden und nicht in seinem Bett schlafen.

Der König ließ aber nicht ab. Die geschicktesten Stickerinnen und Schneider in seinem Reich mussten die drei Kleider machen, eines so golden wie die Sonne, eines so silbern wie der Mond und eines so glänzend wie die Sterne am Himmel. Dann brachte er der Prinzessin die Kleider. Sie aber wusste in ihrer Verzweifelung keinen anderen Rat, so sprach sie: »Bringt mir zuvor noch einen Mantel von tausenderlei Pelz, und von allen Tieren in Eurem Reich muss ein Stück von ihrem Fell dazu gegeben werden.«

Sprach der König: »Auch dieser Wunsch soll dir noch erfüllt werden, dann aber muss Hochzeit gehalten werden.«

Die Prinzessin dachte: »Das anzuschaffen ist ganz unmöglich, und ich bringe meinen Vater damit von seinen bösen Gedanken ab.«

Der König ließ aber alle Jäger im ganzen Reich alle Tiere einfangen und jedem ein kleines Stücklein vom Fell abziehen, und daraus ward ein weiter Mantel von tausenderlei Rauhwerk gemacht. Endlich, als alles fertig war, ließ der König den Rauhmantel herbeiholen, breitete ihn vor seiner Tochter aus und sprach: »Morgen soll Hochzeit sein.«

Als die Prinzessin nun keinen Ausweg mehr sah, machte sie sich Gesicht und Hände mit Ruß schwarz und warf den Rauhmantel um. Dann tat sie die drei Kleider von Sonne, Mond und Sternen in eine Nussschale und nahm auch den goldenen Treuering mit, denn sie wollte zu ihrem Verlobten fliehen.

So zog sie in der Nacht davon, als alles schlief. Sie ging fort und fort und als es Tag wurde, kam sie an einen großen Wald. Sie ging hinein, um sich darin zu verbergen, doch sie ging und ging und fand nicht wieder hinaus. Schließlich war sie so müde, dass sie sich in einen holen Baum legte und schlief.

Nun begab es sich aber, dass der König, dem dieser Wald gehörte, kein anderer war, als ihr Bräutigam. Und gerade diesen Tag war er auf der Jagd in seinem Wald, da schnupperten seine Hunde an dem hohlen Baum und sprangen und bellten. Sprach der König zu den Jägern: »Seht doch, was für ein Wild sich dort versteckt hat.«

Als die Jäger wiederkamen, sagten sie, es läge dort ein so wunderliches Tier, wie sie es noch nie gesehen hätten, und schlafe. Es hätte aber ein Fell von tausenderlei Rauhwerk. Da befahl der König sie sollten es fangen und hinten auf den Wagen binden. Das taten die Jäger, und wie sie es hervorzogen, sahen sie, dass es ein Mädchen war. Da banden sie es hinten auf den Wagen und fuhren mit ihm heim. »Allerleirauh«, sagten sie, »du bist gut für die Küche, da kannst du die Asche zusammenkehren.« Und sie gaben ihm einen kleine Verschlag unter der Treppe, wohin kein Tagslicht kam, und sagten: »Rauhtierchen, da kannst du wohnen und schlafen.«

Nun musste sie dem Koch in der Küche helfen, Holz und Wasser tragen, das Federvieh rupfen und Gemüse putzen und all die Arbeit verrichten, die sonst niemand tun mochte. Weil sie alles aber gewissenhaft tat, war ihr der Koch gut und steckte ihr oft etwas von den leckeren Resten des königlichen Mahls zu.

Ehe der König aber zu Bett ging, musste sie in seine Kammer gehen und ihm die Stiefel ausziehen. Der junge König erkannte seine Braut nicht, denn ihr Gesicht und ihre Hände waren immer von Ruß geschwärzt und sie trug immer den Mantel von tausenderlei Rauhwerk. Wenn sie ihm aber einen Stiefel ausgezogen hatte, dann warf er ihn ihr an den Kopf. So lebte Allerleirauh eine lange Zeit. Ach, du schöne Jungfrau, wie soll es mit dir noch werden?

Es begab sich aber, dass ein Fest im Schloss gefeiert ward, und Allerleirauh dachte, könnte ich doch meinen lieben Bräutigam nur einmal wieder richtig sehen. Da sprach sie zum Koch:

»Darf ich ein wenig hinaufgehen und die Pracht ansehen? Ich will mich außen vor die Türe stellen.«

Antwortete der Koch: »Ja, geh nur hin, aber in einer halben Stunde musst du zurück sein.«

Da ging Allerleirauh in ihr Kämmerchen, zog den Rauhmanntel aus und wusch sich geschwind den Ruß von Gesicht und Händen, dass ihre volle Schönheit wieder an den Tag kam. Dann machte sie die Nuss auf und holte das Kleid hervor, das wie die Sonne glänzte. Und dann ging sie hinauf zum Fest, und alle traten ihr aus dem Weg, denn niemand kannte sie und alle meinten nicht anders, als dass es eine Königstochter wäre. Der König aber kam ihr entgegen, reichte ihr die Hand und tanzte mit ihr und dachte in seinem Herzen: »So schön haben meine Augen noch keine gesehen.«

Als der Tanz zu Ende war, verneigte sich der König, und wie er sich umsah, war sie verschwunden. Da ließ er die Wächter fragen, aber keiner hatte die fremde Prinzessin aus dem Hause gehen sehen. Sie war aber geschwind in ihren Verschlag gelaufen, hatte ihr Kleid ausgezogen, sich Gesicht und Hände schwarz gemacht, und wieder den Rauhmantel umgetan. Dann ging sie in die Küche und wollte die Asche zusammenkehren, der Koch aber sagte: »Lass das gut sein bis morgen und koche mir da die Suppe für den König, ich will auch ein wenig hinaufgehen und dem Tanz zusehen.«

Da ging der Koch fort, und Allerleirauh kochte die Suppe für den König und kochte eine Brotsuppe, so gut sie konnte, und wie sie fertig war, nahm sie den goldenen Treuering, brach ein Stück heraus und legte es in die Schale mit der Suppe.

Als das Fest zu Ende war, ließ sich der König die Suppe bringen und aß sie, und sie schmeckte ihm so gut, dass er meinte, niemals eine bessere Suppe gegessen zu haben. Wie er aber fertig war, fand er das Stück des Rings auf dem Grund liegen, und wie er es ansah, kam es ihm sonderlich vertraut vor.

Er ließ den Koch vor sich kommen und fragte, wer die Suppe gekocht hätte. Antwortete der Koch: »Ich habe sie gekocht.«

Der König aber sprach: »Das ist nicht wahr, denn sie war auf andere Art und viel besser gekocht als sonst.«

Antwortete er: »Ich muss es gestehen, dass ich sie nicht gekocht habe, sondern das Rauhtierchen.«

Sprach der König: »So geh und lass es heraufkommen.«

Also musste Allerleirauh vor den König treten und er fragte: »Wer bist du?«

»Ich bin ein Aschenputtel, das weder Vater noch Mutter hat.«

Fragte er weiter: »Wozu bist du in meinem Schloss?«

Antwortete sie: »Damit mir die Stiefel um den Kopf geworfen werden.«

Fragte er weiter: »Und woher hast du den Ring, der in der Suppe lag?«

Antwortete sie: »Von dem Ring weiß ich nichts.«

Also konnte der König nichts herausbringen und musste Allerleirauh wieder fortschicken.

Über eine Zeit war aber wieder ein Fest, da bat Allerleirauh den Koch wie zuvor um Erlaubnis und er sprach: »Ja, aber komm in einer halben Stunde wieder und koch dem König die Brotsuppe, die er so gerne isst.«

Da lief sie, wusch sich geschwind und nahm aus der Nuss das Kleid, das so silbern war wie der Mond, und tat es an. Dann ging sie hinauf zum Fest, und alle traten ihr aus dem Weg, denn sie meinten nicht anders, als dass es eine Königstochter wäre. Der König aber kam ihr entgegen und freute sich, dass er sie wiedersah, reichte ihr die Hand und tanzte mit ihr, und sie kam ihm so wunderlich vertraut vor.

Als der Tanz zu Ende war, verschwand sie wieder so schnell, dass der König nicht bemerken konnte, wo sie hinging, und alle Mühe war umsonst, er konnte sie nicht finden und hatte auch kein einzig Wort mit ihr sprechen können. Sie war aber geschwind in ihr Kämmerlein gelaufen, hatte ihr Kleid ausgezogen, sich Gesicht und Hände rußig gemacht, den Rauhmantel umgetan und war in die Küche gegangen, die Suppe für den König zu kochen. Und als der Koch gegangen war, brach sie ein zweites Stück von dem Ring und tat es in die Suppe. Danach ward sie dem König gebracht, der aß sie, und sie schmeckte ihm so gut wie das vorige Mal. Wie er aber fertig war, fand er das zweite Stück des Rings auf dem Grund liegen, und wie er es ansah, da meinte er, es müsste der Treuering sein, den er seiner Braut geschenkt hatte.

Er ließ also den Koch kommen, der musste auch dieses Mal gestehen, dass Allerleirauh die Suppe gekocht hätte. So kam sie wieder vor den König, aber sie sagte nur, dass sie dazu da wäre, dass ihr die Stiefel an den Kopf geworfen würden und dass sie von dem Ring nichts wisse.

Als der König zum dritten Mal ein Fest anstellte, da ging es nicht anders als die vorigen Male. Der Koch sprach zwar: »Du bist eine Hexe, Rauhtierchen, und tust immer etwas in die Suppe, davon sie so gut wird und dem König besser schmeckt, als was ich koche«; doch weil sie so bat, so ließ er sie gehen. Nun zog sie das Kleid an, das wie die Sterne am Himmel glänzte und ging hinauf zum Fest, und alle traten ihr aus dem Weg, denn sie meinten nicht anders, als dass es eine Königstochter wäre. Der König tanzte wieder mit ihr und er meinte, dass sie seine Braut sein müsste, denn niemand auf der Welt außer ihr hatte so goldene Haare.

Er hatte aber befohlen, dass der Tanz recht lange dauern sollte. Wie er nun zu Ende war, wollte er die schöne Jungfrau an den Händen festhalten, aber sie riss sich los und er konnte sie nicht halten, auch kein Wort mit ihr sprechen, denn sie sprang so geschwind unter die Leute, dass sie verschwunden war, ehe er sich umdrehte.

Sie lief, was sie nur mochte, weil der Tanz aber so lange gegangen war, konnte sie das schöne Kleid nicht ausziehen, sondern warf nur den Rauhmantel darüber, und in der Eile machte sie sich auch nicht ganz rußig, sondern ein Finger blieb weiß. So lief sie in die Küche, kochte dem König die Brotsuppe und legte, wie der Koch fort war, das letzte Stück des Rings hinein.

Der König, der den Ring fand und ihn nun ganz sicher erkannte, ließ das Rauhtierchen rufen. Sie sagte aber wie zuvor, sie sei dazu da, dass ihr die Stiefel an den Kopf geworfen würden und von dem Ring wisse sie nichts. Doch der König erblickte ihren weißen Finger und ergriff ihre Hand. Sie wollte sich losmachen und fortspringen, da tat sich aber der Rauhmantel nur ein klein wenig auf und das Sternenkleid schimmerte hervor.

Sogleich fasste der König den Mantel und riss ihn ab und ihre goldenen Haare kamen hervor, und sie stand da in voller Pracht und musste sich nicht länger verbergen. Und als sie Ruß und Asche aus ihrem Gesicht gewischt hatte, da war sie schöner, als man jemals auf Erden eine Prinzessin gesehen hatte.

Da sprach der König: »Du bist meine liebe Braut, und wir scheiden nimmermehr voneinander.« Darauf ward die Hochzeit gefeiert, und sie lebten vergnügt bis an ihr

Ende.

Felix von Bonin

Märchen-Karten

Sie entdecken mit diesen 50 Symbol-Karten Ihr ganz persönliches Lebens-Märchen

50 große farbige Karten, Begleitbuch brosch., 144 Seiten, aufwendig gestaltet und mit vielen Abb. in stabiler Kunststoffbox
ISBN 3-88755-206-7

Felix von Bonin

Heilung durch Märchen

13-bändige Reihe, jeder Band 96 Seiten, brosch.

Hänsel und Gretel
Das ungeliebte Kind
ISBN 3-88755-231-8

Aschenputtel
Ausgeliefert und missachtet
ISBN 3-88755-232-6

Dornröschen
Erweckung des Weiblichen
ISBN 3-88755-233-4

Schneewitchen
Rivalinnen
ISBN 3-88755-234-2

Das singende springende Löweneckerchen
Liebe erlangen
ISBN 3-88755-235-0

Die Nixe im Teich
Untreue
ISBN 3-88755-236-9

Der Eisenhans
Männer brauchen Hilfe
ISBN 3-88755-237-7

Brüderchen und Schwesterchen
Geschwisterliebe
ISBN 3-88755-238-5

Von dem Fischer und seiner Frau
Unerfüllte Beziehung
ISBN 3-88755-239-3

Das Mädchen ohne Hände
Das missbrauchte Kind
ISBN 3-88755-240-7

Hans mein Igel
Das behinderte Kind
ISBN 3-88755-241-5

Die zwölf Brüder
Zerrüttete Ehe
ISBN 3-88755-242-3

Rumpelstilzchen
Frauen-Power
ISBN 3-88755-243-1

Christiana Kieser

Kobold, mein Freund

Sicherheit und Stärke finden

96 Seiten, 17 x 24 cm, reich illustriert, mehrteiliger Kobold-Schatz, großes Farbposter in Archivbox

ISBN 3-88755-400-0

Markus Spang

Text und Idee Christiana Kieser

7 x 7 Kobold-Karten

Betrachte die Karten und finde Deine Lösung

49 Karten, 6 x 9 cm

ISBN 3-88755-399-3

Der Text »Himmelsbaum« auf der hinteren Umschlagseite ist entnommen aus Ginsberg, Y. (Hrsg.): Glücksmomente. Erleuchtende Aha-Geschichten. 80 Seiten, Festeinband, ISBN 3-88755-399-3